Die Flexibilisierung des Arbeitsmarktes – Arbeitnehmerüberlassung in Italien und Deutschland im Rechtsvergleich

Europäische Hochschulschriften

European University Studies
Publications Universitaires Européennes

Reihe II **Rechtswissenschaft**

Series II Law

Série II Droit

Band/Volume **5544**

Anna Ricarda Gerlach

Die Flexibilisierung des Arbeitsmarktes – Arbeitnehmerüberlassung in Italien und Deutschland im Rechtsvergleich

PL ACADEMIC RESEARCH

Bibliografische Information der Deutschen Nationalbibliothek
Die Deutsche Nationalbibliothek verzeichnet diese Publikation in der Deutschen Nationalbibliografie; detaillierte bibliografische Daten sind im Internet über http://dnb.d-nb.de abrufbar.

Zugl.: Augsburg, Univ., Diss., 2013

D 384
ISSN 0531-7312
ISBN 978-3-631-64351-8 (Print)
E-ISBN 978-3-653-03421-9 (E-Book)
DOI 10.3726/978-3-653-03421-9

PL Academic Research ist ein Imprint der Peter Lang GmbH.
Peter Lang – Frankfurt am Main · Bern · Bruxelles · New York · Oxford · Warszawa · Wien

Dieses Buch wurde vor Erscheinen peer reviewed.

www.peterlang.com

Vorwort

Die vorliegende Arbeit wurde im Wintersemester 2012/2013 von der Juristischen Fakultät der Universität Augsburg als Dissertation angenommen. Literatur und Rechtsprechung sind bis August 2012 berücksichtigt.

Mein aufrichtiger Dank gilt an erster Stelle meinem Doktorvater, Herrn Prof. Dr. Peter Kindler, der die Erstellung der Arbeit vorbildlich betreute und mich auf vielfältige Weise, insbesondere durch seine konstruktiven Vorschläge, unterstützte.

Frau Prof. Dr. Martina Benecke danke ich herzlich für die Erstellung des Zweitgutachtens.

Besonders danken möchte ich meiner Familie und vor allem meiner Mutter, die mir jahrelang durch die Förderung meiner Ausbildung und ihre uneingeschränkte Unterstützung zur Seite stand und der ich diese Dissertation daher widme.

München, den 31. August 2012 Anna Ricarda Gerlach

Inhaltsverzeichnis

§ 1 Einleitung

I. Gegenstand und Ziel der Untersuchung

Die Arbeitsmarktpolitik der vergangenen Jahrzehnte in Europa, insbesondere in Deutschland und Italien, war geprägt von einem Deregulierungs- und Flexibilisierungskurs. Dabei blieb allerdings die wichtige Frage der sozialen Sicherheit der Arbeitnehmer weitgehend unberücksichtigt. Diese Politik führte zwar einerseits zu größerer Flexibilität[1] auf Seiten der Arbeitgeber/innen[2], vor allem durch den Anstieg atypischer Arbeitsverhältnisse. Kennzeichnend für die Phase war die Flexibilisierung der Arbeitsverhältnisse durch Deregulierung besonders in der Branche der Leiharbeit – in Deutschland im Rahmen der Hartz-Reformen[3] und in Italien beginnend mit dem Gesetz Nr. 196 vom 24.6.1997[4] (sog. *Pacchetto Treu*)[5]. Andererseits ging damit ein Anstieg der Probleme im Bereich der sozialen Sicherheit, wie z.B. die Ausweitung des Niedriglohnsektors, oder im Bereich der Gesundheit einher.[6] Die Entwicklungen zeigen ein wachsendes Ungleichgewicht zwischen den beiden Komponenten, dem das auf europäischer Ebene erarbeitete Konzept der *Flexicurity* Rechnung tragen sollte.[7]

---

1 Einzelheiten zu den verschiedenen Facetten der Flexibilität bei *Ferraro*, Tipologie di lavoro flessibile, S. 1 ff.

2 Der Einfachheit halber wird im Folgenden auf die gleichberechtigte Nennung der weiblichen „Arbeitnehmer" bzw. „Arbeitgeber" verzichtet. Werden diese in der maskulinen Form aufgeführt, sind selbstverständlich „Arbeitnehmerinnen" bzw. „Arbeitgeberinnen" mit umfasst.

3 *Weinkopf/Vanselow*, (Fehl-) Entwicklungen in der Zeitarbeit, S. 4; *Schmid*, Il lavoro non standard. Riflessioni nell'ottica dei mercati transizionali del lavoro, DRI 2011, Nr. 1, 1, 2.

4 Verkündet in der Gazzetta Ufficiale (im Folgenden: G.U.) Nr. 154 vom 4.7.1997, im Folgenden: Gesetz Nr. 196/1997.

5 *Carinci, F.*, Molto clamore per poco: all'indomani del d.lgs. n. 276/2003, Diritto del lavoro, commentario, Carinci, F. (diretto da), vol. I, Vorwort, S. XXIX.

6 *Natullo*, Lavori temporanei e sicurezza del lavoro, in: De Luca Tamajo/Rusciano/Zoppoli (a cura di), Mercato del lavoro, riforma e vincoli del sistema, S. 151 f.; *Ricci*, La somministrazione di lavoro dopo la riforma, in: De Luca Tamajo/Rusciano/Zoppoli (a cura di), Mercato del lavoro, riforma e vincoli del sistema, S. 121.

7 Näheres hierzu unten § 1 I.

In Anbetracht der geringeren Einkommen im Vergleich zum Normalarbeitsverhältnis, wobei jedoch eine Entwicklung weg vom Normalarbeitsverhältnis[8] zur Flexibilität festzustellen ist, sowie angesichts der schlechteren Zugangsmöglichkeiten zu betrieblicher Weiterbildung und eingeschränkter Beschäftigungsstabilität kumulieren die sozialen Risiken bei atypisch Beschäftigten.[9] Die negativen Wirkungen verstärken sich, wenn es ihnen nicht gelingt, in Normalarbeitsverhältnisse zu wechseln. Die Prekaritätsrisiken wachsen.[10] Dieser negative Mechanismus wird am Beispiel der Leiharbeit besonders deutlich. Aufgrund des vergleichsweise niedrigen Einkommens ist es unwahrscheinlich, dass die Beschäftigten in Eigenregie die Benachteiligung bei der betrieblichen Weiterbildung kompensieren und damit den *circulus vitiosus* instabiler und prekärer Beschäftigung durchbrechen können. Langfristig hat dies gravierende soziale Folgen. Die hohe Beschäftigungsinstabilität verhindert, dass Leiharbeiter in Systeme betrieblicher Altersversorgung einbezogen werden. Niedrige Einkommen und häufige Phasen der Erwerbslosigkeit erschweren eine eigenverantwortliche Altersversorgung. Das Risiko der Altersarmut ist hoch.[11]

Die Hoffnung, das Problem der Prekarität zu relativieren, indem atypische Beschäftigungsverhältnisse als eine Art Sprungbrett in ein Normalarbeitsverhältnis genutzt werden könnten, hat sich leider nicht oder nur in geringem Maße erfüllt.[12] Bei Leiharbeit ist der sog. „Klebeeffekt" nur schwach: aktuell wechseln lediglich etwa 7 bis 17% der Leiharbeitnehmer in Deutschland nach der Verleihzeit in ein Normalarbeitsverhältnis beim Entleiher.[13]

Zur Überwindung dieser Kluft hat die Europäische Kommission im Jahr 2007 eine neue politische Strategie mit dem Namen „Flexicurity" als begriffliche

8 *Carinci, F.*, Molto clamore per poco: all'indomani del d.lgs. n. 276/2003, Diritto del lavoro, commentario, Carinci, F. (diretto da), vol. I, Vorwort, S. XL; *Carinci, F.*, Un diritto del lavoro "classico" alla vigilia del terzo millennio, Diritto del lavoro, commentario, Carinci, F. (diretto da), vol. I, S. LI.

9 *Keller/Seifert*, WISO Diskurs April 2008, Flexicurity: Ein europäisches Konzept und seine nationale Umsetzung, S. 19.

10 *Keller/Seifert*, WISO Diskurs April 2008, Flexicurity: Ein europäisches Konzept und seine nationale Umsetzung, S. 19.

11 *Keller/Seifert*, WISO Diskurs April 2008, Flexicurity: Ein europäisches Konzept und seine nationale Umsetzung, S. 19.

12 *Keller/Seifert*, WISO Diskurs April 2008, Flexicurity: Ein europäisches Konzept und seine nationale Umsetzung, S. 19.

13 *Rudzio*, DIE ZEIT Nr. 47 vom 17.11.2011, S. 37 zum Thema Leiharbeit, „Manche bleiben kleben – Ist Leiharbeit doch nicht so schlecht wie ihr Ruf?"; Bundesagentur für Arbeit, Arbeitsmarktberichterstattung: Der Arbeitsmarkt in Deutschland, Zeitarbeit in Deutschland – Aktuelle Entwicklungen, Stand: Juli 2012, S. 6.

Verknüpfung der englischen Worte „flexibility“ und „security“ konzipiert.[14] Damit soll zum Ausdruck gebracht werden, dass künftig nicht mehr nur die Interessen der Arbeitgeber an einem flexiblen Arbeitsmarkt, sondern auch die Belange der Arbeitnehmer an sozial gesicherten Beschäftigungsverhältnissen gleichrangig und gleichwertig berücksichtigt werden.[15] Denn entgegen einer früher verbreiteten Auffassung schließen sich ökonomische Effizienz und soziale Sicherheit nicht immer aus. Der Erfolg des Konzeptes hängt schließlich davon ab, inwieweit seine mikroökonomische Ausrichtung und Überbetonung angebotsseitiger Maßnahmen in eine makroökonomische Beschäftigungsstrategie eingebettet wird, die auch die Nachfrageseite berücksichtigt.[16]

Im Juni 2007 wurden mit den „gemeinsamen Grundsätzen“ von Seiten der EU-Kommission erste allgemeine „Komponenten“ und gemeinsame Prinzipien für den Bereich der Flexicurity entwickelt, die stärker in die im Jahr 2000 beschlossene und 2005 revidierte Lissabon-Strategie für Wachstum und Beschäftigung und die Europäische Beschäftigungsstrategie[17] integriert werden sollten, und deren Umsetzung dem nationalen Recht überlassen wurde.[18] Der Europäische Rat beschloss Ende 2007 acht gemeinsame Grundsätze.[19] Die Ausgestaltung erfolgte 2008. Dazu gehören insbesondere:

---

14 Dazu aus deutscher Perspektive: *Keller/Seifert*, WISO Diskurs Oktober 2011, Atypische Beschäftigung und soziale Risiken: Entwicklung, Strukturen, Regulierung, S. 37; *Keller/Seifert*, WISO Diskurs April 2008, Flexicurity: Ein europäisches Konzept und seine nationale Umsetzung, S. 1; vgl. auch Erwägungsgrund Nr. 9 der Richtlinie 2008/104/EG des Europäischen Parlamentes und des Rates über Leiharbeit vom 19.11.2008, ABl. 2008, L 327/9 ff., vom 5.12.2008.
Aus italienischer Perspektive ausführlich bei *Pirrone/Sestito*, Le fattispecie contrattuali della riforma Biagi, RIDL 2006, I, 21, 22 ff.; *Ferraro*, Lavori flessibili e certificazione delle dinamiche salariali, in: Sviluppo e occupazione nel mercato globale, Ferraro (a cura di), S. 245; *Ferraro*, Tipologie di lavoro flessibile, S. 21 ff.; *Di Francesco*, Lezioni di diritto privato europeo del lavoro, S. 103 ff.

15 *Schmid*, Il lavoro non standard. Riflessioni nell'ottica dei mercati transizionali del lavoro, DRI 2011, Nr. 1, 1, 35; *Ricci*, La somministrazione di lavoro dopo la riforma, in: De Luca Tamajo/Rusciano/Zoppoli (a cura di), Mercato del lavoro, riforma e vincoli del sistema, S. 126.

16 *Keller/Seifert*, WISO Diskurs April 2008, Flexicurity: Ein europäisches Konzept und seine nationale Umsetzung, S. 21.

17 *Tiraboschi*, Le riforme del mercato del lavoro dell'ultimo decennio: un processo di liberalizzazione?, RIDL 2006, I, 477, 487; *Tiraboschi*, Riforma Biagi e Strategia Europea per la occupazione, in: Tiraboschi (a cura di), La riforma Biagi del mercato del lavoro, S. 49; *Zappalà*, Nuova disciplina del lavoro temporaneo e modello di regolazione comunitaria, in: De Luca Tamajo/Rusciano/Zoppoli (a cura di), Mercato del lavoro, riforma e vincoli del sistema, S. 165.

18 *Carinci, F.*, Diritto del lavoro, commentario, Carinci, F. (diretto da), vol. II, S. 1326; *Keller/Seifert*, WISO Diskurs April 2008, Flexicurity: Ein europäisches Konzept und seine nationale Umsetzung, S. 3.

19 *Keller/Seifert*, WISO Diskurs April 2008, Flexicurity: Ein europäisches Konzept und seine nationale Umsetzung, S. 22.

- flexible und verlässliche vertragliche Vereinbarungen;
- umfassendes und lebenslanges Lernen;
- effektive und aktive Beschäftigungspolitik[20] und
- moderne Systeme der sozialen Sicherung.

Arbeitnehmerüberlassungsverträge verbinden die Logik sozialversicherter Beschäftigungsverhältnisse mit externer Flexibilität der Unternehmen und stellen somit eine systemimmanente Form der Flexicurity dar.[21]

Die vorliegende Arbeit vergleicht die Rechtslage der Arbeitnehmerüberlassung in Italien und Deutschland unter Einbeziehung der Frage, in wieweit die zahlreichen Arbeitsmarktreformen, die sowohl in Deutschland, als auch in Italien in den vergangenen circa 15 Jahren durchgeführt wurden, den Grundsätzen des Konzeptes der Flexicurity Rechnung tragen. Während in Deutschland der Fokus auf der Reduzierung von Langzeitarbeitslosigkeit anhand eines präventiven Aktivierungsansatzes liegt, ist er in Italien auf Flexibilisierung an den Rändern des Arbeitsmarktes gerichtet.

Schwerpunktmäßig wird dabei die Rechtslage der Arbeitnehmerüberlassung in Italien unter Berücksichtigung der wichtigsten Gesetzesänderungen dargestellt. Ausgangspunkt ist die sog. Biagi-Reform mit dem gleichnamigen Gesetz vom Jahr 2003 einschließlich der das Gesetz umsetzenden Gesetzesverordnung, die jedoch nachfolgend immer wieder modifiziert wurde. Die einzelnen Neuerungen werden jeweils mit dem geltenden deutschen Recht der Arbeitnehmerüberlassung[22] verglichen, wobei auf die spezifischen Probleme der Arbeitnehmerüberlassung in Deutschland hier nicht in allen Einzelheiten eingegangen werden kann. Anhand ausgewählter Aspekte werden die maßgeblichen Unterschiede bzw. bedeutenden Gemeinsamkeiten in den beiden Rechtsordnungen aufgezeigt. Zur weiteren fundierteren Auseinandersetzung wird auf die jeweils einschlägige Literatur verwiesen. Schließlich werden die Regelungen in Bezug zu den europarechtlichen Vorgaben gesetzt und bewertet. Es wird untersucht, inwiefern die gesetzlichen Änderungen in beiden Ländern zu einer Verbesserung des Schutzes der Leiharbeitnehmer geführt haben und in welchem Bereich noch Handlungsbedarf besteht.

---

20 In Bezug auf Deutschland und Italien vgl. *Spattini*, Riforme possibili, riforme necessarie: L'utilità di una comparazione tra il caso italiano e quello tedesco, in: Tiraboschi (a cura di), La riforma Biagi del mercato del lavoro, S. 54.

21 Hierzu *Bocchieri*, Il nuovo contratto collettivo nazionale di lavoro per le agenzie di somministrazione di lavoro, RIDL 2009, III, 69, 69; *Franken*, Der Betrieb Online, SAE vom 16.11.2010, Heft 7, S. 3.

22 Unter Berücksichtigung der durch das „Erste Gesetz zur Änderung des Arbeitnehmerüberlassungsgesetzes – Verhinderung von Missbrauch der Arbeitnehmerüberlassung" (1. AÜGÄndG) vom 28.4.2011, BGBl. I S. 642 (Nr. 18) eingeführten Neuerungen.

Bereits vorab ist darauf hinzuweisen, dass die italienische Fachterminologie so genau wie möglich in der deutschen Übersetzung wiedergegeben wird.[23] Die jeweiligen italienischen Fachbegriffe sind jedoch selbst bei einer möglichst wortgetreuen deutschen Übersetzung nie in allen Details mit den jeweiligen deutschen Begriffen deckungsgleich. Denn schon allein die damit bezeichneten Rechtsinstitute entsprechen sich nicht direkt. Die einzelnen übersetzten Termini sind daher unter Berücksichtigung dieser Besonderheit zu verstehen. Bei sehr starken Abweichungen oder der Gefahr der Missverständlichkeit oder für den Fall, dass kein entsprechendes deutsches Rechtsinstitut besteht, wird der italienische Begriff mit der entsprechenden wörtlichen Übersetzung in Klammern verwendet.

Literatur und Rechtsprechung sind bis August 2012 berücksichtigt.

II. Gang der Untersuchung

Zunächst werden die wichtigsten Etappen der italienischen Gesetzgebung aufgezeigt, ausgehend von einem absoluten Verbot der Arbeitnehmerüberlassung.

Der Hauptteil konzentriert sich auf die Gesetzesverordnung Nr. 276 vom 10.9.2003[24] als Umsetzung des Gesetzes Nr. 30 vom 14.2.2003[25] (sog. *Legge Biagi*)[26], einschließlich der im Anschluss daran vorgenommenen Änderungen. Dabei werden steuerrechtliche und – weitgehend – prozessuale Aspekte ausgeklammert. Einleitend wird auf die Ziele der Biagi-Reform eingegangen, und die in diesem Zusammenhang neu eingeführten Instrumente werden kurz beleuchtet. Anschließend werden die Regelungen der Arbeitnehmerüberlassung in Italien dargestellt, wobei ein besonderes Augenmerk auf die Vorschriften zum Schutz der Leiharbeitnehmer gelegt wird. Gleichzeitig werden die entsprechenden deutschen Regelungen gegenübergestellt und sowohl Unterschiede als auch Gemeinsamkeiten herausgearbeitet.

Im Schlussteil werden die jeweils erarbeiteten Ergebnisse unter Berücksichtigung der Vor- und Nachteile bewertet, auch unter dem Gesichtspunkt, ob den Vorgaben des Europarechtes entsprochen wurde. Zuletzt wird noch auf Aspekte des internationalen Privatrechtes eingegangen.

23 Näheres bei *Schregle*, RdA 1989, 255 ff.; *Feuerborn*, S. 33.

24 G.U. Nr. 235 vom 9.10.2003, im Folgenden: Gesetzesverordnung Nr. 276/2003.

25 G.U. Nr. 47 vom 26.2.2003, im Folgenden: Gesetz Nr. 30/2003.

26 Benannt nach dem im März 2002 in Bologna von Terroristen ermordeten Arbeitsrechtsprofessor Marco Biagi aus Bologna.

§ 2 Begriff der Arbeitnehmerüberlassung

Zunächst ist eine Klarstellung der Begrifflichkeiten erforderlich, da die italienische und die deutsche von der international gebräuchlichen Terminologie in Bezug auf das Thema Arbeitnehmerüberlassung differiert. International wird diese Beschäftigungsform üblicherweise als Zeitarbeit bezeichnet. So war auch im Italienischen der Terminus „*lavoro temporaneo*" gebräuchlich. Synonym werden in Deutschland die Begriffe Arbeitnehmerüberlassung, Leiharbeit oder Personalleasing benützt.[27] In Italien finden sich im Zusammenhang mit dieser Materie neben dem bereits genannten Begriff „*lavoro temporaneo*", die Termini „*lavoro interinale*", „*fornitura di lavoro temporaneo*"[28] und „*somministrazione di lavoro*".

Unternehmen benötigen flexible personalpolitische Instrumente, um auf kurzfristige Auftragsschwankungen reagieren zu können. Zum einen stehen interne Flexibilisierungsinstrumente, wie Überstunden, Arbeitszeitkonten und tarifliche Öffnungsklauseln bzw. betriebliche Bündnisse für Arbeit zur Verfügung, um auf diese Weise Variationen der Arbeitszeit zu ermöglichen. Zum anderen existiert eine Vielzahl externer Flexibilisierungsinstrumente wie befristete Beschäftigung, Teilzeitarbeit, Mini- und Midijobs und Zeitarbeit, die Arbeitszeitflexibilität erlauben.

Die klassische Verwendung der Zeitarbeit besteht in der Deckung des vorübergehenden Personalbedarfs von Unternehmen. Zeitarbeit erwächst aus der Beschäftigungskrise und dem Bedarf der Flexibilisierung.[29] Sie wird genutzt, um Auftragsspitzen abzufangen oder kurzfristige Ausfälle auszugleichen und dient den Unternehmen damit als „Ad-hoc-Ersatz" oder „Flexibilitätspuffer".[30] Daneben eröffnet sie Berufsanfängern und vormalig Beschäftigten einen alternativen Weg in den Arbeitsmarkt.[31]

---

27 *Hamann*, NZA 2011, 70, 70.

28 *Bano*, La somministrazione di lavoro, in: Perulli (a cura di), Impiego flessibile e mercato del lavoro, S. 16.

29 *Rausei*, S. 131.

30 *Holst/Nachtwey/Dörre*, Funktionswandel von Leiharbeit, Neue Nutzungsstrategien und ihre arbeits- und mitbestimmungspolitischen Folgen, S. 4; Ulber/*Ulber*, AÜG, Einl. C. Fremdfirmenarbeit, Rdnr. 2 ff.

31 *Burda/Kvasnicka*, Zeitarbeit in Deutschland: Trends und Perspektiven, S. 4.

Darüber hinaus ergibt sich seit der Deregulierung im vergangenen Jahrzehnt eine neue Funktion der Zeitarbeit, bedingt durch Fachkräftemangel einerseits und durch den enormen Anstieg der Anzahl der verfügbaren Leiharbeitskräfte andererseits.

Die Anzahl der Leiharbeitnehmer in beiden Ländern divergiert stark: während in Italien zu Beginn des ersten Halbjahres 2010 eine Gesamtzahl von ca. 595.000 Leiharbeitnehmern zu verzeichnen war,[32] betrug die Zahl in Deutschland im Juni 2010 bundesweit ca. 806.100[33] Leiharbeitnehmer. Zwar konnte sich die Leiharbeit nach dem immensen Einbruch in den Jahren 2008 und 2009 infolge der Wirtschaftskrise ab 2010 langsam erholen.[34] Aufgrund der derzeit schlechten Wirtschaftslage in Italien ist die Entwicklung besonders in den letzten Monaten aber wieder negativ: zum Ende des zweiten Quartals 2012 war für den Monat Mai 2012 ein Rückgang der durchschnittlich monatlich beschäftigten Leiharbeitnehmer um 8,6% im Verhältnis zu der im Monat Mai 2011 ermittelten Zahl festzustellen.[35]

Im Dezember 2011 gab es in Deutschland ca. 872.000 Leiharbeitnehmer. In den letzten zehn Jahren hat sich ihre Zahl damit verdreifacht, in den letzten 20 Jahren versiebenfacht.[36] Das dynamische Beschäftigungswachstum hat im Laufe der Jahre nur kurzzeitige Unterbrechungen erfahren. Nachdem die Zahl der Leiharbeitnehmer zur Jahresmitte 2011 auf über 900.000 gestiegen war, sank sie zum Jahresende wieder ab.[37] Seit mehreren Monaten zeigt sich nun ein konjunkturbedingtes Abflachen. Die Arbeitnehmerüberlassung ist von hoher Dynamik geprägt: Im zweiten Halbjahr 2011 wurden 561.000 Leiharbeitsverhältnisse neu abgeschlossen und 702.000 Beschäftigungsverhältnisse in der Zeitarbeit beendet.[38]

---

32 http://personalorder.de/index.php?load=3,9&art_id=22077, Abrufdatum: 31.12.2012; aktuelle bereinigte Zahlen für eine Gegenüberstellung der jährlich durchschnittlich in Deutschland und Italien beschäftigten Leiharbeitnehmer waren für Italien nicht verfügbar, da diese Zahlen mit zeitlicher Verzögerung veröffentlicht werden.

33 Bundesagentur für Arbeit, Arbeitsmarktberichterstattung: Der Arbeitsmarkt in Deutschland, Zeitarbeit in Deutschland – Aktuelle Entwicklungen, Stand: Januar 2011.

34 Osservatorio Nazionale, Indicatori del lavoro interinale in Italia. Un aggiornamento al 2010 (Ebitemp), http://ebitemp.it/files/indica_2010.pdf.

35 245.000 Leiharbeitnehmer im Mai 2012 gegenüber 268.000 im Vorjahr, vgl. Statistik Juli 2012 für den Monat Mai 2012, Osservatorio Nazionale, Nota congiunturale dell'Ente bilaterale per il lavoro temporaneo (Ebitemp), http://ebitemp.it/files/news_luglio_12.doc.

36 Bundesagentur für Arbeit, Arbeitsmarktberichterstattung: Der Arbeitsmarkt in Deutschland, Zeitarbeit in Deutschland – Aktuelle Entwicklungen, Stand: Juli 2012, S. 6.

37 Bundesagentur für Arbeit, Arbeitsmarktberichterstattung: Der Arbeitsmarkt in Deutschland, Zeitarbeit in Deutschland – Aktuelle Entwicklungen, Stand: Juli 2012, S. 11.

38 Bundesagentur für Arbeit, Arbeitsmarktberichterstattung: Der Arbeitsmarkt in Deutschland, Zeitarbeit in Deutschland – Aktuelle Entwicklungen, Stand: Juli 2012, S. 18.

Die große Dynamik der Branche spiegelt sich auch in einem überdurchschnittlich hohen Risiko wieder, aus sozialversicherungspflichtiger Beschäftigung heraus in die Arbeitslosigkeit abzudriften.[39]

I. Definition nach deutschem Recht

Die Arbeitnehmerüberlassung ist in § 1 Abs. 1 S. 1, Abs. 2 des Arbeitnehmerüberlassungsgesetzes[40] in der neuen Fassung definiert. Dieser Vorschrift lassen sich fünf Voraussetzungen entnehmen:

- Zwischen Leiharbeitnehmer und Verleiher muss ein Arbeitsverhältnis bestehen, zwischen Verleiher und Entleiher ein Arbeitnehmerüberlassungsvertrag. Das besondere Kennzeichen der Arbeitnehmerüberlassung ist demnach die Dreiecksbeziehung.
- Als weiteres Merkmal muss der Leiharbeitnehmer tatsächlich an den Entleiher zur Arbeitsleistung überlassen werden.
- Seit in Kraft treten des „Ersten Gesetzes zur Änderung des Arbeitnehmerüberlassungsgesetzes" am 1.12.2011 muss die Überlassung darüber hinaus nicht mehr gewerbsmäßig, sondern „im Rahmen ihrer wirtschaftlichen Tätigkeit" erfolgen.[41]
- Zudem darf keine Arbeitsvermittlung vorliegen.[42]
- Als letztes Kriterium ist erforderlich, dass die Tätigkeit des Verleihens im Geltungsbereich des Arbeitnehmerüberlassungsgesetzes (im Folgenden: AÜG) erfolgt.

II. Definition nach italienischem Recht

Der Terminus „Leiharbeit" wurde bereits im Zusammenhang mit den Vorschriften zur Vermittlung (*intermediazione*) und zur Zwischenvergabe (*interposizione*)[43]

---

39 Bundesagentur für Arbeit, Arbeitsmarktberichterstattung: Der Arbeitsmarkt in Deutschland, Zeitarbeit in Deutschland – Aktuelle Entwicklungen, Stand: Juli 2012, S. 4.

40 Gesetz zur Regelung der Arbeitnehmerüberlassung (Arbeitnehmerüberlassungsgesetz – AÜG) vom 7.8.1972 (BGBl. I S. 1393) und zur Änderung anderer Gesetze in der Fassung der Bekanntmachung vom 3.2.1995 (BGBl. I S. 158), zuletzt geändert durch das Gesetz zur Änderung des Arbeitnehmerüberlassungsgesetzes und des Schwarzarbeitbekämpfungsgesetzes vom 20.7.2011 (BGBl. I S. 1506), im Folgenden: AÜG.

41 Ulber/*Ulber*, AÜG, § 1 Rdnr. 174.

42 Ulber/*Ulber*, AÜG, § 1 Rdnr. 211 ff.

43 *Carinci, F./De Luca Tamajo/Tosi/Treu*, Diritto del lavoro, S. 103.

von Arbeitsleistungen verwendet, die beide im Gesetz Nr. 1369 vom 23.10.1960[44] gemäß Art. 1 Abs. 1 verboten waren. Das Gesetz trug die Bezeichnung „Verbot der Vermittlung und Zwischenvergabe von Arbeitsleistungen und Neuregelung der Beschäftigung von Arbeitskräften bei Unternehmerwerkverträgen zur Ausführung eines Werkes oder zur Leistung von Diensten".[45] Daneben war jede Form privater Arbeitsvermittlung gemäß Art. 11 Abs. 1 Gesetz Nr. 264 vom 29.4.1949[46], auch wenn sie unentgeltlich erfolgte, verboten.[47]

Vor diesem Hintergrund hätte es in Italien keine Leiharbeitsverhältnisse geben dürfen. Dennoch wurde gegen dieses Verbot vielfach verstoßen.[48]

Der in Art. 1 Abs. 1 des Gesetzes Nr. 1369/1960 benutzte Begriff des „Leiharbeitnehmers" geht gleichwohl weiter als der im deutschen Arbeitnehmerüberlassungsgesetz definierte: Es wurden alle Arbeitnehmer erfasst, deren Einsatz gegen die Verbote des Art. 2127 Abs. 1 des *Codice civile*[49] (italienisches Zivilgesetzbuch), das Verbot der Zwischenvergabe von Akkordarbeit, oder das Verbot des Art. 1 Abs. 1 des Gesetzes Nr. 1369/1960 verstößt.[50]

Mit Gesetz Nr. 196/1997 wurde die Leiharbeit erstmalig mittels Agentur gesetzlich erlaubt,[51] damals unter dem Begriff „*lavoro interinale*". Dabei war das Merkmal „vorübergehend" das Element, das den Vertrag und die vermittelnde (*interpositoria*) Tätigkeit legitimierte.[52] Anderenfalls hätte ein Verbot i.S.d. Gesetzes Nr. 1369/1960 vorgelegen, das durch das nachfolgende Gesetz Nr. 196/1997 nicht ausdrücklich abgeschafft worden war.[53]

Durch die Gesetzesverordnung Nr. 276/2003 wurde die Leiharbeit unter der Bezeichnung „*somministrazione di lavoro*" eingeführt, die die Vorgängerregelung unter der Bezeichnung „*lavoro interinale*" ersetzt.[54]

---

44 G.U. Nr. 289 vom 25.11.1960, im Folgenden: Gesetz Nr. 1369/1960.

45 *Feuerborn*, S. 38.

46 G.U. Nr. 125 vom 1.6.1949, im Folgenden: Gesetz Nr. 264/1949.

47 Nach der Regelung des Art. 11 Abs. 2 Gesetz Nr. 264/1949 musste die Einstellung jedes Arbeitnehmers, der benötigt wird, grundsätzlich über das Arbeitsamt erfolgen, vgl. *Feuerborn*, S. 38 f.

48 *Feuerborn*, S. 39.

49 Codice civile, erlassen durch das königliche Dekret Nr. 262 vom 16.3.1942, zuletzt geändert durch die Arbeitsrechtsreform mit Gesetz Nr. 92 vom 28.6.2012, im Folgenden: c.c.

50 *Feuerborn*, S. 40.

51 *Carinci, M.T.*, S. 20.

52 *Bano*, La somministrazione di lavoro, in: Perulli (a cura di), Impiego flessibile e mercato del lavoro, S. 16.

53 Siehe unten § 3 I 2 c.

54 *Carinci, M.T.*, S. 28; *Treu*, Riforma Biagi e nuove regole del mercato del lavoro, in: Sviluppo e occupazione nel mercato globale, Ferraro (a cura di), S. 168; gleichwohl wird der Begriff „*lavoro interinale*" weiterhin, wenn auch nicht korrekt, verwendet.

§ 3 Die gesetzliche Entwicklung

I. Die gesetzliche Entwicklung in Italien

1. Vorgaben höherrangigen Rechtes

Sowohl das Unionsrecht als auch das nationale Verfassungsrecht enthält Vorgaben für das Recht der Arbeitnehmerüberlassung. Auf unionsrechtlicher Ebene kommt der Richtlinie 2008/104/EG des Europäischen Parlamentes und des Rates vom 19.11.2008 über Leiharbeit, in Kraft getreten am 5.12.2008[55], mit ihren vorrangigen Zielen des Schutzes der Leiharbeitnehmer und der Verbesserung der Qualität der Arbeitnehmerüberlassung[56] besondere Bedeutung zu.

Die Richtlinie ist der letzte Rechtsakt der Europäischen Union (EU) im Rahmen ihres Flexicurity Programms, mit dem sie beabsichtigt, für atypische Beschäftigungsverhältnisse spezifische Beschäftigungsrisiken abzufedern.[57] Sie legte erstmals Mindeststandards für die Arbeitsbedingungen der damals ca. 8 Millionen Leiharbeitnehmer in der Europäischen Union fest und musste von den Mitgliedstaaten innerhalb von drei Jahren in nationales Recht umgesetzt werden. Die Erwägungsgründe der Leiharbeitsrichtlinie stellen die neue Richtlinie in den Zusammenhang mit dem sog. Flexicurity-Ansatz der Europäischen Union. Die Richtlinie betont insoweit ausdrücklich, dass Leiharbeit im Interesse sowohl von Unternehmern als auch von Arbeitnehmern ist, da das Instrument der Leiharbeit nicht nur dem Flexibilitätsbedarf der Unternehmen entgegenkomme, sondern auch dem Bedürfnis der Arbeitnehmer, Beruf und Privatleben zu vereinbaren.[58]

Ziel der Richtlinie ist es, für den Schutz der Leiharbeitnehmer[59] zu sorgen und die Qualität der Leiharbeit zu verbessern, indem die Einhaltung des Grundsatzes der Gleichbehandlung von Leiharbeitnehmern (Art. 5 der Richtlinie) gesichert

55 Richtlinie 2008/104/EG des Europäischen Parlamentes und des Rates über Leiharbeit vom 19.11.2008, ABl. 2008, L 327/9 ff., vom 5.12.2008, im Folgenden: Richtlinie über Leiharbeit.

56 Ulber/*Ulber*, AÜG, Einl. F. Fremdfirmenarbeit mit Auslandsbezug, Rdnr. 57.

57 *Mayer*, AuR 2011, 4, 4.

58 Erwägungsgrund Nr. 11 der Richtlinie 2008/104/EG des Europäischen Parlamentes und des Rates über Leiharbeit vom 19.11.2008.

59 Erwägungsgründe Nr. 12 und 23 der Richtlinie 2008/104/EG des Europäischen Parlamentes und des Rates über Leiharbeit vom 19.11.2008.

wird und die Leiharbeitsunternehmen als Arbeitgeber anerkannt werden,[60] wobei zu berücksichtigen ist, dass ein angemessener Rahmen für den Einsatz von Leiharbeit festgelegt werden muss, um wirksam zur Schaffung von Arbeitsplätzen und zur Entwicklung flexibler Arbeitsformen beizutragen (Art. 2 der Richtlinie).

Auf nationaler Ebene können die arbeitsrechtlichen Vorschriften nicht losgelöst von den verfassungsrechtlichen Regelungen betrachtet werden.

In beiden Ländern finden sich grundlegende Regeln für das Arbeitsrecht in den jeweiligen Verfassungen. In Deutschland ist vor allem an den Art. 12 GG, aber auch an die Artt. 1, 3 und 9 GG zu denken.

In Italien ist an erster Stelle Art. 4 Abs. 1 der italienischen Verfassung (Costituzione)[61] zu berücksichtigen.[62] Danach „*erkennt die Republik allen Staatsbürgern das Recht auf Arbeit zu und fördert die Voraussetzungen für die Verwirklichung dieses Rechtes*".[63] Zwar ist Art. 4 Abs. 1 zu entnehmen, dass er dem einzelnen Arbeitnehmer kein subjektives Recht auf einen Arbeitsplatz im Sinne eines gerichtlich durchsetzbaren Anspruches statuiert.[64] Für den Gesetzgeber ergibt sich jedoch die Pflicht, die wirtschaftlichen und rechtlichen Rahmenbedingungen so zu gestalten, dass ein Höchstmaß an Beschäftigung erreicht wird.[65] Zu den Regelungen, die zur Verwirklichung dieses Verfassungsauftrages beitragen sollen, gehören neben den Vorschriften zum Kündigungsschutz – dies ergibt sich letztlich aus Art. 41 Abs. 2 Cost.[66] – auch die Vorschriften über die allgemeine Arbeitsvermittlung.[67] Schließlich wird diese Pflicht, eine Politik der Arbeits- und Produktionsorganisation zur Schaffung neuer Arbeitsplätze einzuschlagen, den Unternehmern bzw. dem Management auch auf Druck der Gewerkschaften auferlegt.[68]

Welcher Stellenwert der „Arbeit" in der italienischen Verfassung eingeräumt wird, wird auch durch die Regelung des Art. 35 Abs. 1 Cost. verdeutlicht, der beinhaltet, dass „*die Republik die Arbeit in allen ihren Formen und Anwendungen schützt*".[69]

---

60 *Boemke*, RIW 2009, 177, 177.

61 Costituzione della Repubblica Italiana, verkündet am 27.12.1947, G.U. Nr. 298 vom 27.12.1947, in Kraft getreten am 1.1.1948, im Folgenden: Cost.

62 *Mazzotta*, Diritto del lavoro, S. 54 f.

63 Vgl. *Feuerborn*, S. 84.

64 *Feuerborn*, S. 84; *Mazziotti*, S. 53.

65 *Feuerborn*, S. 84; *Mazziotti*, S. 53.

66 *Mazziotti*, S. 54.

67 *Feuerborn*, S. 84; *Mazziotti* S. 53 f.

68 *Mazziotti*, S. 54.

69 *Mazziotti*, S. 53.

2. Überblick über die wichtigsten Maßnahmen der Gesetzgebung

Die Entwicklung des italienischen Arbeitsmarktes war geprägt von einer Vielzahl von Gesetzesänderungen, die einhergingen mit dem Ziel der Dezentralisierung der Befugnisse, das bedeutet der Abkehr vom staatlichen Monopol der Arbeitsvermittlung[70] hin zu privaten Unternehmen[71] und zur Regionalisierung der Arbeitsmarktpolitik. Damit sollten die arbeitsmarktpolitischen Maßnahmen besser an den Bedarf der Regionen angepasst werden, die nun für die Gesetzgebung, Organisation und Planung der öffentlichen Arbeitsverwaltung und für die Arbeitsmarktpolitik insgesamt zuständig sind.[72]

a) Ausgangslage

Nach dem Ende des Zweiten Weltkrieges lag das Monopol der Arbeitsvermittlung bei der öffentlichen Hand (Art. 7 Gesetz Nr. 264/1949).[73] Dies bedeutete, dass der Arbeitssuchende sich an die Behörde für Arbeit und Vollbeschäftigung (*ufficio del lavoro e massima occupazione*) wenden musste. Auf der anderen Seite war der Arbeitgeber – anders als in Deutschland – verpflichtet, die Einstellung von Arbeitnehmern grundsätzlich über das Arbeitsamt vorzunehmen.[74] Das Arbeitsamt (*ufficio di collocamento*) verteilte dann die Arbeit nach der Methode der sog. numerischen Arbeitsplatzvergabe.[75] Diese Pflicht wird durch das Verbot der privaten Arbeitsvermittlung in den Artt. 11 Abs. 1, 27 Abs. 1 des Gesetzes Nr. 264/1949 ergänzt.[76]

Durch das Monopol sollte eine gerechte Zuweisung der Arbeitplätze und die Kontrolle des Arbeitsmarktes im Sinne des Art. 4 Abs. 1 Cost. gesichert werden.[77] Dieses System war allerdings äußerst unflexibel. Darüber hinaus führte die Anwendung der Artt. 11, 27 des Gesetzes Nr. 264/1949 zu keinem sehr weitreichenden

70 *Tiraboschi*, Le riforme del mercato del lavoro dell'ultimo decennio: un processo di liberalizzazione?, RIDL 2006, I, 477, 495; *Giovani*, Il giudizio di Confartigianato sulla riforma Biagi, in: Tiraboschi (a cura di), La riforma Biagi del mercato del lavoro, S. 896; *Caruso/Cinelli/Ferraro*, Diritto del lavoro, S. 156.

71 *Corbascio/Nacci*, Il contrasto al lavoro nero, in: Tiraboschi (a cura di), La riforma Biagi del mercato del lavoro, S. 254; *Tiraboschi*, Riforma del mercato del lavoro e modello organizzativo tra vincoli costituzionali ed esigenze di unitarietà del sistema, in: Olivelli/Tiraboschi (a cura di), Il diritto del mercato del lavoro dopo la riforma Biagi, S. 68.

72 *Rausei*, S. 14 sowie *ders.* ausführlich zur Neuordnung des Verhältnisses Staat-Regionen, S. 12 ff.

73 *Feuerborn* S. 85 ff.; *Rausei*, S. 151; *Rosano*, Prospettive di restyling per la gestione del mercato del lavoro, in: Cinelli/Ferraro, Lavoro, competitività, welfare, S. 9.

74 *Feuerborn*, S. 87.

75 *Feuerborn*, S. 88 f.

76 *Feuerborn*, S. 96 f.

77 Corte di Cassazione vom 23.6.1984, Nr. 5873, Riv. pen. 1984, 771, 775 f.; vgl. *Feuerborn*, S. 98.

Schutz der durch „Zwischenvergabe“ verliehenen Arbeitnehmer,[78] da die Arbeitsvermittlungsvorschriften keine strafrechtlichen Sanktionen für eine bereits erfolgte rechtswidrige Vermittlung und Einstellung vorsahen.[79] Die Bemühungen zur Bekämpfung der Zwischenvergabe haben die Ausgestaltung des Gesetzes Nr. 1369/1960 stark beeinflusst.[80]

b) Das Gesetz Nr. 1369 vom 23.10.1960

Das Gesetz Nr. 1369 vom 23.10.1960 untersagte[81] in Art. 1 Abs. 1 Werk- oder Subunternehmerverträge über reine Arbeitsleistungen sowie jede andere Form der Vermittlung und Zwischenvergabe von reinen Arbeitsleistungen (*divieto di intermediazione e interposizione nelle prestazioni di lavoro*),[82] und verbot damit vollständig die Arbeitnehmerüberlassung.[83] Werk- oder Subunternehmerverträge über reine Arbeitsleistungen waren beispielhaft aufgeführt, da diese in der Praxis am häufigsten zur Verschleierung einer Zwischenvergabe von reinen Arbeitsleistungen benutzt wurden.[84]

Hintergrund für den Erlass des Gesetzes war die wachsende Flexibilität, die mit einem hohen Schutzbedürfnis der Arbeitnehmer einherging.[85] Die zunehmende Tendenz der Ausweitung der Arbeitnehmerschutzrechte hatte dazu geführt, dass die Unternehmer verstärkt versuchten, die Anwendung der Schutzvorschriften mit ihrer hemmenden und kostenverursachenden Wirkung zu umgehen.[86] Dem Schutzbedürfnis der Arbeitnehmer stand und steht das Interesse der Unternehmer gegenüber, nach dem Prinzip der Gewinnmaximierung kostengünstig zu produzieren, indem die Anzahl der für die Produktion benötigten Arbeitskräfte begrenzt wird, ohne die mit der Arbeitgeberstellung verbundenen kostenverursachenden Pflichten übernehmen zu müssen.[87] Hierzu bot und bietet sich

---

78 *Feuerborn*, S. 102 und 106.

79 *Feuerborn*, S. 106.

80 *Feuerborn*, S. 102.

81 Zu Problematik der Aufhebung des Verbotes der Zwischenvergabe siehe § 3 I 2 c.

82 *Feuerborn*, S. 145.

83 *Feuerborn*, S. 147; vgl. hierzu auch weiterführend die Besprechung von *Abele*, Zum Verbot der Arbeitnehmerüberlassung in Italien, JbItalR 8 (1995), 221 ff.

84 *Feuerborn*, S. 145; *Carinci, M.T.*, S. 4 ff.

85 *Ricci*, La somministrazione di lavoro dopo la riforma, in: De Luca Tamajo/Rusciano/Zoppoli (a cura di), Mercato del lavoro, riforma e vincoli del sistema, S. 121; siehe hierzu ebenfalls *Treu*, Riforma Biagi e nuove regole del mercato del lavoro, in: Sviluppo e occupazione nel mercato globale, Ferraro (a cura di), S. 155 ff.

86 *Feuerborn*, S. 53.

87 *Schmid*, Il lavoro non standard. Riflessioni nell'ottica dei mercati transizionali del lavoro, DRI 2011, Nr. 1, 1, 31.

an, einen Mittelsmann als scheinbaren Arbeitgeber dazwischenzuschalten, der dem Unternehmer „seine“ Arbeitnehmer entsprechend dem jeweiligen Bedarf des Unternehmers zur Verfügung stellt und die Arbeitgeberpflichten übernimmt. Die Zwischenvergabe trifft demnach auch auf Leiharbeit zu. Der Vorteil der nur mittelbaren Beschäftigung von Arbeitskräften ist ein deutlich flexiblerer Einsatz der Arbeitnehmer. Insbesondere greifen die Kündigungsschutzvorschriften nicht, wenn der Arbeitnehmer mangels Beschäftigungsbedarfes an den Mittelsmann „zurückgesendet“ wird.[88] Das Interesse des italienischen Arbeitgebers, Kündigungen zu umgehen, ist besonders groß, weil Arbeitnehmer in Italien unabhängig von der Form der Beendigung des Arbeitsverhältnisses einen gesetzlichen Anspruch auf eine Abfindung (*trattamento di fine rapporto – T.F.R.*) (Art. 2120 c.c.) haben.[89]

Um dem Verbot der Zwischenvergabe Durchsetzungskraft zu verleihen, hatte der Gesetzgeber für den Fall des Verstoßes zwei Sanktionsnormen aufgenommen: zum einen in Art. 2 des Gesetzes Nr. 1369/1960 eine Geldbuße für den Entleiher und den Verleiher sowie zum anderen, mit weiterreichender Wirkung, die gesetzliche Fiktion nach Art. 1 Abs. 5 des Gesetzes Nr. 1369/1960, wonach die illegal verliehenen Arbeitnehmer rechtlich als Arbeitnehmer des Entleihers behandelt wurden. Die Konsequenz dieser Fiktion war eine umfassende Einstandspflicht des Entleihers. Ziel war es, die Arbeitgeberpflichten demjenigen zuzuordnen, der tatsächlich die Arbeitsleistungen der Arbeitnehmer für sich nutzt und damit faktisch als deren Arbeitgeber fungiert.[90]

c) Das Gesetz Nr. 196 vom 24.6.1997 – *Pacchetto Treu*

Das Gesetz Nr. 196 vom 24.6.1997 (sog. *Pacchetto Treu*) umfasste Maßnahmen gegen die Arbeitslosigkeit und brachte hauptsächlich folgende Veränderungen:

Durch Einführung des Konzepts der Leiharbeit (*lavoro interinale*) mit dem Ziel der Flexibilisierung der Arbeit[91] wurde, wenn auch nicht ausdrücklich, das Verbot der Zeitarbeit faktisch aufgehoben.[92] Die Reform war allerdings geprägt von dem Gedanken, die Leiharbeit zum Schutz der Arbeitsplätze der Stammbelegschaft im Entleiherbetrieb stark einzuschränken. Dementsprechend streng war die Reglementierung.[93] Dabei war das Dreipersonenverhältnis gestützt auf den

---

88 *Feuerborn*, S. 50.

89 *Kindler*, Italienisches Handels- und Wirtschaftsrecht, § 3 Rdnr. 33; zur Kostenbelastung der Arbeitgeber im Einzelnen *Schmid*, Il lavoro non standard. Riflessioni nell'ottica dei mercati transizionali del lavoro, DRI 2011, Nr. 1, 1, 31.

90 *Feuerborn*, S. 141 f.

91 *Rausei*, S. 142.

92 *Caruso/Cinelli/Ferraro*, Diritto del lavoro, S. 156.

93 *Caruso/Cinelli/Ferraro*, Diritto del lavoro, S. 156.

sog. „*contratto per prestazioni di lavoro temporaneo*" (entspricht dem damaligen Leiharbeitsvertrag) und den sog. „*contratto di fornitura di lavoro temporaneo*" (entspricht dem damaligen Arbeitnehmerüberlassungsvertrag). Letzterer war jedoch gemäß Art. 1 Abs. 2 des Gesetzes Nr. 196/1997 nur erlaubt, wenn dies ausdrücklich in den landesweit geltenden Tarifverträgen (*contratti collettivi nazionali di lavoro*) geregelt war, sowie zur vorübergehenden Verwendung für Fälle, die im normalen betrieblichen Produktionsablauf nicht vorgesehen waren und um andere Arbeitnehmer in deren Abwesenheit unter Wahrung ihres Arbeitsplatzes zu ersetzen.

Das Verbot der Zwischenvergabe hat trotz ausdrücklicher Legitimierung der Zwischenvergabe unter bestimmten Voraussetzungen in Abweichung von Gesetz Nr. 1369/1960 während der Gültigkeit des Gesetzes Nr. 196/1997 dennoch fortbestanden.[94] Erfolgte die Lieferung von Zeitarbeit unter Verstoß gegen die Zulässigkeitsvoraussetzungen, stellte dies eine unzulässige Zwischenvergabe dar.[95]

Das Fortbestehen des Verbotes wurde von der Sanktionsnorm des Art. 10 Abs. 1 des Gesetzes Nr. 196/1997 bestätigt.[96]

Es gab allerdings auch Stimmen, die von einer impliziten Abschaffung des Gesetzes Nr. 1369/1960 infolge des Gesetzes Nr. 196/1997 ausgingen, weil sie den Verweis in Art. 10 auf das Gesetz Nr. 1369/1960 als reine Bezugnahme auf die Sanktionen des alten Gesetzes ansahen. Tatsächlich aber verwies Art. 10 bei genauer Betrachtung auf die gesamte Vorschrift des Gesetzes Nr. 1369/1960 und nicht nur auf das in Art. 2 enthaltene Sanktionssystem.

Zudem umfasste das Gesetz Nr. 196/1997 nicht all jene Voraussetzungen, die bereits Gegenstand des Gesetzes Nr. 1369/1960 waren, das teilweise als abgeschafft betrachtet wurde. Die zwei Gesetze schienen sich genau zu ergänzen, da das Gesetz Nr. 196/1997 zu den generellen Regelungen des Gesetzes Nr. 1369/1960 in einem Spezialitätsverhältnis stand.[97] Das Fortbestehen des Gesetzes Nr. 1369/1960 wurde durch die höchstrichterliche Rechtssprechung bestätigt.[98]

---

94 *Ricci*, La somministrazione di lavoro dopo la riforma, in: De Luca Tamajo/Rusciano/Zoppoli (a cura di), Mercato del lavoro, riforma e vincoli del sistema, S. 105; *Caruso/Cinelli/Ferraro*, Diritto del lavoro, S. 156; *Carinci, F.*, Diritto del lavoro, commentario, Carinci, F. (diretto da), vol. II, S. 1331; *Panariello*, Riforma del mercato del lavoro, interposizione, sistema sanzionatorio, in: De Luca Tamajo/Rusciano/Zoppoli (a cura di), Mercato del lavoro, riforma e vincoli del sistema, S. 158; *Mazziotti* S. 342.

95 *Caruso/Cinelli/Ferraro*, Diritto del lavoro, S. 156.

96 *Rausei*, S. 148.

97 *Rausei*, S. 149.

98 *Rausei*, S. 151; *Carinci, F.*, Diritto del lavoro, commentario, Carinci, F. (diretto da), vol. II, S. 1330 f.; Cass. S.U. 26.10.2006, Nr. 22910; auch Besprechung des Urteils von *Paterno*, RIDL 2007, II, 291 ff.; ebenfalls Anmerkungen zum Urteil von *Follieri*, Obbligazioni e Contratti, Nr. 5, 2008, S. 416 ff.

Dies entsprach auch den mit dem Gesetz verfolgten Zielen des Arbeitnehmerschutzes und der Beschäftigungsförderung. Die Zeitarbeit sollte daher zwar zulässig sein, allerdings nur unter engen Voraussetzungen. Eine der zahlreichen Sicherungsmaßnahmen war die Bedingung, dass der Überlassungsvertrag nur vorübergehend konzipiert sein durfte. Aufgrund dessen war es noch nicht möglich, ein Unternehmensmodell zu realisieren, das durch das vollständige und dauerhafte Outsourcing der Arbeitstätigkeit charakterisiert ist.[99] Aufgrund all der Schutzvorkehrungen konnte zu diesem Zeitpunkt noch nicht von prekären Arbeitsverhältnissen gesprochen werden, im Gegenteil, die Leiharbeitsverhältnisse waren sogar relativ sicher.[100]

d) Die Gesetzesverordnung Nr. 469 vom 23.12.1997

Mit Urteil vom 11.12.1997 stellte der EuGH fest, dass das öffentliche Monopol bei der Arbeitsvermittlung (*collocamento*) gegen den inzwischen in Art. 106 AEUV geregelten Art. 86 EG a.F.[101] verstieß, der das missbräuchliche Ausnutzen einer marktbeherrschenden Stellung verbietet.[102] Diese Entscheidung und die Veränderungen im Produktionssystem veranlassten den Gesetzgeber, das Instrument der Arbeitsvermittlung zu reformieren. Die Schwierigkeit bestand darin, einerseits dem Erfordernis an Regulierung und staatlicher Präsenz in diesem Bereich nachzukommen, andererseits aber die Regelungen nicht derart streng zu gestalten, dass gegen die allgemeinen Wettbewerbsregeln verstoßen wird. Mit der Gesetzesverordnung Nr. 469 vom 23.12.1997,[103] welche das Gesetz Nr. 59 vom 15.3.1997 (sog. *Legge Bassanini*)[104] umgesetzt hat, kam es daraufhin zu mehreren bedeutenden Änderungen.[105] Zunächst wurde das öffentliche Monopol abgeschafft[106] und ein gemischtes privat-öffentliches System errichtet, wobei die

---

99 *Carinci, M.T.*, S. 34 f.

100 *Giovani*, Il giudizio di Confartigianato sulla riforma Biagi, in: Tiraboschi (a cura di), La riforma Biagi del mercato del lavoro, S. 903.

101 Vertrag zur Gründung der Europäischen Gemeinschaft ist mit Inkrafttreten des Lissabon-Vertrages zum 1.12.2009 umbenannt worden in „Vertrag über die Arbeitsweise der Europäischen Union" und hat eine neue Artikelabfolge erhalten.

102 EuGH v. 11.12.1997 – Rs. C-55/96, EuZW 1998, 274, 274 ff.; *Falasca/Soldera*, Somministrazione di lavoro, S. 6.

103 G.U. Nr. 5 vom 8.1.1998, im Folgenden: Gesetzesverordnung Nr. 469/1997.

104 G.U. Nr. 63 vom 17.3.1997.

105 *Rosano*, Prospettive di restyling per la gestione del mercato del lavoro, in: Cinelli/Ferraro, Lavoro, competitività, welfare, S. 11.

106 *Marino*, La flessibilità del lavoro in Germania: spunti di riflessione e di comparazione con il d.lgs. 276/2003, in: Guidi/Miglioranzi (a cura di), il diritto del lavoro, S. 183; *Tursi/Varesi*, Lineamenti di diritto del lavoro, S. 80.

Vermittlung von privaten, vom Arbeitsministerium autorisierten Agenturen durchgeführt wird.[107] Letztlich muss man jedoch feststellen, dass aufgrund der hohen Hürden für Private das Monopol eigentlich beim Staat verblieben war.

Zudem wurde die öffentliche Arbeitsvermittlung auf die Regionen und Provinzen übertragen. Darüber hinaus wurde das „*Centro per l'impiego*", das Arbeitsamt, eingeführt, welches das bisherige „*ufficio di collocamento*" ersetzte.

e) Das Gesetz Nr. 488 vom 23.12.1999 – *Legge Finanziaria 2000*

Infolge der Veränderungen, die durch Art. 64 des Gesetzes Nr. 488 vom 23.12.1999[108] (sog. *Legge Finanziaria 2000*) eingeführt wurden, sind die Absätze 3 und 4 des Art. 1 des Gesetzes Nr. 196/1997 im Vergleich zum Ursprungstext in weiten Teilen neugefasst worden. Anschließend hob der Gesetzgeber zwei wichtige Begrenzungen der Wirksamkeit der Zeitarbeit auf. Insbesondere wurde ab 1.1.2000 die Zeitarbeit für Aufgaben im Bereich des Bauwesens und in der Landwirtschaft erlaubt, während zuvor in solchen Bereichen der Einsatz von Leiharbeitnehmern nur nach Einholung des Einverständnisses der zuständigen Gewerkschaften in Betracht gekommen war. Weiter sah das Gesetz Nr. 488/1999 (Art. 64) vor, das Verbot der Zeitarbeit in Bezug auf Arbeitnehmer, die nur eine geringe berufliche Qualifikationen vorweisen können, abzuschaffen, während vorher gerade diese Arbeitnehmer ausgeschlossen waren, die mehr als andere der Vermittlung durch Zeitarbeitsagenturen bedurft hätten.[109] Dadurch sollten die Fälle von Schwarzarbeit eingeschränkt werden.[110] Denn dieser Bereich war kraft ausdrücklicher gesetzlicher Regelung der Zuständigkeit der Zeitarbeitsunternehmen entzogen, so dass die Überlassung von meist geringer qualifizierten Arbeitskräften häufig zur Umgehung insbesondere der Mitteilungspflichten genutzt wurde. Durch Art. 64 des Gesetzes Nr. 488/1999 wurden die Bestimmungen zur Arbeitnehmerüberlassung an die europarechtlichen Vorgaben angepasst.[111]

f) Die Gesetzesverordnung Nr. 368 vom 6.9.2001

Erwähnt sei an dieser Stelle die Gesetzesverordnung Nr. 368 vom 6.9.2001[112], die zu einer erheblichen Erleichterung des Abschlusses befristeter Arbeitsverträge geführt hat. Bis zu diesem Zeitpunkt war dies nur in besonderen und unvorhergese-

---

107 *Rosano*, Prospettive di restyling per la gestione del mercato del lavoro, in: Cinelli/Ferraro, Lavoro, competitività, welfare, S. 11.

108 G.U. Nr. 302 vom 27.12.1999.

109 *Rausei*, S. 144.

110 *Rausei*, S. 144.

111 *Rausei*, S. 144 f.

112 G.U. Nr. 235 vom 9.10.2001, im Folgenden: Gesetzesverordnung Nr. 368/2001.

henen Fällen möglich, die tarifvertraglich oder gesetzlich abschließend aufgelistet waren. Eine Befristung des Arbeitsverhältnisses ist nunmehr aus technischen, vertretungsbedingten, produktionsbedingten und organisatorischen Gründen möglich (Art. 1 Abs. 1 Gesetzesverordnung Nr. 368/2001).[113]

g) Die Biagi-Reform

aa) Ziel

Die zweite Regierung Berlusconi sah sich großen Problemen gegenüber: angesichts der hohen Lohnkosten und der starren Regelungen vor allem im Bereich des Kündigungsschutzes war die Zahl der Schwarzarbeitsverhältnisse enorm gestiegen. Darüber hinaus haben die globale Entwicklung und ein zukunftsorientierter Markt das Bedürfnis nach immer größerer Flexibilität mit sich gebracht.[114]

Mit der Gesetzesverordnung Nr. 276 vom 10.9.2003[115], die das Gesetz Nr. 30 vom 14.2.2003[116] (sog. *Legge Biagi*) umsetzte, wurden einige veraltete arbeitsrechtliche Regelungen grundlegend reformiert. Zudem wurden in das italienische Arbeitsrechtssystem eine Reihe flexibler Beschäftigungsverhältnisse eingeführt. Daneben umfasst sie auch zahlreiche Materien, die in Deutschland dem Arbeitsförderungsrecht (SGB III) zugeordnet werden.[117]

Damit hoffte der italienische Gesetzgeber eine Steigerung der Beschäftigungszahlen[118] mit dem ehrgeizigen Ziel der Vollbeschäftigung[119] sowie eine erleichterte Zugangsmöglichkeit zum Arbeitsmarkt herbeizuführen (Art. 1 Abs. 1 Gesetzesverordnung Nr. 276/2003).[120]

bb) Ausgangspunkt: Das Weißbuch vom Oktober 2001[121]

Eine von der Regierung speziell eingesetzte Arbeitsgruppe – vergleichbar mit der sog. Hartz-Kommission in Deutschland – hatte im Oktober 2001 in einem Weiß-

---

113 Zu den Einschränkungen der Befristungsvoraussetzungen durch die jüngste Reform unten § 3 I 2 m.

114 *Tiraboschi*, Le riforme del mercato del lavoro dell'ultimo decennio: un processo di liberalizzazione?, RIDL 2006, I, 477, 481; *Caruso/Cinelli/Ferraro*, Diritto del lavoro, S. 153.

115 G.U. Nr. 235 vom 9.10.2003, im Folgenden: Gesetzesverordnung Nr. 276/2003.

116 G.U. Nr. 47 vom 26.2.2003, im Folgenden: Gesetz Nr. 30/2003.

117 *Fuchs*, NZA 2004, 956, 957.

118 *Ricci*, La somministrazione di lavoro dopo la riforma, in: De Luca Tamajo/Rusciano/Zoppoli (a cura di), Mercato del lavoro, riforma e vincoli del sistema, S. 121.

119 *Rausei*, S. 8; *Corbascio/Nacci*, Il contrasto al lavoro nero, in: Tiraboschi (a cura di), La riforma Biagi del mercato del lavoro, S. 253.

120 *Caruso/Cinelli/Ferraro*, Diritto del lavoro, S. 154.

121 *Carinci, F.*, Molto clamore per poco: all'indomani del d.lgs. n. 276/2003, Diritto del lavoro, commentario, Carinci, F. (diretto da), vol. I, Vorwort, S. XXXI f.

buch (sog. *Libro Bianco sul mercato del lavoro in Italia*) Vorschläge[122] zur Reformierung des italienischen Arbeitsmarktes erarbeitet.[123] Aufgrund der erfolgreichen Reform durch das Gesetz Nr. 196/1997 wurde mit ausdrücklicher Bezugnahme auf die frühere Regelung der Zeitarbeit (*lavoro interinale*) und auf die Arbeitsvermittlung (*intermediazione*) erwogen, die Modernisierung vor allem durch die Einführung eines neuen Regelungssystems zur Arbeitnehmerüberlassung (*somministrazione di manodopera*) fortzusetzen. Darin war nunmehr auch die Form der unbefristeten Arbeitnehmerüberlassung vorgesehen. Diese Vorschläge wurden anschließend in das Gesetz Nr. 30/2003 aufgenommen, das die Regierung Berlusconi zu einer weitgehenden Arbeitsrechtsreform ermächtigte. Die Umsetzung erfolgte letztendlich mit der Gesetzesverordnung Nr. 276/2003, in Kraft getreten zum 14.10.2003.[124]

Im Weißbuch entwarfen die Autoren ein eigenes Flexicurity-Konzept mit Fokus auf die Flexibilisierung der Beschäftigungsverhältnisse sowie investiver und aktiver Arbeitsmarktpolitik. Sie ließen dabei allerdings die Stärkung der sozialen Sicherungssysteme außer Acht. Vor allem aus diesem Grund widersetzten die Gewerkschaften sich heftig. Am Ende einigten sich Regierung und Sozialpartner in einem Vergleich (sog. *Patto per l'Italia* vom 5.7.2002),[125] unterschrieben von ungefähr 36 Arbeitgeber- und Gewerkschaftsorganisationen mit der einzigen wichtigen Ausnahme des nationalen Gewerkschaftsbundes „*CGIL*“[126].

In den Reformvorschlägen werden die neuen Aufgaben der Arbeitsvermittlung sowie die neuen Strategien der arbeitsmarktpolitischen Interventionen deutlich klargestellt.[127] So wird in Paragraph 1.1.1. des Weißbuches ausdrücklich auf das Konzept der „Europäischen Beschäftigungsstrategie“[128] Bezug genommen.

---

122 Zu den im Weißbuch vom Oktober 2001 enthaltenen Reformvorschlägen ausführlich bei *Ricci*, La somministrazione di lavoro dopo la riforma, in: De Luca Tamajo/Rusciano/Zoppoli (a cura di), Mercato del lavoro, riforma e vincoli del sistema, S. 103; *Carinci, F.*, Molto clamore per poco: all'indomani del d.lgs. n. 276/2003, Diritto del lavoro, commentario, Carinci, F. (diretto da), vol. I, Vorwort, S. XXXI.

123 *Caruso/Cinelli/Ferraro*, Diritto del lavoro, S. 153 f.; *Ricci*, La somministrazione di lavoro dopo la riforma, in: De Luca Tamajo/Rusciano/Zoppoli (a cura di), Mercato del lavoro, riforma e vincoli del sistema, S. 103; *Carinci, F.*, Molto clamore per poco: all'indomani del d.lgs. n. 276/2003, Diritto del lavoro, commentario, Carinci, F. (diretto da), vol. I, Vorwort, S. XXXI f.

124 *Carinci, F.*, Molto clamore per poco: all'indomani del d.lgs. n. 276/2003, Diritto del lavoro, commentario, Carinci, F. (diretto da), vol. I, Vorwort, S. XXXI.

125 *Tiraboschi*, Il decreto legislativo 10 settembre 2003, n. 276: alcune premesse e un percorso di lettura, in: Tiraboschi (a cura di), La riforma Biagi del mercato del lavoro, S. 26.

126 CGIL: Confederazione Generale Italiana del Lavoro, die größte Gewerkschaftsorganisation in Italien, vgl. auch *Kindler*, Italienisches Handels- und Wirtschaftsrecht, § 3 Rdnr. 22.

127 *Rausei*, S. 6.

128 *Tiraboschi*, Riforma Biagi e Strategia Europea per la occupazione, in: Tiraboschi (a cura di), La riforma Biagi del mercato del lavoro, S. 49; *Carinci, F.*, Diritto del lavoro, commentario,

Dieses war vom Europäischen Rat in Luxemburg im November 1997 zur Modernisierung der nationalen Beschäftigungsordnungen mit dem vorrangigen Ziel verabschiedet worden, gleiche Chancen für alle sozialen Gruppen auf dem Arbeitsmarkt zu schaffen.[129] Die Beschäftigung wird seitdem ausdrücklich als eine Angelegenheit von gemeinsamem Interesse behandelt. Mit dem am 2.10.1997 unterzeichneten und am 1.5.1999 in Kraft getretenen Amsterdamer Vertrag wird sie auf eine rechtliche Grundlage gestellt. Somit wird der Beschäftigungspolitik ab diesem Zeitpunkt ein eigener Stellenwert eingeräumt.

Hierbei soll das Flexicurity-Konzept helfen. Dieses Modell einer modernen Beschäftigungsordnung verbindet einen geringen Kündigungsschutz mit einem hohen Niveau an sozialer Absicherung der Übergänge zwischen den einzelnen Beschäftigungsverhältnissen. Begleitet wird dies durch umfangreiche Maßnahmen der aktiven und aktivierenden Arbeitsmarktpolitik mit zielgerichteter Qualifizierung und Weiterbildung Arbeitssuchender sowie lebensbegleitendem Lernen. Eine verstärkte Investition in Aus- und Weiterbildung sowie eine aktive und präventive Arbeitsmarktpolitik soll zu einer modernen Beschäftigungspolitik in einer wissensbasierten Gesellschaft beitragen.[130]

Darüber hinaus wurden im Weißbuch die Ziele der Regierung erklärt, wie z.B. die Erhöhung der Beschäftigtenquote[131] und eine verbesserte Abstimmung des gesamten Systems von Angebot und von Nachfrage nach Arbeit.[132] Dieses System sollte durch eine neue, in gewissem Sinne „revolutionäre“ zweispurige

---

Carinci, F. (diretto da), vol. II, S. 1326; *Spattini*, Riforme possibili, riforme necessarie: L'utilità di una comparazione tra il caso italiano e quello tedesco, in: Tiraboschi (a cura di), La riforma Biagi del mercato del lavoro, S. 53; *Fuchs*, NZA 2004, 956, 957.

129 *Rausei*, S. 7.

130 Vgl. hierzu im "Libro Bianco sul mercato del lavoro in Italia, Proposte per una società attiva e per un lavoro di qualità" unter II. 1. 5.: Formazione e lavoro, S. 50 ff.; *Tiraboschi*, La riforma dei contratti a contenuto formativo: Il nuovo apprendistato e il contratto di inserimento, in: Tiraboschi (a cura di), La riforma Biagi del mercato del lavoro, S. 191 ff.

131 *Ricci*, La somministrazione di lavoro dopo la riforma, in: De Luca Tamajo/Rusciano/Zoppoli (a cura di), Mercato del lavoro, riforma e vincoli del sistema, S. 121; *Carinci, F.*, Molto clamore per poco: all'indomani del d.lgs. n. 276/2003, Diritto del lavoro, commentario, Carinci, F. (diretto da), vol. I, Vorwort, S. XXX; *Iorio*, Riforma del mercato del lavoro, forme di lavoro atipico e tutela della salute e sicurezza dei lavoratori, in: Tiraboschi (a cura di), La riforma Biagi del mercato del lavoro, S. 304.

132 Vgl. dazu im "Libro Bianco sul mercato del lavoro in Italia, Proposte per una società attiva e per un lavoro di qualità" unter II. 3. 3.: Lavoro interinale e intermediazione, S. 69; *Cerrito*, Ordinamento nazionale, "Riforma Biagi" del mercato del lavoro e ruolo delle istituzioni locali, in: Sviluppo e occupazione nel mercato globale, Ferraro (a cura di), S. 294 ff.; *Caruso/Cinelli/Ferraro*, Diritto del lavoro, S. 153; *Corbascio/Nacci*, Il contrasto al lavoro nero, in: Tiraboschi (a cura di), La riforma Biagi del mercato del lavoro, S. 254.

Synergie effektiv gestaltet werden: auf der einen Seite öffentlich-privat, auf der anderen Seite im Verhältnis von Staat und Regionen.[133]

Das evidente Scheitern des öffentlichen Monopols der Arbeitsvermittlung und das Aufscheinen der Grenzen, die durch die strenge Regelung der Zusammenführung von Arbeitsuchenden und Arbeitgebern gebildet wurden, stellten die Pfeiler dar, auf die sich die Biagi-Reform stützte.[134] Die Ineffizienz dieser Zusammenführung von Angebot und Nachfrage hat ein wirkungsvolles Funktionieren des Arbeitsmarktes behindert und wurde noch dazu durch das starke territoriale Gefälle, das den italienischen Arbeitsmarkt durch den wirtschaftlich schwach entwickelten „*Mezzogiorno*" kennzeichnet, verstärkt. Die Schwierigkeiten, die auch in den nördlichen Gebieten des Landes bei der Rekrutierung von Arbeitskräften festzustellen waren, haben atypische Erscheinungen wie Schwarzarbeit und die illegale Einwanderung gefördert, die auch enorme Unterschiede hinsichtlich der Gehälter mit sich bringen. Außerdem hatten hohe Lohnkosten und starre Regelungen insbesondere im Bereich Kündigungsschutz zu einem sehr großen Anteil von Schwarzarbeitsverhältnissen geführt. [135]

cc) Das Gesetz Nr. 30 vom 14.2.2003 – Legge Biagi

Bei dem Gesetz Nr. 30/2003[136], stark beeinflusst von dem zwischen der Regierung und den Sozialpartnern geschlossenen Vergleich (*Patto per l'Italia*), handelt es sich um das Delegationsgesetz (*legge di delega*)[137], auf dem die Gesetzesverordnung Nr. 276/2003 beruht.

In Fortsetzung der bisherigen Arbeitspolitik wird mit diesem Gesetz die Flexibilisierung der Typologien der Arbeit weiterverfolgt.[138] Die Flexibilität der Arbeitsverhältnisse findet demnach ihre Rechtfertigung in doppelter Hinsicht:

---

133 *Caruso/Cinelli/Ferraro*, Diritto del lavoro, S. 153; *Rausei*, S. 4.

134 *Rausei*, S. 10.

135 Siehe hierzu im "Libro Bianco sul mercato del lavoro in Italia, Proposte per una società attiva e per un lavoro di qualità" unter II. 3. 3.: Lavoro interinale e intermediazione, S. 61; *Tiraboschi*, Riforma Biagi e Strategia Europea per la occupazione, in: Tiraboschi (a cura di), La riforma Biagi del mercato del lavoro, S. 50 f.; vgl. hierzu auch: *Corbascio/Nacci*, Il contrasto al lavoro nero, in: Tiraboschi (a cura di), La riforma Biagi del mercato del lavoro, S. 248 ff.

136 Die Diskussion um die Frage der Verfassungsmäßigkeit wurde durch das Urteil des italienischen Verfassungsgerichtes (*Corte costituzionale*) vom 28.1.2005, Nr. 50, RIDL 2005, II, 502, 502, weitgehend beseitigt, im Einzelnen hierzu *Rausei*, S. 11 f.

137 *Panariello*, Riforma del mercato del lavoro, interposizione, sistema sanzionatario, S. 158 f.; *Reiß*, RIW 2006, 668, 668; vertiefend zum Gesetzesbegriff in Italien *Kindler*, Einführung in das italienische Recht, § 5 Rdnr. 9 ff.

138 *Carinci, F.*, Molto clamore per poco: all'indomani del d.lgs. n. 276/2003, Diritto del lavoro, commentario, Carinci, F. (diretto da), vol. I, Vorwort, S. XXXI.

zum einen unter dem wirtschaftlichen Aspekt, da die Gewährleistung der Wettbewerbsfähigkeit auf einem global eingebundenen Markt in zunehmendem Maße Flexibilität[139] erfordert, zum anderen die soziale Rechtfertigung, um die Beschäftigungsrate zu erhöhen und die Situation der Arbeitnehmer zu verbessern.[140] Aufgrund des gestiegenen Bedarfes an Flexibilität wurde das Verhältnis zwischen der Flexibilität und der Sicherheit der Arbeitnehmer neu definiert. Die Entwicklung ging dabei in Abkehr von der bisherigen Maxime der Garantie des Arbeitsplatzes hin zu dem Prinzip der Gewährleistung der Beschäftigungsmöglichkeit des Arbeitnehmers während seines gesamten Arbeitslebens.

Daneben sollte die nationale Rechtsordnung an die unionsrechtlichen Vorgaben angepasst werden.[141] Im Einzelnen gab es in Umsetzung dieser Vorgaben entsprechend der Maßgabe in Art. 1 des Gesetzes Nr. 30/2003, ein „*effizientes und kohärentes System von Instrumenten zum Zwecke der Gewährleistung der Transparenz und Effizienz des Arbeitsmarktes einzuführen*“, folgende wesentliche Neuerungen:[142]

Ein Schwerpunkt lag darin, die Voraussetzungen für Outsourcing-Projekte von Unternehmern zu schaffen[143], indem vor allem bisherige einschränkende Regelungen beseitigt wurden. In diesem Zusammenhang stand auch die bereits erwähnte Abschaffung des Gesetzes Nr. 1369/1960 und der Artt. 1 bis 11 des Gesetzes Nr. 196/1997 zur Verbesserung der Wettbewerbsfähigkeit italienischer Unternehmen im internationalen Bereich[144] sowie zur Ermöglichung von Outsourcing-Projekten[145]. Denn diese Vorschriften hatten jede Art von Ausgliederung

---

139 *Tiraboschi*, Riforma Biagi e Strategia Europea per la occupazione, in: Tiraboschi (a cura di), La riforma Biagi del mercato del lavoro, S. 50 f.; *Carinci, F.*, Diritto del lavoro, commentario, Carinci, F. (diretto da), vol. II, S. 1327.

140 *Ricci*, La somministrazione di lavoro dopo la riforma, in: De Luca Tamajo/Rusciano/Zoppoli (a cura di), Mercato del lavoro, riforma e vincoli del sistema, S. 121; *Tiraboschi*, Riforma Biagi e Strategia Europea per la occupazione, in: Tiraboschi (a cura di), La riforma Biagi del mercato del lavoro, S. 49; *Ferraro*, Lavori flessibili e certificazione delle dinamiche salariali, in: Sviluppo e occupazione nel mercato globale, Ferraro (a cura di), S. 245.

141 *Carinci, F.*, Diritto del lavoro, commentario, Carinci, F. (diretto da), vol. II, S. 1326.

142 Ausführlich zu den Reformmaßnahmen bei *Tiraboschi*, Riforma Biagi e Strategia Europea per la occupazione, in: Tiraboschi (a cura di), La riforma Biagi del mercato del lavoro, S. 49.

143 *Caruso/Cinelli/Ferraro*, Diritto del lavoro, S. 153; *Tiraboschi*, Il decreto legislativo 10 settembre 2003, n. 276: alcune premesse e un percorso di lettura, in: Tiraboschi (a cura di), La riforma Biagi del mercato del lavoro, S. 14; *Rausei*, S. 391.

144 *Tiraboschi*, Le riforme del mercato del lavoro dell'ultimo decennio: un processo di liberalizzazione?, RIDL 2006, I, 477, 480; *Tiraboschi*, Riforma Biagi e Strategia Europea per la occupazione, in: Tiraboschi (a cura di), La riforma Biagi del mercato del lavoro, S. 49.

145 *Tiraboschi*, Il decreto legislativo 10 settembre 2003, n. 276: alcune premesse e un percorso di lettura, in: Tiraboschi (a cura di), La riforma Biagi del mercato del lavoro, S. 14; *Caruso/Cinelli/Ferraro*, Diritto del lavoro, S. 153.

durch drittbezogene Personaleinsätze stark limitiert und sogar unter Androhung harter Sanktionen verboten.

Zur Bekämpfung der hohen Arbeitslosenzahlen sowie in Umsetzung der europäischen Vorgaben und der Verwirklichung der von Art. 4 Cost. garantierten Rechte sollte die Wiedereingliederung von Arbeitslosen, insbesondere von Langzeitarbeitslosen, optimiert sowie ein verbesserter Zugang vor allem von Frauen und Jugendlichen zum Arbeitsmarkt geschaffen werden. Hierzu gehörte auch die Neudefinition der Vertragsformen mit dem Ziel der Weiterbildung bzw. Ausbildung.[146] Außerdem sollte ein System privater Agenturen (*agenzie per il lavoro*) der Förderung der Beschäftigung dienen.[147] Diese sind für die Verteilung der Arbeitsplätze und die Arbeitnehmerüberlassung, die Arbeitsvermittlung (*intermediazione*), die Auswahl und Rekrutierung von Personal und die Unterstützung zur beruflichen Wiedereingliederung zuständig.[148]

dd) Die Gesetzesverordnung Nr. 276 vom 10.9.2003

In Anpassung der Rechtslage an die wirtschaftlichen und europarechtlichen Anforderungen versuchte der Gesetzgeber zunächst durch eine Reformierung der Arbeitsverhältnisse die Flexibilität des italienischen Arbeitsrechtes zu erhöhen.

An erster Stelle ist die Einführung folgender „neuer" flexibler Beschäftigungsverhältnisse[149] in das italienische Arbeitsrechtssystem zu nennen:

- die – insgesamt streng[150] reglementierte – Arbeitnehmerüberlassung (*somministrazione di lavoro*) (Artt. 20 ff. Gesetzesverordnung Nr. 276/2003) unter Abschaffung des Gesetzes Nr. 1369/1960 sowie des der Gesetzesverordnung vorangegangenen Gesetzes Nr. 196/1997, wobei dessen Regelung im Wesentlichen bestätigt wurde;[151]

---

146 *Tiraboschi*, Riforma Biagi e Strategia Europea per la occupazione, in: Tiraboschi (a cura di), La riforma Biagi del mercato del lavoro, S. 50.

147 *Tiraboschi*, Riforma Biagi e Strategia Europea per la occupazione, in: Tiraboschi (a cura di), La riforma Biagi del mercato del lavoro, S. 49 f.; *Caruso/Cinelli/Ferraro*, Diritto del lavoro, S. 153.

148 *Corbascio/Nacci*, Il contrasto al lavoro nero, in: Tiraboschi (a cura di), La riforma Biagi del mercato del lavoro, S. 253.

149 *Carinci, F.*, Molto clamore per poco: all'indomani del d.lgs. n. 276/2003, Diritto del lavoro, commentario, Carinci, F. (diretto da), vol. I, Vorwort, S. XXXV f.; im Einzelnen *Fuchs*, NZA 2004, 956, 956 ff.

150 *Carinci, M.T.*, S. 9 f.

151 Zusammenfassend *Mazzotta*, Il mondo al di là dello specchio: La delega sul lavoro e gli incerti confini della liceità nei rapporti interpositori, in: De Luca Tamajo/Rusciano/Zoppoli (a cura di), Mercato del lavoro, riforma e vincoli del sistema, S. 93; *Biagi*, Istituzioni di diritto del lavoro, S. 379.

- Arbeit auf Abruf (*lavoro intermittente*) (Artt. 33 ff. Gesetzesverordnung Nr. 276/2003);
- Job-Sharing (*lavoro ripartito*) (Artt. 41 ff. Gesetzesverordnung Nr. 276/2003);
- Ausbildungsvertrag (*contratto di apprendistato*) (Artt. 47 ff. Gesetzesverordnung Nr. 276/2003);
- Eingliederungsvertrag (*contratto di inserimento*) (Artt. 54 ff. Gesetzesverordnung Nr. 276/2003);
- Projektarbeitsvertrag („*co.co.pro.*“, d.h. *contratto di collaborazione coordinata a progetto*) (Artt. 61 ff. Gesetzesverordnung Nr. 276/2003) in Weiterentwicklung zur bisherigen Vertragsform für die Projektarbeit („*co.co.co.*“, d.h. *contratto di collaborazione coordinata e continuativa*), deren Regelungen der neue Vertragstyp in der Praxis als speziellere Form weitgehend ersetzte;
- Gelegenheitsarbeit (*lavoro occasionale*) (Artt. 70 ff. Gesetzesverordnung Nr. 276/2003).[152]

Darüber hinaus wurde durch Aufhebung bestehender Einschränkungen die Möglichkeit, Arbeitsverhältnisse als Teilzeitarbeitsverträge (*lavoro a tempo parziale*) abzuschließen, gefördert. Hierzu hat vor allem die Schaffung sog. elastischer Klauseln bezogen auf die Dauer der Teilzeitarbeit beigetragen. Zudem wurde es den Parteien des Arbeitsvertrags erleichtert, über die vereinbarte Teilzeit hinausgehende Mehrarbeit zu vereinbaren.[153]

An zweiter Stelle ist eine weitere bedeutende Neuerung anzuführen, und zwar die Zertifizierung von Arbeitsverträgen (*certificazione*), geregelt in den Artt. 75 ff. der Gesetzesverordnung Nr. 276/2003. Bereits Art. 5 des Gesetzes Nr. 30/2003 hatte den Zweck der Zertifizierung hervorgehoben, künftige Rechtsstreitigkeiten bezüglich der Qualifizierung von Arbeitsverhältnissen zu vermeiden. Arbeitgeber und Arbeitnehmer können danach bereits vor Aufnahme des Beschäftigungsverhältnisses eine Bescheinigung über die zu leistende Arbeit beantragen. Der Antrag muss allerdings von beiden Vertragsparteien gestellt werden (Art. 77 Gesetzesverordnung Nr. 276/2003).

Dabei erklären die Parteien vor einem unparteiischen Organ die Qualifizierung des Vertrages.[154] Dies spricht dafür, dass vorher eine Beurteilung des Sachverhaltes

---

152 *Mazzotta*, Il mondo al di là dello specchio: La delega sul lavoro e gli incerti confini della liceità nei rapporti interpositori, in: De Luca Tamajo/Rusciano/Zoppoli (a cura di), Mercato del lavoro, riforma e vincoli del sistema, S. 93; *Reiß*, RIW 2006, 668, 668 f.

153 Nähere Ausführungen bei *Fuchs*, NZA 2004, 956, 957 f.

154 *Carinci, F.*, Molto clamore per poco: all'indomani del d.lgs. n. 276/2003, Diritto del lavoro, commentario, Carinci, F. (diretto da), vol. I, Vorwort, S. XXXVI; dazu weitere Einzelheiten bei *De Angelis*, RIDL 2004, I, 235, 241 ff.

seitens der Vertragsparteien erforderlich ist. Die vom Gesetzgeber verfolgte Absicht bei der Einführung eines Zertifizierungsverfahrens war, die Fülle von gerichtlichen Arbeitsrechtsstreitigkeiten allgemein einzudämmen und im Besonderen den Streit im Bereich der Qualifikation der Arbeitsverhältnisse zu reduzieren[155] und dadurch Sicherheit und Zuverlässigkeit zu garantieren.[156]

Der Bescheinigung kommt in privatrechtlicher, verwaltungsrechtlicher, sozialrechtlicher und steuerrechtlicher Hinsicht Bedeutung zu. Die Ausstellung erfolgt durch speziell dafür zuständige „Zertifizierungsausschüsse", die bei bilateralen Körperschaften der Sozialpartner, den Arbeitsbehörden der Provinzen, der Provinzverwaltung sowie bei öffentlichen und privaten Hochschulen angesiedelt sind, oder später auch durch das Ministerium für Arbeit und Sozialpolitik und die Vereinigung der Arbeitsberater auf Provinzebene (Art. 76 Gesetzesverordnung Nr. 276/2003).

War die Qualifizierung nicht richtig oder stimmt die tatsächliche Leistungserbringung nicht mit der vereinbarten überein, und ist die Zertifizierung damit fehlerhaft, kann sie angefochten werden. Die Entscheidung über die Berichtigung der Zertifizierung hat das Organ zu treffen, das die Zertifizierung vorgenommen hat. Bei einer fehlerhaften Qualifizierung hat der Arbeitnehmer die Möglichkeit, das Bestehen eines unbefristeten Arbeitsvertrages feststellen zu lassen.

Das Verfahren erinnert damit an das in Deutschland mögliche Statusfeststellungsverfahren gemäß §§ 7a ff. SGB IV. Aufgrund der Anfechtbarkeit scheint die Qualifizierung allerdings nicht sehr effektiv.

Die Zertifizierung schließt *per se* die Möglichkeit aus, den Rechtsweg zu beschreiten, außer im Falle einer irrtümlichen Bescheinigung[157] des Vertragsinhaltes durch das zur Zertifizierung befähigte Organ und der Abweichung des von den Parteien vereinbarten Vertragsinhaltes. Nach einer anderen Auffassung soll dies nicht einmal im Falle einer irrtümlichen Qualifikation möglich sein. Es ist jedoch der Ansicht der Vorzug zu geben, die erlaubt, in einem solchen Fall gerichtlich vorgehen zu dürfen, da dies im Einklang mit der Verfassung steht (Art. 102 Cost.).

---

155 *Corvino/Tiraboschi*, Il rilancio della certificazione: nuovi ambiti di operatività e „tenuta" giudiziaria, in: Tiraboschi (a cura di), Collegato lavoro, commento alla legge 4 novembre 2010, n. 183, S. 7; *De Angelis*, RIDL 2004, 235, 240.

156 *Mazzotta*, Il mondo al di là dello specchio: La delega sul lavoro e gli incerti confini della liceità nei rapporti interpositori, in: De Luca Tamajo/Rusciano/Zoppoli (a cura di), Mercato del lavoro, riforma e vincoli del sistema, S. 94; *Ferraro*, Lavori flessibili e certificazione delle dinamiche salariali, in: Sviluppo e occupazione nel mercato globale, Ferraro (a cura di), S. 267 f.

157 *Nogler*, Opinioni sul "Collegato lavoro", DLRI 2011, Nr. 1, 123, 131; so auch *De Angelis*, Opinioni sul "Collegato lavoro", DLRI 2011, Nr. 1, 132, 135.

Darüber hinaus muss im Falle der Anfechtung des Vertrages der obligatorische Versuch der Streitschlichtung (Art. 410 *Codice di procedura civile*[158]) vor dem zertifizierenden Organ durchgeführt werden. Dessen Qualifikation bleibt bis zu dem Moment bestehen, in dem die irrtümliche Beurteilung des Vertragsinhaltes oder die Abweichung des vereinbarten von dem umgesetzten Vertragsinhalt festgestellt wurde und folglich der Klage stattgegeben wird.

Im Ergebnis stellt die Zertifizierung ein nützliches Instrument zur Reduzierung der gerichtlich ausgetragenen Arbeitsrechtstreitigkeiten dar. Vielleicht hätte der Gesetzgeber im Hinblick auf die Inhalte der Regelung und ihre Wirkung noch mehr unternehmen können. Dennoch kann die Zertifizierung auch in der Regelung der Gesetzesverordnung Nr. 276/2003 eine Filterfunktion zur Verhinderung von Rechtsstreitigkeiten ausüben. Denn ein von einer bilateralen Behörde oder einer universitären Kommission unter dem Vorsitz eines angesehenen Arbeitsrechtlers zertifizierter Vertrag kann auf der einen Seite den Arbeitnehmer vor Beginn eines nicht wirklich gerechtfertigten Rechtsstreites zum Nachdenken anregen und auf der anderen den Richter zu einer besonders aufmerksamen Untersuchung des Tatbestandes zwingen.[159] Außerdem wirkt die Zertifizierung nicht nur *inter partes*, sondern auch gegenüber Dritten, solange kein gegenteiliges Urteil ergeht (Art. 79 Gesetzesverordnung Nr. 276/2003). Dies erklärt auch die Vorschrift des Art. 80 der Gesetzesverordnung Nr. 276/2003, der eine gerichtliche Anfechtung der Entscheidung sowohl für die Parteien als auch für Dritte, deren Rechte betroffen sind, zulässt. Prüfungsgegenstand ist die rechtsfehlerhafte Qualifizierung des Vertrages oder das Auseinanderklaffen zwischen Vertragsinhalt und tatsächlicher Durchführung des Vertrages.[160]

Aus Art. 84 der Gesetzesverordnung Nr. 276/2003 ergibt sich, dass das Zertifizierungsverfahren freiwillig erfolgt.[161] Auf das Verfahren können jedenfalls Ver- und Entleiher zugreifen. Umstritten ist, ob die Möglichkeit zudem den Angestellten des Verleihers im Falle der Zwischenvergabe zusteht, da schließlich auch deren Interessen betroffen sind.

Der Leiharbeitnehmer wird sich allerdings regelmäßig in die Defensive gedrängt finden, da Ver- und Entleiher gerade mit dem Ziel, sich vor eventuellen Beanstandungen der Arbeitnehmer zu schützen, häufig auf die Zertifizierung zurückgreifen, um dann die Leiharbeitnehmer zu einem ziemlich unwegsamen

---

158 Königliches Dekret vom 28.10.1940 Nr. 1443, G.U. vom 28.10.1940 Nr. 253, zuletzt geändert durch Gesetz Nr. 218 vom 29.12.2011, G.U. vom 5.1.2012 Nr. 4; im Folgenden: c.p.c.

159 *Giovani*, Il giudizio di Confartigianato sulla riforma Biagi, in: Tiraboschi (a cura di), La riforma Biagi del mercato del lavoro, S. 899.

160 *Fuchs*, NZA 2004, 956, 964.

161 *Panariello*, Riforma del mercato del lavoro, interposizione, sistema sanzionatorio, in: De Luca Tamajo/Rusciano/Zoppoli (a cura di), Mercato del lavoro, riforma e vincoli del sistema, S. 161.

gerichtlichen Verfahren (Art. 80 Gesetzesverordnung Nr. 276/2003) zu zwingen. Denn zu Gunsten von Ver- und Entleiher spricht das im Zertifizierungsverfahren Festgestellte.

In diesem Zusammenhang erweckt jedoch die Gesetzessystematik Zweifel, ob diese Norm auch auf die entsprechende Zertifizierung der Zwischenvergabe und Arbeitnehmerüberlassung anwendbar ist. Art. 80 ist tatsächlich in Kapitel I der Gesetzesverordnung Nr. 276/2003 geregelt, das sich mit der Zertifizierung von Arbeitsverträgen befasst. Art. 84, der sich ausdrücklich auf die Zwischenvergabe bezieht, ist in Kapitel II der Gesetzesverordnung Nr. 276/2003 unter der Überschrift „*Andere Fälle der Zertifizierung*" eingeordnet. Außerdem verweist er nur auf die „Zertifizierungsverfahren gemäß Kapitel I", aber nicht auf die gesamten Vorschriften zur Zertifizierung und vor allem nicht auf die in Art. 80 der Gesetzesverordnung Nr. 276/2003 geregelte Möglichkeit einer richterlichen Überprüfung und Feststellung.[162] Dem Richter soll demnach hiermit auch die konkrete Unterscheidung zwischen Arbeitnehmerüberlassung und Werkunternehmervertrag erleichtert werden (Art. 84 Gesetzesverordnung Nr. 276/2003).[163]

Hier besteht jedenfalls gesetzgeberischer Verbesserungsbedarf: Wenn es tatsächlich das Ziel war, den Richtern die Zuständigkeit im Hinblick auf die Zwischenvergabe zu entziehen, ist der gewählte Weg vielleicht nicht der geeignetste.[164] Tatsächlich bestehen ernsthafte verfassungsrechtliche Bedenken hinsichtlich des Instrumentes der Zertifizierung. Vor allem wird die Konformität mit dem Grundrecht auf effektiven Rechtsschutz (Art. 24 Cost.) und dem allgemeinen Gleichheitssatz (Art. 3 Cost.) in Frage gestellt. Außerdem kann man sicher nicht generell dem Richter die Befugnis absprechen, einen zertifizierenden Verwaltungsakt, dessen Rechtswidrigkeit festgestellt wurde, nicht anzuwenden. Andererseits wollte der Gesetzgeber dem Richter gerade diesen Bereich der Tatsachenfeststellung durch Aufzwingen der Wirkung des Verwaltungsaktes entziehen. Im Gesetz fehlt jedenfalls hierzu eine Regelung.[165]

---

162 *Panariello*, Riforma del mercato del lavoro, interposizione, sistema sanzionatorio, in: De Luca Tamajo/Rusciano/Zoppoli (a cura di), Mercato del lavoro, riforma e vincoli del sistema, S. 161.

163 *Carinci, F.*, Diritto del lavoro, commentario, Carinci, F. (diretto da), vol. II, S. 1331 f.

164 *Panariello*, Riforma del mercato del lavoro, interposizione, sistema sanzionatorio, in: De Luca Tamajo/Rusciano/Zoppoli (a cura di), Mercato del lavoro, riforma e vincoli del sistema, S. 162.

165 *Panariello*, Riforma del mercato del lavoro, interposizione, sistema sanzionatorio, in: De Luca Tamajo/Rusciano/Zoppoli (a cura di), Mercato del lavoro, riforma e vincoli del sistema, S. 162.

h) Das Gesetz Nr. 247 vom 24.12.2007 – *Pacchetto Welfare*

Das Gesetz Nr. 247 vom 24.12.2007[166] (sog. *Pacchetto Welfare*), welches das Protokoll vom 23.7.2007 zur Arbeit, Vorsorge, und Wettbewerbsfähigkeit (*Protocollo Welfare*) umsetzte, führte vor allem zu wesentlichen Neuerungen hinsichtlich der Voraussetzungen für das Erreichen des Altersrentenanspruches.[167] Darüber hinaus hat es den Zweck, Anreize zur Beschäftigungsförderung zu setzen.[168] Es brachte insbesondere zwei entscheidende Veränderungen im Bereich der flexiblen Arbeitsverhältnisse mit sich, da in der Vergangenheit eingeführte Instrumente wieder rückgängig gemacht wurden: So kam es zur Abschaffung der mit der Gesetzesverordnung Nr. 276/2003 eingeführten Vertragstypen der Arbeitnehmerüberlassung auf unbestimmte Zeit (*staff leasing*) (Art. 1 Abs. 46 Gesetz Nr. 247/2007), die mangels Verbreitung in den Unternehmen vor allem wegen ihrer geringen Attraktivität im Verhältnis zum Werkunternehmervertrag (*contratto d'appalto di servizi*) als gescheitert angesehen werden musste,[169] sowie der überwiegenden Abschaffung der Arbeit auf Abruf (Art. 1 Abs. 45 Gesetz Nr. 247/2007).[170] Das „*staff leasing*" war von Anfang an wegen der fehlenden Stabilität der Arbeitsverhältnisse der unbefristet überlassenen Leiharbeitnehmer stark kritisiert worden.[171]

---

166 G.U. Nr. 301 vom 29.12.2007, im Folgenden: Gesetz Nr. 247/2007.

167 *Cinelli/Nicolini*, L'approvazione del Pacchetto-*Welfare* e la manovra finanziaria per il 2008, RIDL 2008, III, 15, 16 ff.

168 *Cinelli/Nicolini*, L'approvazione del Pacchetto-*Welfare* e la manovra finanziaria per il 2008, RIDL 2008, III, 15, 24 ff.

169 *Rausei*, Einleitung S. XIII; *Ratti*, Somministrazione di lavoro e temporaneità delle esigenze dell'impresa, Lav. Giur. 2010, Nr. 7, 703, 703; *Carinci, M.T.*, S. 41; *Lamberti*, La somministrazione di lavoro a tempo indeterminato: l'interposizione lecita dopo l'abolizione dello staff leasing, in: Cinelli/Ferraro, Lavoro, competitività, welfare, S. 133 f.; *Pirrone/Sestito*, Le fattispecie contrattuali della riforma Biagi, RIDL 2006, I, 21, 31; kritisch zur Arbeitnehmerüberlassung auf unbestimmte Zeit: *Bocchieri*, Il nuovo contratto collettivo nazionale di lavoro per le agenzie di somministrazione di lavoro, RIDL 2009, III, 69, 70.

170 *Cinelli/Nicolini*, L'approvazione del Pacchetto-*Welfare* e la manovra finanziaria per il 2008, RIDL 2008 III, 15, 25; *Lamberti*, La somministrazione di lavoro a tempo indeterminato: l'interposizione lecita dopo l'abolizione dello staff leasing, in: Cinelli/Ferraro, Lavoro, competitività, welfare, S.122 f.

171 *D'Oronzo*, La riforma del mercato del lavoro tra concertazione e dialogo sociale, in: Tiraboschi (a cura di), La riforma Biagi del mercato del lavoro, S. 754; *Falasca*, Lo staff leasing, in: Magnani/Pandolfo/Varesi (a cura di), Previdenza, mercato del lavoro, competitività, S. 390.

i) Das Gesetzesdekret Nr. 112 vom 25.6.2008

Das Gesetzesdekret Nr. 112 vom 25.6.2008[172], modifiziert durch das Gesetz Nr. 133 vom 6.8.2008[173], hat unter Abschaffung des sog. Matrikelbuches (*libro matricola*), bei dem es sich um Personallisten handelte, und des Lohnbuches (*libro paga*) eine neue Dokumentationsform unter der Bezeichnung „*Libro unico del lavoro*" eingeführt.[174] Dieses Dokument hat die Funktion, für jeden einzelnen Arbeitnehmer den tatsächlichen Status des Arbeitsverhältnisses nachzuweisen und den Kontrollorganen den Beschäftigungsstatus des Unternehmens aufzuzeigen. Die neue Regelung, die die Organisation der Arbeitsverhältnisse erleichtern soll, hat den Zweck, dem Problem der Schwarzarbeit entgegenzuwirken und deren weiteren Verbreitung vorzubeugen.

Gleichzeitig wurde gemäß Art. 39 Abs. 10 lit. m) des Gesetzesdekretes Nr. 112/2008, modifiziert durch Gesetz Nr. 133/2008, die Regelung des Art. 1 Abs. 45 des Gesetzes Nr. 247/2007 wieder abgeschafft. Gemäß Art. 39 Abs. 11 des Gesetzesdekretes Nr. 112/2008, modifiziert durch Gesetz Nr. 133/2008, wurde Art. 33 der Gesetzesverordnung Nr. 276/2003, die Arbeit auf Abruf, erneut eingeführt.[175]

j) Das Gesetz Nr. 191 vom 23.12.2009 – *Legge Finanziaria 2010*

Durch Art. 2 Abs. 143 des Gesetzes Nr. 191 vom 23.12.2009 (sog. *Legge Finanziaria 2010*)[176] wurde die Arbeitnehmerüberlassung auf unbestimmte Zeit erneut eingeführt, indem Art. 1 Abs. 46 des Gesetzes Nr. 247/2007 wieder abgeschafft wurde. Seit dem 1.1.2010 gelten somit die in Titel III, Kapitel I der Gesetzesverordnung Nr. 276/2003 geregelten Vorschriften der Arbeitnehmerüberlassung auf unbestimmte Zeit wieder.[177] Ihr Anwendungsbereich wurde dabei erweitert. Zum einen kann von nun an auch ein Firmentarifvertrag weitere Anwendungsfälle vorsehen. Zum anderen wird die Liste der Bereiche, in denen Arbeitnehmerüberlassung zulässig ist, um „Pflege- und Betreuungsleistungen von Personen sowie

---

172 G.U. Nr. 147 vom 25.6.2008, im Folgenden: Gesetzesdekret Nr. 112/2008.

173 G.U. Nr. 195 vom 21.8.2008, im Folgenden: Gesetz Nr. 133/2008; *Falasca*, Lo staff leasing, in: Magnani/Pandolfo/Varesi (a cura di), Previdenza, mercato del lavoro, competitività, S. 344.

174 *Rausei*, S. 259; vgl. zur bisherigen Handhabung: *Kindler*, Italienisches Handels- und Wirtschaftsrecht, § 3 Rdnr. 12.

175 *Falasca*, Lo staff leasing, in: Magnani/Pandolfo/Varesi (a cura di), Previdenza, mercato del lavoro, competitività, S. 344.

176 G.U. Nr. 302 vom 30.12.2009 – Suppl. Ordinario Nr. 243; im Folgenden: Gesetz Nr. 191/2009.

177 *Ratti*, Somministrazione di lavoro e temporaneità delle esigenze dell'impresa, Lav. Giur. 2010, Nr. 7, 703, 703.

die Unterstützung der Familien in allen öffentlichen und privaten Sektoren" ergänzt.

Darüber hinaus wurde die befristete Arbeitnehmerüberlassung modifiziert. Gemäß dem neuen Art. 20 Abs. 5-bis der Gesetzesverordnung Nr. 276/2003 bedarf es im Falle einer befristeten Überlassung von „mobilen" Arbeitnehmern mit einer maximalen Dauer von einem Jahr gemäß Art. 8 Abs. 2 Gesetz Nr. 223 vom 23.7.1991[178] keines Befristungsgrundes. Es handelt sich dabei um Arbeitnehmer, die z.B. auf Grund von Personalabbau freigesetzt wurden und die in einem formalisierten Verfahren in besonderen Listen des Arbeitsamtes in sog. Mobilitätslisten *(liste di mobilità)*[179] geführt werden.

Der Eintrag in die Listen soll den Arbeitnehmern die Wiedereingliederung in den Arbeitsmarkt erleichtern. Die bereits mit Gesetz Nr. 223/1991 den Arbeitgebern zuerkannten Privilegien für die Einstellung dieser Arbeitnehmer wurden letztlich ausgeweitet.[180] Die unbefristete Überlassung solcher „mobilen" Arbeitnehmer ist immer möglich, für jede Art von Tätigkeit und ohne Einschränkungen. Das gleiche gilt für die befristete Überlassung, d.h. sie ist möglich ohne Angabe von Gründen technischer, organisatorischer, vertretungsbedingter oder produktionsbedingter Art. Außerdem gelten in diesem Fall die Kontingentierungsbeschränkungen nicht, die eventuell durch die Tarifverträge festgelegt wurden. Auch die von Abs. 3 und 4 des Art. 20 der Gesetzesverordnung Nr. 276/2003 gesetzten Grenzen für die Verwendung der Arbeitnehmerüberlassung gelten nicht.[181]

Verboten ist die Arbeitnehmerüberlassung gemäß Art. 20 Abs. 5 der Gesetzesverordnung Nr. 276/2003 als Ersatz für Arbeitnehmer, die ihr Streikrecht ausüben und zugunsten von Unternehmen, die nicht nachweisen können, dass sie eine Risikobewertung nach den Arbeitssicherheitsvorschriften vorgenommen haben.[182] Mit Gesetz Nr. 191/2009 wurde die Arbeitnehmerüberlassung noch in folgenden zwei weiteren Fällen untersagt, wobei von den Verboten wiederum Ausnahmen vorgesehen sind, so dass es letztlich sogar zu einer Erweiterung des Anwendungsbereiches der Arbeitnehmerüberlassung kam:

Zum einen wurde sie in Betrieben untersagt, in denen in den vergangenen sechs Monaten Gruppenentlassungen unter Arbeitnehmern des Aufgabenbereichs stattgefunden haben, für den die Arbeitnehmerüberlassung vorgesehen ist. Dies gilt wie bisher nicht in den tarifvertraglich vorgesehenen Fällen, aber auch in den Fällen in denen der Arbeitnehmerüberlassungsvertrag abgeschlossen wurde,

178 G.U. Nr. 175 vom 27.7.1991.

179 *Hofmann/Coslovich*, Arbeitsrecht in Italien, Rdnr. 13 und 26.

180 *Falasca/Soldera*, Somministrazione di lavoro, S. 27.

181 Siehe unten § 4 IV 2 und 3.

182 Zum Verbot der Arbeitnehmerüberlassung siehe unten § 4 IV 7.

um abwesende Arbeitnehmer zu ersetzen oder im Falle der auf 12 Monate befristeten Einstellung von „mobilen Arbeitnehmern“ (Art. 8 Abs. 2 Gesetz Nr. 223 vom 23.7.1991[183]) oder bei einer Anfangsdauer von nicht über drei Monaten. Die zweite Ausnahme gilt für Betriebe, in denen eine Suspendierung von Arbeitsverhältnissen oder eine Reduzierung der Arbeitszeit mit dem Anspruch auf Lohnergänzung (*integrazione salariale*) andauert. Hiervon müssen Arbeitnehmer desselben Aufgabenbereichs betroffen sein, für den die Arbeitnehmerüberlassung vorgesehen ist, es sei denn es besteht ausdrücklich eine abweichende Vereinbarung zwischen Unternehmen und Gewerkschaft.

Insgesamt kann daher festgestellt werden, dass eine Angleichung der Voraussetzungen für die Verwendung der Arbeitnehmerüberlassung an die des befristeten Vertrages (Art. 3 Gesetzesverordnung Nr. 368/2001) zu beobachten ist.

Zudem wurden wirtschaftliche Anreize für die Arbeitsagenturen eingeführt, die Benachteiligten zu Arbeitsverträgen verhelfen sollen.[184]

k) Das Gesetz Nr. 183 vom 4.11.2010 – *Collegato Lavoro*

Das Gesetz Nr. 183 vom 4.11.2010 (sog. *Collegato Lavoro)*[185], beinhaltete ein umfangreiches Programm prozessualer und materieller Änderungen in Bezug auf das System des Schutzes der Arbeitsbedingungen in Vollendung einiger bereits in der Biagi-Reform von 2003 erwähnten Vorschläge.[186]

In Anbetracht einer sehr schwierigen sozialen Lage mit wachsender Arbeitslosigkeit und sinkendem Realeinkommen hat der Gesetzgeber versucht, durch die nachfolgend aufgeführten Neuerungen mit dem Ziel der Deregulierung die Situation zu verbessern.

Bereits das Gesetz Nr. 30/2003 hatte ausdrücklich zum Zweck, die arbeitsgerichtlichen Prozesse zu vereinfachen, zu vereinheitlichen und zu beschleunigen sowie eine Stärkung des Schutzes der Arbeitnehmerrechte durch die Verwendung von Instrumenten außergerichtlicher Streitlösung herbeizuführen.[187]

---

183 G.U. Nr. 175 vom 27.7.1991.

184 *Falasca/Soldera*, Somministrazione di lavoro, S. 27.

185 G.U. Nr. 262 vom 9.11.2010, im Folgenden: Gesetz Nr. 183/2010; es handelt sich um ein Zusatzgesetz zum Arbeitsrecht, das mit der Legge finanziaria 2009 „verbunden“ (*collegato*) ist.

186 *Cinelli/Ferraro*, La giustizia del lavoro nella visione del "Collegato": crisi del processo e tecniche deflattive, in: Cinelli/Ferraro (a cura di), Il contenzioso del lavoro nella Legge 4 novembre 2010, n. 183, Einleitung, S. XVII; *Corvino/Tiraboschi*, Il rilancio della certificazione: nuovi ambiti di operatività e „tenuta“ giudiziaria, in: Tiraboschi (a cura di), Collegato lavoro, commento alla legge 4 novembre 2010, n. 183, S. 3 ff.

187 *Cinelli/Ferraro*, La giustizia del lavoro nella visione del "Collegato": crisi del processo e tecniche deflattive, in: Cinelli/Ferraro (a cura di), Il contenzioso del lavoro nella Legge 4 novembre 2010, n. 183, Einleitung, S. XXIV.

Durch die Aufhebung der Pflicht zur Durchführung eines Schlichtungsverfahrens vor Erhebung einer arbeitsrechtlichen Klage wurde dem Versuch der außergerichtlichen Streitbeilegung (*conciliazione*) in individuellen arbeitsrechtlichen Streitigkeiten erneut fakultativer Charakter zuerkannt.[188] Damit sollen die Verfahren beschleunigt werden. Zur Entlastung der Arbeitsrichter ist vorgesehen, dass die Vertragspartner eine Vereinbarung für die Durchführung eines Schiedsverfahrens (sog. *clausola compromissoria sull'arbitrato)* treffen können, um die Lösung der Streitigkeiten einem Schiedsgericht anzuvertrauen. Dies muss allerdings im landesweit geltenden Tarifvertrag vorgesehen sein. Darüber hinaus gab es zwei wesentliche Neuerungen, die den arbeitsrechtlichen Prozess betreffen:

- Es wurde die Pflicht eingeführt, gemäß Art. 32 Abs. 1 des Gesetzes Nr. 183/2010, der den Art. 6 des Gesetzes Nr. 604 vom 15.7.1966[189] modifizierte, jede Form der Beendigung der atypischen Arbeitsverträge, wie z.B. befristeter Verträge und Arbeitnehmerüberlassungsverträge, innerhalb von 60 Tagen nach Beendigung anzugreifen.[190] Im Vergleich zur bisherigen Regelung stellt diese Ausschlussfrist sicherlich einen Vorteil im Hinblick auf die nunmehr früher eintretende Rechtssicherheit dar.[191] Der Gesetzgeber hoffte, dass sich diese Maßnahmen auf den Arbeitsmarkt auswirken und zu einer Reduzierung der Streitigkeiten vor Gericht führen würden.[192]
- Für den Fall, dass der Arbeitnehmer die Beendigung nicht mit einer Klage, sondern mit einem außergerichtlichen Schreiben angreift, gelten ab dem Jahr 2012 neue, kürzere Fristen für das weitere Vorgehen: der Arbeitnehmer hat gemäß Abs. 1 S. 2 des Art. 32 des Gesetzes Nr. 183/2010 innerhalb von 270 Tagen Kündigungsschutzklage zu erheben bzw. Antrag auf Durchführung eines Schlichtungsversuches gemäß Artt. 410 ff. c.p.c. zu stellen; schlägt die gütliche Einigung fehl, ist sodann innerhalb von 60 Tagen Klage zu erheben.

  Die Ausschlussfristen gelten u.a. auch für alle anderen Fälle, wie z.B. Projektverträge und vor allem für die Fälle des Art. 27 Abs. 1 der Gesetzesverord-

---

188 *Corvino/Tiraboschi*, Il rilancio della certificazione: nuovi ambiti di operatività e „tenuta" giudiziaria, in: Tiraboschi (a cura di), Collegato lavoro, commento alla legge 4 novembre 2010, n. 183, S. 11; *Miscione, M.*, Il Collegato lavoro 2010 proiettato al futuro, Lav. Giur. 2011, Nr. 1, 5, 9 f.

189 G.U. Nr. 195 vom 6.8.1966.

190 *Di Base*, Il nuovo regime delle decadenze, in: Tiraboschi (a cura di), Collegato lavoro, commento alla legge 4 novembre 2010, n. 183, S. 92; *Miscione, M.*, Il Collegato lavoro 2010 proiettato al futuro, Lav. Giur. 2011, Nr. 1, 5, 11.

191 *Di Base*, Il nuovo regime delle decadenze, in: Tiraboschi (a cura di), Collegato lavoro, commento alla legge 4 novembre 2010, n. 183, S. 94.

192 *Coppola*, Collegato lavoro, ordinamento comunitario e poteri del giudice, RGL 2011, Nr. 1, 69, 70.

nung Nr. 276/2003, der bei einer regelwidrigen Arbeitnehmerüberlassung die Möglichkeit der Klage des Arbeitnehmers auf Errichtung oder Feststellung eines Arbeitsverhältnisses mit dem Entleiher anstelle des Verleihers regelt.[193]

Nach einer teilweise in der Rechtsprechung vertretenen Auffassung soll sich die Ausschlussfrist gemäß Abs. 1 nicht auch auf Schadensersatz- oder Entschädigungsansprüche erstrecken, die sich auf die Unwirksamkeit der Beendigung stützen.[194]

Dennoch scheint das Gesetz Nr. 183/2010 dem Ziel der Stabilisierung der Arbeitsverhältnisse nicht gerecht zu werden. Denn die temporäre Begrenzung, innerhalb von 60 Tagen gegen die Beendigung des Vertrages vorzugehen, setzt die Arbeitnehmer zeitlich stark unter Druck.

Schließlich enthielt Art. 4 Abs. 1 lit. a) bis c) des Gesetzes Nr. 183/2010 die neue Regelung der sog. „*maxi-sanzione*" zur Bekämpfung von Schwarzarbeit, d.h. der Beschäftigung von Arbeitnehmern, deren Einstellung nicht vorher dem Arbeitsamt mitgeteilt wurde.[195] Die Verwaltungssanktion beträgt 1.500,00 Euro bis 12.000,00 Euro für jeden regelwidrig eingesetzten Arbeitnehmer sowie 150,00 Euro für jeden Arbeitstag. Wenn er anschließend ordnungsgemäß beschäftigt wird, reduziert sich die Strafe auf 1.000,00 Euro bis 8.000,00 Euro sowie auf 30,00 Euro pro Arbeitstag. Die zivilrechtliche Sanktion in Bezug auf die Sozialbeiträge erhöht sich nun auf 50% der geschuldeten Beiträge.[196] In diesem Zusammenhang stellt sich die Frage, ob die fehlende Mitteilung nun zwei Mal sanktioniert werden soll, einmal durch die neue Sanktion und einmal nach der Sanktionsnorm des Art. 19 der Gesetzesverordnung Nr. 276/2003.[197] Es spricht allerdings viel für eine alternative Sanktionierung, da in den Fällen des Art. 4 des Gesetzes Nr. 183/2010 der von Art. 19 der Gesetzesverordnung Nr. 276/2003 sanktionierte Unrechtsgehalt bereits erfasst ist.

---

193 *Di Base*, Il nuovo regime delle decadenze, in: Tiraboschi (a cura di), Collegato lavoro, commento alla legge 4 novembre 2010, n. 183, S. 96.

194 *Di Base*, Il nuovo regime delle decadenze, in: Tiraboschi (a cura di), Collegato lavoro, commento alla legge 4 novembre 2010, n. 183, S. 97.

195 *Papa*, La nuova "maxi-sanzione" contro il sommerso, in: Tiraboschi (a cura di), Collegato lavoro, commento alla legge 4 novembre 2010, n. 183, S. 107.

196 *Papa*, La nuova "maxi-sanzione" contro il sommerso, in: Tiraboschi (a cura di), Collegato lavoro, commento alla legge 4 novembre 2010, n. 183, S. 111 f.

197 *Papa*, La nuova "maxi-sanzione" contro il sommerso, in: Tiraboschi (a cura di), Collegato lavoro, commento alla legge 4 novembre 2010, n. 183, S. 108; sowie weitere Ausführungen hierzu, siehe unten § 4 VI.

Weiter wurden Prinzipien für die Zertifizierung der Verträge eingeführt:

Die Artt. 75 ff. der Gesetzesverordnung Nr. 276/2003, bereits modifiziert durch Art. 18 der Gesetzesverordnung Nr. 251 vom 6.10.2004[198], wurden durch Art. 30 Abs. 4 des Gesetzes Nr. 183/2010 erneut mit der Absicht abgeändert, die Streitigkeiten im Bereich der Arbeit weiter zu reduzieren.[199] Überwiegend wird die Bedeutung der Zertifizierung auch nach dem Gesetz Nr. 183/2010 nur als gering angesehen.[200] Während ursprünglich die Zertifizierung nur zur Reduzierung des Streites über die Typologien flexibler Arbeit vorgesehen war, werden Ziel und Anwendungsbereich nun auf das gesamte Rechtsgebiet der Arbeit ausgeweitet.[201] Der Gesetzestext bezieht sich nicht mehr nur auf die Streitigkeiten im Hinblick auf die Qualifizierung des Arbeitsverhältnisses, sondern allgemeiner auf Streitigkeiten im gesamten Bereich der Arbeit.

Die Zertifizierung kommt daher in allen Fällen in Betracht, in denen in einem Rechtsverhältnis die Ausführung einer Arbeitsleistung vorgesehen ist.[202] Es ist zu betonen, dass das Zertifizierungsverfahren auch für bereits laufende Verträge eingeleitet werden und Rückwirkungen entfalten kann.[203] Dies ergibt sich aus dem weiten Anwendungsbereich.[204]

Außerdem wurde die Bedeutung der bindenden Wirkung[205] der Zertifizierung für die richterliche Beurteilung der Kündigungsgründe gestärkt: gemäß Art. 30 Abs. 3 des Gesetzes Nr. 183/2010 muss der Richter bei der Beurteilung der Kündigungsgründe die Typisierungen sowohl der Kündigung aus wichtigem Grund (*di giusta causa*)[206] als auch aus berechtigtem Grund (*di giustificato motivo*)[207]

---

198 G.U. Nr. 239 vom 11.10.2004.

199 *Coppola*, Collegato lavoro, ordinamento comunitario e poteri del giudice, RGL 2011, Nr. 1, 69, 70.

200 *De Angelis*, Opinioni sul "Collegato lavoro", DLRI 2011, Nr. 1, 132, 135.

201 *Corvino/Tiraboschi*, Il rilancio della certificazione: nuovi ambiti di operatività e „tenuta" giudiziaria, in: Tiraboschi (a cura di), Collegato lavoro, commento alla legge 4 novembre 2010, n. 183, S. 9.

202 *Coppola*, Collegato lavoro, ordinamento comunitario e poteri del giudice, RGL 2011, Nr. 1, 69, 70; *Corvino/Tiraboschi*, Il rilancio della certificazione: nuovi ambiti di operatività e „tenuta" giudiziaria, in: Tiraboschi (a cura di), Collegato lavoro, commento alla legge 4 novembre 2010, n. 183, S. 10; *Miscione, M.*, Le certificazioni di lavoro, Lav. Giur. 2011, Nr. 8, 761, 767; *Costantino*, Opinioni sul "Collegato lavoro", DLRI 2011, Nr. 1, 165, 169.

203 *Coppola*, Collegato lavoro, ordinamento comunitario e poteri del giudice, RGL 2011, Nr. 1, 69, 70.

204 *Miscione, M.*, Le certificazioni di lavoro, Lav. Giur. 2011, Nr. 8, 761, 769.

205 Hierzu *Mazzotta*, Il mondo al di là dello specchio: La delega sul lavoro e gli incerti confini della liceità nei rapporti interpositori, in: De Luca Tamajo/Rusciano/Zoppoli (a cura di), Mercato del lavoro, riforma e vincoli del sistema, S. 101.

206 Wichtiger Grund für eine außerordentliche Kündigung ohne Einhaltung einer Kündigungsfrist; vgl. hierzu *Kindler*, Italienisches Handels- und Wirtschaftsrecht, § 3 Rdnr. 24.

207 Der erforderliche Kündigungsgrund bei einer ordentlichen Kündigung; vgl. hierzu *Kindler*, Italienisches Handels- und Wirtschaftsrecht, § 3 Rdnr. 21 ff.

berücksichtigen, die entweder in den Tarifverträgen oder aber in den Individualarbeitsverträgen enthalten sind. Voraussetzung ist, dass sie mit Unterstützung der Zertifizierungsausschüsse (Titel VIII der Gesetzesverordnung Nr. 276/2003) abgeschlossen wurden.[208]

Die aktualisierte Version wird nach vielfacher Meinung im Hinblick auf die verfolgten Ziele nicht zu wirkungsvollen Ergebnissen führen können. Es gäbe in der Praxis zu viele Hindernisse, wie die Unüberwindbarkeit der richterlichen Entscheidung und die Unabdingbarkeit der Arbeitnehmerrechte.[209]

Bedeutend sind auch die Änderungen im Bereich der befristeten Arbeit: Bis zum Inkrafttreten des Gesetzes Nr. 183/2010 galt, dass im Falle der Rechtswidrigkeit des Befristungsgrundes der Richter im Rahmen einer Befristungskontrollklage das befristete Arbeitsverhältnis in ein unbefristetes modifiziert. Der Arbeitnehmer wurde dergestalt entschädigt, dass er die nicht gezahlte Vergütung ab dem Zeitpunkt erhielt, ab dem der Arbeitgeber in Verzug gesetzt worden war. Die Neuerung des Gesetzes Nr. 183/2010 sieht nun gemäß Art. 32 Abs. 5 des Gesetzes Nr. 183/2010 eine allumfassende Entschädigung (*indennità omnicomprensiva*) vor, unabhängig von dem Zeitpunkt, an dem der Arbeitnehmer den Willen kundgetan hat, wieder zu arbeiten, und ist begrenzt auf eine Spanne von 2,5 bis 12 Monatsgehältern der letzten tatsächlichen Gesamtvergütung.

Diskutiert wird, ob Art. 32 Abs. 5 des Gesetzes Nr. 183/2010 auch auf den regelwidrigen Arbeitnehmerüberlassungsvertrag anwendbar ist. Die Frage wird vom *Tribunale di Padova* mit der Begründung bejaht, es sei darauf abzustellen, dass aufgrund der Nichtigkeit des Vertrages dieser in einen Vertrag auf unbestimmte Zeit mit dem Entleiherbetrieb modifiziert werde. Dies sei ein Fall des Art. 32 Abs. 5.[210] Das *Tribunale di Roma* war in der Entscheidung vom 7.2.2011, Nr. 2014/2011 jedoch anderer Ansicht und vertrat die Auffassung, dass die Norm auf Fälle der regelwidrigen Arbeitnehmerüberlassung nicht anwendbar sei. Zur Begründung hat es den Wortlaut der Vorschrift herangeführt.[211] Denn hätte der Gesetzgeber den Fall der Arbeitnehmerüberlassung vom Gesetz Nr. 183/2010 erfasst sehen wollen, hätte er dies ausdrücklich geregelt. Weiter stellt das Gericht auf die unterschiedliche Struktur der Verhältnisse der Arbeitnehmerüberlassung

---

208 *Corvino/Tiraboschi*, Il rilancio della certificazione: nuovi ambiti di operatività e „tenuta" giudiziaria, in: Tiraboschi (a cura di), Collegato lavoro, commento alla legge 4 novembre 2010, n. 183, S. 14 ff.

209 *Mattone*, Il Collegato lavoro: legge n. 183/2010, Presentazione, RGL 2011, Nr. 1, 3, 7; *Perulli*, Introduzione, in: Perulli (a cura di), Impiego flessibile e mercato del lavoro, S. XVIII.

210 Tribunale di Padova vom 4.2.2011, Guida al Lavoro 2011, Nr. 9, 12, 12.

211 *Treu*, Collegato lavoro: ancora sul contratto a termine, Professioni e imprese 24 der Reihe Il Sole 24 Ore, abrufbar unter: http://www.professioni-imprese24.ilsole24ore.com/professioni24/lavoro/news/articolo_contrattazione__collettiva_3_2011_Treu.html.

und des befristeten Vertrages ab, die unstrittig nicht vergleichbar seien. Darüber hinaus sei der Mangel dem Arbeitnehmerüberlassungsvertrag zuzurechnen und nicht dem befristeten Vertrag.[212] Demgegenüber wird angeführt, es sei aufgrund der wirtschaftlichen Folgen für das Unternehmen nicht möglich, Art. 32 Abs. 5 bei Arbeitnehmerüberlassungsverträgen mit unrechtmäßiger Befristung anzuwenden,[213] weil Art. 27 der Gesetzesverordnung Nr. 276/2003 die Errichtung eines neuen Arbeitsverhältnisses vorsehe, während Art. 32 Abs. 5 des Gesetzes Nr. 183/2010 auf die Modifizierung des befristeten Vertrages angewendet werde.

Beide Auffassungen führen plausible Argumente an. Es ist folglich zu untersuchen, welche Konsequenzen die jeweiligen Ansichten für die Praxis haben.

Die letztlich entscheidende Frage im Zusammenhang mit der Vorschrift des Art. 32 Abs. 5 des Gesetzes Nr. 183/2010 ist daher, ob die Entschädigung dem Arbeitnehmer zusätzlich zum Verzugslohn zu zahlen ist oder nicht.[214] Die überwiegende Meinung, unterstützt vom Urteil des Kassationshofes (*Corte di Cassazione*)[215], geht dahin, dass die Entschädigung nicht zur ausstehenden Vergütung hinzugerechnet wird, sondern – zum Nachteil der Arbeitnehmer – an deren Stelle tritt. Der Arbeitgeber hingegen kann sicher sein, auch bei negativem Ausgang eines Prozesses, dem ehemaligen Angestellten maximal 12 Monatsgehälter zahlen zu müssen. Die Regelung des Gesetzes Nr. 183/2010 muss daher als eine die Höhe der Entschädigung begrenzende Norm interpretiert werden. Die Unternehmen haben diese Neuerung mit Wohlwollen aufgenommen. Selbst wenn sich ein Prozess in die Länge zieht, gehen sie – zu Lasten der Arbeitnehmer – keine Risiken ein.

Demzufolge war die Kritik an dem Gesetz ausgesprochen negativ.[216] Insbesondere die kurzen Ausschlussfristen bergen für den Arbeitnehmer in prekärem Arbeitsverhältnis ein hohes Risiko.[217] Auch die Begrenzung der allumfassenden Entschädigung auf maximal 12 Bruttomonatsgehälter, unabhängig vom Umfang des tatsächlichen Anspruches, der bei längerer Dauer des Prozesses auch um einiges höher sein kann, trifft die Arbeitnehmer hart.[218] Dies verstößt gegen das verfassungsrechtliche Gleichheitsgebot und das Recht auf ein faires Verfahren.[219]

---

212 So auch: Tribunale di Napoli vom 3.2.2011, RIDL 2012, II, 348, 352 mit Anm. von *Luciani* hierzu.

213 Vgl. Tribunale di Milano vom 2.12.2010, D&L 2010, IV, 1040, 1041.

214 *Vallebona*, Lavoro a termine illegittimo per il Collegato lavoro 2010: l'indennità per il periodo fino alla sentenza, Lav. Giur. 2011, Nr. 1, 37, 37.

215 Cass. Civ., sez. lav., ord. vom 28.1.2011, Nr. 2112, NGCC 2011, 545, 545 ff.

216 *Mattone*, Il Collegato lavoro: legge n. 183/2010, Presentazione, RGL 2011, Nr. 1, 3, 7.

217 *Roccella*, Il manifesto, 21.10.2010, "Collegato lavoro", ingiustizia è fatta, abrufbar unter www.temi.repubblica.it.

218 *Roccella*, Il manifesto, 21.10.2010, "Collegato lavoro", ingiustizia è fatta, abrufbar unter http://www.temi.repubblica.it.

219 *Roccella*, Il manifesto, 21.10.2010, "Collegato lavoro", ingiustizia è fatta, abrufbar unter http://www.temi.repubblica.it.

Neu sind weiter die Normen zum Umfang der richterlichen Kontrolle im Hinblick auf die Generalklauseln. Gemäß Art. 30 Abs. 1 des Gesetzes Nr. 183/2010 ist in allen Fällen, in denen die Vorschriften im Bereich der Streitigkeiten aus dem Arbeitsvertrag (Art. 409 c.p.c. und Art. 63 Abs. 1 Gesetzesverordnung Nr. 165 vom 30.3.2001[220]) Generalklauseln enthalten, die richterliche Kontrolle ausschließlich auf die Überprüfung der Voraussetzungen der Generalklauseln sowie deren Konformität mit den allgemeinen Prinzipien der Rechtsordnung beschränkt. Dies gilt auch für Regelungen, welche die Errichtung eines Arbeitsverhältnisses, die Ausübung der Arbeitgeberbefugnisse, den Betriebsübergang und die Kündigung betreffen. Die richterliche Beurteilung kann demnach nicht auf eine Bewertung der technischen, organisatorischen und produktionsbedingten Gründe ausgeweitet werden, die dem Arbeitgeber obliegt.[221]

Gemäß Art. 30 Abs. 2 des Gesetzes Nr. 183/2010, der sich auf das Zertifizierungsverfahren (Artt. 75 ff. Gesetzesverordnung Nr. 276/2003) bezieht, kann der Richter bei der Überprüfung der Qualifizierung des Arbeitsvertrages und der Auslegung der entsprechenden Klauseln nicht von den Bewertungen der Vertragspartner abweichen, die bei der Zertifizierung der Arbeitsverträge zum Ausdruck gebracht wurden. Etwas anders gilt bei einer irrtümlichen Qualifizierung des Arbeitsvertrages, bei einem Fehler bei der Einigung oder bei Abweichung des Inhaltes des zertifizierten Vertrags von der nachfolgenden Umsetzung. Damit soll die bindende Wirkung der Zertifizierung verstärkt werden. Diese Form der Ausgestaltung, die letztlich zur Unangreifbarkeit der getroffenen Feststellung führt, wird jedoch als zu starr und damit ungeeignet kritisiert.[222]

Weiter wurde das Ziel des Zertifizierungsverfahrens neu festgelegt. Denn die Zertifizierung, eingeführt mit der Biagi-Reform, hatte letztlich wenig Erfolg.[223] Dies vor allem aufgrund des berechtigten Misstrauens dahingehend, dass die Arbeitgeber sich missbräuchlich dieses Instrumentes bedienen würden.[224] Sie kann jedoch auch zur Rechtssicherheit beitragen.[225]

Neuerungen gibt es auch im Bereich der Arbeitsvermittlung. Hier soll das Gesetz Nr. 183/2010 zu einer weiteren Modernisierung und Privatisierung der Arbeitsvermittlungsagenturen führen, um – nicht zuletzt angesichts der Wirtschaftskrise – sachgerechter und schneller auf die Bedürfnisse des Arbeitsmarktes zu

---

220 G.U. Nr. 106 vom 9.5.2001.

221 Anm. von *Luciani*, zum Urteil des Tribunale di Napoli vom 3.2.2011, RIDL 2012, II, 348, 350.

222 *Mazzotta*, Il mondo al di là dello specchio: La delega sul lavoro e gli incerti confini della liceità nei rapporti interpositori, in: De Luca Tamajo/Rusciano/Zoppoli (a cura di), Mercato del lavoro, riforma e vincoli del sistema, S. 102.

223 *Miscione, M.*, Le certificazioni di lavoro, Lav. Giur. 2011, Nr. 8, 761, 761.

224 *Miscione, M.*, Le certificazioni di lavoro, Lav. Giur. 2011, Nr. 8, 761, 762.

225 *Miscione, M.*, Le certificazioni di lavoro, Lav. Giur. 2011, Nr. 8, 761, 767.

Gunsten der Unternehmer als auch der Arbeitnehmer reagieren zu können. Das alte, letztlich rein staatliche Vermittlungssystem hatte insbesondere während der Wirtschaftskrise wegen seiner starren und langsamen Vermittlungsmethoden erhebliche Kritik erfahren.

In diesem Zusammenhang ist auch zu erwähnen, dass das Autorisierungsverfahren gemäß Art. 4 der Gesetzesverordnung Nr. 276/2003[226] reformiert wurde. Es ist vorgesehen, dass sich das Ministerium für Arbeit und Soziales mit dem Antrag auf Erteilung einer unbefristeten Arbeitnehmerüberlassungserlaubnis innerhalb einer Frist von 90 Tagen befasst.[227] Dadurch soll schneller Rechtssicherheit geschaffen werden. Zudem wurde aufgenommen, dass die Überlassung der unbefristeten Autorisierung nicht mehr allein von der Verifizierung des korrekten Verlaufes der ausgeübten Tätigkeit, sondern auch der Kontrolle der Einhaltung der gesetzlichen und tarifvertraglichen Pflichten abhängig gemacht wird.

Das Ziel, die Zusammenführung von Angebot und Nachfrage nach Arbeit zu verbessern und eine Verknüpfung von der Unternehmenswelt und den Bereichen Ausbildung, Bildung sowie Sozialpolitik zu garantieren, ist auch Basis des neuen öffentlichen Portals des Arbeitsministeriums, dem „*Cliclavoro*".[228] Es handelt sich um eine Suchmaschine und ein virtuelles schwarzes Brett, dazu vorgesehen, in dieser ersten Phase die offenen Stellen mit den jeweiligen Lebensläufen abzustimmen. Hinzu kommen aber auch sukzessive andere Serviceleistungen wie die Suche nach Stellenausschreibungen, die Kenntnisnahme und Verbreitung der Curricula der Empfänger von Sozialleistungen und Absolventen sowie der Zugang zur periodischen Erhebung des Bedarfs an Arbeitskräften, die in Zusammenarbeit mit dem Dachverband der italienischen Handels-, Industrie-, Handwerks- und Landwirtschaftskammern (*Unioncamere*)[229] durchgeführt wird.

Schließlich wird die Bedeutung der „ständigen Beschäftigungsbörse" (*Borsa continua del lavoro*) gestärkt,[230] die ein „transparentes System der Zusammenführung von Angebot und Nachfrage" darstellt, basierend auf einem Netz regionaler Verknüpfungen.[231] So wird den verschiedenen Vermittlern nunmehr auferlegt,

---

226 Siehe unten § 4 III 1 a.

227 *Facello/Tiraboschi*, Le misure per l'incontro tra la domanda e l'offerta di lavoro, in: Tiraboschi (a cura di), Collegato lavoro, commento alla legge 4 novembre 2010, n. 183, S. 185.

228 *Facello/Tiraboschi*, Le misure per l'incontro tra la domanda e l'offerta di lavoro, in: Tiraboschi (a cura di), Collegato lavoro, commento alla legge 4 novembre 2010, n. 183, S. 188.

229 Abkürzung für Unione Italiana delle Camere di Commercio, Industria, Artigianato e Agricoltura (Dachverband der italienischen Handels-, Industrie-, Handwerks- und Landwirtschaftskammern).

230 *Facello/Tiraboschi*, Le misure per l'incontro tra la domanda e l'offerta di lavoro, in: Tiraboschi (a cura di), Collegato lavoro, commento alla legge 4 novembre 2010, n. 183, S. 186.

231 *Facello/Tiraboschi*, Le misure per l'incontro tra la domanda e l'offerta di lavoro, in: Tiraboschi (a cura di), Collegato lavoro, commento alla legge 4 novembre 2010, n. 183, S. 187.

mit dieser zu interagieren und einen adäquaten Informationsfluss für ein besseres Funktionieren des Arbeitsmarktes zu garantieren.

Insgesamt ist allerdings festzustellen, dass den Normen des Gesetzes Nr. 183/2010 außerhalb des Bereiches des Kündigungs- und Befristungsrechtes nur geringe Bedeutung zukam.[232]

l) Die Gesetzesverordnung Nr. 24 vom 2.3.2012

Durch die Gesetzesverordnung Nr. 24 vom 2.3.2012[233] wurde die Gesetzesverordnung Nr. 276/2003 erneut modifiziert und ergänzt. Im Rahmen dieser Reform sind die Vorschriften zur Arbeitnehmerüberlassung an die europarechtlichen Vorgaben angepasst worden: Die italienische Regierung setzte mit der Gesetzesverordnung Nr. 24/2012 die Richtlinie über Leiharbeit unter Berücksichtigung der Tatsache in nationales Recht um, dass die Leiharbeit nicht nur auf den Flexibilitätsbedarf des Unternehmens reagiert, sondern auch darauf, das Berufs- und Privatleben der Arbeitnehmer in Einklang zu bringen.[234]

Im Bereich der Arbeitnehmerüberlassung brachte die Gesetzesverordnung Nr. 24/2012 dementsprechend wesentliche Neuerungen. Sie sollte die Eingliederung von Beschäftigungssuchenden sowie auch deren Wiedereingliederung fördern. So sind die Gleichbehandlung, der leichtere Zugang zu Beschäftigungen sowie die Gleichberechtigung von Leiharbeitnehmern und Stammbeschäftigten die wesentlichen Merkmale der Maßnahme, die zu diesem Zweck dem Arbeitsmarkt eine Reihe von Instrumenten zur Verfügung stellt, die geeignet sind, Transparenz und Effizienz zu garantieren. Damit sollte der Schutz der Arbeitnehmer verstärkt werden.

Eine der bedeutendsten Änderungen war in Art. 4 Abs. 1 lit. c) der Gesetzesverordnung Nr. 24/2012 enthalten. Die Vorschrift ergänzt den Tatbestand des Art. 20 der Gesetzesverordnung Nr. 276/2003 um weitere Fälle, in denen die befristete Arbeitnehmerüberlassung ohne Angabe von Gründen und ohne prozentuale Kontingentierung zulässig ist. Nach dem Absatz 5-bis des Art. 20 der Gesetzesverordnung Nr. 276/2003 wird ein Absatz 5-ter angefügt, wonach keine Befristungsgründe anzugeben sind, wenn arbeitslose Personen, die nicht aus dem landwirtschaftlichen Bereich stammen, überlassen werden, die für mindestens sechs Monate Arbeitslosengeld bezogen (Abs. 5-ter lit. a)) oder die für mindestens sechs Monate eine soziale Unterstützung (*ammortizzatori sociali*) erhalten haben (Abs. 5-ter lit. b)). Dies gilt auch, wenn es sich um Arbeitnehmer handelt, die im

232 *Miscione, M.*, Le certificazioni di lavoro, Lav. Giur. 2011, Nr. 8, 761, 761.

233 G.U. Nr. 69 vom 22.3.2012, im Folgenden: Gesetzesverordnung Nr. 24/2012.

234 Vgl. Erwägungsgrund Nr. 11 der Richtlinie 2008/104/EG des Europäischen Parlamentes und des Rates über Leiharbeit vom 19.11.2008.

Sinne der Verordnung (EG) Nr. 800/2008 der Kommission vom 6.8.2008[235] benachteiligt (Art. 2 Nr. 18) oder stark benachteiligt (Art. 2 Nr. 19) sind (Abs. 5-ter lit. c)). Benachteiligt sind z.B. Personen, die seit sechs Monaten keine regelmäßig bezahlte Beschäftigung oder keinen Schul- oder Berufsschulabschluss haben, sowie Arbeitnehmer über 50 Jahren und alleinstehende Erwachsene mit einem oder mehreren Unterhaltspflichtigen. Sehr benachteiligt sind im Sinne der Verordnung (EG) Nr. 800/2008 Arbeitnehmer, die seit mindestens 24 Monaten keine regelmäßig bezahlte Beschäftigung hatten.

Weitere Fälle der Arbeitnehmerüberlassung, in denen ein Befristungsgrund nicht angegeben werden muss, können gemäß Art. 4 Abs. 1 lit. c) der Gesetzesverordnung Nr. 24/2012 in landesweit geltenden Tarifverträgen, territorialen Tarifverträgen[236] oder Firmentarifverträgen, die von den am stärksten vertretenen Gewerkschaftsorganisationen abgeschlossen wurden (Art. 20 Abs. 5-quater Gesetzesverordnung Nr. 276/2003), geregelt werden.

Durch Art. 2 Abs. 1 lit. b) der Gesetzesverordnung Nr. 24/2012, der Art. 2 Abs. 1 der Gesetzesverordnung Nr. 276/2003 erweitert, wurde die Regelung der Gleichbehandlung entsprechend den europarechtlichen Vorgaben (Art. 5 Richtlinie über Leiharbeit) ergänzt. Danach haben die Angestellten des Verleihers das Recht auf Einhaltung der Mindestarbeits- und Beschäftigungsbedingungen, die insgesamt nicht unter den beim Entleiher kraft Gesetzes oder Tarifvertrages geltenden Bedingungen liegen dürfen. In Art. 2 Abs. 1 der Gesetzesverordnung Nr. 276/2003 werden nunmehr ausdrücklich die Mindestarbeits- und Beschäftigungsbedingungen definiert. Explizit genannt werden: Arbeitszeit, Vergütung, Mutterschutz, Schutz von Kindern und Jugendlichen, Gleichbehandlung von Männern und Frauen sowie andere Nichtdiskriminierungsvorschriften.[237]

---

235 Verordnung (EG) Nr. 800/2008 vom 6.8.2008, ABl. Nr. L 214/3 vom 9.8.2008, im Folgenden: Verordnung (EG) Nr. 800/2008.

236 Z.B. der derzeit landesweit geltende Tarifvertrag für die Leiharbeitnehmer (*CCNL*) vom 24.7.2008, der an diesem Tag von der Vereinigung der Arbeitgeberverbände der Zeitarbeit mit den Namen Assolavoro (l'Associazione nazionale delle Agenzie per il lavoro, zusammengesetzt aus den bereits existierenden Vertretungen: Ailt, Apla und Confinterim) und den Gewerkschaften: Alai Cisl, Nidil Cgil und Uil Cpo, unterzeichnet wurde. Der Tarifvertrag vom 24.7.2008 regelt einheitlich alle Arbeitsverhältnisse zwischen Verleihern und – befristet oder unbefristet – angestellten Leiharbeitnehmern, im Folgenden der landesweit geltende Tarifvertrag vom 24.7.2008. Er ist am 1.1.2009 in Kraft getreten und hat vier Jahre Gültigkeit; vertiefend hierzu *Rausei*, S. 333 ff.; der landesweit geltende Tarifvertrag vom 24.7.2008 ist u.a. abrufbar auf der *website* „http://assolavoro.eu", dort finden sich auch weitere informative *links*.

237 *De Lucia*, Novità in materia di somministrazione di lavoro, Il Sole 24 Ore vom 26.4.2012.

Auch die bisher geltende Sanktionsregelung[238] wurde modifiziert:

Art. 3 Abs. 1 lit. a) der Gesetzesverordnung Nr. 24/2012 ergänzt den Art. 18 Abs. 3 der Gesetzesverordnung Nr. 276/2003 um einen Absatz 3-bis: Danach wird die Sanktion der Geldbuße von 250,00 bis 1.250,00 Euro (Art. 18 Abs. 3 Gesetzesverordnung Nr. 276/2003) auf die Verstöße gegen Vorschriften der Gesetzesverordnung Nr. 276/2003 ausgeweitet, die die folgenden Prinzipien oder Regelungen der Richtlinie umsetzen, welche bereits gelten oder die nun mit dieser Gesetzesverordnung eingeführt werden: den Gleichbehandlungsgrundsatz (Art. 23 Abs. 1 Gesetzesverordnung Nr. 276/2003), die Informationspflicht hinsichtlich freier Arbeitsplätze (Art. 23 Abs. 7-bis Gesetzesverordnung Nr. 276/2003) und den Zugang zu den Gemeinschaftseinrichtungen sowie die Unterrichtung der Arbeitnehmervertreter (Art. 23 Abs. 4 Gesetzesverordnung Nr. 276/2003). Die Sanktion wird auch bei Verstößen gegen die Vorschrift des Art. 24 Abs. 4 lit. a) und b) der Gesetzesverordnung Nr. 276/2003 verhängt, d.h. im Falle der unterlassenen Information der betrieblichen Gewerkschaftsvertretung (*rappresentanze sindacali aziendali – R.S.A.*)[239] über die Zahl und Gründe für die Verwendung der Arbeitnehmerüberlassung vor Abschluss des Arbeitnehmerüberlassungsvertrages. Sie findet ebenfalls Anwendung im Falle der Unterlassung der alle zwölf Monate vorgesehenen Mitteilung von Zahl, Gründen und Dauer der abgeschlossenen Arbeitnehmerüberlassungsverträge sowie der Qualifikation der Leiharbeitnehmer gegenüber der Betriebsvertretung.

Die Modifizierung des Art. 18 Abs. 3 der Gesetzesverordnung Nr. 276/2003 erfolgte in Umsetzung des Art. 10 der Richtlinie über Leiharbeit, wonach die Mitgliedstaaten für Fälle, in denen Ver- oder Entleiher gegen die Richtlinie verstoßen, geeignete Maßnahmen zu treffen haben.

Die Sanktionsregelung des Art. 18 Abs. 4 der Gesetzesverordnung Nr. 276/2003 wurde durch Art. 3 der Gesetzesverordnung Nr. 24/2012 um einen Abs. 4-bis und Abs. 4-ter erweitert: Übertritt der Verleiher das Verbot, von den Arbeitnehmern im Gegenzug für die Einstellung bei einem Entleiherbetrieb eine Vergütung zu fordern oder zu erhalten, führt Abs. 4-bis des Art. 18 strafrechtliche Sanktionen ein, die alternativ eine Haftstrafe von nicht über einem Jahr oder eine Geldbuße von 2.500,00 bis 6.000,00 Euro vorsehen. Darüber hinaus kann gemäß Abs. 4-ter die Löschung aus dem elektronischen Register (sog. *Albo informatico delle agenzie per il lavoro*)[240] erwogen werden. Eine Ausnahme von diesem Verbot regelt der neue Art. 23 Abs. 9-bis der Gesetzesverordnung Nr. 276/2003, der gemäß Art. 7 Abs. 1 lit. d) der Gesetzesverordnung Nr. 24/2012

238 Siehe zu den Sanktionen im Einzelnen unten § 4 VI.

239 *Kindler,* Italienisches Handels- und Wirtschaftsrecht, § 3 Rdnr. 39 f.

240 Siehe unten § 4 III 1 a aa.

an den Art. 23 Abs. 9 der Gesetzesverordnung Nr. 276/2003 angefügt wird. Danach können Verleiher und Entleiher entsprechend Art. 6 Abs. 2 Unterabs. 2 der Richtlinie über Leiharbeit eine angemessene Gegenleistung zugunsten des Verleihers regeln, der den Arbeitnehmer eingestellt, eingesetzt und ausgebildet hat, wenn der Entleiher den Arbeitnehmer am Ende des Einsatzes selbst anstellt. Das Verbot, eine Vermittlungsgebühr zu verlangen, wurde in Umsetzung des Art. 6 Abs. 3 der Richtlinie über Leiharbeit aufgenommen.

Die Artt. 4 und 5 der Gesetzesverordnung Nr. 24/2012 modifizierten die Artt. 20 und 21 der Gesetzesverordnung Nr. 276/2003, allerdings wurden nur rein formale Korrekturen vorgenommen, die sich aus der Einführung der neuen Definition des Begriffes „Einsatz“ (*missione*) in Art. 2 der Gesetzesverordnung Nr. 276/2003 durch Art. 2 Abs. 1 lit. b) der Gesetzesverordnung Nr. 24/2012 ergibt.

Art. 6 der Gesetzesverordnung Nr. 24/2012 änderte Art. 22 der Gesetzesverordnung Nr. 276/2003 dahingehend, dass der Arbeitnehmerüberlassungsvertrag auch eine Einstellung in Teilzeit vorsehen kann.

Art. 7 Abs. 1 lit. a) der Gesetzesverordnung Nr. 24/2012 ergänzte Art. 23 Abs. 1 der Gesetzesverordnung Nr. 276/2003, der das Prinzip der Gleichbehandlung enthält, entsprechend Art. 5 Abs. 1 S. 1 der Richtlinie über Leiharbeit um eine zeitliche Komponente: Es wurde ausdrücklich aufgenommen, dass die Angestellten des Verleihers *„während der gesamten Dauer“* des Einsatzes beim Entleiher einen Anspruch auf die wesentlichen Arbeits- und Beschäftigungsbedingungen haben, die nicht unter denen der Angestellten des Entleihers gleichen Niveaus und mit den gleichen Aufgaben liegen dürfen.

Darüber hinaus wurde durch Art. 7 Abs. 1 lit. b) der Gesetzesverordnung Nr. 24/2012, der Art. 6 Abs. 1 der Richtlinie über Leiharbeit (Informationspflicht hinsichtlich offener Stellen im Entleiherbetrieb) umsetzt, eine Regelung (Art. 23 Abs. 7-bis Gesetzesverordnung Nr. 276/2003) eingeführt, die bestimmt, dass die Leiharbeitnehmer vom Entleiher über freie, unbefristet zu besetzende Arbeitsplätze im eigenen Betrieb informiert werden müssen, um die Möglichkeit zu erhalten, sich für einen unbefristeten Arbeitsplatz zu bewerben.

Dem italienischen Gesetzgeber war hiermit aus europarechtlicher Sicht bereits ein bedeutender Schritt gelungen: Die Vorschriften zur Arbeitnehmerüberlassung wurden größtenteils an die europäische Richtlinie über Leiharbeit angepasst. Auf die Frage, inwieweit noch Verbesserungsbedarf besteht, wird später noch einzugehen sein.

m) Das Gesetz Nr. 92 vom 28.6.2012 – *Riforma Fornero*

Zuletzt wurde das italienische Arbeitsrecht durch das Gesetz Nr. 92 vom 28.6.2012 (sog. *Riforma Fornero*)[241], das am 18.7.2012 in Kraft getreten ist, reformiert.

Die jüngste Reform ist geprägt von dem Gedanken, die Flexibilisierung des Arbeitsmarktes fortzusetzen und das Beschäftigungswachstum sowie die internationale Wettbewerbsfähigkeit weiter zu steigern. Vehemente Kritik hat die Modifizierung des Arbeitnehmerstatuts (Gesetz Nr. 300 vom 20.5.1970)[242] hervorgerufen, das wesentliche Rechte der Arbeitnehmer sowie deren gewerkschaftliche Betätigung am Arbeitsplatz und die Bildung von Arbeitnehmervertretungen in Betrieben mit mehr als 15 Beschäftigten schützt.

Mit der Reform verfolgte der Gesetzgeber vornehmlich folgende Ziele: Durch die Lockerung des Kündigungsschutzes soll die Beschäftigung gefördert werden. Dazu soll auch eine Vielfalt an Möglichkeiten der Vertragsgestaltung beitragen. Die Kehrseite der Medaille sind indes prekäre Arbeitsverhältnisse. Um der damit einhergehenden Unsicherheit entgegenzuwirken, hat der Gesetzgeber den unbefristeten Vertrag als Leitbild konzipiert (Art. 1 Abs. 9 lit. a) Gesetz Nr. 92/2012) und die anderen Verträge zu Lasten der Unternehmen teurer gestaltet. Für die Arbeitgeber werden auf der anderen Seite finanzielle Anreize für die Einstellung mit unbefristetem Arbeitsvertrag gesetzt.

Die Regelungen für die Arbeitnehmerüberlassung und zur Scheinselbständigkeit wurden verschärft. Dies bringt jedoch die Gefahr von Umgehungsversuchen mit sich. Das Gesetzespaket wurde unter anderem deshalb von Unternehmerseite als „Farce" kritisiert.

Hauptziel des Gesetzes war die Förderung der Flexibilität auf dem Arbeitsmarkt hinsichtlich Ein- und Austritt. Im Folgenden wird ein kurzer Überblick über die wichtigsten Neuerungen gegeben:[243]

aa) Eintritt in den Arbeitsmarkt

Was den Eintritt anbelangt, sollte die bisher rudimentäre berufliche Ausbildung Jugendlicher verbessert werden: Der Ausbildungsvertrag war bereits mit der Gesetzesverordnung Nr. 167 vom 14.9.2011[244] reformiert worden und wurde nun an einigen Stellen korrigiert: Es ist eine Mindestdauer von 6 Monaten mit Aus-

---

241 G.U. Nr. 153 vom 3.7.2012 – Suppl. Ordinario Nr. 136.

242 G.U. Nr. 131 vom 27.5.1970.

243 *Cottone/Tucci*, L'abc della riforma del mercato del lavoro, dall'addizionale sui diritti d'imbarco ai voucher, Il Sole 24 Ore vom 27.6.2012.

244 G.U. Nr. 236 vom 10.10.2011.

nahme der Saisonarbeit (Art. 1 Abs. 16 lit. a) Gesetz Nr. 92/2012) und die zahlenmäßige Begrenzung der Einstellung vorgesehen (Art. 1 Abs. 16 lit. c) Gesetz Nr. 92/2012). Eine besonders relevante Neuerung stellt das ausdrückliche Verbot dar, Arbeitnehmer in der Ausbildung gemäß Art. 20 Abs. 4 der Gesetzesverordnung Nr. 276/2003 befristet zu überlassen (Art. 1 Abs. 16 lit. c) Gesetz Nr. 92/2012). Darüber hinaus kann von nun an die Einstellung neuer Auszubildender in Betrieben mit weniger als zehn Arbeitnehmern erst erfolgen, wenn während der letzten drei Jahre mindestens 50% der Auszubildenden übernommen worden sind (Art. 1 Abs. 16 lit. d) Gesetz Nr. 92/2012). Bei Verstoß ist das Arbeitsverhältnis *ex tunc* als unbefristet anzusehen.

Die Förderung des Ausbildungsvertrages soll zusätzlich durch Anreize für Unternehmen, die im Rahmen von Tarifverhandlungen festzulegen sind, begünstigt werden.

Darüber hinaus wird den Auszubildenden ein Tutor zugewiesen und es wird die Pflicht aufgenommen, die erworbene Qualifikation zu zertifizieren. Die Ausbildung ist auf fünf Jahre begrenzt. Wer es als Auszubildender nicht schafft, übernommen zu werden, hat immer noch die Möglichkeit eines Praktikums mit Ausbildungs- bzw. Fortbildungscharakter (*tirocinio formativo*). Eine wesentliche Neuerung besteht in der Pflicht, Praktika nunmehr zu vergüten (Art. 1 Abs. 34 lit. d) Gesetz Nr. 92/2012). Unbezahlte Praktika sind damit ausdrücklich verboten.

Der Gesetzgeber hat auch die Gesetzesverordnung Nr. 368/2001 zu den befristeten Arbeitsverträgen modifiziert (Art. 1 Abs. 9 Gesetz Nr. 92/2012):

Der erste von mehreren befristeten Verträgen ist nicht mehr an die Voraussetzung geknüpft, dass technische, produktionsbedingte, organisatorische oder vertretungsbedingte Gründe – auch bezogen auf den Kernbereich des Betriebes – vorliegen müssen. Dies gilt aber nur, wenn der Vertrag nicht länger als ein Jahr dauert (Abs. 9 lit. b)).[245] In diesen Fällen kann der Vertrag dann aber nicht verlängert werden. Die Gründe müssen auch in bestimmten tarifvertraglich vorgesehenen Fällen nicht vorliegen, in denen die Einstellung für bestimmte Produktionsprozesse erfolgt (z.B. Lancieren eines neuen Produktes, Umstellung im Rahmen einer bedeutenden technologischen Veränderung) (Abs. 9 lit. h)). Diese Ausnahme vom Erfordernis der Angabe von Befristungsgründen gilt ausdrücklich auch für befristete Arbeitnehmerüberlassungsverträge.

Weiter wurde Art. 5 Abs. 2 der Gesetzesverordnung Nr. 368/2001 gemäß Abs. 9 lit. e) geändert: Wird ein befristeter Vertrag mit einer Dauer von unter

245 Im Folgenden wird die Rechtslage jedoch weiterhin unter Berücksichtigung der Voraussetzung der Angabe von Gründen technischer, produktionsbedingter, organisatorischer oder vertretungsbedingter Art dargestellt, da das Erfordernis der Angabe von Gründen nur für einen Teilbereich wegfällt und somit auch in Zukunft sicherlich noch relevant sein wird.

sechs Monaten über 30 Tage anstelle von früher 20 Tagen hinaus fortgesetzt und bei einer Dauer von mehr als sechs Monaten von über 50 anstelle von bisher 30 Tagen, ist der befristete Vertrag ab diesen Zeitpunkten als unbefristet anzusehen. Dabei wird der Arbeitgeber verpflichtet, dem örtlich zuständigen Arbeitsamt vor Fristablauf mitzuteilen, dass das Arbeitsverhältnis fortgesetzt werde. Die Informationspflicht umfasst auch die Dauer der Fortsetzung.

Ebenso wurden gemäß Abs. 9 lit. g) die Intervalle zwischen dem ersten Vertrag und der Möglichkeit des Abschlusses eines neuen befristeten Vertrages verlängert (Art. 5 Abs. 3 Gesetzesverordnung Nr. 368/2001). Wird mit einem Arbeitnehmer nach Ablauf eines auf sechs Monate befristeten Vertrages innerhalb einer Frist von nunmehr 60 statt 10 Tagen und bei einem auf über sechs Monate hinaus befristeten Vertrag innerhalb einer Frist von nunmehr 90 statt 20 Tagen nach Ende des Arbeitsverhältnisses ein neuer befristeter Vertrag abgeschlossen, so ist dieser zweite befristete Vertrag als unbefristet anzusehen. Es ist jedoch sehr fraglich, ob auf diese Weise neue Arbeitsplätze geschaffen werden, oder ob nicht vielmehr der Missbrauch gefördert wird. In den bereits genannten spezifischen Produktionsprozessen können die Tarifverträge eine Reduzierung dieser Intervalle vorsehen, und zwar auf 20 Tage bei weniger als 6 Monaten und 30 Tage bei mehr als sechs Monaten.

Will der Arbeitnehmer gegen eine unwirksame Befristung vorgehen, muss er diese nicht mehr innerhalb von 60, sondern 120 Tagen ab Beendigung des Vertrages angreifen und innerhalb von 180 statt 270 Tagen klagen oder der Gegenseite Mitteilung über die Antragsstellung auf Durchführung eines Schlichtungsverfahrens machen (Art. 1 Abs. 11 lit. a) Gesetz Nr. 92/2012).

Die Befristung darf im Übrigen 36 Monate nicht überschreiten, anderenfalls wandelt sich der Vertrag automatisch in einen unbefristeten um. Dabei sind auch die Zeiten des Einsatzes im Rahmen einer Arbeitnehmerüberlassung zu berücksichtigen (Art. 1 Abs. 9 lit. i) Gesetz Nr. 92/2012).

Zu Lasten des Arbeitgebers wurden die Sozialbeiträge im Rahmen der befristeten Arbeitsverhältnisse zur Finanzierung der neuen allgemeinen Arbeitslosenversicherung (*Assicurazione sociale per l'impiego – ASpI*) um 1,4% erhöht (Art. 2 Abs. 28 Gesetz Nr. 92/2012). Diese Maßnahme soll letztlich auch den Abschluss unbefristeter Verträge begünstigen.

Zudem wird gemäß Art. 4 Abs. 8 bis 11 des Gesetzes Nr. 92/2012 für alle ab 1.1.2013 abgeschlossenen befristeten Arbeitsverträge ein neues Beschäftigungsförderungssystem eingeführt. Es soll für ältere Arbeitnehmer ab einem Alter von 50 Jahren gelten und für Personen, die bereits länger als 12 Monate arbeitslos sind. Außerdem ist es unter Berücksichtigung der Verordnung (EG) Nr. 800/2008 für Frauen vorgesehen, die in benachteiligten Gebieten wohnen und seit mindestens sechs Monaten keine regelmäßig bezahlte Beschäftigung haben oder wenn dies länger als 24 Monate der Fall ist, unabhängig von ihrem Wohnsitz. Das System sieht die Regelung einer neuen Art von Beschäftigungsförderung durch eine Reduzierung der Sozialbeiträge in Höhe von 50% zugunsten dieser Kategorie von Arbeitnehmern, aber zu Lasten der Arbeitgeber vor. Diese Beitragsbegünstigung für einen Zeitraum von 12 Monaten wird auch den Arbeitnehmern zuerkannt, die im Rahmen einer befristeten Arbeitnehmerüberlassung eingesetzt werden.

Im Folgenden werden in Kürze die wichtigsten Modifizierungen der einzelnen Vertragstypen dargestellt:

Art. 1 Abs. 23 des Gesetzes Nr. 92/2012 änderte die Artt. 61 ff. der Gesetzesverordnung Nr. 276/2003 und damit die Projektarbeit unter nachstehenden Aspekten:

- Einschränkung des Anwendungsbereiches der Projektarbeit (Abs. 23 lit. a));
- Bekämpfung der Scheinselbständigkeit, u.a. durch die Einführung der Vermutung des Vorliegens eines Arbeitsverhältnisses, wenn es sich um eine Tätigkeit handelt, die von Angestellten im Unternehmen des Auftraggebers ausgeübt wird oder falls es überhaupt kein Projekt gibt (Abs. 23 lit. g));
- Einschränkung der Kündigungsmöglichkeit vor Projektabschluss (Abs. 23 lit. e));
- Erhöhungen der Pflichtabgaben zur Ausbildungsförderung an das „Nationale Institut für Sozialversicherung“ (*Istituto Nazionale della Previdenza Sociale – INPS*) (Art. 1 Abs. 26 Gesetz Nr. 92/2012).

Bezüglich der Arbeit auf Abruf (Artt. 33 ff. Gesetzesverordnung Nr. 276/2003) wurde zur Vorbeugung von Missbrauch vor Beginn der Arbeitsleistung eine Mitteilungspflicht gegenüber der örtlich zuständigen Arbeitsdirektion über die Dauer der zu erbringenden Arbeit eingeführt (Art. 1 Abs. 21 lit. b) Gesetz Nr. 92/2012). Der Vertrag kann mit Arbeitnehmern, die älter als 55 und jünger als 24 Jahre sind, immer abgeschlossen werden (Art. 1 Abs. 21 lit. a) Abs. 2 Gesetz Nr. 92/2012).

Für den Bereich der Teilzeitarbeit (geregelt durch Gesetzesverordnung Nr. 61 vom 25.2.2000[246] mit nachfolgenden Modifizierungen) wurde der Schutz der Arbeitnehmer verstärkt. Sie können unter bestimmten Voraussetzungen die Veränderung der flexiblen und elastischen Klauseln verlangen (Art. 1 Abs. 20 lit. a) Gesetz Nr. 92/2012).

246 G.U. Nr. 66 vom 20.3.2000.

Der Eingliederungsvertrag wird zum 1.1.2013 abgeschafft (Art. 1 Abs. 14 und 15 Gesetz Nr. 92/2012), indem die Artt. 54 bis 59 der Gesetzesverordnung Nr. 276/2003 aufgehoben werden.

Insgesamt betrachtet sind die jüngsten gesetzgeberischen Maßnahmen im Hinblick auf den Eintritt in den Arbeitsmarkt durchaus geeignet, die Ausbildung und Beschäftigung zu fördern sowie die Situation der Arbeitnehmer zu verbessern.

bb) Austritt aus dem Arbeitsmarkt

Hinsichtlich des Austrittes aus dem Arbeitsverhältnis sei zunächst auf den wegen seiner Auswirkung auf Art. 18 des Arbeitnehmerstatuts viel diskutierten Aspekt des Kündigungsrechtes eingegangen. Das Kündigungsrecht wurde für Situationen, in denen sich Unternehmen in wirtschaftlichen Schwierigkeiten befinden, erleichtert, auch wenn ein Klagerecht für Arbeitnehmer bestehen bleibt. Eine der erheblichen Neuerungen ist der Wegfall der Grenze von 15 Mitarbeitern pro Betrieb für das Eingreifen des Kündigungsschutzes.

Während früher eine einheitliche Sanktion für die Varianten, in denen eine Unwirksamkeit der Kündigung in Betracht kam, wie Verfahrens- oder Formfehler oder diskriminierende Gründe, vorgesehen war, beinhaltet die Neuregelung des Art. 18 des Arbeitnehmerstatuts differenziert abgestufte Sanktionen je nachdem, wie schwer die Gründe für die Unwirksamkeit der Kündigung wiegen. Nur in den schwerwiegendsten Fällen ist der Arbeitnehmer wiedereinzustellen. Im Großteil der Fälle (z.B. wegen objektiv gerechtfertigtem Grund) behält die Kündigung trotz Rechtswidrigkeit ihre beendende Wirkung. Der Arbeitnehmer hat allerdings Anspruch auf eine allumfassende Entschädigung (*indennità risarcitoria omnicomprensiva*).

Im Einzelnen wurde der Kündigungsschutz unter Differenzierung nach den verschiedenen Kündigungsarten gemäß Art. 1 Abs. 42 lit. b) des Gesetzes Nr. 92/2012 wie folgt reformiert:[247]

Bezüglich nichtiger Kündigungen wegen Diskriminierung oder bei Vorliegen eines Verbotes oder bei mündlicher Kündigung wird gemäß Art. 1 Abs. 42 lit. b) Unterabs. 1 des Gesetzes Nr. 92/2012 im Wesentlichen die bisher geltende Norm bestätigt, die die Wiedereinstellung des Arbeitnehmers sowie eine Entschädigung vorsieht, die nach der letzten Gesamtvergütung vom Zeitpunkt der Kündigung bis zur Wiedereinstellung und jedenfalls nicht unter fünf Monatsgehältern liegen darf, bemessen ist (Unterabs. 2). Der Arbeitnehmer kann aber alternativ anstelle

247 Überblick zum Kündigungsrecht in Italien bei *Kindler*, Italienisches Handels- und Wirtschaftsrecht, § 3 Rdnr. 18 ff.

der Wiedereinstellung eine Entschädigung in Höhe von 15 Monatsgehältern der letzten Gesamtvergütung wählen (Unterabs. 3).

Im Hinblick auf die rechtswidrige Kündigung (*illegittimo*) bei fehlendem wichtigen oder berechtigten personenbedingten Grund (*giustificato motivo soggettivo*) wurde gemäß Unterabs. 4 folgende Unterscheidung eingeführt: stellt der Richter fest, dass die Kündigung offensichtlich unwirksam ist, hat der Arbeitnehmer weiterhin einen Anspruch auf Wiedereinstellung und der Richter erkennt eine Entschädigung in Höhe von maximal 12 Monatsgehältern der letzten Gesamtvergütung zu.

In allen anderen Fällen besteht gemäß Unterabs. 5 kein Recht auf Wiedereinstellung. Der Richter stellt zwar fest, dass das Arbeitsverhältnis beendet ist, aber der Arbeitnehmer hat nur ein Recht auf eine Entschädigung zwischen 12 und 24 Monatsgehältern der letzten Vergütung. Der Betrag muss die Betriebszugehörigkeit und die Zahl der Beschäftigten sowie den Umfang der wirtschaftlichen Tätigkeit und die Initiativen des Arbeitnehmers, einen Job zu finden, berücksichtigen.

Unterabs. 7 regelt, dass bei Fehlen objektiv gerechtfertigter Gründe (*giustificato motivo oggettivo*) ebenfalls kein Recht auf Wiedereinstellung besteht. Der Arbeitnehmer hat entsprechend der Bestimmung in Unterabs. 5 einen Anspruch auf eine Entschädigung zwischen 12 und 24 Monatsgehältern der letzten Gesamtvergütung. Bei offensichtlicher Unbegründetheit der Kündigung kann der Richter den Arbeitgeber aber entsprechend der Regelung in Absatz 4 auf Wiedereinstellung des Arbeitnehmers sowie zur Zahlung einer Entschädigung in Höhe von maximal 12 Monatsgehältern der letzten Gesamtvergütung verurteilen.

Beruht die Unwirksamkeit der Kündigung auf einem Verstoß gegen die Begründungspflicht oder auf Verfahrensfehler z.B. wegen Nichteinhaltung des Schlichtungsverfahrens, besteht kein Wiedereinstellungsanspruch. Der Richter erkennt eine Entschädigung zwischen sechs und zwölf Monatsgehältern zu (Unterabs. 6).

Große Veränderung sind bezüglich der Kündigungsschutzklagen festzustellen, die Einzel- und Gruppenentlassungen zum Gegenstand haben, auf die das Sanktionssystem des Art. 18 des Arbeitnehmerstatuts Anwendung findet: Der Verfahrensgang wurde durch Verkürzung der Prozessdauer erheblich erleichtert.

In Bezug auf Einzelentlassungen hat der Gesetzgeber zugunsten der Arbeitnehmer eine Begründungspflicht eingeführt. Im Kündigungsschreiben muss der Grund für die Beendigung des Arbeitsverhältnisses präzise angegeben werden. Dadurch soll es dem Arbeitnehmer erleichtert werden, die Unwirksamkeit einer Kündigung anzugreifen.

Kündigungsschutzklagen sind nicht mehr innerhalb von 270 sondern 180 Tagen zu erheben bzw. die Antragsstellung auf Schlichtungsversuch mitzuteilen

(Art. 1 Abs. 38 Gesetz Nr. 92/2012). Bei der Kündigung aus objektiv gerechtfertigten Gründen muss der Arbeitgeber vor Ausspruch der Kündigung eine obligatorische Schlichtung durchführen (Art. 1 Abs. 40 Gesetz Nr. 92/2012). Die Bestimmung ist nicht nachvollziehbar, denn die bisherige Regelung zum obligatorischen Schlichtungsverfahren, die seit 15 Jahren in Kraft ist, hat sich bisher als wirkungslos erwiesen.[248]

Hinsichtlich der Gruppenentlassungen (Art. 1 Abs. 44 bis 46 Gesetz Nr. 92/2012) wurde das Verfahren der gewerkschaftlichen Mitbestimmung vor Durchführung einer Gruppenentlassung geändert. Die Rechtsfolgen rechtswidriger und unwirksamer Kündigungen wurden an den modifizierten Art. 18 des Arbeitnehmerstatuts angepasst.

Schließlich ist als letzte wichtige Reformmaßnahme die Einführung des neuen Systems der Arbeitslosenversicherung (*Assicurazione sociale per l'impiego – ASpI*) durch Art. 2 des Gesetzes Nr. 92/2012 zu nennen. Danach steht ab 1.1.2013 allen Arbeitnehmern, die unfreiwillig ihren Arbeitsplatz verloren haben, monatlich ein Anspruch auf Arbeitslosengeld zu. Ab 1.1.2017 werden dann die Mobilitätsentschädigung und das Arbeitslosengeld zusammengeführt (Art. 2 Abs. 46). Das Arbeitslosengeld in Höhe von maximal 1.119,32 Euro (Art. 2 Abs. 7 Gesetz Nr. 92/2012) wird allen unfreiwillig Arbeitslosen im privaten Sektor sowie Auszubildenden gewährt. Dabei besteht der Anspruch für Arbeitnehmer, die jünger als 55 Jahre alt sind, maximal 12 Monate und für Arbeitnehmer, die älter als 55 Jahre sind, bis zu 18 Monate lang (Art. 2 Abs. 11 Gesetz Nr. 92/2012).

Art. 1 Abs. 43 ergänzt die Regelung des Gesetzes Nr. 183/2010 zur Begrenzung der richterlichen Kontrolle bezüglich der Vorschriften, die Generalklauseln enthalten. Neu ist, dass gegen einen Verstoß des Richters im Hinblick auf Art. 30 Abs. 1 des Gesetzes Nr. 183/2010 gerichtlich vorgegangen werden kann.

In der Gesamtschau verfolgte die italienische Regierung mit der jüngsten Reform gewiss gute Absichten. Aufgrund der für die Arbeitnehmer nachteiligen Reformierung des Kündigungsrechtes einerseits und der Maßnahmen zur Flexibilisierung und Beschäftigungsförderung auf der anderen Seite stellt das Gesetz eine Mischung aus Flexicurity-Maßnahmen dar. Allerdings ist ein Ungleichgewicht zu Lasten der Arbeitnehmer festzustellen. Dieser Reform werden sicherlich noch weitere folgen.

---

248 *Falasca*, La flessibilità non si impone con diktat formali troppo rigidi, Il Sole 24 Ore vom 9.7.2012.

II. Darstellung der Entwicklung der Gesetze in Deutschland anhand der wichtigsten Reformen

Betrachtet man die Entwicklung der gesetzlichen Regelung der Arbeitnehmerüberlassung in Deutschland, lässt sich die gleiche Tendenz wie in Italien feststellen: Aufhebung des Verbotes der gewerbsmäßigen Arbeitnehmerüberlassung, Deregulierung, Abkehr vom staatlichen Arbeitsvermittlungsmonopol.

1. Die Historie des Arbeitnehmerüberlassungsgesetzes bis zu den Reformen 2011

In Deutschland wurde das Verbot der gewerbsmäßigen Arbeitnehmerüberlassung in § 37 Abs. 3 AVAVG[249] infolge der Entscheidungen des Bundesverfassungsgerichtes vom 4.4.1967[250] und des Bundessozialgerichtes vom 29.7.1970[251] zum Rechtsstreit „Adia Interim" aufgehoben. Das Bundesverfassungsgericht befand in dieser Entscheidung, dass das Verbot der gewerblichen Arbeitnehmerüberlassung gegen das in Art. 12 Abs. 1 GG geregelte Grundrecht der freien Berufswahl verstieß. Am gleichen Tag bestätigte es die Verfassungsgemäßheit des staatlichen Arbeitsvermittlungsmonopols,[252] das bereits mit § 2 Abs. 2 Nr. 2 Stellenvermittlergesetz vom 2.6.1910[253] niedergelegt worden war.

Im Anschluss nahm die Bedeutung der Arbeitnehmerüberlassung kontinuierlich zu[254] und mit ihr die Zahl der Missbrauchsfälle. Um dem entgegenzutreten und den arbeits-, und sozialversicherungsrechtlichen Schutz der Leiharbeitnehmer zu verbessern, sah sich die Bundesregierung im Jahre 1971 gezwungen, den Entwurf des „Gesetzes zur Regelung der gewerbsmäßigen Arbeitnehmerüberlassung" zu verfassen.[255]

Am 7.8.1972 wurde das „Gesetz zur Regelung der Arbeitnehmerüberlassung" (AÜG) verkündet[256] und trat zum 12.10.1972 in Kraft. Es folgten zahlreiche Reformen.

---

249 Gesetz über Arbeitsvermittlung und Arbeitslosenversicherung vom 16.7.1927, RGBl. 1927 I S. 187 in der Fassung der Bekanntmachung vom 3.4.1957, BGBl. I S. 706; Ulber/*Ulber*, AÜG, Einl. B. Entstehungsgeschichte Rdnr. 4.

250 BVerfG v. 4.4.1967, BVerfGE 21, 261 ff.

251 BSG v. 29.7.1970, NJW 1971, 166, 166 ff.

252 BVerfG v. 4.4.1967, BVerfGE 21, 245 ff.; Ulber/*Ulber*, AÜG, Einl. B. Entstehungsgeschichte Rdnr. 5.

253 RGBl. I S. 860; Ulber/*Ulber*, AÜG, Einl. B. Entstehungsgeschichte Rdnr. 1.

254 Ulber/*Ulber*, AÜG, Einl. B. Entstehungsgeschichte Rdnr. 12.

255 Ulber/*Ulber*, AÜG, Einl. B. Entstehungsgeschichte Rdnr. 13.

256 BGBl. I S. 1393; Ulber/*Ulber*, AÜG, Einl. B. Entstehungsgeschichte Rdnr. 12.

Mit dem am 1.5.1985 in Kraft getretenen Beschäftigungsförderungsgesetz vom 26.4.1985 (BeschFG 1985)[257] leitete der Gesetzgeber eine Kehrtwende ein. Während bisher mit Nachdruck der Schutz der Arbeitnehmer verfolgt wurde, wurde der Arbeitnehmerschutz nun nach und nach aufgeweicht, in der Hoffnung zusätzliche Beschäftigungsmöglichkeiten zu schaffen, was jedoch fehlschlug.[258]

Zu erwähnen ist auch das am 1.1.1994 in Kraft getretene „Erste Gesetz zur Umsetzung des Spar-, Konsolidierungs-, und Wachstumsprogramms (1. SKWPG) vom 21.12.1993"[259]. Es führte zu einer Erhöhung der bereits in den letzten Jahren auf sechs Monate[260] angehobenen Höchstüberlassungsdauer auf neun Monate.

Durch Art. 1 des Beschäftigungsförderungsgesetzes 1994 (BeschFG 1994) vom 26.7.1994[261] wurde das Alleinvermittlungsrecht der Bundesanstalt für Arbeit (BA)[262] aufgehoben, so dass auch Verleiher, die über eine Erlaubnis zur Arbeitnehmerüberlassung verfügen, gewerbsmäßige Arbeitsvermittlung ausüben dürfen.[263]

Die Deregulierungsgesetzgebung fand ihre Fortsetzung im „Gesetz zur Reform der Arbeitsförderung" (sog. Arbeitsförderungs-Reformgesetz – AFRG) vom 24.3.1997[264], überwiegend in Kraft getreten am 1.1.1998 (Art. 83 Abs. 1 AFRG). Einige Änderungen des Art. 63 AFRG waren allerdings bereits am 1.4.1997 in Kraft getreten (Art. 83 Abs. 3 AFRG). Dieses Gesetz hat das Recht der Arbeitnehmerüberlassung teilweise grundlegend neu gestaltet,[265] mit der Tendenz zur Beseitigung der Vorschriften des Arbeitnehmerschutzes, vor allem durch eine erneute Ausweitung der höchstzulässigen Überlassungsdauer auf 12 Monate, die allgemeine Zulassung befristeter Leiharbeitsverträge und die Aufhebung bzw. Lockerung des Synchronisationsverbotes.[266] Erklärtes Ziel des Gesetzgebers war, zum einen zusätzliche Arbeitsplätze durch die Beseitigung beschäftigungshemmender Vorschriften zu schaffen und den Bedürfnissen der Wirtschaft nach flexibleren Formen des Personaleinsatzes Rechnung zu tragen, zum anderen sollten aber die Schutzvorschriften für Leiharbeitnehmer unverändert bleiben.[267] Dennoch konnte letztgenanntem Ziel nicht Genüge getan werden.[268]

---

257 BGBl. I S. 710.

258 Ulber/*Ulber*, AÜG, Einl. B. Entstehungsgeschichte Rdnr. 20.

259 BGBl. I S. 2353.

260 Mit dem Gesetz zur Verlängerung beschäftigungsfördernder Vorschriften (BeschFG 1990) vom 22.12.1989, in Kraft getreten am 30.12.1989 (BGBl. I S. 2406).

261 BGBl. I S. 1786; näher hierzu *Bauer, D.*, NZA 1995, 203, 203.

262 Seit 1.1.2004 umbenannt in Bundesagentur für Arbeit.

263 Ulber/*Ulber*, AÜG, Einl. B. Entstehungsgeschichte Rdnr. 30.

264 BGBl. I S. 594.

265 Ulber/*Ulber*, AÜG, Einl. B. Entstehungsgeschichte Rdnr. 35.

266 Ulber/*Ulber*, AÜG, Einl. B. Entstehungsgeschichte Rdnr. 38.

267 Begründung zu Art. 63 des Gesetzesentwurfes vom 18.6.1996, BT-Drs. 13/4941, S. 247.

268 Ulber/*Ulber*, AÜG, Einl. B. Entstehungsgeschichte Rdnr. 39.

Die Höchstüberlassungsdauer wurde mit Art. 7 des Gesetzes zur Reform der arbeitsmarktpolitischen Instrumente (Job-AQTIV-Gesetz) vom 10.12.2001[269] weiter auf 24 Monate angehoben (§ 3 Abs. 1 Nr. 6 AÜG a.F.[270]), womit der sukzessive Abbau von Normen zum Schutze der Leiharbeitnehmer seine Fortsetzung fand.

Die stärksten Neuerungen brachte das „Erste Gesetz für moderne Dienstleistungen am Arbeitsmarkt“ vom 23.12.2002 (sog. Hartz I)[271]. Zeitgleich wurde auch das „Zweite Gesetz für moderne Dienstleistungen am Arbeitsmarkt“ (sog. Hartz II)[272] veröffentlicht. Beide Gesetze traten am 1.1.2003 in Kraft.[273] Das „Hartz II-Gesetz“ enthält allerdings Regelungen, die teilweise erst später in Kraft traten.

Angestoßen durch die Vorschläge der Hartz-Kommission im Jahre 2002, die sich jedoch in erster Linie auf Personal-Service-Agenturen und nur geringfügig auf den gesamten Bereich der Zeitarbeitsbranche bezogen,[274] hat der Gesetzgeber im Jahre 2003 ein neues Leitbild für die Arbeitnehmerüberlassung insgesamt geschaffen. Die bisher im internationalen Vergleich eher restriktive Regelung der Arbeitnehmerüberlassung in Deutschland wurde im Rahmen des „Ersten Gesetzes für moderne Dienstleistungen am Arbeitsmarkt“ vom 23.12.2002 erheblich gelockert.[275] Ähnlich wie in Italien hatte man die Chance erkannt, die sich angesichts der schwierigen Lage auf dem Arbeitsmarkt aufgrund der hohen Arbeitslosigkeit und der zunehmenden Globalisierung, durch eine Flexibilisierung des Arbeitsmarktes ergab.[276]

Das „Hartz I-Gesetz“ sieht insbesondere Erleichterungen bei der Zeitarbeit, die Förderung der beruflichen Weiterbildung durch die Bundesanstalt für Arbeit und die Einführung des Bildungsgutscheins sowie die Einführung von Personal-Service-Agenturen (PSA)[277] gemäß §§ 37c a.F., 434g Abs. 5 SGB III zur Verstärkung vermittlungsorientierter Zeitarbeit als Maßnahmen zur Beschäftigungsförderung vor. Danach bestand für jede Agentur für Arbeit die zwingende Verpflichtung, die Einrichtung von mindestens einer PSA sicherzustellen.

---

269 BGBl. I S. 3443.

270 Im Folgenden werden die Vorschriften des AÜG vor in Kraft treten des „Ersten Gesetzes zur Änderung des Arbeitnehmerüberlassungsgesetzes – Verhinderung des Missbrauches in der Arbeitnehmerüberlassung“ mit dem Zusatz a.F. versehen.

271 BGBl. I S. 4607.

272 BGBl. I S. 4621.

273 BGBl. I S. 4607 und BGBl. I S. 4621; Ulber/*Ulber*, AÜG, Einl. B. Entstehungsgeschichte Rdnr. 55.

274 *Weinkopf/Vanselow*, WISO Diskurs Juni 2008, (Fehl-) Entwicklungen in der Zeitarbeit, S. 10.

275 *Hamann*, NZA 2011, 70, 70.

276 *Hamann*, NZA 2011, 70, 70.

277 Ulber/*Ulber*, AÜG, Einl. B. Entstehungsgeschichte Rdnr. 57.

Die Vorschrift wurde durch Art. 1 Nr. 17 des „Gesetzes zur Neuausrichtung der arbeitsmarktpolitischen Instrumente“ (sog. ArbMINAG) vom 21.12.2008 mit Wirkung vom 1.1.2009 aufgehoben,[278] da sie sich als absolut ineffizient erwiesen hatte.[279]

Das AÜG hat durch das „Hartz I-Gesetz“ die wesentlichsten Änderungen, insbesondere funktionaler und struktureller Art erfahren. Damit wollte der Gesetzgeber die Qualität und die gesellschaftliche Akzeptanz der Leiharbeit erhöhen.

Die besonderen Bestimmungen zur Befristung des Leiharbeitsverhältnisses und zum Synchronisationsverbot sowie das Wiedereinstellungsverbot und die Beschränkung der Überlassungsdauer auf höchstens zwei Jahre wurden aufgehoben, so dass weitere Leiharbeitnehmer-Schutzvorschriften beseitigt wurden.[280]

Hauptziel war die Erschließung von Beschäftigungsmöglichkeiten und die Schaffung neuer Arbeitsplätze. Zu Gunsten der Leiharbeitnehmer wurde der Gleichbehandlungsgrundsatz[281] zwischen Leiharbeitnehmern und vergleichbaren Arbeitnehmern des Entleihers hinsichtlich der wesentlichen Arbeitsbedingungen einschließlich des Arbeitsentgeltes bereits ab dem ersten Tag der Überlassung eingeführt. Während der Gleichbehandlungsgrundsatz in Italien bereits vor 2002 gesetzlich verankert war,[282] war dieser in Deutschland erstmalig – allerdings erst ab dem 13. Überlassungsmonat – durch § 10 Abs. 5 AÜG a.F. mit dem Job-AQTIV-Gesetz mit Wirkung ab dem 1.1.2002 eingeführt worden. Die Vorschrift sah folgende Regelung vor: Von dem Gleichbehandlungsgrundsatz kann durch tarifvertragliche Regelungen abgewichen werden. Darüber hinaus sind für die ersten sechs Wochen, in denen ein zuvor Arbeitsloser überlassen wird, abweichende einzelvertragliche Vereinbarungen möglich, falls nicht bereits mit demselben Verleiher ein Leiharbeitsverhältnis bestanden hat. Dem Leiharbeitnehmer steht dabei mindestens das Nettoarbeitsentgelt in Höhe des Betrages zu, den er zuletzt als Arbeitslosengeld erhalten hat.

Das „Hartz II-Gesetz“ modifizierte die Bestimmungen der geringfügigen Beschäftigung (Mini-Job und Midi-Job) mit Wirkung ab dem 1.4.2003. Eine wichtige Neuerung war die Einrichtung von Job-Centern. Es handelt sich um Behörden, die auf kommunaler Ebene die Grundsicherung für Leistungsberechtigte nach dem SGB II übernommen haben (§ 6d SGB II).

Das „Dritte Gesetz für moderne Dienstleistungen am Arbeitsmarkt vom 23.12.2003“ (sog. Hartz III) trat am 1.1.2004 in Kraft.[283] Es sieht die Umstruktu-

---

278 BGBl. I S. 2917; Ulber/*Ulber*, AÜG, Einl. H. Personal-Service-Agenturen Rdnr. 1.

279 *Steuer*, S. 151.

280 Ulber/*Ulber*, AÜG, Einl. B. Entstehungsgeschichte Rdnr. 55.

281 Ulber/*Ulber*, AÜG, Einl. B. Entstehungsgeschichte Rdnr. 58.

282 *Fuchs*, NZA 2004, 956, 960.

283 BGBl. I S. 2848; Ulber/*Ulber*, AÜG, Einl. B. Entstehungsgeschichte Rdnr. 60.

rierung der Bundesanstalt für Arbeit in einen kundenorientierten und leistungsfähigen Dienstleister (Bundesagentur für Arbeit) vor, der sich auf die Kernaufgabe der Vermittlung von Arbeitslosen konzentrieren soll, d.h. eine Vereinfachung des Leistungs- und Förderungsrechtes der Arbeitslosenversicherung, und eine Vereinfachung des Einsatzes arbeitsmarktpolitischer Instrumente wie z.B. Arbeitsbeschaffungsmaßnahmen.

Das „Vierte Gesetz für moderne Dienstleistungen am Arbeitsmarkt" (sog. Hartz IV)[284] vom 24.12.2003, in Kraft getreten am 1.7.2004, führte zum 1.1.2005 das sog. Arbeitslosengeld II ein, das die frühere Arbeits- und Sozialhilfe zusammenlegte.

2. Das Erste Gesetz zur Änderung des Arbeitnehmerüberlassungsgesetzes

Tiefgreifende Änderungen brachte jüngst das „Erste Gesetz zur Änderung des Arbeitnehmerüberlassungsgesetzes – Verhinderung von Missbrauch der Arbeitnehmerüberlassung" (1. AÜGÄndG)[285] vom 28.4.2011, das die am 5.12.2008 in Kraft getretene Richtlinie über Leiharbeit vom 19.11.2008 umsetzte. Die Richtlinie erkennt den besonderen Wert des Flexibilisierungsinstruments Zeitarbeit an und verfolgt einen klaren Liberalisierungskurs. Zeitarbeit *„ist grundsätzlich eine erwünschte Erscheinung im Rahmen des Flexicurity-Ansatzes der EU"*.[286]

Das Gesetz ist zum Großteil – mit Ausnahme der in Art. 2 Abs. 2 genannten Bestimmungen[287] – am 1.12.2011 in Kraft getreten. Neben der in der Richtlinie vorgegebenen Umsetzungsfrist bis zum 5.12.2011 entstand zusätzlicher politischer Handlungsdruck durch die Tatsache, dass ab dem 1.5.2011 die volle Arbeitnehmerfreizügigkeit der zum 1.5.2004 der Europäischen Union beigetretenen osteuropäischen Staaten galt. Dieses Ereignis hatte große Sorge hervorgerufen, da befürchtet wurde, dass nun vermehrt Billigarbeitskräfte vor allem auch Leiharbeitnehmer zu Dumping-Löhnen aus diesen Staaten auf den westeuropäischen Arbeitsmarkt drängen würden.[288]

---

284 BGBl. I S. 2954.

285 BGBl. I S. 642, Geltung ab 1.12.2011; *Düwell*, DB 2011, 1520, 1520.

286 *Rieble*, FAZ vom 13.10.2010 Beruf & Chance, Kolummne „Mein Urteil"- Stählerne Zeitarbeit, abrufbar unter: www.faz.net.

287 Gemäß Art. 2 Abs. 2 traten die dort genannten Bestimmungen bereits am 30.4.2011 in Kraft.

288 *Hamann*, NZA, 2011, 70, 71; *Zimmermann*, ArbRAktuell 2011, 62, 62; vgl. auch *Bayreuther*, DB 2011, 706, 706.

Die Anpassung des AÜG an die europarechtlichen Vorgaben führte zu folgenden bedeutenden Neuerungen im Recht der Arbeitnehmerüberlassung:

In Umsetzung des Art. 1 Abs. 2 der Richtlinie über Leiharbeit, wonach die gewerbsmäßigen und nichtgewerbsmäßigen Formen der Arbeitnehmerüberlassung nicht unterschiedlich behandelt werden dürfen, wurde der in § 1 Abs. 1 S. 1 AÜG a.F. enthaltene Zusatz „gewerbsmäßig" herausgenommen. Somit ist von nun an grundsätzlich das AÜG auf alle Formen der Arbeitnehmerüberlassung anwendbar mit der Konsequenz, dass sie der Erlaubnispflicht unterliegen. Der Wortlaut des § 1 Abs. 1 S. 1 AÜG ist missverständlich: Danach soll eine Erlaubnispflicht bestehen, wenn *„(...) Verleiher Dritten Arbeitnehmer im Rahmen „ihrer" wirtschaftlichen Tätigkeit überlassen (...)"*. Diese Formulierung könnte dahingehend interpretiert werden, dass der Gesetzgeber Überlassungen von der Erlaubnispflicht befreien wollte, die vom Inhalt der geschuldeten Arbeitsleistung des Leiharbeitnehmers her nicht zur spezifischen wirtschaftliche Tätigkeit von Verleiher oder Entleiher gehören.[289] Dieses Verständnis entspricht aber nicht den Zielsetzungen des Gesetzgebers einer richtlinienkonformen Umsetzung. Denn Art. 1 Abs. 2 der Richtlinie über Leiharbeit setzt lediglich voraus, dass Verleiher und Entleiher „eine wirtschaftliche Tätigkeit" ausüben. Die Formulierung „ihrer" ist somit im Sinne von „einer" wirtschaftlichen Tätigkeit zu verstehen.[290] Demnach liegt eine „wirtschaftliche Tätigkeit" immer vor, wenn der Hauptzweck eines Rechtsgeschäftes im Einzelfall in der Überlassung von Arbeitnehmern besteht.[291] Wird die Arbeitnehmerüberlassung gewerbsmäßig betrieben, liegen stets die Voraussetzungen einer wirtschaftlichen Tätigkeit vor. [292]

In § 1 Abs. 1 S. 2 AÜG hat der Gesetzgeber in Umsetzung der Richtlinie (Art. 1 Abs. 1 und Art. 3 Abs. 1 lit. e)) das Merkmal „vorübergehend"[293] ergänzt. Ein Verstoß gegen diese Tatbestandsvoraussetzung macht die Arbeitnehmerüberlassung unzulässig und stellt in der Regel eine Arbeitsvermittlung dar.[294]

Mit § 3a AÜG wird eine neue Vorschrift zur Ermöglichung der Festsetzung einer absoluten Lohnuntergrenze durch Rechtsverordnung aufgenommen, und damit verbunden ist die Neufassung der Vorschriften zur Gleichbehandlung (§§ 3 Abs. 1 Nr. 3, 9 Nr. 2) in § 10 Abs. 4 und 5 AÜG zu erwähnen.[295]

---

289 Ulber/*Ulber*, AÜG, § 1 Rdnr. 197.

290 Ulber/*Ulber*, AÜG, § 1 Rdnr. 197.

291 BAG v. 9.2.2011, NZA, 2011, 791, 791 ff.; Ulber/*Ulber*, AÜG, § 1 Rdnr. 197a.

292 Ulber/*Ulber*, AÜG, § 1 Rdnr. 199.

293 Ausführlich zur Interpretation des Merkmals „vorübergehend" siehe unten § 4 IV 2 b.

294 Ulber/*Ulber*, AÜG, Einl. B. Entstehungsgeschichte Rdnr. 67.

295 Ulber/*Ulber*, AÜG, Einl. B. Entstehungsgeschichte Rdnr. 68.

Durch das 1. AÜGÄndG (Art. 1 Nr. 11) wurden §§ 13a und 13b AÜG mit Wirkung vom 1.12.2011 in das AÜG eingefügt.[296] Zweck des § 13a AÜG ist, in Ergänzung zu den Regelungen in § 9 Nr. 4 und 5 AÜG und in Umsetzung von Art. 6 Abs. 1 der Richtlinie über Leiharbeit, die Chancen des Leiharbeitnehmers auf Übernahme in ein Arbeitsverhältnis mit dem Entleiher zu verbessern.[297] Es handelt sich um eine zwingende Norm. Verstöße sind nach § 16 Nr. 9 AÜG bußgeldbewehrt.[298] Für den Leiharbeitnehmer ist vor allem die Vorschrift des Art. 6 Abs. 1 S. 1 der Richtlinie über Leiharbeit von Bedeutung, der klarstellt, dass Stamm- und Leiharbeitnehmer bei Stellenbewerbungen, bei der Bewerberauswahl sowie auch bei Stellenbesetzungen gleich zu behandeln sind. Folglich gilt die Gleichbehandlungspflicht im Rahmen des § 13a AÜG für den Entleiher im Verhältnis zum Leiharbeitnehmer bei der Bewerberauswahl und der Entscheidung über die Besetzung.[299]

Mit § 13b AÜG wird Art. 6 Abs. 4 der Richtlinie über Leiharbeit – richtlinienkonform – in nationales Recht umgesetzt, und § 9 Nr. 2 AÜG ergänzt den Anspruch des Leiharbeitnehmers auf Zugang zu Gemeinschaftseinrichtungen, der ihm gegenüber dem Verleiher zusteht, um einen unmittelbaren, gleichgerichteten Anspruch auf Gleichbehandlungen gegen den Entleiher, denn die Nutzung von Gemeinschaftseinrichtungen zählt zu den wesentlichen Arbeitsbedingungen i.S.v. § 9 Nr. 2 AÜG, die der Verleiher nach § 10 Abs. 4 AÜG dem Leiharbeitnehmer gewähren muss.[300] Dadurch wird dem Umstand Rechnung getragen, dass es dem Verleiher aus tatsächlichen Gründen häufig nicht möglich ist, den Anspruch auf Zugang zu Gemeinschaftseinrichtungen des Entleihers zu erfüllen. Die Vorschrift ist zwingend und nicht tarifdispositiv.[301] Vereinbarungen zwischen Ver- und Entleiher, die gegen § 13b AÜG verstoßen, sind gemäß § 9 Nr. 2a AÜG unwirksam.

Es fällt auf, dass der Gesetzgeber noch keine besonderen gesetzlichen Qualifizierungsmaßnahmen getroffen hat, um den Anforderungen von Art. 6 Abs. 5 der Richtlinie über Leiharbeit Rechnung zu tragen.[302] Allerdings dürfte sich dies nur eingeschränkt auswirken, da Qualifizierungsansprüche ebenfalls zu den wesentlichen Arbeitsbedingungen i.S.v. § 9 Nr. 2 AÜG zählen und dem Leiharbeitnehmer auch bei Qualifizierungsmaßnahmen, die der Entleiher durchzuführen

---

296 Ulber/*Ulber*, AÜG, § 13a Rdnr. 1 und § 13b Rdnr. 1.

297 BT-Drs. 847/10, S. 10.

298 Ulber/*Ulber*, AÜG, § 13a Rdnr. 1; *Hamann*, NZA 2011, 70, 76 f.

299 Ulber/*Ulber*, AÜG, § 13a Rdnr. 17.

300 Ulber/*Ulber*, AÜG, § 13b Rdnr. 1 f.; *Hamann*, NZA 2011, 70, 77.

301 *Hamann*, EuZA 2009, 287, 318 f.; *Lembke*, NZA 2011, 319, 319.

302 Ulber/*Ulber*, AÜG, § 13b Rdnr. 20.

hat, ein Gleichstellungsanspruch nach § 10 Abs. 4 AÜG zusteht.[303] Der Verleiher hat daher den Entleiher dazu anzuhalten, den Leiharbeitnehmer an Qualifizierungsmaßnahmen teilnehmen zu lassen.[304] Jedoch ist fraglich, ob der Entleiher dem nachkommt.

Es wird daher diskutiert, ob dem Leiharbeitnehmer in Konformität mit Unionsrecht oder in Analogie zu § 13b AÜG ein Anspruch gegen den Entleiher auf Teilnahme an Weiterbildungsmaßnahmen eingeräumt werden kann. Denn der Grundsatz der Gleichbehandlung (Art. 5 Abs. 1 Richtlinie über Leiharbeit) ist auch vom Entleiher so einzuhalten, dass der Verleiher seinen Verpflichtungen nach § 10 Abs. 4 S. 1 AÜG nachkommen kann. Teilweise wird ein entsprechender Anspruch bejaht, soweit es um den Zugang zu Fort- und Weiterbildungsmaßnahmen geht, die in internen Bildungseinrichtungen des Entleihers als Gemeinschaftseinrichtungen i.S.d. § 13b AÜG angeboten werden.[305] Dagegen ist aber einzuwenden, dass die in Art. 6 Abs. 5 lit. b) der Richtlinie über Leiharbeit enthaltene besondere Regelung zu Weiterbildungsangeboten des Entleihers eine analoge Anwendung von Weiterbildungsansprüchen des Leiharbeitnehmers gegen den Entleiher verbietet. Sie ist *lex specialis* gegenüber den sich aus Art. 5 Abs. 1 Richtlinie über Leiharbeit ergebenden Ansprüchen. Außerdem verlangt Art. 6 Abs. 5 lit. b) Richtlinie über Leiharbeit, dass der nationale Gesetzgeber einen Anspruch auf Teilnahme an Weiterbildungsmaßnahmen des Entleihers auch einräumt. Da dies noch nicht geschehen ist, besteht kein Anspruch des Leiharbeitnehmers, es sei denn der Entleiher ist auf der Basis eines Tarifvertrages oder einer Betriebsvereinbarung hierzu verpflichtet.[306]

In Folge der Einführung der Lohnuntergrenzen durch § 3a AÜG hat der Gesetzgeber die Notwendigkeit für eine effektive Kontrolle der Einhaltung dieser Grenzen gesehen. Deshalb wurde das AÜG ein weiteres Mal mit dem „Gesetz zur Änderung des Arbeitnehmerüberlassungsgesetzes und des Schwarzarbeitsbekämpfungsgesetzes“ vom 20.7.2011[307] modifiziert und in § 17 Abs. 2 AÜG die Zuständigkeit der Behörden der Zollverwaltung für die Kontrolle der Lohnuntergrenzen unter entsprechender Anwendung der in § 17a AÜG aufgeführten Vorschriften des Schwarzarbeitsbekämpfungsgesetzes vorgesehen. Neue Vorschriften werden für die Arbeitnehmerüberlassung aus dem Ausland eingeführt: Bei einem Entleih aus dem Ausland treffen den Entleiher nunmehr eine Meldepflicht (§ 17b AÜG) und eine Pflicht zur Erstellung, Bereithaltung und Aufbewah-

303 Ulber/*Ulber*, AÜG, § 13b Rdnr. 20.
304 Ulber/*Ulber*, AÜG, § 13b Rdnr. 20.
305 *Lembke*, NZA 2011, 319, 319.
306 Ulber/*Ulber*, AÜG, § 13b Rdnr. 22.
307 BGBl. I S. 1506.

rung von Dokumenten (§ 17c AÜG). Verstöße gegen § 3a AÜG oder gegen § 17a bis c AÜG werden gemäß den neuen Ordnungswidrigkeitentatbeständen des § 16 Abs. 1 Nr. 7b und Nr. 11 bis 18 AÜG mit Bußgeld geahndet.[308]

Der Weg vom Verbot der Leiharbeit über ihre Legalisierung bis zur Deregulierung durch die Hartz-Reformen war lang und kurvenreich: Seit ihrer Einführung wirkt die Arbeitnehmerüberlassung polarisierend. Die Meinungen gehen stark auseinander, von der Bewertung als moderner Sklavenhandel einerseits bis zu moderner, flexibler Dienstleistung andererseits.[309]

3. Zusammenfassung

Angestoßen durch die Vorschläge der Hartz-Kommission im Jahre 2002, die sich jedoch vor allem auf Personal-Service-Agenturen und nur in einem kleinen Teil auf den gesamten Bereich der Zeitarbeitsbranche insgesamt bezogen hatten,[310] hat der Gesetzgeber im Jahre 2003 ein neues Leitbild für die Arbeitnehmerüberlassung insgesamt geschaffen. Die bisher im internationalen Vergleich eher restriktive Regelung der Arbeitnehmerüberlassung in Deutschland wurde im Rahmen des „Ersten Gesetzes für moderne Dienstleistungen am Arbeitsmarkt“ vom 23.12.2002 erheblich gelockert.[311] Ähnlich wie in Italien hatte man in Deutschland die Chance erkannt, die sich für die schwierige Lage auf dem Arbeitsmarkt aufgrund hoher Arbeitslosigkeit und zunehmender Globalisierung zeigte und die sich durch eine Flexibilisierung des Arbeitsmarktes ergab.[312] Im Gegenzug zur Lockerung der Restriktionen wurden die Grundsätze des „Equal Pay“ und „Equal Treatment“ gesetzlich verankert. Das Gesetz sieht hierfür allerdings die Möglichkeit der Abweichung durch Anwendung der für die Zeitarbeitsbranche abgeschlossenen Tarifverträge vor.[313]

---

308 Ulber/*Ulber*, AÜG, Einl. B. Entstehungsgeschichte Rdnr. 70.

309 *Böhm*, RdA 2005, 360, 360.

310 So findet sich unter dem Stichwort „Anforderungen an die Gesetzgebung“ im Bericht der *Hartz-Kommission* (2002: 157): *„Die Arbeitnehmerüberlassung unterliegt derzeit noch hohen Auflagen und Beschränkungen. Eine Personal-Service-Agentur kann – wie Zeitarbeitsunternehmen auch – nur dann effektiv arbeiten, wenn Beschränkungen des Arbeitnehmerüberlassungsgesetzes (AÜG) nicht gelten. Daher ist eine gesetzliche Aufhebung – unter dem Vorbehalt, dass Tarifverträge abgeschlossen werden – vorzusehen“*, vgl. *Weinkopf/Vanselow*, WISO Diskurs Juni 2008, (Fehl-) Entwicklungen in der Zeitarbeit, S. 10.

311 *Hamann*, NZA 2011, 70, 70.

312 *Hamann*, NZA 2011, 70, 70.

313 *Weinkopf/Vanselow*, WISO Diskurs Juni 2008, (Fehl-) Entwicklungen in der Zeitarbeit, S. 10; *Thüsing/Stiebert*, ZESAR 2012, 199, 199.

§ 4 Die Arbeitnehmerüberlassung in Italien und Deutschland nach den Reformen

In Italien hatte die Biagi-Reform zu einschneidenden Neuerungen im Bereich der Arbeitnehmerüberlassung geführt, mit dem Ziel vor allem als Instrument der Beschäftigungsförderung zu dienen,[314] dies auf zwei Arten: sie sollte sowohl das Outsourcing von Dienstleistungen ermöglichen, aber auch die Vermittlung von Angebot und Nachfrage nach Arbeit fördern.[315] Nachfolgend wird das System der Arbeitnehmerüberlassung ausgehend von der Gesetzeslage nach Umsetzung des Gesetzes Nr. 30/2003 durch die Gesetzesverordnung Nr. 276/2003 unter Einbeziehung der nachfolgenden Gesetzesänderungen dargestellt, bis hin zur jüngsten Reform durch das Gesetz Nr. 92/2012. Die Rechtslage in Italien wird dem Recht der Arbeitnehmerüberlassung in Deutschland nach der Reform durch das 1. AÜGÄndG gegenübergestellt.

I. Die Arbeitnehmerüberlassung als Dreiecksverhältnis[316]

Die Struktur der Arbeitnehmerüberlassung ist in beiden Rechtsordnungen dieselbe. Sie wird daher nur anhand der Gestaltung in Italien erläutert:

Ausgehend vom klassischen bilateralen Arbeitsverhältnis als Normalarbeitsverhältnis, bei dem der Arbeitnehmer weisungsgebunden bei seinem Arbeitgeber tätig wird (Art. 2094 c.c.),[317] tritt bei der Arbeitnehmerüberlassung als Erscheinungsform des drittbezogenen Personaleinsatzes an dessen Stelle ein komplexes atypisches Dreiecksverhältnis. Kennzeichnend ist, dass der Leiharbeitnehmer (*lavoratore somministrato*) nicht bei seinem Vertragspartner, dem Verleiher (*somministratore*), sondern bei einem Dritten, dem Entleiher (*utilizzatore*) unter dessen Direktionsrecht und Kontrolle mit den evidenten Vorteilen für den Entleiher eingesetzt wird, dass er sich die Risiken und Belastungen einer Anstellung erspart. Den einzigen „Nachteil" stellen die Kosten der Vergütung an den Verleiher dar.

---

314 *Rausei*, S. 95.

315 *Pirrone/Sestito*, Le fattispecie contrattuali della riforma Biagi, RIDL 2006, I, 21, 29.

316 *Carinci, F.*, Diritto del lavoro, commentario, Carinci, F. (diretto da), vol. II, S. 1332.

317 *Carinci, F.*, Diritto del lavoro, commentario, Carinci, F. (diretto da), vol. II, S. 1332.

Dabei wird die Rechtsbeziehung zwischen dem Verleiher und dem Entleiher durch den Arbeitnehmerüberlassungsvertrag ausgestaltet (*contratto di somministrazione*) (Artt. 2 und 20 Gesetzesverordnung Nr. 276/2003) und das Leiharbeitsverhältnis zwischen dem Verleiher und dem Leiharbeitnehmer durch den Leiharbeitsvertrag (*contratto di lavoro*) (Art. 22 Abs. 1 und 2 Gesetzesverordnung Nr. 276/2003).[318] Im Verhältnis zwischen Entleiher und Leiharbeitnehmer bestehen keine arbeitsvertraglichen Bindungen.[319] Es findet letztlich – in Umkehrung des Gesetzes Nr. 1369/1960 – eine Aufspaltung zwischen dem vertraglichen und dem tatsächlichen Arbeitgeber statt.[320]

II. Abgrenzung

Insbesondere aufgrund der sanktionsbewehrten Regelungen im AÜG zum Schutze der Leiharbeitnehmer, wie z.B. dem Gleichbehandlungsgrundsatz, versuchen die Unternehmer diese rechtlichen Begrenzungen zu umgehen, indem sie auf andere Gestaltungsformen außerhalb des Geltungsbereiches des AÜG, wie die werkvertragliche Ausgestaltung ausweichen.[321] In Italien ist die gleiche Tendenz zu beobachten.[322] Die nachfolgenden Institute sind daher von der Arbeitnehmerüberlassung abzugrenzen. Im Folgenden werden den einzelnen italienischen Instituten die deutschen „Pendants“ gegenübergestellt.

1. Die Entsendung von Arbeitnehmern

a) Die Entsendung von Personal in Italien (*distacco*)

Eine weitere Gestaltungsmöglichkeit neben der Arbeitnehmerüberlassung, Fremdpersonal zu nutzen, ergibt sich aus Art. 30 der Gesetzesverordnung Nr. 276/ 2003, der in der italienischen Rechtsordnung erstmals die Entsendung von Arbeitnehmern (*distacco*) im privaten Sektor regelte. Auch die vorübergehende Personalentsendung ist von einer zeitlich begrenzten Aufspaltung des Arbeitsverhältnisses gekennzeichnet.

---

318 *Carinci, F.*, Diritto del lavoro, commentario, Carinci, F. (diretto da), vol. II, S. 1332; *Rausei*, S. 125.

319 *Ricci*, La somministrazione di lavoro dopo la riforma, in: De Luca Tamajo/Rusciano/Zoppoli (a cura di), Mercato del lavoro, riforma e vincoli del sistema, S. 118.

320 *Panariello*, Riforma del mercato del lavoro, interposizione, sistema sanzionatorio, in: De Luca Tamajo/Rusciano/Zoppoli (a cura di), Mercato del lavoro, riforma e vincoli del sistema, S. 157 f.

321 *Karthaus/Klebe*, NZA 2012, 417, 417; Thüsing/*Waas*, AÜG, § 1 Rdnr. 69.

322 *Bano*, La somministrazione di lavoro, in: Perulli (a cura di), Impiego flessibile e mercato del lavoro, S. 39.

Diese Rechtsfigur existierte bereits vor Inkrafttreten des Gesetzes Nr. 1369/1960 und war schon damals an der Grenze zur unerlaubten Zwischenvergabe. Diesbezüglich hat der Gesetzgeber die Gelegenheit versäumt, die Zweifel und Unsicherheiten zu beseitigen, die sich in der praktischen Anwendung gezeigt haben. Die von der Rechtsprechung entwickelten Unterscheidungskriterien zur Abgrenzung von der in Gesetz Nr. 1369/1960 enthaltenen verbotenen Zwischenvergabe waren das Merkmal der „vorübergehenden" Personalentsendung und ein eigenes Interesse des entsendenden Betriebes sowie ein nur indirektes des einsetzenden Betriebes.[323] In Betracht kommt nunmehr jedes eigene Produktionsinteresse des Entsenders, das nicht mit dem der Überlassung von Arbeitskräften zusammenfällt.[324] Das maßgebliche Unterscheidungskriterium für die beiden Institute ist das Interesse des Versendenden, das bei diesem an den Produktionsbedarf geknüpft ist.

Darüber hinaus müssen bei einer Entfernung der Produktionsstätte von über 50 km von dem entsendenden Betrieb, technische, organisatorische, produktionsbedingte oder vertretungsbedingte Gründe vorliegen. Einen Sonderfall stellt die grenzüberschreitende Entsendung eines Arbeitnehmers von einem Unternehmen mit Sitz in einem Mitgliedstaat der EU in ein Unternehmen eines anderen Mitgliedstaates, für den die Entsenderichtlinie Nr. 96/71/EG[325] gilt, dar. Die Einführung einer solchen Rechtsfigur mit Gesetzesverordnung Nr. 276/2003 erscheint sicherlich praktikabel, auch wenn sie nicht vollständig dem Regelungsbedarf gerecht wird.

Umstritten ist, ob der Arbeitgeber verpflichtet ist, vor der Entsendung die Einwilligung des betroffenen Arbeitnehmers einzuholen. In Ermangelung einer gesetzlichen Regelung ist davon auszugehen, dass der Gesetzgeber eine derartige Vorgehensweise nicht für erforderlich hielt. Allerdings wurde die Biagi-Reform gerade wegen solcher Ungenauigkeiten kritisiert. Letztlich wurde der Arbeitsmarkt zwar im Sinne einer gesteigerten Flexibilität reformiert, allerdings auf Kosten der Arbeitnehmerschutzrechte und der Planungssicherheit für Arbeitnehmer.

---

323 *Mazziotti*, S. 351.

324 Vertiefend Rundschreiben Nr. 3 des Ministeriums für Arbeit und Soziales vom 15.1.2004, G.U. Nr. 17 vom 22.1.2004; vgl. auch *Rausei*, S. 516; praktische Hinweise zur Entsendung italienischer Arbeitnehmer ins Ausland aus Arbeitgebersicht bei: *Negri/Fulgoni*, Il lavoratore italiano all'estero, Il Sole 24 Ore – Ventiquattrore Avvocato, Ausgabe Nr. 6 vom 1.6.2010, S. 44 ff.

325 Richtlinie 96/71/EG des Europäischen Parlamentes und des Rates vom 16.12.1996 über die Entsendung von Arbeitnehmern im Rahmen der Erbringung von Dienstleistungen, ABl. EG Nr. L 18/1 vom 21.1.1997, im Folgenden: Entsenderichtlinie; umgesetzt in Italien durch Gesetzesverordnung Nr. 72 vom 25.2.2000, G.U. Nr. 75 vom 30.3.2000, vgl. hierzu *Mazziotti*, S. 351.

b) Die Arbeitnehmerentsendung nach deutschem Recht

In Deutschland liegt eine Arbeitnehmerentsendung im Sinne des Arbeitnehmer-Entsendegesetzes[326] grundsätzlich dann vor, wenn ein Arbeitnehmer auf Weisung seines inländischen Arbeitgebers im Ausland eine Beschäftigung für ihn ausübt.[327] Von einer Entsendung spricht man auch dann, wenn der Arbeitnehmer im Inland eigens für eine Arbeit im Ausland eingestellt wird. Die Beschäftigung im Ausland muss von vornherein zeitlich begrenzt sein.

Anders als in Italien ist für eine Entsendung nach deutschem Recht kennzeichnend, dass sie grenzüberschreitend erfolgt.

2. Der Werkvertrag

a) Der Unternehmerwerkvertrag in Italien (*appalto*)

Bedeutsam ist die Abgrenzung von Unternehmerwerkvertrag (Art. 29 Gesetzesverordnung Nr. 276/2003) und Arbeitnehmerüberlassungsvertrag, die in Konkurrenz zueinander stehen, da ersterer bei weitem günstiger ist, weil er aufgrund der geringeren Anforderungen an den Arbeitnehmerschutz eine Reduzierung der Arbeitskosten erlaubt.[328] Die Figuren können sich teilweise sogar überschneiden, wenn die Arbeit Dritter, z.B. Subunternehmer, zur Verfügung gestellt wird.[329] In Art. 29 Abs. 1 der Gesetzesverordnung Nr. 276/2003 sind die wesentlichen Abgrenzungsmerkmale enthalten: Organisation der Betriebsmittel, die Ausübung des Organisations- und Weisungsrechtes sowie die Übernahme des Unternehmensrisikos.

Charakteristisch für einen Unternehmerwerkvertrag ist, dass der Werkunternehmer (*appaltatore*) das Organisations- und Direktionsrecht gegenüber den mittels Unternehmerwerkvertrag eingesetzten Arbeitnehmern ausübt.[330] Der

---

326 Gesetz über zwingende Arbeitsbedingungen für grenzüberschreitend entsandte und für regelmäßig im Inland beschäftigte Arbeitnehmer und Arbeitnehmerinnen (Arbeitnehmer-Entsendegesetz – AEntG) vom 20.4.2009, BGBl. I S. 799, geändert durch Art. 5 Abs. 11 des Gesetzes vom 24.2.2012 (BGBl. I S. 212).

327 Einzelheiten hierzu bei Ulber/*Ulber*, AÜG, Einl. F. Fremdfirmenarbeit mit Auslandsbezug, Rdnr. 83 ff.

328 Zur Abgrenzung von Werkunternehmervertrag und Arbeitnehmerüberlassungsvertrag *Valente*, Besprechung des Urteils des Tribunale di Roma vom 7.3.2007, sez. lav., RGL 2008, Nr. 2, 182, 187 ff.

329 *Corazza*, Appalti di servizi, *contractual integration* tra imprese, linee di riforma del decentramento produttivo, in: De Luca Tamajo/Rusciano/Zoppoli (a cura di), Mercato del lavoro, riforma e vincoli del sistema, S. 144.

330 *Carinci, F.*, Diritto del lavoro, commentario, Carinci, F. (diretto da), vol. II, S. 1337; *Ichino*, Lezioni di diritto di lavoro, S. 246 ff.

Werkunternehmer ist auch der Arbeitgeber. Anders als bei der Arbeitnehmerüberlassung kommt es zu keiner Aufspaltung des Arbeits- und Dienstverhältnisses.[331]

Eine eindeutige Abgrenzung der Typologien gestaltet sich indes als sehr schwierig.[332] Die in Abs. 1 des Art. 29 angegebenen Merkmale sind weder geeignet noch ausreichend. Es erscheint schwer vorstellbar, dass ein zur Arbeitnehmerüberlassung befugter Verleiher die Überlassung ohne eine Organisation der Mittel ausführt und nicht das Unternehmensrisiko übernimmt.[333] Anhand dieser Kennzeichen soll die Arbeitnehmerüberlassung jedoch von dem Unternehmerwerkvertrag abgegrenzt werden. Davon ausgehend wäre Art. 29 Abs. 1 der Gesetzesverordnung Nr. 276/2003 letztlich als eine unnütze und widersprüchliche Norm anzusehen. Man muss die Vorschrift jedoch so interpretieren, dass der Gesetzgeber beabsichtigt hat, auf das alte Konzept der rechtswidrigen Zwischenvergabe (*interposizione illecita*)[334] Bezug zu nehmen. So verstanden, kann die Norm eine verständliche und schlüssige Bedeutung für die Abgrenzung und auch für den im Zusammenhang zu lesenden Art. 84 der Gesetzesverordnung Nr. 276/2003 bekommen. Die Intention des Gesetzgebers ist demnach, mit Art. 29 Abs. 1 der Gesetzesverordnung Nr. 276/2003 den Unternehmerwerkvertrag von der rechtswidrigen Zwischenvergabe abzugrenzen, d.h. von der Tätigkeit, die ohne Organisation der Mittel und ohne Übernahme eines Unternehmensrisikos erfolgt.[335]

Da ein Abstellen auf die Organisation nicht wirklich weiterführend ist,[336] ist die Abgrenzung vornehmlich anhand der Unterscheidungskriterien der Ausübung des Direktionsrechtes und der Kontrolle durch den Werkunternehmer vorzunehmen. Die Ausübung des Direktionsrechtes und der Organisation kann nicht losgelöst von der Frage betrachtet werden, wer das Unternehmensrisiko trägt.[337] Auch hier ist jedoch sehr fraglich, ob dies ein brauchbares Unterscheidungsmerkmal ist.

---

331 *Mazziotti*, S. 342.

332 *Valente*, Besprechung des Urteils des Tribunale di Roma vom 7.3.2007, sez. lav., RGL 2008, Nr. 2, 182, 187.

333 *Ichino*, Lezioni di diritto di lavoro, S. 246 f.

334 Vertiefend hierzu *Rausei*, S. 139; das Vorliegen einer „*interposizione illecita*“ wurde im Rahmen des Gesetzes Nr. 1369/1960 anhand folgender Merkmale abgegrenzt: Fehlen einer Unternehmensorganisation, keine effektive Ausübung des Direktionsrechtes, Einsatz fremder Maschinen, typischerweise vom Auftraggeber ausgeübte Tätigkeit sowie Vergütung auf Basis der Arbeitsstunden und nicht leistungsbezogen.

335 *Bano*, La somministrazione di lavoro, in: Perulli (a cura di), Impiego flessibile e mercato del lavoro, S. 32.

336 *Bano*, La somministrazione di lavoro, in: Perulli (a cura di), Impiego flessibile e mercato del lavoro, S. 36 f.

337 *Valente*, Besprechung des Urteils des Tribunale di Roma vom 7.3.2007, sez. lav., RGL 2008, Nr. 2, 182, 194.

Diesbezüglich kann leicht getäuscht werden und die Beweisbarkeit ist ausgesprochen schwierig. Der Gesetzgeber hat hier offensichtlich Art. 1 Abs. 2 lit. m) Nr. 3 des Gesetzes Nr. 30/2003 nicht ausreichend umgesetzt, wonach eine Klarstellung der Abgrenzungskriterien von Werkunternehmervertrag und Arbeitnehmerüberlassungsvertrag erforderlich gewesen wäre.[338]

Aufgrund dieser Problematiken wird dazu geraten, auf das Institut der Zertifizierung zurückzugreifen.[339] Diese kann gewiss einen Beitrag zum Kampf gegen die Umgehungspraktiken liefern. Das Zertifizierungsverfahren wird jedoch als nicht ausreichend angesehen. Der Gesetzgeber hat es demnach versäumt, die Zweifelsfälle zu reduzieren und den Schutz der Leiharbeitnehmer zu stärken.[340]

Dennoch scheint gerade unter Berücksichtigung des Sanktionsapparates der Arbeitnehmerüberlassungsvertrag weniger attraktiv zu sein, da die Kostenersparnis bei Verwendung des Werkunternehmervertrages offensichtlich beträchtlich ist.[341]

b) Der Werkvertrag nach deutschem Recht

Anders als in Italien in Art. 29 Abs. 1 der Gesetzesverordnung Nr. 276/2003[342] finden sich im deutschen Recht keine spezifischen gesetzlichen Kriterien zur Abgrenzung von Arbeitnehmerüberlassung und Werkvertrag.[343] Die Abgrenzung von Arbeitnehmerüberlassung im Sinne des AÜG und Werkvertrag gemäß § 631 BGB, wonach der Werkunternehmer häufig mithilfe anderer Personen, die als Erfüllungsgehilfen i.S.d. § 278 BGB ihm gegenüber weisungsgebunden sind,[344] die Realisierung des versprochenen Erfolges schuldet,[345] gestaltet sich oft schwierig. In Ermangelung gesetzlicher Abgrenzungsmerkmale hat sich eine Fülle kasuistischer Rechtsprechung herausgebildet.[346]

---

338 *Caruso/Cinelli/Ferraro*, Diritto del lavoro, S. 201 f.; kritisch hierzu auch: *Treu*, Riforma Biagi e nuove regole del mercato del lavoro, in: Sviluppo e occupazione nel mercato globale, Ferraro (a cura di), S. 168 f.

339 *Valente*, Besprechung des Urteils des Tribunale di Roma vom 7.3.2007, sez. lav., RGL 2008, Nr. 2, 182, 196.

340 *Caruso/Cinelli/Ferraro*, Diritto del lavoro, S. 201 f.

341 *Valente*, Besprechung des Urteils des Tribunale di Roma vom 7.3.2007, sez. lav., RGL 2008, Nr. 2, 182, 195 f.; *Treu*, Riforma Biagi e nuove regole del mercato del lavoro, in: Sviluppo e occupazione nel mercato globale, Ferraro (a cura di), S. 168 f.

342 Früher war der Werkunternehmervertrag (*appalto*) in Art. 1 Abs. 3 Gesetz Nr. 1369/1960 geregelt.

343 Vgl. hierzu auch *Steuer*, S. 55; Ulber/*Ulber*, AÜG, Einl. C. Fremdfirmenarbeit, Rdnr. 39 (allerdings mit veralteter Kommentierung, jetzt Art. 29 Gesetzesverordnung Nr. 276/2003).

344 Ulber/*Ulber*, AÜG, Einl. C. Fremdfirmenarbeit Rdnr. 28.

345 ErfK/*Wank*, AÜG, § 1 Rdnr. 12; *Urban-Crell/Schulz*, Arbeitnehmerüberlassung, Rdnr. 41 ff.; *Boemke/Lembke*, AÜG, § 1 Rdnr. 78; Schüren/Hamann/*Hamann*, AÜG, § 1 Rdnr. 117.

346 ErfK/*Wank*, AÜG, § 1 Rdnr. 12.

Das Bundesarbeitsgericht (BAG) geht von einer Arbeitnehmerüberlassung aus, wenn der Arbeitnehmer in den Einsatzbetrieb eingegliedert ist und dem Weisungsrecht des Entleihers unterliegt.[347] Als Indizien für eine Eingliederung in den Einsatzbetrieb werden beispielsweise die Zusammenarbeit mit den dort beschäftigten Arbeitnehmern, die Übernahme von Tätigkeiten, die früher von letzteren verrichtet wurden, sowie das Zurverfügungstellen von Material und Arbeitskleidung durch den Einsatzbetrieb angesehen.[348] Das Abgrenzungskriterium des Weisungsrechtes gestaltet sich jedoch aufgrund des werkvertraglichen Anweisungsrechtes des Bestellers nach § 645 Abs. 1 S. 1 BGB problematisch. Dabei handelt es sich um projektbezogene und ergebnisorientierte Ausführungsanweisungen,[349] während das arbeitsrechtliche Direktionsrecht personenbezogen ist, aber nicht nur die Motivation des Mitarbeiters und sein Arbeitsverhalten betrifft, sondern auch die Modalitäten von Ablauf und Verfahren.[350] Nach der Rechtsprechung des BAG sind „gegenstandsbezogene Ausführungsanweisungen" i.S.v. § 645 Abs. 1 S. 1 BGB solche, die sich auf die Art und Weise der Werkerstellung beziehen. Sie sind nicht personenbezogen. Folglich handelt es sich nicht um Arbeitgeberweisungen.[351]

Ein weiteres Differenzierungskriterium ist die in den §§ 644 ff. BGB getroffene Risikoverteilung. Denn der Werkunternehmer trägt die Vergütungsgefahr bis zur Abnahme des Werkes (§ 644 Abs. 1 S. 1 BGB), wohingegen der Verleiher seinen Vergütungsanspruch selbst dann nicht verliert, wenn das Werk vor Fertigstellung untergeht.[352] Weiterhin kommt als Kriterium die Werkvertragsfähigkeit in Betracht, d.h. der Werkunternehmer muss entsprechend seiner materiellen Ausstattung, wie Maschinen und Fahrzeuge, seiner Organisation und seiner fachlichen Kompetenz, in der Lage sein, den Erfolg herbeizuführen, der mit dem zu beurteilenden Werkvertrag erreicht werden soll. Anderenfalls wäre eher von einer Arbeitnehmerüberlassung auszugehen.[353]

Vergleichbar dem italienischen Recht sind nach allgemeiner Auffassung die Organisationsgewalt und die Dispositionsfreiheit ein wichtiges Indiz für die

---

347 BAG v. 13.5.1992, NZA 1993, 357, 358; Ulber/*Ulber*, AÜG, Einl. C. Fremdfirmenarbeit Rdnr. 34 und 73.

348 ErfK/*Wank*, AÜG, § 1 Rdnr. 14; Thüsing/*Waas*, AÜG, § 1 Rdnr. 74.

349 BAG v. 6.8.1997, EzAÜG § 631 BGB Werkvertrag Nr. 39; *Boemke/Lembke*, AÜG, § 1 Rdnr. 79.

350 *Boemke/Lembke*, AÜG, § 1 Rdnr. 79; *Sandmann/Marschall*, AÜG, Art. 1 § 1 Anm. 12 f.

351 BAG v. 6.8.1997, EzAÜG § 631 BGB Werkvertrag Nr. 39; Schüren/Hamann/*Hamann*, AÜG, § 1 Rdnr. 165 ff.

352 *Steuer*, S. 51; *Sandmann/Marschall*, AÜG, Art. 1 § 1 Anm. 17.

353 BAG v. 9.11.1994, BB 1995, 1293, 1294; *Boemke/Lembke*, AÜG, § 1 Rdnr. 92.

Existenz eines Werkvertrages.[354] Der Werkunternehmer muss über eine eigene Betriebsorganisation verfügen, um die werkvertraglichen Arbeiten getrennt von der Betriebsorganisation des Bestellers durchführen zu können.[355] Weitere Voraussetzung ist, dass die Arbeitnehmer vom Werkunternehmer ausschließlich nach seinen Dispositionen beim Besteller eingesetzt werden. In jedem Fall müssen also Ort, Art, Dauer und Zeit der Arbeit vom Unternehmer festgelegt werden.[356]

Spricht eine Vermutung dafür, dass kein Werkvertrag, sondern Arbeitnehmerüberlassung vorliegt, sind hinsichtlich der Rechtsfolgen alle Bestimmungen des AÜG maßgeblich (§ 117 Abs. 2 BGB), und der Werkvertrag ist nichtig (§ 117 Abs. 1 BGB).[357] Zur Abgrenzung hat das BAG ein dreistufiges Prüfungsverfahren entwickelt, wobei auf der ersten Stufe die ausdrücklichen Vereinbarungen und auf der zweiten die tatsächliche Durchführung beurteilt werden. Auf der dritten Stufe werden in einer abschließenden Gesamtbetrachtung alle Indizien bewertet und abgewogen.[358] Die aus dieser uneinheitlichen Abgrenzung resultierende unterschiedliche Rechtsprechung hat zu einer erheblichen Rechtsunsicherheit geführt.[359]

Gesetzliche Abgrenzungskriterien zur Differenzierung der beiden Instrumente der Personalbedarfsdeckung wären sicherlich sinnvoll[360], denn die Verlockung für Unternehmen, auf die Gestaltungsform des Werkvertrages zurückzugreifen ist enorm. Einen großen Vorteil stellt insbesondere die Möglichkeit dar, die durch das AÜG als Arbeitnehmerschutzgesetz gesetzten Beschränkungen zu umgehen.[361] Diesbezüglich ist die italienische Rechtsordnung der deutschen zwar voraus, die gesetzlichen Kriterien in Art. 29 der Gesetzesverordnung Nr. 276/2003 scheinen jedoch nicht ausreichend. Allerdings dürfte hier jedenfalls das Zertifizierungsverfahren gemäß Artt. 75 ff. der Gesetzesverordnung Nr. 276/2003 ein adäquates Mittel zur Reduzierung der Abgrenzungsproblematik sein.

---

354 Thüsing/*Waas*, AÜG, § 1 Rdnr. 78; Ulber/*Ulber*, AÜG, Einl. C. Fremdfirmenarbeit Rdnr. 59.
355 BAG v. 9.11.1994, BB 1995, 1293, 1293; *Boemke/Lembke*, AÜG, § 1 Rdnr. 92.
356 BAG v. 16.6.1998, EzAÜG § 14 AÜG Betriebsverfassung Nr. 41.
357 Ulber/*Ulber*, AÜG, Einl. C. Fremdfirmenarbeit Rdnr. 83.
358 BAG v. 30.1.1991, BB 1991, 2375, 2378.
359 Ulber/*Ulber*, AÜG, Einl. C. Fremdfirmenarbeit Rdnr. 41.
360 Vgl. hierzu Ulber/*Ulber*, AÜG, Einl. C. Fremdfirmenarbeit Rdnr. 39.
361 Thüsing/*Waas*, AÜG, § 1 Rdnr. 69; Ulber/*Ulber*, AÜG, Einl. C. Fremdfirmenarbeit Rdnr. 31.

3. Die Arbeitsvermittlung

In Italien beinhaltet die Arbeitnehmerüberlassung verglichen mit dem deutschen Recht wesentliche Elemente der Arbeitsvermittlung.[362] Es ist daher, bevor ein Vergleich mit der Problematik im deutschen Recht angestellt wird, auf den in der italienischen Rechtsprechung ausgetragenen Meinungsstreit einzugehen, ob das Verbot der Zwischenvergabe nach der Biagi-Reform noch fortbesteht.

a) Das Verbot der Arbeitsvermittlung in Italien

Art. 85 Abs. 1 lit. c) und f) der Gesetzesverordnung Nr. 276/2003 sieht die Abschaffung der Artt. 1 bis 11 des Gesetzes Nr. 196/1997 sowie des Gesetzes Nr. 1369/1960 vor, das das Verbot der Zwischenvergabe festlegte. Dadurch wird auch die Strafrechtsnorm kombiniert aus Art. 1 und 2 des Gesetzes Nr. 1369/1960 zum Schutz der Arbeitnehmer gegen deren Ausbeutung beseitigt.[363] Die Regelung in Gesetz Nr. 1369/1960 setzte die verfassungsrechtlichen Vorgaben aus Artt. 35 und 41 Cost. zur Verwirklichung des besonderen Schutzes der Arbeit um und legt ein Mindestmaß zum Schutz des sozialen Wohls sowie der Sicherheit, der Würde und Freiheit der Arbeitnehmer fest.[364]

Sehr widersprüchlich erscheint indes, dass einerseits von der Aufhebung des Gesetzes Nr. 1369/1960 die Rede ist, andererseits aber, entgegen Art. 1 Abs. 2 lit. m) des Gesetzes Nr. 30/2003, außer im Bereich der Arbeitnehmerüberlassung, kein an dessen Stelle tretendes Sanktionssystem vorgesehen ist.[365]

Art. 1 Abs. 2 lit. m) des Gesetzes Nr. 30/2003 regelte, dass die Regierung bei dem Erlass der Gesetzesverordnung Nr. 276/2003 das Gesetz Nr. 1369/1960 abschaffen und durch eine neue Regelung ersetzen muss, die gemäß Art. 1 Abs. 2 lit. m) des Gesetzes Nr. 30/2003 auf folgenden Kriterien basiert:[366]

Sie beruht auf der Zulässigkeit der befristeten und unbefristeten Arbeitnehmerüberlassung, vorausgesetzt sie erfolgt ausschließlich durch hierzu autorisierte Verleiher (Nr. 1 und 2). Gleichzeitig wird bekräftigt, dass die verbotene Zwischenvergabe sanktionierbar ist, wenn sie sich als missbräuchliche Arbeitnehmerüber-

---

362 *Pollert/Spieler*, Die Arbeitnehmerüberlassung in der betrieblichen Praxis, S. 15.

363 *Rausei*, S. 137.

364 *Rausei*, S. 135.

365 *Panariello*, Riforma del mercato del lavoro, interposizione, sistema sanzionatorio, in: De Luca Tamajo/Rusciano/Zoppoli (a cura di), Mercato del lavoro, riforma e vincoli del sistema, S. 158.

366 *Mazzotta*, Il mondo al di là dello specchio: La delega sul lavoro e gli incerti confini della liceità nei rapporti interpositori, in: De Luca Tamajo/Rusciano/Zoppoli (a cura di), Mercato del lavoro, riforma e vincoli del sistema, S. 94.

lassung herausstellt (Nr. 3). Weiter wird dasselbe zuvor geltende straf- und zivilrechtliche Sanktionssystem (Nr. 6) bekräftigt.[367]

Würde man tatsächlich die in Art. 18 Abs. 1 und 2 der Gesetzesverordnung Nr. 276/2003 enthaltene Sanktion für Vergehen ausschließlich als Strafe für eine unautorisierte Arbeitnehmerüberlassung verstehen und nicht – ganz allgemein – für alle Fälle der verbotenen Zwischenvergabe, wären die Kriterien des Gesetzes Nr. 30/2003 nicht eingehalten. Denn dann wären die Fälle der verbotenen Zwischenvergabe nicht ausreichend sanktioniert. Dasselbe würde gelten, wenn diese lediglich mit einer Geldbuße nach Art. 18 Abs. 3 geahndet würden. Dann wäre die Gesetzesverordnung Nr. 276/2003 wegen Verstoßes gegen die Vorgaben des Biagi-Gesetzes verfassungswidrig.[368] Zudem würde dies der Systematik der Gesetzesverordnung Nr. 276/2003 widersprechen, deren Gesetzestext ausdrücklich auf den Begriff der Zwischenvergabe Bezug nimmt.

Allerdings sind die Vorschriften im Bereich der Arbeitnehmerüberlassung nach einhelliger Auffassung der Rechtsprechung Ausnahmevorschriften von dem Verbot der Zwischenvergabe.[369]

Die nicht erlaubten Fälle der Arbeitnehmerüberlassung fallen demnach nicht unter die Ausnahme, sondern unter das sanktionierte Verbot und stellen folglich eine verbotene Zwischenvergabe dar. Aus all dem ist zu schließen, dass das Verbot der Zwischenvergabe auf Sanktionsebene fortbesteht.[370]

Sehr umstritten ist das Verhältnis des alten Straftatbestandes zu dem neuen Tatbestand des Art. 18 der Gesetzesverordnung Nr. 276/2003.[371] Während die eine Auffassung einen Fall der Aufhebung des Gesetzes Nr. 1369/1960 (*abrogatio legis*) annimmt und somit auch den Straftatbestand für aufgehoben hält,[372] geht die andere von einem Fall der Aufeinanderfolge der Strafvorschriften aus. Wiederum eine andere Ansicht wird vom Kassationshof vertreten, wonach die Abschaffung des Gesetzes Nr. 1369/1960 den Straftatbestand nur teilweise aufgehoben hätte, da nur einige zuvor durch das Gesetz Nr. 1369/1960 erfassten Übertretungen nicht

367 *Rausei*, S. 157.

368 *Rausei*, S. 157.

369 *Biagi*, Istituzioni di diritto del lavoro, S. 374 f.; *Romei*, Somministrazione a tempo indeterminato e dintorni: le tendenze creative della giurisprudenza, RIDL 2011, II, 70, 73.

370 *Lamberti*, La somministrazione di lavoro a tempo indeterminato: l'interposizione lecita dopo l'abolizione dello staff leasing, in: Cinelli/Ferraro, Lavoro, competitività, welfare, S. 124; *Carinci, F.*, Diritto del lavoro, commentario, Carinci, F. (diretto da), vol. II, S. 1328 ff.

371 *Carinci, F.*, Diritto del lavoro, commentario, Carinci, F. (diretto da), vol. II, S. 1330.

372 Tribunale di Ferrara, sez. penale, vom 24.12.2003, RIDL 2005, II, 725, 725 ff., zugleich auch Urteilsbesprechung von *Romei*, RIDL 2005, II, 725, 726 ff.

mehr sanktioniert werden. Für die restlichen Fälle, die in den Bereich der neuen Straftatbestände fallen, bestehe eine Verknüpfung normativer Kontinuität.[373]

Auf der anderen Seite wird in Bezug auf die verbotene Zwischenvergabe vertreten, dass die strafrechtliche Rechtswidrigkeit nicht fortbestehe. Denn diese sei im Gesetz nicht als Straftat geregelt.[374] Die Gesetzesverordnung Nr. 276/2003 habe also nicht nur die Aufhebung des Gesetzes Nr. 1369/1960 vorgesehen, sondern auch gerade das früher sanktionierte Verhalten nun als rechtmäßig zugelassen.[375]

Diese Meinung erscheint indes nicht überzeugend. Von einer Aufhebung des Straftatbestandes (*abolitio criminis*) kann nicht gesprochen werden, auch nicht von einer partiellen Aufhebung[376], weil alle Tatbestände, die bereits im Rahmen des Gesetzes Nr. 1369/1960 als rechtswidrig angesehen wurden, ihre rechtswidrige Natur beibehalten.

Es handelt sich vielmehr um eine Aufeinanderfolge zweier Normen[377], die beide das Verhalten sanktionieren, aber inhaltlich zu einer wesentlichen Änderung der Sanktion führen: In Kontinuität zur Regelung des Gesetzes Nr. 1369/1960 gilt die neue Bestimmung der Gesetzesverordnung Nr. 276/2003.[378]

Der Umfang der Rechtswidrigkeit beider Vorschriften ist im Wesentlichen deckungsgleich, sei es hinsichtlich der Verletzung des geschützten Rechtsgutes, sei es in Bezug auf den Verstoß gegen das Verbot, das durch die neuen Vorschriften in engen Grenzen aufgehoben wird.[379]

Die bisher als verbotene Zwischenvergabe behandelten Fälle unterliegen nun dem Sanktionssystem der Artt. 18, 27 und 28 der Gesetzesverordnung Nr. 276/2003.[380] Demnach liegt eine unrechtmäßige Arbeitnehmerüberlassung einerseits bei einem Vertrag vor, den die Parteien zwar als Arbeitnehmerüberlassungsver-

---

373 Corte di Cassazione penale, Urteil vom 16.6.2006, Nr. 20758, sowie Anmerkungen hierzu von *Miscione, A.*, Interposizione e somministrazione: la Cassazione conferma la successione penale di norme, Lav. Giur. 2007, Nr. 1, 33, 33 ff.

374 *Rausei*, S. 162 f.

375 *Rausei*, S. 163.

376 *Del Punta*, Le molte vite del divieto di interposizione nel rapporto di lavoro, RIDL 2008, I, 129, 142.

377 Corte di cassazione penale, Urteil vom 16.6.2006, Nr. 20758, Lav. Giur. 2007, Nr. 1, 33 ff.

378 *Tiraboschi*, Il decreto legislativo 10 settembre 2003, n. 276: alcune premesse e un percorso di lettura, in: Tiraboschi (a cura di), La riforma Biagi del mercato del lavoro, S. 14.

379 Vertiefend Rundschreiben des Ministeriums für Arbeit und Soziales Nr. 7 vom 22.2.2005, G.U. Nr. 60 vom 14.3.2005.

380 *Bano*, La somministrazione di lavoro, in: Perulli (a cura di), Impiego flessibile e mercato del lavoro, S. 21.

trag bezeichnet haben, der Vertrag allerdings fehlerhaft ist,[381] andererseits wenn die Tätigkeit der Zwischenvergabe unter einer anderen vertraglichen Bezeichnung v.a. als Werkunternehmervertrag erfolgt.

Fraglich ist, ob das Verbot der Zwischenvergabe im Falle der Verletzung der subjektiven und objektiven Voraussetzungen automatisch zur Anwendung kommt.[382] Tatsächlich vertraten einige Autoren, dass die Anwendung des Verbotes nicht automatisch sei, sondern nur „möglich", da erst beurteilt werden müsse, ob ein Verstoß vorliege.

Hierfür sprechen die neu durch die Biagi-Reform eingeführten Normen, die die Grenzen der verbotenen Zwischenvergabe definieren. Dies erfolgt durch die Regelung der subjektiven und objektiven Voraussetzungen, unter denen die Arbeitnehmerüberlassung zulässig ist, wobei letztere vom Werkunternehmervertrag abgegrenzt wird, sowie durch die Regelung des Tatbestandes der Entsendung (*distacco*). Sind die Voraussetzungen, die die Tätigkeit der Arbeitsagentur (*agenzia di lavoro*) erlauben, nicht gegeben, handelt diese regelwidrig und es liegt ein Fall der unerlaubten Zwischenvergabe vor.[383]

Der Gesetzgeber hat hier – alles andere als einwandfrei – die nach wie vor existierende Form der verbotenen Zwischenvergabe bewusst hinter dem Konzept der unrechtmäßigen Arbeitnehmerüberlassung verborgen. Noch deutlicher wird die Verschränkung und dadurch die Abgrenzungsschwierigkeit durch das Auftauchen der verbotenen Zwischenvergabe in den Normen zur Zertifizierung (Art. 84 Gesetzesverordnung Nr. 276/2003).

b) Die vermutete Arbeitsvermittlung gemäß § 1 Abs. 2 AÜG in Deutschland

Seit der Aufhebung des staatlichen Vermittlungsmonopols durch Art. 1 Nr. 3 BeschFG 1994 kommt den Vorschriften zur Arbeitsvermittlung der §§ 288a ff. SGB III in erster Linie die Funktion der Abgrenzung von Arbeitnehmerüberlassung und Arbeitsvermittlung zu,[384] die sich gegenseitig ausschließen.[385] Es ist ungeschriebenes Tatbestandsmerkmal der Arbeitnehmerüberlassung, dass keine Arbeitsvermittlung vorliegt.[386] Eine Erlaubnis zur Arbeitnehmerüberlassung darf nur

---

381 Zum Fortbestehen des Verbotes der Arbeitsvermittlung und Arbeitnehmerüberlassung: *Tiraboschi*, Riforma del mercato del lavoro e modello organizzativo tra vincoli costituzionali ed esigenze di unitarietà del sistema, in: Olivelli/Tiraboschi (a cura di), Il diritto del mercato del lavoro dopo la riforma Biagi, S. 66.

382 *Carinci, F.*, Diritto del lavoro, commentario, Carinci, F. (diretto da), vol. II, S. 1331.

383 Cass. S.U. vom 26.10.2006, Nr. 22910, RIDL, 2007, II, 291, 291 ff.

384 Ulber/*Ulber*, AÜG, Einl. D. Arbeitsvermittlung Rdnr. 1.

385 Thüsin/*Thüsing*, AÜG, Einf. Rdnr. 4; Ulber/*Ulber*, AÜG, § 1 Rdnr. 211.

386 Thüsing/*Waas*, AÜG, § 1 Rdnr. 26; Ulber/*Ulber*, AÜG, § 1 Rdnr. 211.

erteilt werden, soweit die Tätigkeit keine Arbeitsvermittlung darstellt.[387] Nach der Legaldefinition in § 35 Abs. 1 S. 2 SGB III ist Ziel der Arbeitsvermittlung die Zusammenführung von Arbeitssuchenden und potentiellen Arbeitgebern zur Begründung eines Beschäftigungs- bzw. Arbeitsverhältnisses. Es dürfen keine arbeitsvertraglichen Beziehungen zwischen Vermittler und Arbeitssuchendem bestehen. Demgegenüber bleiben bei der Arbeitnehmerüberlassung die arbeitsvertraglichen Beziehungen zum Verleiher erhalten.[388] Entscheidendes Kriterium ist daher, wer die Arbeitgeberstellung inne haben soll und wer die typischen Arbeitgeberpflichten und das Arbeitgeberrisiko trägt.[389]

Das gleiche gilt für das Tatbestandsmerkmal „vorübergehend", das klarstellt, dass bei einer Überlassung, die nicht nur vorübergehend erfolgt, die Voraussetzungen einer Arbeitsvermittlung erfüllt sind. Es dient daher ebenfalls als Abgrenzungskriterium.[390] Besteht beim Entleiher dauerhafter Beschäftigungsbedarf, ist eine Arbeitnehmerüberlassung unzulässig,[391] da der Schwerpunkt des Arbeitsverhältnisses vom überlassenden Arbeitgeber zum Entleiher verlagert wird.[392]

Für die private Arbeitsvermittlung besteht durch das am 27.3.2002 in Kraft getretene „Gesetz zur Vereinfachung der Wahl der Arbeitnehmervertreter in den Aufsichtsrat" vom 23.3.2002[393] infolge des ersatzlosen Wegfalls des § 291 SGB III und der Aufhebung der Arbeitsvermittlerverordnung keine Erlaubnispflicht mehr.[394]

Vergleichbar ist die Rechtslage in Italien, wonach die nicht erlaubten Fälle der Arbeitnehmerüberlassung eine verbotene Zwischenvergabe darstellen; demzufolge handelt es sich wie in Deutschland um eine verbotene „Arbeitsvermittlung". Trotz zahlreicher Bedenken[395] besteht in Deutschland auch nach der jüngsten Reform die Regelung des § 1 Abs. 2 AÜG fort. Danach wird widerleglich vermutet, dass der Verleiher, der im Falle einer Arbeitnehmerüberlassung nicht die üblichen Arbeitgeberpflichten oder das Arbeitgeberrisiko (§ 3 Abs. 1 Nr. 1 bis 3 AÜG) übernimmt, Arbeitsvermittlung betreibt.[396] Diese kann infolge des „Ersten

---

387 Ulber/*Ulber*, AÜG, § 1 Rdnr. 212; Schüren/Hamann/*Hamann*, AÜG, § 1 Rdnr. 283.

388 *Urban-Crell/Schulz*, Arbeitnehmerüberlassung, Rdnr. 105; im Einzelnen Ulber/*Ulber*, AÜG, Einl. D. Arbeitsvermittlung Rdnr. 10 ff.

389 Thüsing/*Waas*, AÜG, § 1 Rdnr. 108; Ulber/*Ulber*, AÜG, § 1 Rdnr. 214; *Sandmann/Marschall*, AÜG, Art. 1 § 1 Anm. 40.

390 Ulber/*Ulber*, AÜG, § 1 Rdnr. 230e.

391 *Hamann*, EuZA 2009, 287, 311; *Ulber*, AuR 2010, 10, 11; *Rosenau/Mosch*, NJW-Spezial, 2011, 242, 242; a.A. *Boemke* RIW, 2009, 177, 178.

392 BAG v. 21.3.1990, NZA 1991, 269, 269 ff.

393 BGBl. I S. 1130; Ulber/*Ulber*, AÜG, Einl. D. Arbeitsvermittlung Rdnr. 2.

394 *Urban-Crell/Schulz*, Arbeitnehmerüberlassung, Rdnr. 1381.

395 Vgl. hierzu *Steuer*, S. 47 m.w.N.

396 Ulber/*Ulber*, AÜG, § 1 Rdnr. 267.

Gesetzes zur Umsetzung des Spar-, Konsolidierungs-, und Wachstumsprogramms (1. SKWPG) vom 21.12.1993"[397], das das bis dato gemäß § 4 Arbeitsförderungsgesetz (AFG) bestehende Arbeitsvermittlungsmonopol der Bundesanstalt für Arbeit[398] eingeschränkt hatte, auch von Privaten gemäß §§ 291 ff. SGB III gewerbsmäßig und nichtgewerbsmäßig ausgeübt werden.

In den Fällen, in denen der Verleiher also lediglich formal die Position des Arbeitgebers einnimmt, tatsächlich aber der Geschäftswille von Verleiher, Entleiher und Arbeitnehmer von Anfang an gemeinsam darauf gerichtet ist, dass der Schwerpunkt des Arbeitsverhältnisses beim Entleiher liegen soll, oder der Verleiher nicht das Arbeitgeberrisiko trägt, wird ein Arbeitsverhältnis zum Entleiher begründet.[399] Kann der Verleiher die Vermutung nach § 1 Abs. 2 AÜG widerlegen, so liegt eine Arbeitnehmerüberlassung vor, deren Zulässigkeitsvoraussetzungen nach dem AÜG zu beurteilen sind. Ist ihm dies nicht möglich, so ist äußerst umstritten,[400] welche Auswirkungen dies auf das Verhältnis Leiharbeitnehmer/Entleiher seit der Aufhebung des § 13 AÜG a.F.[401] zum 1.4.1997[402] hat. Im Gegensatz zu seiner bisherigen Rechtsprechung[403] hat sich das BAG seitdem überwiegend einer Meinung in der Literatur angeschlossen, wonach die Aufhebung der Vorschrift auch zum Wegfall des fingierten Arbeitsverhältnisses führen würde.[404] Denn der Gesetzgeber hätte nach dem Wegfall des Arbeitsvermittlungsmonopols zum 1.1.1994 die Möglichkeit gehabt, eine redaktionelle Änderung des § 13 AÜG a.F. vorzunehmen. Stattdessen hat er die Vorschrift ersatzlos aufgehoben,[405] womit die dogmatische Grundlage für das fingierte Arbeitsverhältnis weggefallen sei. Problematisch ist diese Rechtsprechung vor allem im Hinblick auf die Schutzfunktion des AÜG.[406] Zudem widerspricht sie den unionsrechtlichen Vorgaben gemäß Art. 10 der Richtlinie über Leiharbeit, wonach die Mitgliedstaaten verpflichtet sind, bei Verstößen gegen Bestimmungen, die

---

397 BGBl. I S. 2353.

398 Jetzt: Bundesagentur für Arbeit.

399 Ulber/*Ulber*, AÜG, Einl. D. Arbeitsvermittlung Rdnr. 46.

400 Zum Streit im Einzelnen *Steuer*, S. 39 ff.

401 Diese Vorschrift regelte ergänzend zu den Bestimmungen über illegale Arbeitnehmerüberlassung ohne Erlaubnis nach § 10 AÜG die Rechtsfolgen der echten und der nur vermuteten Arbeitsvermittlung (§ 1 Abs. 2 AÜG i.V.m. § 3 Abs. 1 AÜG a.F.).

402 Aufhebung durch Art. 63 Nr. 9 des Arbeitsförderungs-Reformgesetzes (AFRG) vom 24.3.1997 (BGBl. I S. 594) mit Wirkung zum 1.4.1997.

403 BAG v. 10.2.1977, AP § 103 BetrVG 1972 Nr. 9 (zu II 2 b); bestätigt durch BAG v. 23.11.1988, NZA 1989, 812, 812; siehe auch: *Urban-Crell/Schulz*, Arbeitnehmerüberlassung, Rdnr. 857 ff.; ErfK/*Wank*, AÜG, § 13 Rdnr. 3.

404 *Boemke/Lembke*, AÜG, § 1 Rdnr. 168; BAG v. 28.6.2000, BB 2000, 2522, 2522 ff.

405 *Boemke/Lembke*, AÜG, § 1 Rdnr. 167.

406 Vgl. BT-Drs. 6/3505.

die Arbeitnehmerüberlassung betreffen, wirksame, angemessene und abschreckende Sanktionen gegen Verleiher und Entleiher vorzusehen.[407] Denn entsprechend der Ansicht des BAG blieben Verstöße gegen § 3 Abs. 1 AÜG und sogar gegen richtliniengemäße gesetzliche Pflichten für den Entleiher mangels fingierten Arbeitsverhältnisses ohne arbeits-, strafrechtliche oder bußgeldrechtliche Konsequenzen. Dieses Ergebnis ist nicht zufriedenstellend. Daher wird vertreten, dass § 1 Abs. 2 AÜG richtlinienkonform auszulegen sei, falls nötig und möglich, durch Rechtsfortbildung. Voraussetzung für eine solche richtlinienkonforme Rechtsfortbildung im Wege einer teleologischen Reduktion ist eine verdeckte Regelungslücke im Sinne einer planwidrigen Unvollständigkeit des Gesetzes wie im vorliegenden Fall. Daraus folge hier das Gebot einer richtlinienkonformen Rechtsfortbildung durch teleologische Reduktion der Norm.[408] Dies führe aufgrund der Absicht des Gesetzgebers, den Schutz der Leiharbeitnehmer durch Aufhebung des § 13 AÜG a.F. nicht zu verschlechtern[409] dazu, dass bei Verstößen des Entleihers, die den Vermutungstatbestand zur Folge haben, in den Fällen von § 1 Abs. 2 AÜG ein Arbeitsverhältnis zum Entleiher begründet werde.[410] Die Auffassung des BAG widerspricht dem jedoch sowie der Intention des Gesetzgebers, sicherstellen zu wollen, dass in allen Fällen, in denen eine unzulässige Arbeitsvermittlung vorliegt, der Dritte als Arbeitgeber in Anspruch genommen werden kann.[411] Im Übrigen hat der Gesetzgeber bei der jüngsten Reform des AÜG die Vorschrift des § 1 Abs. 2 AÜG aufrechterhalten und sogar um Verstöße gegen Gleichbehandlungspflichten des § 3 Abs. 1 Nr. 3 AÜG erweitert. Zu erwähnen ist aber, dass das BAG mit der Entscheidung vom 17.2.2010[412] diese umstrittene Frage wieder offen gelassen hat.

Eine andere Auffassung in der Literatur vertritt demgegenüber, dass unmittelbar auf der Grundlage des § 1 Abs. 2 AÜG bei Verstößen gegen § 3 Abs. 1 AÜG ein Arbeitsverhältnis zum Entleiher fingiert würde. Hierfür spricht zwar, dass die Vermittlungstätigkeit gemäß § 35 Abs. 1 S. 2 SGB III gerade darauf abzielt, den Arbeitnehmer mit einem anderen Arbeitgeber zur Begründung eines Beschäftigungsverhältnisses mit dem Entleiher zusammenzuführen.[413] Dem ist jedoch entgegenzuhalten, dass nicht diese Norm allein, sondern erst das Zusammenspiel

---

407 *Ulber*, AuR 2010, 10, 15.

408 Vgl. BGH v. 26.11.2008, BB 2009, 292, 292 ff.; Ulber/*Ulber*, AÜG, Einl. D. Arbeitsvermittlung Rdnr. 48.

409 BT-Drs. 13/4941, S. 247.

410 Ulber/*Ulber*, AÜG, Einl. D. Arbeitsvermittlung Rdnr. 48.

411 BT-Drs. 6/2303, S. 15.

412 BAG v. 17.2.2010, NZA 2010, 832, 832 ff.

413 Ulber/*Ulber*, AÜG, Einl. D. Arbeitsvermittlung Rdnr. 50; vertiefend dazu *Steuer*, S. 41.

mit dem gestrichenen § 13 AÜG a.F. die Fiktionswirkung herbeigeführt hatte.[414] Denn ein Arbeitsverhältnis zwischen dem Leiharbeitnehmer und dem Entleiher ist keine zwingende Folge vermuteter Arbeitsvermittlung.

Auch eine analoge Anwendung des § 10 Abs. 1 S. 1 AÜG kommt nicht in Betracht, da bereits Zweifel an der Planwidrigkeit der Regelungslücke bestehen.[415]

Im Ergebnis kann danach gegen den Willen des Entleihers sowie des Leiharbeitnehmers, der sich diesen auch nicht als Vertragspartner ausgesucht hat, zwischen beiden im Falle des § 1 Abs. 2 AÜG keine vertragliche Beziehung mehr begründet werden.[416]

Daher wird als Rechtsfolge im Falle einer Vermittlungsvermutung nach § 1 Abs. 2 AÜG nicht das Entstehen eines Arbeitsverhältnisses mit dem Entleiher kraft Gesetzes hergeleitet.

Das Arbeitsverhältnis zwischen Verleiher und Leiharbeitnehmer besteht fort und zwar auch dann, wenn die Vermittlungsvermutung nach § 1 Abs. 2 AÜG nicht widerlegt werden kann.

Aus diesem Grund wird die Existenzberechtigung des § 1 Abs. 2 AÜG immer mehr in Frage gestellt.[417] Die Fiktion einer Arbeitsvermittlung kann nur in Betracht kommen, wenn die gesetzlichen Voraussetzungen nicht oder zumindest nicht zweifelsfrei gegeben sind. In den Fällen, in denen die tatbestandlichen Voraussetzungen einer Arbeitnehmerüberlassung nicht gegeben sind, liegt stets Arbeitsvermittlung vor.[418]

Eine Nichtübernahme von Arbeitgeberpflichten und damit ein Fall des § 1 Abs. 2 AÜG liegt auch vor, wenn der Verleiher gegen die Gleichbehandlungspflichten aus §§ 9 Nr. 2, 10 Abs. 4 und 5 AÜG verstößt.[419] Relevant wird dies vor allem bei Verstößen gegen § 10 Abs. 5 AÜG, die von Abs. 1 Nr. 3 AÜG nicht erfasst werden. Kommt der Gleichbehandlungsgrundsatz aufgrund der Anwendung eines Tarifvertrages zur Arbeitnehmerüberlassung nicht zur Geltung, greift bei Verstößen gegen den Tarifvertrag wegen der Nichteinhaltung arbeitsrechtlicher

414 *Urban-Crell/Schulz*, Arbeitnehmerüberlassung, Rdnr. 860.

415 BAG v. 28.6.2000, NZA 2000, 1160, 1160 ff.; ErfK/*Wank*, AÜG, § 13 Rdnr. 4; *Urban-Crell/Schulz*, Arbeitnehmerüberlassung, Rdnr. 863.

416 *Steuer*, S. 47; *Schüren*, BB 2007, 2346, 2348.

417 *Urban-Crell/Schulz*, Arbeitnehmerüberlassung, Rdnr. 843 ff., 846 und 866; GK-BetrVG/*Kreutz/Raab*, Bd. I, § 7 Rdnr. 41; *Steuer*, S. 47 m.w.N.; a.A. Ulber/*Ulber*, AÜG, § 1 Rdnr. 260; Schüren/Hamann/*Hamann*, AÜG, § 1 Rdnr. 367; Thüsing/*Waas*, AÜG, § 1 Rdnr. 143; *Boemke/Lembke*, AÜG, § 1 Rdnr. 152; zur Frage der Konformität des § 1 Abs. 2 AÜG mit der Richtlinie über Leiharbeit siehe unten § 4 IV 1 b.

418 Ulber/*Ulber*, AÜG, § 1 Rdnr. 261.

419 Ulber/*Ulber*, AÜG, § 1 Rdnr. 270; Thüsing/*Waas*, AÜG, § 1 Rdnr. 145.

Pflichten die Bestimmung des § 3 Abs. 1 Nr. 1 AÜG.[420] Von dieser Vorschrift werden auch Verstöße des Arbeitgebers gegen die besondere Ausgestaltung des Arbeitgeberrisikos bei der Arbeitnehmerüberlassung erfasst.[421]

c) Zusammenfassung

Die Arbeitsvermittlung ist in beiden Rechtsordnungen streng von der Arbeitnehmerüberlassung abzugrenzen. Wie ausgeführt sind die Auswirkungen auf das Verhältnis Leiharbeitnehmer/Entleiher im Falle der nicht widerlegten vermuteten Arbeitsvermittlung sehr umstritten. Ausgehend von der Auffassung in der Literatur, die vertritt, dass unmittelbar auf der Grundlage des § 1 Abs. 2 AÜG bei Verstößen gegen § 3 Abs. 1 AÜG ein Arbeitsverhältnis zum Entleiher fingiert wird, korrespondiert diese Rechtsfolge weitgehend mit der Sanktionswirkung der italienischen Regelung zur verbotenen Zwischenvergabe. Deren Fälle unterliegen nun dem System der Artt. 18, 27 und 28 der Gesetzesverordnung Nr. 276/2003. Nach Art. 27 der Gesetzesverordnung Nr. 276/2003 wird auf Antrag des Arbeitnehmers ein Arbeitsverhältnis mit dem Entleiher errichtet.

III. Das Dreipersonenverhältnis

Im Folgenden werden die drei an der Arbeitnehmerüberlassung beteiligten Personen dargestellt. Der Schwerpunkt liegt aufgrund der Besonderheiten in den jeweiligen Rechtsordnungen beim Verleiher. Abschließend wird kurz auf den Entleiher und den Leiharbeitnehmer in Italien eingegangen. Für Deutschland sind diesbezüglich keine Auffälligkeiten festzustellen.

1. Der Verleiher

a) Die Erlaubnis zur Arbeitnehmerüberlassung nach italienischem Recht

In Umsetzung der Vorgaben des Biagi-Gesetzes, insbesondere des in Art. 1 Abs. 2 lit. f) des Gesetzes Nr. 30/2003 enthaltenen Prinzips der besseren Koordinierung und Zusammenarbeit zwischen den öffentlichen und privaten Vermittlern für ein besseres Funktionieren des Arbeitsmarktes unter Berücksichtigung der Kompetenzen der Regionen und Provinzen, geht die Gesetzesverordnung Nr. 276/2003

420 Ulber/*Ulber*, AÜG, § 1 Rdnr. 270; Thüsing/*Waas*, AÜG, § 1 Rdnr. 144; Schüren/Hamann/*Schüren*, AÜG, § 3 Rdnr. 85.

421 Ulber/*Ulber*, AÜG, § 1 Rdnr. 271.

von einer Koexistenz öffentlicher und privater Vermittler aus.[422] Dieses Verständnis des Zusammenwirkens entspricht ganz den Vorgaben der Europäischen Union zum Thema Modernisierung der öffentlichen Arbeitsverwaltung. Dieses Verständnis hat sich seit der Gesetzesverordnung Nr. 469/1997 immer mehr durchgesetzt.[423]

Dabei handelt es sich um ein polyzentrisches Modell,[424] bei dem nur private Vermittler, die Arbeitsagenturen, neben den staatlichen Vermittlern die Tätigkeit der Arbeitnehmerüberlassung ausüben dürfen, wenn sie vom Arbeitsministerium zur Verleihtätigkeit autorisiert und in das dort geführte Register eingetragen sind.[425] Sie sollen das Zusammentreffen von Arbeitsuchenden und Arbeitgebern fördern, die offenen Arbeitsplätze verwalten und die Beschäftigungsmöglichkeiten erhöhen.[426]

Der Gesetzgeber hat hier ein strenges Autorisierungssystem geschaffen, mit dem Ziel, den Zugang zum Markt von sowohl in finanzieller wie organisatorischer Hinsicht vertrauenswürdigen[427] Verleihern zu garantieren. Die Rigidität wird auch in den Kontrollinstrumenten evident.[428] Hierdurch wird der Schutz der Arbeitnehmer durch Vorkehrungen bereits in der Phase vor dem Vertragsschluss potenziert.[429]

Im Folgenden wird ein Überblick über das Autorisierungssystem[430] gegeben, das zur Realisierung des Ziels von Art. 1 Abs. 1 des Gesetzes Nr. 30/2003 beiträgt: ein effizientes und kohärentes System von Instrumenten zu organisieren, die darauf gerichtet sind, die Effizienz des Arbeitsmarktes zu garantieren sowie die Kapazität

---

422 *Caruso/Cinelli/Ferraro*, Diritto del lavoro, S. 154 f.

423 *Tiraboschi*, Riforma del mercato del lavoro e modello organizzativo tra vincoli costituzionali ed esigenze di unitarietà del sistema, in: Olivelli/Tiraboschi (a cura di), Il diritto del mercato del lavoro dopo la riforma Biagi, S. 73.

424 *Tiraboschi*, Riforma del mercato del lavoro e modello organizzativo tra vincoli costituzionali ed esigenze di unitarietà del sistema, in: Olivelli/Tiraboschi (a cura di), Il diritto del mercato del lavoro dopo la riforma Biagi, S. 74.

425 *Tiraboschi*, Riforma del mercato del lavoro e modello organizzativo tra vincoli costituzionali ed esigenze di unitarietà del sistema, in: Olivelli/Tiraboschi (a cura di), Il diritto del mercato del lavoro dopo la riforma Biagi, S. 74; *Caruso/Cinelli/Ferraro*, Diritto del lavoro, S. 154 ff.; *Rausei*, S. 14.

426 *Rausei*, S. 14.

427 *Carinci, F.*, Diritto del lavoro, commentario, Carinci, F. (diretto da), vol. II, S. 1338; *Caruso/Cinelli/Ferraro*, Diritto del lavoro, S. 159.

428 *Caruso/Cinelli/Ferraro*, Diritto del lavoro, S. 159.

429 *D'Oronzo*, La riforma del mercato del lavoro tra concertazione e dialogo sociale, in: Tiraboschi (a cura di), La riforma Biagi del mercato del lavoro, S. 755.

430 Neben dem Autorisierungssystem existiert auf regionaler Ebene für den Bereich der Arbeitsvermittlung ein spezielles Akkreditierungssystem (Art. 7 Gesetzesverordnung Nr. 276/2003), vgl. *Rausei*, S. 82 ff.

der beruflichen Wiedereingliederung der Arbeitslosen und Arbeitssuchenden unter besonderer Berücksichtigung der sozial Benachteiligten.[431] Es soll der Verwirklichung des Schutzes der Arbeitnehmer dienen.[432]

aa) Das Zulassungsverfahren

Das der Autorisierung zugrundeliegende Zulassungsverfahren für die privaten Verleiher ist an hohe Anforderungen geknüpft (Artt. 4 und 5 Gesetzesverordnung Nr. 276/2003):

Zwingende Voraussetzung für die Genehmigung der verschiedenen Tätigkeiten der privaten Arbeitsagenturen ist zum einen die Eintragung in ein einheitliches[433] vom Arbeitsministerium geführtes elektronisches Register (*Albo informatico delle agenzie per il lavoro*), das sich jedoch nicht nur auf die Dokumentation beschränkt, sondern letztlich eine Datenbank darstellt.[434] Damit soll zum einen die Transparenz, zum anderen die Kontrolle und der Schutz vor Scheinkonstruktionen sichergestellt werden. Der potentielle Entleiher kann dann – auch online[435] – überprüfen, ob der Verleiher in das Register eingetragen ist.[436]

Das Register ist in fünf Abteilungen untergliedert, die jeweils den gesetzlich vorgesehenen fünf Tätigkeitsfeldern, bestehend aus der Arbeitnehmerüberlassung im Allgemeinen, der Spezialisierung auf die unbefristete Arbeitnehmerüberlassung (*staff leasing*), der Arbeitsvermittlung, der Personalsuche und -auswahl und der Unterstützung der beruflichen Wiedereingliederung entsprechen. Dabei können die Arbeitsagenturen der ersten Abteilung das gesamte Spektrum der genannten Aktivitäten abdecken.[437]

Man unterscheidet dementsprechend die Agenturen mit umfassender Kompetenz (*agenzie generaliste*), die ohne Einschränkung befristet und unbefristet Arbeitnehmer überlassen können und in der ersten Abteilung eingetragen sind, von den Agenturen mit spezieller Kompetenz (*agenzie specialiste*). Diese müssen sich auf eine einzige der ausdrücklich aufgelisteten Aktivitäten der unbefristeten

431 *Caruso/Cinelli/Ferraro*, Diritto del lavoro, S. 159; *Carinci, F.*, Molto clamore per poco: all'indomani del d.lgs. n. 276/2003, Diritto del lavoro, commentario, Carinci, F. (diretto da), vol. I, Vorwort, S. XXXII.

432 *Tiraboschi*, Regolazione del mercato del lavoro e modello organizzativo, in: Tiraboschi (a cura di), La riforma Biagi del mercato del lavoro, S. 484.

433 *Rausei*, S. 17.

434 *Rausei*, S. 20.

435 *Rausei*, S. 22.

436 *Rausei*, S. 21.

437 *Rausei*, S. 22; *Caruso/Cinelli/Ferraro*, Diritto del lavoro, S. 165.

Arbeitnehmerüberlassung beschränken und sind in der zweiten Abteilung eingetragen.[438]

In der dritten Abteilung finden sich die Agenturen, die Arbeitsvermittlung betreiben, in der vierten diejenigen, die für die Personalsuche und -auswahl zuständig sind. In der fünften Abteilung sind die Agenturen aufgeführt, die die berufliche Wiedereingliederung unterstützen sollen. Hinsichtlich der letzten drei Abteilungen existieren seit dem Ministerialdekret vom 23.12.2003[439] (Art. 2) jeweils regionale Untergliederungen.

Gemäß Art. 6 der Gesetzesverordnung Nr. 276/2003 kann die Tätigkeit nach Art. 2 Abs. 1 lit. b), c), d) der Gesetzesverordnung Nr. 276/2003, und daher nicht die Arbeitnehmerüberlassung (lit. a)), den Regionen und autonomen Provinzen ausschließlich für deren territorialen Zuständigkeitsbereich übertragen werden. Dies entspricht dem Synergieprinzip von Zentrum/Peripherie und Staat/Regionen.[440]

Die Eintragung in das Register erfolgt jedoch gemäß Art. 5 der Gesetzesverordnung Nr. 276/2003 nur, wenn die dort genannten Zuverlässigkeitskriterien erfüllt sind. So müssen die Agenturen in jedem Fall nach der Gesellschaftsform einer Kapitalgesellschaft oder Genossenschaft gemäß der italienischen Form oder der eines anderen europäischen Mitgliedstaates errichtet sein.[441]

Für die Agenturen mit der Tätigkeit der Personalsuche und -auswahl sowie der Unterstützung der beruflichen Wiedereingliederung ist auch die Rechtsform der Personengesellschaft zulässig (Art. 5 Abs. 1 lit. a)). Der Sitz der Gesellschaft oder der Filiale muss sich in Italien oder einem anderen europäischen Mitgliedstaat befinden (Art. 5 Abs. 1 lit. b)). Die Überlassung von Arbeitnehmern ist als überwiegender Gesellschaftszweck anzugeben (Art. 5 Abs. 2 lit. f)).

Darüber hinaus müssen die Agenturen entsprechend dem jeweiligen Tätigkeitsbereich eine finanzielle Sicherheit vorweisen können, damit eine gewisse Insolvenzfestigkeit garantiert ist.[442] Agenturen, die die Tätigkeit der Arbeitnehmerüberlassung ausüben wollen, müssen nachweisen, dass sie über ein Stammkapital von mindestens 600.000,00 Euro (Art. 5 Abs. 2 lit. a)) verfügen. Zur Sicherung der Vergütung und entsprechenden Beitragsforderungen ist eine Kau-

---

438 *Rausei*, S. 187; *Carinci, F.*, Diritto del lavoro, commentario, Carinci, F. (diretto da), vol. II, S. 1339.

439 G.U. Nr. 53 vom 3.3.2004.

440 Vertiefend hierzu bei *Tiraboschi*, Riforma del mercato del lavoro e modello organizzativo tra vincoli costituzionali ed esigenze di unitarietà del sistema, in: Olivelli/Tiraboschi (a cura di), Il diritto del mercato del lavoro dopo la riforma Biagi, S. 88 ff.

441 *Rausei*, S. 59; *Carinci, F.*, Diritto del lavoro, commentario, Carinci, F. (diretto da), vol. II, S. 1341; *Caruso/Cinelli/Ferraro*, Diritto del lavoro, S. 159.

442 *Rausei*, S. 60; *Caruso/Cinelli/Ferraro*, Diritto del lavoro, S. 161.

tion in Höhe von 350.000,00 Euro für die ersten beiden Geschäftsjahre, anschließend in Höhe von 5% des Umsatzes bei einem Kreditinstitut mit Sitz in Italien oder in einem anderen europäischen Mitgliedstaat zu hinterlegen (Abs. 2 lit. c)). Außerdem muss sich die Tätigkeit der Arbeitsagentur entweder auf das gesamte italienische Staatsgebiet oder zumindest auf vier Regionen erstrecken (Abs. 2 lit. b)). Weitere Voraussetzung ist, dass die Geschäftsführer und Vertreter der Arbeitsagentur nicht vorbestraft sein dürfen (Art. 5 Abs. 1 lit. d)). Zur Gewährleistung von Transparenz und Effektivität der Tätigkeit der Arbeitsagenturen haben diese nachzuweisen, dass ihnen Büros für ihre Arbeit zur Verfügung stehen (Art. 5 Abs. 1 lit. c)). Darüber hinaus muss die Verknüpfung mit dem Netzwerksystem der ständigen Beschäftigungsbörse[443] bestehen. Weiter müssen zum Nachweis der Zuverlässigkeit des Verleihers und damit zum Schutz der Arbeitnehmer die regelmäßige Beitragszahlung in den Fonds für Bildung und Lohnergänzung (Art. 12 Gesetzesverordnung Nr. 276/2003) und die Zahlung der Sozial- und Versicherungsbeiträge gewährleistet sein sowie die Einhaltung der Pflichten, die gemäß Art. 5 Abs. 2 lit. d) im landesweit geltenden Tarifvertrag für Verleihunternehmen vorgesehen sind. Schließlich besteht für den Verleiher die Pflicht, die datenschutzrechtlichen Vorschriften zugunsten der Arbeitnehmer einzuhalten (Art. 5 Abs. 1 lit. g)).

Liegen die Voraussetzungen des Art. 5 der Gesetzesverordnung Nr. 276/2003 vor, erteilt das Arbeitsministerium gemäß Art. 4 der Gesetzesverordnung Nr. 276/2003 zunächst eine nur vorläufige, auf zwei Jahre befristete Genehmigung für die Ausübung der jeweils beantragten Tätigkeit. Gleichzeitig erfolgt die Eintragung in das Register (Art. 4 Abs. 5 Gesetzesverordnung Nr. 276/2003).[444]

Zwei Jahre nach Eintragung in das Register wird die befristete Genehmigung durch eine unbefristete ersetzt. Anschließend wird die Tätigkeit der Agentur im Abstand von zwei Jahren überprüft, um die Konformität mit den gesetzlichen Bestimmungen sicherzustellen.[445]

---

443 *Tursi/Varesi*, Lineamenti di diritto del lavoro, S. 87; *Corbascio/Nacci*, Il contrasto al lavoro nero, in: Tiraboschi (a cura di), La riforma Biagi del mercato del lavoro, S. 254; ausführlich hierzu: *Tiraboschi*, La borsa continua nazionale del lavoro, in: Tiraboschi (a cura di), La riforma Biagi del mercato del lavoro, S. 573 ff.

444 *Carinci, F.*, Diritto del lavoro, commentario, Carinci, F. (diretto da), vol. II, S. 1339; *Rausei*, S. 37 ff.; *Caruso/Cinelli/Ferraro*, Diritto del lavoro, S. 165; *Facello/Tiraboschi*, Le misure per l'incontro tra la domanda e l'offerta di lavoro, in: Tiraboschi (a cura di), Collegato lavoro, commento alla legge 4 novembre 2010, n. 183, S. 185.

445 *Caruso/Cinelli/Ferraro*, Diritto del lavoro, S. 165; *Carinci, F.*, Diritto del lavoro, commentario, Carinci, F. (diretto da), vol. II, S. 1339; vertiefend zu Art. 6 Gesetzesverordnung Nr. 276/2003, der sich auf die Arbeitsvermittlung (*intermediazione*) bezieht, siehe *Rausei*, S. 61 ff.; ergänzend sei auf die Modifizierungen durch das Gesetz Nr. 183/2010 hingewiesen, siehe oben § 3 I 2 k.

Zur Verhinderung eines eventuellen Missbrauches mit der Autorisierung sieht der Gesetzgeber vor, dass weder mit der vorläufigen noch mit der unbefristeten Genehmigung Handel getrieben werden darf (Art. 4 Abs. 7 Gesetzesverordnung Nr. 276/2003, Art. 10 Ministerialdekret vom 23.12.2003).[446]

Nach Art. 7 des Ministerialdekretes vom 23.12.2003 kann die für den Arbeitsmarkt zuständige oberste Aufsichtsbehörde im Arbeitsministerium (*Direzione generale del mercato del lavoro del Ministero del lavoro*) die provisorische oder endgültige Genehmigung entziehen oder widerrufen, wenn die Agentur die obligatorischen Vorgaben der Gesetzesverordnung Nr. 276/2003 nicht eingehalten hat.[447]

Über alle bei der Kontrolle festgestellten Unregelmäßigkeiten informiert diese Aufsichtsbehörde die jeweilige Agentur, wobei sie eine Frist von nicht weniger als 30 Tagen zur Abhilfe setzt. Nach Ablauf einer zweiten Frist von 60 Tagen ohne vollständige Abhilfe und ohne ausreichende Klarstellungen kann die Genehmigung endgültig widerrufen und die Arbeitsagentur aus dem Register gelöscht werden.[448]

bb) Die Einführung des Netzwerksystems

Die Verknüpfung mit dem Netzwerksystem der „ständigen Beschäftigungsbörse" (*Borsa continua nazionale del lavoro*) stellt eine Voraussetzung für den Erhalt der Genehmigung sowie für die Einschreibung in die zuständige Abteilung des vom Arbeitsministerium geführten Registers (*Albo informatico delle agenzie per il lavoro*) und damit für die Legitimität der Ausübung der Arbeitnehmerüberlassung dar (Kapitel III, Titel II der Gesetzesverordnung Nr. 276/2003).[449]

Dieses Netzwerksystem ist gemäß Art. 2 Abs. 1 lit. g) und Art. 15 der Gesetzesverordnung Nr. 276/2003 als ein offenes, italienweites Informationssystem ausgestaltet, mit dem Angebot und Nachfrage nach Arbeit über moderne Telekommunikationsmittel zusammengeführt werden, um größtmögliche Effizienz und Transparenz des Arbeitsmarktes zu erreichen.[450] Die dort angebotenen Serviceleistungen können vom Nutzer frei gewählt werden.[451] Das Netzwerksystem verfügt über eine eigene Internetseite – *www.borsalavoro.it.*

---

446 *Rausei*, S. 45.

447 Dasselbe gilt für die Arbeitsvermittlung.

448 *Rausei*, S. 43.

449 *Rausei*, S. 49 ff.; *Tiraboschi*, Riforma del mercato del lavoro e modello organizzativo tra vincoli costituzionali ed esigenze di unitarietà del sistema, in: Olivelli/Tiraboschi (a cura di), Il diritto del mercato del lavoro dopo la riforma Biagi, S. 60.

450 *Tiraboschi*, Riforma del mercato del lavoro e modello organizzativo tra vincoli costituzionali ed esigenze di unitarietà del sistema, in: Olivelli/Tiraboschi (a cura di), Il diritto del mercato del lavoro dopo la riforma Biagi, S. 60 ff.

451 *Rausei*, S. 87.

Mit der Einführung dieses Systems wird letztlich das neue Organisationsmodell des Arbeitsmarktes vervollständigt. Nach Überzeugung des Gesetzgebers soll ein präzises und detailliertes System von Informationen, die regional gesammelt wurden und auf transparente Weise auf nationaler Ebene zugänglich gemacht werden, den Erfolg der neuen öffentlich-privaten Vermittlung garantieren.

Arbeitnehmer und Unternehmen können auf diese Weise direkt neue Bewerbungen oder Nachfragen nach Personal in das System einstellen, ohne sich an einen Arbeitsvermittler wenden zu müssen. Für die Vermittler ihrerseits besteht die Pflicht, alle von ihnen erworbenen Daten unmittelbar in das Netzwerksystem einzustellen.[452]

Die Serviceleistungen des Netzwerksystems verteilen sich auf zwei Ebenen spiegelbildlich zu der gesamten Reform (Art. 15 Abs. 4 Gesetzesverordnung Nr. 276/2003): zum einen auf nationaler Ebene, vor allem für die Festlegung der technischen Standards und die Sicherstellung der wechselseitigen Informationsflüsse; zum anderen auf regionaler Ebene, insbesondere für die Realisierung der Integration und die Koordinierung der öffentlich-privaten Systeme. Mit Hilfe dieser informatorischen Verknüpfungen auf regionaler und nationaler Ebene in Form von gegenseitigem Austausch als auch durch Kooperation soll der bestmögliche Service gewährleistet werden.

Die freie Zugangsmöglichkeit zu den Informationen des Netzwerksystems entspricht genau der Umsetzung der Regelung des Art. 4 i.V.m. Art. 120 Cost., wonach eine effiziente und wirksame Inanspruchnahme des Arbeitsrechtes ermöglicht werden soll und in keiner Weise begrenzt oder eingeschränkt werden darf.[453] Dieser Informationsaustausch fördert auf verbesserte Weise den Prozess der Zusammenführung von Angebot und Nachfrage nach Arbeit.[454]

Um den Bedürfnissen der Arbeitnehmer und Unternehmen noch besser gerecht zu werden, wurde das Netzwerksystem im Laufe der Zeit sogar auf bestimmte Arbeitssektoren[455] mit jeweils eigenen Netzwerksystemen erweitert.

---

452 *Rausei*, S. 88; *Tiraboschi*, Riforma del mercato del lavoro e modello organizzativo tra vincoli costituzionali ed esigenze di unitarietà del sistema, in: Olivelli/Tiraboschi (a cura di), Il diritto del mercato del lavoro dopo la riforma Biagi, S. 61.

453 *Rausei*, S. 88; *Tiraboschi*, La borsa continua nazionale del lavoro, in: Tiraboschi (a cura di), La riforma Biagi del mercato del lavoro, S. 577.

454 *Rausei*, S. 89; *Tiraboschi*, Riforma del mercato del lavoro e modello organizzativo tra vincoli costituzionali ed esigenze di unitarietà del sistema, in: Olivelli/Tiraboschi (a cura di), Il diritto del mercato del lavoro dopo la riforma Biagi, S. 61.

455 Schauspiel, Informations- und Kommunikationstechnologie sowie Tourismus.

b) Die Erlaubnis zur Arbeitnehmerüberlassung nach deutschem Recht

Das präventive staatliche Kontrollsystem zum Schutz der Leiharbeitnehmer in Italien weist sehr große Ähnlichkeit zu der deutschen Regelung auf: Gemäß §§ 1 Abs. 1 S. 1, 17 AÜG ist die Arbeitnehmerüberlassung als präventives Verbot mit Erlaubnisvorbehalt[456] konzipiert und ist demnach grundsätzlich nur mit der Erlaubnis der Bundesagentur für Arbeit zulässig.

Neben der Gewährleistung der Rechte des Arbeitnehmers aus dem Arbeitsverhältnis durch Schutz vor unzuverlässigen Verleihern und die Sicherstellung der Einhaltung der besonderen Arbeitgeberverpflichtungen[457] hat die Erlaubnis die Funktion der Prävention illegaler Beschäftigungsformen und verfolgt arbeits- sowie beschäftigungspolitische Zwecke. Die Erlaubnis hat das Ziel, zu verhindern, dass Dauerarbeitsplätze bei Entleihern von Leiharbeitnehmern besetzt werden[458] und sich die Arbeitgeber damit ihren arbeitsrechtlichen Verpflichtungen gegenüber dem Stammpersonal entziehen.[459] Der Schutz vor unzuverlässigen Verleihern stellt eine Rechtfertigung aus Gründen des Allgemeinwohls i.S.d. Art. 4 der Richtlinie über Leiharbeit und die Versagung der Erlaubnis i.S.d. § 3 AÜG eine wirksame Sanktion gemäß Art. 10 der Richtlinie über Leiharbeit dar. Somit steht § 3 AÜG im Einklang mit den europarechtlichen Vorgaben.

Aus dem Sinn und Zweck der Regelung folgt, dass die Erlaubnisbehörde bei der Prüfung der gesetzlichen und sonstigen Voraussetzungen für die Erlaubniserteilung strengen Pflichten unterliegt.[460]

Wird die Arbeitnehmerüberlassung entsprechend der Richtlinie im Rahmen einer wirtschaftlichen Tätigkeit[461] betrieben, benötigt der Verleiher, der privatrechtlich oder öffentlich-rechtlich organisiert sein kann,[462] die Erlaubnis der Bundesagentur für Arbeit.[463] Dies gilt gemäß dem Territorialitätsprinzip für alle Formen der Arbeitnehmerüberlassung, die in der Bundesrepublik Deutschland

456 Thüsing/*Waas*, AÜG, § 1 Rdnr. 2; Schüren/Hamann/*Hamann*, AÜG, § 1 Rdnr. 4; Ulber/*Ulber*, AÜG, § 3 Rdnr. 8.

457 Ulber/*Ulber*, AÜG, § 3 Rdnr. 6.

458 BAG v. 8.11.1978, BB 1980, 1326, 1326 ff.; Ulber/*Ulber*, AÜG, § 1 Rdnr. 13 sowie § 3 Rdnr. 6; a.A. *Boemke/Lembke*, AÜG, § 1 Rdnr. 5.

459 Ulber/*Ulber*, AÜG, § 1 Rdnr. 1 und 12; Ulber/*Ulber*, AÜG, § 3 Rdnr. 24; ErfK/*Wank*, AÜG, § 2 Rdnr. 1.

460 Ulber/*Ulber*, AÜG, § 2 Rdnr. 2.

461 Ulber/*Ulber*, AÜG, Einl. F. Fremdfirmenarbeit mit Auslandbezug Rdnr. 58.

462 Zur Frage, ob Mischunternehmen in den Anwendungsbereich der Richtlinie über Leiharbeit (Art. 1 Abs. 2) fallen, eingehend bei *Hamann*, EuZA 2009, 287, 297 ff., wonach der Begriff „Leiharbeitsunternehmen“ für das Erreichen eines einheitlichen europäischen Schutzrahmens weit auszulegen ist.

463 *Düwell*, DB 2011, 1520, 1520.

ausgeübt werden, auch soweit die Überlassung eines Arbeitnehmers in das Ausland erfolgen soll.[464] Liegt der Entleiherbetrieb im Inland, benötigt der Verleiher immer eine Erlaubnis unabhängig davon, ob er seinen Geschäftssitz im Inland oder im Ausland hat. Befindet sich der Entleiherbetrieb im Ausland, besteht für eine von einem inländischen Verleiher ausgeübte gewerbsmäßige Arbeitnehmerüberlassung ins Ausland Erlaubnispflicht.[465] Bei Arbeitnehmerüberlassung mit Auslandsbezug muss der Verleiher sowohl die gesamten Bestimmungen des AÜG beachten als auch die besonderen Vorschriften des ausländischen Staates zur Arbeitnehmerüberlassung.[466]

Die Erteilung der Erlaubnis kann nur dann erfolgen, wenn alle erforderlichen Voraussetzungen und keine sich aus § 3 AÜG ergebenden Versagungsgründe vorliegen, bei denen die Erlaubniserteilung zwingend versagt werden muss. Mit Ausnahme der Fälle des Abs. 3 steht der Erlaubnisbehörde kein Ermessen bei der Entscheidung zu.[467] Strittig ist, ob die Aufzählung der Versagungsgründe lediglich exemplarisch ist oder abschließend. Die herrschende Meinung folgt der letzten Ansicht.[468]

Mit § 3 Abs. 1 AÜG werden die Grenzen zwischen zulässiger Arbeitnehmerüberlassung und Arbeitsvermittlung konkretisiert.[469] Aus § 3 Abs. 1 Nr. 1 AÜG ergibt sich, dass die Erlaubnis zu versagen ist, wenn der Antragssteller nicht die erforderliche Zuverlässigkeit besitzt, um seinen Verpflichtungen als Verleiher unter Berücksichtigung der Schutzzwecke des AÜG nachzukommen.[470] In der Vorschrift sind beispielhaft, nicht abschließend, Regelbeispiele aufgezählt, die zur Vermutung der Unzuverlässigkeit führen. Es ist insbesondere dann zu vermuten, dass der Verleiher die erforderliche Zuverlässigkeit nicht besitzt, wenn er die Vorschriften des Sozialversicherungsrechtes, die Vorschriften über die Einbehaltung und Abführung der Lohnsteuer, über die Arbeitsvermittlung, über die Anwerbung im Ausland oder die Ausländerbeschäftigung, die Vorschriften des Arbeitsschutzrechtes oder die arbeitsrechtlichen Pflichten nicht einhält.[471]

---

464 Ulber/*Ulber*, AÜG, § 1 Rdnr. 217.

465 Schüren/Hamann/*Riederer von Paar*, AÜG, Einl. Rdnr. 646 f.; Ulber/*Ulber*, AÜG, § 1 Rdnr. 226 f.; Näheres zur grenzüberschreitenden Arbeitnehmerüberlassung siehe unten § 6.

466 ErfK/*Wank*, AÜG, Einl. Rdnr. 48.

467 Ulber/*Ulber*, AÜG, § 3 Rdnr. 8; *Boemke/Lembke*, AÜG, § 3 Rdnr. 6; Schüren/Hamann/*Schüren*, AÜG, § 3 Rdnr. 29.

468 *Boemke/Lembke*, AÜG, § 3 Rdnr. 8; Ulber/*Ulber*, AÜG, § 3 Rdnr. 12; Schüren/Hamann/*Schüren*, AÜG, § 3 Rdnr. 29 und 41; a.A. ErfK/*Wank*, AÜG, § 3 Rdnr. 2.

469 Ulber/*Ulber*, AÜG, § 3 Rdnr. 23.

470 Ulber/*Ulber*, AÜG, § 3 Rdnr. 25; ErfK/*Wank*, AÜG, § 3 Rdnr. 3.

471 Ulber/*Ulber*, AÜG, § 3 Rdnr. 25; Einzelheiten hierzu bei Schüren/Hamann/*Schüren*, AÜG, § 3 Rdnr. 73 ff.; vgl. dazu ebenso Thüsing/*Pelzner*, AÜG, § 3 Rdnr. 19 ff.; siehe auch ErfK/*Wank*, AÜG, § 3 Rdnr. 7 ff.

§ 3 Abs. 1 Nr. 2 AÜG besagt, dass ein eigenständiger Versagungstatbestand auch dann vorliegt, wenn der Verleiher nach der Gestaltung seiner Betriebsorganisation nicht in der Lage ist, die üblichen Arbeitgeberpflichten ordnungsgemäß zu erfüllen.[472]

Die Erlaubnis ist außerdem bei Verstoß gegen die in § 3 Abs. 1 Nr. 3 AÜG enthaltenen Gleichbehandlungspflichten zu versagen.[473] § 3 Abs. 1 Nr. 3, der die Gleichbehandlung von Leiharbeitnehmern mit Beschäftigten des Entleihers regelt, wurde durch das 1. AÜGÄndG[474] um ein Schlechterstellungsverbot bei Geltung von Mindestentgelten nach § 3a AÜG ergänzt.[475] Dadurch soll die Akzeptanz der Arbeitnehmerüberlassung verbessert und der Leiharbeitnehmer vor unseriösen Entleihern geschützt werden.[476] Die Neufassung des § 3 Abs. 1 Nr. 3[477] sieht nunmehr in Satz 2 Abweichungsmöglichkeiten vom Gleichbehandlungsgrundsatz durch einen Tarifvertrag zur Arbeitnehmerüberlassung vor. Die Zulässigkeit steht indes unter dem Vorbehalt, dass die in einer Rechtsverordnung nach § 3a Abs. 2 AÜG festgesetzten Mindeststundenentgelte nicht unterschritten werden.[478] Zudem hob das 1. AÜGÄndG die Ausnahme bei Neueinstellung Arbeitsloser auf und Satz 4 des § 3 Abs. 1 Nr. 3 AÜG enthält jetzt eine Sonderregelung zum Gleichbehandlungsgrundsatz bei Rückentleih innerhalb von sechs Monaten.[479]

Da die grenzüberschreitenden Formen der Arbeitsteilung immer mehr zunehmen und aufgrund der im Europäischen Wirtschaftsraum (EWR) garantierten Dienstleistungs- und Niederlassungsfreiheit sowie der national-staatlich begrenzten Eingriffsbefugnisse der Erlaubnisbehörden, sind Regelungen erforderlich, die unter Beachtung des Unionsrechtes sicherstellen, dass auch bei Fällen der Arbeitnehmerüberlassung mit Auslandsbezug die Vorschriften des AÜG, insbesondere die zugrundeliegenden Schutzzwecke, gewährleistet sind. Insoweit soll § 3 Abs. 2 bis 5 AÜG die Erlaubnisbehörde in die Lage versetzen, Missbrauch durch ausländische Verleiher zu unterbinden[480] und bei der Entsendung von Arbeitnehmern ins Ausland die Einhaltung der Vorschriften des AÜG zu garantieren.[481] Dabei regelt Abs. 2 des § 3 AÜG einen Versagungsgrund, wenn die Betriebsstätte nicht im EWR liegt. Nach Abs. 3 des § 3 AÜG steht die Erteilung einer Erlaubnis an

472 Ulber/*Ulber*, AÜG, § 3 Rdnr. 81.
473 Ulber/*Ulber*, AÜG, § 3 Rdnr. 89.
474 Durch Art. 1 Nr. 5 des 1. AÜGÄndG.
475 Ulber/*Ulber*, AÜG, § 3 Rdnr. 4 und 90.
476 ErfK/*Wank*, AÜG, § 3 Rdnr. 1 ff.; Ulber/*Ulber*, AÜG, § 3 Rdnr. 4.
477 In der Fassung des 1. AÜGÄndG.
478 Ulber/*Ulber*, AÜG, § 3 Rdnr. 5 und 89.
479 Ulber/*Ulber*, AÜG, § 3 Rdnr. 5 und 89.
480 BT-Drs. 6/2303, S. 12.
481 Ulber/*Ulber*, AÜG, § 3 Rdnr. 100.

Verleiher, die nicht Angehörige der EWR-Staaten sind, im Ermessen der Erlaubnisbehörde.[482] Aufgrund der unionsrechtlichen Regelungen zur Niederlassungs- und Dienstleistungsfreiheit muss ausländischen, im EWR ansässigen Verleihunternehmen unter denselben Voraussetzungen wie inländischen die Erlaubnis zur Arbeitnehmerüberlassung erteilt werden (§ 3 Abs. 4 S. 1 AÜG).[483]

Sind die Voraussetzungen erfüllt, ist die Bundesagentur für Arbeit als die nach § 17 AÜG zuständige Behörde,[484] zur Erlaubniserteilung verpflichtet. Diese erfolgt stets personen- bzw. rechtsträgerbezogen und nicht betriebsbezogen.[485] Der Gesetzgeber will damit sicherstellen, dass der Bewerber in Bezug auf seine Persönlichkeit, sein Verhalten und die Organisation des Betriebes für die Tätigkeit des Verleihs von Arbeitnehmern geeignet ist.[486]

Die Erlaubnis kann natürlichen Personen, juristischen Personen des öffentlichen oder Privatrechtes, Personengesellschaften und Personengesamtheiten erteilt werden.[487]

Liegen Versagungsgründe im Sinne des § 3 AÜG vor, kann die Erlaubnis nicht erteilt werden.

Macht der Verleiher von der unbefristeten Erlaubnis drei Jahre lang keinen Gebrauch, erlischt sie gemäß § 2 Abs. 5 S. 2 AÜG kraft Gesetzes.[488]

c) Rechtsvergleichende Erwägungen

Sind in Deutschland die Voraussetzungen eines Versagungsgrundes nach § 3 AÜG gegeben, muss die Erlaubnisbehörde die Erteilung bzw. die Verlängerung der Erlaubnis ablehnen, ohne dass ihr ein Ermessen zusteht. Der Grundsatz der Verhältnismäßigkeit kommt hier regelmäßig nicht zur Anwendung.[489] Etwas anderes gilt aber, wenn die Behörde zu entscheiden hat, ob Tatsachen aufgrund einer Zukunftsprognose die Annahme rechtfertigen, dass einer der Versagungstatbestände nach § 3 Abs. 1 AÜG eintreten wird. Die Behörde muss dementsprechend unter Berücksichtigung des Verhältnismäßigkeitsgrundsatzes verifizieren, ob nicht auch weniger einschneidende Maßnahmen, wie die Verhängung von Auflagen ausreichend sein könnten, um die ordnungsgemäße Ausübung der Arbeitnehmerüberlassung zu gewährleisten.[490]

---

482 Ulber/*Ulber*, AÜG, § 3 Rdnr. 110.
483 Ulber/*Ulber*, AÜG, § 3 Rdnr. 110.
484 Ulber/*Ulber*, AÜG, § 2 Rdnr. 16.
485 Schüren/Hamann/*Schüren*, AÜG, § 2 Rdnr. 24.
486 Schüren/Hamann/*Schüren*, AÜG, § 3 Rdnr. 35; Ulber/*Ulber*, AÜG, § 1 Rdnr. 15.
487 ErfK/*Wank*, AÜG, § 2 Rdnr. 2.
488 Ulber/*Ulber*, AÜG, § 2 Rdnr. 53.
489 Ulber/*Ulber*, AÜG, § 3 Rdnr. 17; a.A. Schüren/Hamann/*Schüren*, AÜG, § 3 Rdnr. 30.
490 *Sandmann/Marschall*, AÜG, Art. 1 § 3 Anm. 1.

In Italien ist demgegenüber eine mildere Maßnahme in Form von Auflagen nicht vorgesehen. Entweder die Voraussetzungen für eine Erlaubniserteilung sind erfüllt oder die Erlaubnis wird versagt.

Auch in Deutschland wird die Verleiherlaubnis gemäß § 2 Abs. 2, 4 und 5 AÜG zunächst befristet, allerdings nur auf ein Jahr – nicht wie in Italien auf zwei Jahre – erteilt. Sie kann daraufhin zweimal jeweils um ein Jahr verlängert werden. Nach insgesamt drei Jahren kann der Verleiher dann eine unbefristete Erlaubnis erhalten (§ 2 Abs. 5 S. 1 AÜG).[491] Der Verleiher wird in Deutschland damit sogar noch ein Jahr länger auf seine Eignung getestet. Das deutsche System dürfte dadurch sicherer sein. Neben der längeren Testphase spricht auch die Zahl der Versagungsgründe hierfür, die von vornherein bereits die Erteilung der Erlaubnis ausschließen.

Eine ausdrückliche gesetzliche Regelung von Versagungsgründen fehlt im italienischen Recht. Zudem ist die deutsche Bestimmung sehr detailliert und vor allem nicht abschließend. Entsprechend dem Schutzzweck der Erlaubnispflicht, Missbrauchsfällen im Bereich der Arbeitnehmerüberlassung entgegenzutreten, kann der jeweilige Schutzzweck der Erlaubnis eine Versagung auch dann gebieten, wenn die Voraussetzungen des Abs. 1 nicht erfüllt sind oder in sonstiger Weise die Voraussetzungen eines unzulässigen Umgehungstatbestandes vorliegen.[492] Dennoch wird auch in Italien bei der Entscheidung über die Erteilung der Erlaubnis in erster Linie die Zuverlässigkeit des Verleihers streng überprüft. Die in Art. 5 der Gesetzesverordnung Nr. 276/2003 aufgeführten Voraussetzungen lassen überwiegend den Rückschluss auf die Vertrauenswürdigkeit des potentiellen Verleihers zu. Sie finden sich teilweise direkt, teilweise indirekt in den in § 3 Abs. 1 Nr. 1 AÜG aufgeführten Regelbeispielen wieder. Der Schutz der Arbeitnehmer, der auf diese Weise und durch den Nachweis des Vorliegens einer tauglichen Betriebsorganisation (§ 3 Abs. 1 Nr. 2 AÜG) sichergestellt werden soll, nimmt demnach in beiden Rechtssystemen eine zentrale Stellung ein, so dass die gesetzlichen Vorkehrungen in beiden Ländern ausgewogen erscheinen.

Das italienische Rechtssystem unterscheidet sich vom deutschen in einem wesentlichen Punkt: der Leistung einer finanziellen Sicherheit als Voraussetzung für die Erlaubniserteilung. Die geleistete Kaution kann, falls erforderlich, zur Befriedigung von Ansprüchen der Arbeitnehmer und der Sozialversicherung herangezogen werden. Diese Regelung scheint vor allem deswegen sinnvoll, da das Haftungsrisiko vorrangig dem Verleiher auferlegt wird, der ja auch in erster Linie aus der Verleiherlaubnis Vorteile zieht. Außerdem handelt es sich um eine Hürde, die unsiche-

---

491 Ulber/*Ulber*, AÜG, § 2 Rdnr. 39.

492 ErfK/*Wank*, AÜG, § 3 Rdnr. 8; zum Zweck der Regelung vgl. Schüren/Hamann/*Schüren*, AÜG, § 3 Rdnr. 13.

re Kandidaten für die Tätigkeit des Verleihers bereits im Vorfeld abhalten kann. Schließlich kommt die Sicherheitsleistung auch dem Entleiher zugute, der in Italien gesamtschuldnerisch für Sozialversicherungsbeiträge und für Löhne haftet.[493] Hervorzuheben ist, dass demgegenüber eine Sicherheitsleistung in Deutschland auch mit der jüngsten Reform nicht eingeführt wurde. Bisher wird lediglich ein Bonitätsnachweis verlangt.[494] Die Einführung einer Sicherheitsleistung in das deutsche Rechtssystem könnte zu einer Erhöhung des Schutzes von Leiharbeitnehmern und Entleihern beitragen und die Arbeitnehmerüberlassung attraktiver machen.

d) Ausnahmen von der Erlaubnispflicht

Von den Ausnahmen der Erlaubnispflicht zu unterscheiden sind die Fälle, die ausdrücklich von dem Anwendungsbereich des AÜG ausgeschlossen sind: Eine Ausnahme von der Erlaubnispflicht besteht für § 1 Abs. 1 Sätze 3 und 4 (Abordnung von Arbeitnehmern zu einer Arbeitsgemeinschaft)[495] sowie für § 1a AÜG (Kollegenhilfe)[496]. Demgegenüber werden folgende drei Konstellationen gemäß § 1 Abs. 3 AÜG von vornherein aus dem Anwendungsbereich des AÜG herausgenommen: die Arbeitnehmerüberlassung zur Vermeidung von Kurzarbeit oder Entlassungen (Nr. 1), die konzerninterne Arbeitnehmerüberlassung (Nr. 2), die gelegentliche Arbeitnehmerüberlassung (Nr. 2a) und die Arbeitnehmerüberlassung ins Ausland auf der Grundlage zwischenstaatlicher Vereinbarungen (Nr. 3). Ausdrücklich von diesem Anwendungsausschluss ausgenommen sind gemäß dem Einleitungssatz des Absatzes 3 die §§ 1b S. 1, 16 Abs. 1 Nr. 1b und Abs. 2 bis 5 und §§ 17, 18 AÜG.[497] Nach herrschender Auffassung sollen darüber hinaus einige Spezialregelungen den Vorschriften des AÜG vorgehen.[498]

Im Zusammenhang mit der Abordnung von Arbeitnehmern zu einer Arbeitsgemeinschaft bestehen allerdings Bedenken hinsichtlich der Richtlinienkonformität der Regelungen der Sätze 3 und 4 des § 1 Abs. 1 AÜG, da die Richtlinie über Leiharbeit gemäß Art. 1 Abs. 1 für alle Formen der Arbeitnehmerüberlas-

493 Siehe unten § 4 IV 5 b aa.

494 Vgl. *Steuer*, S. 341 m.w.N.

495 Ulber/*Ulber*, AÜG, § 1 Rdnr. 246; eingehend zur Vereinbarkeit mit der Richtlinie über Leiharbeit bei *Hamann*, ZESAR 2012, 103, 104 ff.

496 Ulber/*Ulber*, AÜG, § 1a Rdnr. 14a; *Hamann*, ZESAR 2012, 103, 111.

497 *Urban-Crell/Schulz*, Arbeitnehmerüberlassung, Rdnr. 546; Ulber/*Ulber*, AÜG, § 1 Rdnr. 340; *Hamann*, ZESAR 2012, 103, 107 f.

498 *Urban-Crell/Schulz*, Arbeitnehmerüberlassung, Rdnr. 532; a.A. Schüren/Hamann/*Schüren*, AÜG, Einl. Rdnr. 18.

sung gilt, soweit die Begriffsbestimmungen von Art. 3 erfüllt sind.[499] Wird das Weisungsrecht gemäß § 1 Abs. 1 S. 3 AÜG auf die Arbeitsgemeinschaft übertragen, ist der Begriff der Arbeitnehmerüberlassung im Sinne der Richtlinie an sich erfüllt.[500] Auch dieser Fall von Arbeitnehmerüberlassung müsste daher von der Erlaubnispflicht erfasst sein. Die Regelungen sind daher nicht richtlinienkonform. Da der Wortlaut eindeutig ist, kann der Verstoß nur begrenzt im Rahmen unionsrechtskonformer Auslegung oder im Rahmen der Grenzen richterlicher Rechtsfortbildung behoben werden.[501]

Gemäß § 1 Abs. 3 Nr. 1 AÜG ist das AÜG nicht anzuwenden auf die Arbeitnehmerüberlassung zwischen Arbeitgebern desselben Wirtschaftszweiges zur Vermeidung von Kurzarbeit oder Entlassungen, wenn ein für den Entleiher und Verleiher geltender Tarifvertrag dies vorsieht. Soweit § 1 Abs. 3 Nr. 1 AÜG allerdings zu einem Ausschluss zwingender Regelungen der Richtlinie über Leiharbeit führt, verstößt die Vorschrift gegen Unionsrecht.[502] Dies gilt gemäß § 1 Abs. 3 Nr. 1 AÜG aber nicht, solange ein Tarifvertrag die Einhaltung der Bestimmungen des Art. 5 der Richtlinie über Leiharbeit zur Gleichbehandlung bei den wesentlichen Arbeitsbedingungen einschließlich Arbeitsentgelt gewährleistet. Dem Arbeitnehmer müssen also mindestens die wesentlichen Arbeitsbedingungen garantiert werden, die ihm bei Festanstellung unmittelbar beim Entleiher zustehen würden. Im Falle von Regelungslücken oder bei abweichenden Regelungen im Verleiher- und Entleiherbetrieb ist grundsätzlich ein Günstigkeitsvergleich nach den bei Art. 5 Abs. 3 der Richtlinie über Leiharbeit maßgeblichen Grundsätzen durchzuführen.[503] Unabhängig von der Möglichkeit der richtlinienkonformen Auslegung der Nr. 1 sind aufgrund der derzeitigen Formulierung des Eingangssatzes des § 1 Abs. 3 AÜG die §§ 13a und 13b AÜG unanwendbar, so dass ein Verstoß gegen Art. 6 der Richtlinie über Leiharbeit vorliegt. Hier besteht in jedem Fall von Seiten des Gesetzgebers Korrekturbedarf.[504]

Gemäß § 1 Abs. 3 Nr. 2 AÜG findet – mit Ausnahme der im Einleitungssatz des Absatzes 3 genannten Vorschriften – das AÜG auf die Arbeitnehmerüberlassung zwischen Konzernunternehmen i.S.d. § 18 AktG keine Anwendung, wenn der Arbeitnehmer „nicht zum Zweck der Überlassung eingestellt und beschäftigt wird".[505]

---

499 Ulber/*Ulber*, AÜG, § 1 Rdnr. 233; zur Vereinbarkeit mit der Richtlinie über Leiharbeit *Hamann*, ZESAR 2012, 103, 104 ff.

500 Ulber/*Ulber*, AÜG, § 1 Rdnr. 233.

501 Ulber/*Ulber*, AÜG, § 1 Rdnr. 233.

502 Vgl. zur Vereinbarkeit mit der Richtlinie über Leiharbeit *Hamann*, ZESAR 2012, 103, 108 f.

503 Ulber/*Ulber*, AÜG, § 1 Rdnr. 333 ff.

504 *Hamann*, ZESAR 2012, 103, 108 f.

505 *Düwell*, DB 2011, 1520, 1520.

Für die konzerninterne Arbeitnehmerüberlassung bringt das 1. AÜGÄndG folgende Neuerung: Mit Wirkung vom 1.12.2011 wurde in Abs. 3 Nr. 2 der Zusatz *„(...) seine Arbeit vorübergehend nicht bei seinem Arbeitgeber leistet (...)“* gestrichen und neu hinzugefügt, dass die Vorschrift nur anwendbar ist, wenn der Arbeitnehmer *„nicht zum Zweck der Überlassung eingestellt und beschäftigt wird“.*[506] Die Streichung des alten Zusatzes ändert nichts daran, dass nur die vorübergehende Arbeitnehmerüberlassung vom Konzernprivileg erfasst wird.[507] Der Begriff „vorübergehend“ ist hier allerdings weit auszulegen.[508] Infolge des Anstiegs an Maßnahmen des Outsourcings und der Unternehmensspaltung, wodurch auch kleine konzernangehörige Unternehmen immer stärker im Rahmen von Konzernstrukturen zergliedert werden, nehmen auch die mit der Arbeitnehmerüberlassung verbundenen arbeitsmarkt- und sozialpolitischen Gefährdungen zu. Diese wurden bisher wegen der anders gelagerten ökonomischen und beschäftigungspolitischen Ausgangsbedingungen in Konzernen als gering eingestuft.[509] Aus diesem Grund wurde mit dem 1. AÜGÄndG der neue Zusatz eingefügt, dass die Vorschriften des AÜG zwingend gelten, wenn der Arbeitnehmer im Konzern zum Zweck der Überlassung eingestellt wird.[510]

Das Konzernprivileg soll daher zum einen nicht für konzerninterne Verleihgesellschaften gelten. Auf der anderen Seite soll in anderen Konzernunternehmen weiterhin ermöglicht werden, dass vorübergehender erhöhter Personalbedarf gedeckt werden kann.[511]

Im Rahmen dieser Vorschrift ist die bisherige Differenzierung zwischen gewerbsmäßiger und nichtgewerbsmäßiger Arbeitnehmerüberlassung weiterhin geboten. Denn der Gesetzgeber wollte die auf Dauer angelegte und damit gewerbsmäßige Arbeitnehmerüberlassung gerade nicht von der Geltung des Gesetzes befreien.[512] Damit soll verhindert werden, dass der Verleih von Arbeitnehmern innerhalb eines Konzerns durch Einbeziehung eines reinen Konzern-Verleihunternehmens unbeschränkt möglich ist.[513] Demnach gilt die Vorschrift nur in Fällen

---

506 Ulber/*Ulber*, AÜG, § 1 Rdnr. 349.

507 Vgl. BT-Drs. 17/4804, S. 8; Ulber/*Ulber*, AÜG, § 1 Rdnr. 373.

508 Siehe Klarstellung der Bundesregierung zum Begriff „vorübergehend“, BT-Drs. 17/8829 vom 2.3.2012; vgl. auch Ulber/*Ulber*, AÜG, § 1 Rdnr. 374.

509 BT-Drs. 10/3206, S. 33.

510 Ulber/*Ulber*, AÜG, § 1 Rdnr. 350.

511 BT-Drs. 847/10, S. 7; hierzu auch *Oberthür*, ArbRB 2011, 146, 147.

512 BT-Drs. 10/3206, S. 33; Ulber/*Ulber*, AÜG, § 1 Rdnr. 357; i.E. ebenso *Boemke/Lembke*, AÜG, § 1 Rdnr. 192; Schüren/Hamann/*Hamann*, AÜG, § 1 Rdnr. 424, der nunmehr seine frühere entgegengesetzte Auffassung aufgegeben hat.

513 BT-Drs. 10/3206, S. 33.

gelegentlicher, nicht-gewerbsmäßiger Arbeitnehmerüberlassung.[514] Gewerbsmäßige Formen der Arbeitnehmerüberlassung sind im Rahmen der Konzernleihe ausschließlich nach den allgemeinen Vorschriften des AÜG zu behandeln[515] und bedürfen einer Erlaubnis.[516]

Große Bedenken bestehen aber auch im Hinblick auf die Konformität der Vorschrift des § 1 Abs. 3 Nr. 2 AÜG mit den europarechtlichen Vorgaben, denn aus der Nichtanwendung des AÜG folgt letztlich eine Befreiung von der Pflicht, den Gleichbehandlungsgrundsatz einzuhalten.

Zwar sind hier ähnlich wie bei § 1 Abs. 3 Nr. 1 AÜG, in dessen Rahmen ein gemeinsamer Tarifvertrag genügt, Verstöße gegen den Gleichbehandlungsgrundsatz ausgeschlossen, wenn für das verleihende und entleihende Konzernunternehmen entweder der gleiche Flächen- oder Firmentarifvertrag gilt, oder die wesentlichen Arbeitsbedingungen nach Art. 3 Abs. 1 lit. f) der Richtlinie über Leiharbeit im Verleiher- und Entleiherbetrieb aus sonstigen Gründen identisch sind. Ist dies hingegen nicht der Fall, muss auf der Grundlage einer grundsätzlich restriktiven und richtlinienkonformen Anwendung der Norm der Gleichbehandlungsgrundsatz nach § 9 Nr. 2 AÜG eingehalten werden.[517]

An dieser Stelle sei jedoch festgestellt, dass die Tarifdispositivität[518] letztlich zum Misserfolg des Gleichbehandlungsgrundsatzes geführt hat.[519] Darüber hinaus konnten selbst nicht tarifgebundene Arbeitsvertragsparteien dem Gebot der Gleichbehandlung entgehen, indem sie im Geltungsbereich eines solchen Tarifvertrages die tariflichen Regelungen arbeitsvertraglich vereinbarten.[520] Die arbeitsvertragliche Bezugnahme auf die Tarifausnahmeklausel ist nicht mehr möglich.[521] Diese Umgehungsmöglichkeit wurde bereits kurz nach Inkrafttreten genutzt und in der Folge wurden bundesweit geltende Branchentarifverträge sowie zahlreiche Haustarifverträge für die Leiharbeitnehmer geschlossen. Für die Unternehmen war dadurch der Einsatz von „günstigen" Leiharbeitnehmern anstelle von „teurem" Stammpersonal ausgesprochen attraktiv.[522]

---

514 *Düwell*, AuR 2011, 288, 290; a.A. *Boemke/Lembke*, AÜG, § 1 Rdnr. 191; *Lembke*, DB 2011, 414, 415.

515 BT-Drs. 17/4804, S. 8.

516 *Lembke*, DB 2011, 414, 415.

517 Ulber/*Ulber*, AÜG, § 1 Rdnr. 354.

518 Vgl. hierzu Schüren/Hamann/*Riederer von Paar*, AÜG, Einl. Rdnr. 608, wonach durch die Richtlinie über Leiharbeit die Tarifdispositivität nicht berührt wurde.

519 *Hamann*, NZA 2011, 70, 71; *Böhm*, DB 2005, 2023, 2024; *Brors*, BB 2006, 101, 101; *Nebeling/Gründel*, BB 2009, 2366, 2366.

520 *Hamann*, NZA 2011, 70, 71.

521 *Blanke*, DB 2010, 1528, 1529.

522 *Hamann*, NZA 2011, 70, 71; *Blanke*, DB 2010, 1528, 1528; *Lembke*, BB 2010, 1533, 1533; *Ulber*, NZA 2009, 232, 233.

Weitere Bedenken im Hinblick auf die Vereinbarkeit der Regelung der Arbeitnehmerüberlassung im Konzern (§ 1 Abs. 3 Nr. 2 AÜG) mit dem Europarecht bestehen im Zusammenhang mit der Erscheinungsform des Rückentleihs. Es geht dabei um die Problematik, dass in Konzernen immer wieder Arbeitnehmer entlassen werden, und gleichzeitig mit einem konzernangehörigen Tochterunternehmen ein Leiharbeitsverhältnis begründet wird. Der gekündigte Arbeitnehmer wird im Rahmen eines Rückentleihs auf dem bisherigen Dauerarbeitsplatz als Leiharbeitnehmer beschäftigt.[523] Nach Auffassung des Gesetzgebers ist die Vorgehensweise des Rückentleihs auch nach dem eingeschränkten Verbot der Schlechterstellung bei einem Rückentleih zulässig.[524] Diese Ansicht ist aber nicht unumstritten, da das verleihende Unternehmen lediglich als Strohmann agiert und die Arbeitnehmerüberlassung rechtsmissbräuchlich verwendet wird.[525]

Weiterhin bestehen unionsrechtliche Bedenken. Zum einen steht der Rückentleih nicht in Einklang mit Art. 5 Abs. 5 der Richtlinie über Leiharbeit, wonach die missbräuchliche Anwendung des Gleichbehandlungsgrundsatzes zu verhindern ist. Außerdem ist Ziel der Richtlinie, Festeinstellungen im Einsatzbetrieb im Rahmen eines Normalarbeitsverhältnisses zu fördern (Art. 6 Abs. 1 bis 4 Richtlinie über Leiharbeit). Hiergegen und gegen die sich aus §§ 9 Nr. 3 und 4, 13a AÜG ergebenden Zielsetzungen des Gesetzgebers, die Einstellung von Leiharbeitnehmern und nicht die Entlassung von Stammbeschäftigten zu erleichtern, wird aber verstoßen.[526]

Zudem steht die Vorschrift nicht im Einklang mit Art. 1 Abs. 1 und 2 der Richtlinie über Leiharbeit, der allein darauf abstellt, ob ein Arbeitnehmer in tatsächlicher Hinsicht einem Dritten überlassen wird und keine Differenzierung zwischen Leiharbeitnehmern zulässt, die bereits bei Einstellung oder erst später eine Verpflichtung zur Leistung von Leiharbeit eingehen.[527]

Mit dem 1. AÜGÄndG wurde in § 1 Abs. 3 AÜG die Nr. 2a eingefügt. Danach fällt die gelegentliche Arbeitnehmerüberlassung, d.h. eine Überlassung, die nicht in Wiederholungsabsicht erfolgt, unplanbar und unvorhersehbar ist, kurzfristig erforderlich wird[528] und nur im Ausnahmefall vorkommt,[529] nicht unter die Normen des AÜG, wenn der Arbeitnehmer nicht zum Zweck der Überlassung eingestellt und beschäftigt wird.[530] Aufgrund der Befreiung von der Einhaltung der Be-

---

523 *Willemsen/Annuß*, BB 2005, 437, 440; Ulber/*Ulber*, AÜG, § 1 Rdnr. 368.

524 BT-Drs. 17/4804, S. 1; *Brors/Schüren*, BB 2004, 2745, 2745.

525 *Brors/Schüren*, BB 2004, 2745, 2745; *Däubler*, AiB 2008, 524, 525.

525 *Brors/Schüren*, BB 2004, 2745, 2745; *Däubler*, AiB 2008, 524, 525.

526 Ulber/*Ulber*, AÜG, § 1 Rdnr. 369.

527 *Böhm*, DB, 2011, 473, 474; Ulber/*Ulber*, AÜG, § 1 Rdnr. 370.

528 BT-Drs. 17/4804, S. 8.

529 Ulber/*Ulber*, AÜG, § 1 Rdnr. 382.

530 Ulber/*Ulber*, AÜG, § 1 Rdnr. 380 und 384.

stimmungen des AÜG und damit auch denen zum Schutz der Leiharbeitnehmer liegt ebenfalls ein Verstoß gegen das Unionsrecht vor, denn Art. 1 Abs. 1 und 2 der Richtlinie über Leiharbeit sieht eine solche Ausnahme nicht vor.[531]

Abschließend ist im Hinblick auf die unter europarechtlichem Gesichtspunkt bestehenden Defizite bei den Regelungen des § 1 Abs. 3 AÜG anzumerken, dass diese in Bezug auf den Gleichbehandlungsgrundsatz weitgehend im Wege der richtlinienkonformen Auslegung behoben werden können.[532] Dasselbe gilt für die Regelungsdefizite hinsichtlich des Art. 6 Abs. 4 der Richtlinie über Leiharbeit, der den Zugang zu Beschäftigung und beruflicher Bildung sowie zu Gemeinschaftseinrichtungen regelt. Diese können ebenfalls überwiegend durch richtlinienkonforme Auslegung behoben werden.[533]

Eine Ausnahme von der Erlaubnispflicht besteht schließlich bei der sog. Kollegenhilfe (§ 1a AÜG). Bei dieser Form der Arbeitnehmerüberlassung bedarf es weiterhin keiner Erlaubnis. Hervorzuheben ist, dass hier die für die Arbeitnehmerüberlassung geltenden Vorschriften zur Anwendung kommen, der Verleiher jedoch tatsächlich keine Erlaubnis benötigt, wenn er die Überlassung vorher schriftlich der Bundesagentur für Arbeit angezeigt hat.[534]

Zu beachten ist, dass das AÜG daneben einige Ausnahmen von der Erlaubnispflicht zulässt, bei denen vorausgesetzt wird, dass sich die typischen mit der Arbeitnehmerüberlassung verbundenen Gefahren nicht realisieren werden.[535] Ausgeschlossen ist die Erteilung einer Erlaubnis in den Fällen des § 1b S. 1 AÜG für die Arbeitnehmerüberlassung im Baugewerbe. Etwas anderes gilt aber, wenn auf der Grundlage von § 1b S. 2 oder S. 3 AÜG gewerbsmäßige Arbeitnehmerüberlassung betrieben wird. Dann ist das AÜG anwendbar und es muss eine Erlaubnis eingeholt werden.[536] Von der Erlaubnispflicht werden somit grundsätzlich alle Fälle gewerbsmäßiger und nichtgewerbsmäßiger Arbeitnehmerüberlassung erfasst. Lediglich in den Fällen privilegierter Arbeitnehmerüberlassung nach § 1 Abs. 3 AÜG bedarf es keiner Erlaubnis.[537]

---

531 Ulber/*Ulber*, AÜG, § 1 Rdnr. 381; Lembke, DB 2011, 414, 416; *Ulber*, AuR 2010, 412, 414; *Hamann*, ZESAR 2012, 103, 109 f.

532 Ulber/*Ulber*, AÜG, § 1 Rdnr. 312.

533 Ulber/*Ulber*, AÜG, § 1 Rdnr. 308 ff.

534 *Urban-Crell/Schulz*, Arbeitnehmerüberlassung, Rdnr. 581.

535 *Urban-Crell/Schulz*, Arbeitnehmerüberlassung, Rdnr. 532 und 535 ff.; Ulber/*Ulber*, AÜG, § 1 Rdnr. 231e.

536 Ulber/*Ulber*, AÜG, § 1 Rdnr. 223.

537 Ulber/*Ulber*, AÜG, § 1 Rdnr. 225.

e) Zusammenfassung

Die italienische Rechtsordnung beinhaltet anders als die deutsche keine Ausnahmen von der Erlaubnispflicht. Auch deswegen ist die Autorisierung zur Überlassung von Arbeitnehmern in Italien um einiges strenger konzipiert.

Ein weiterer wesentlicher Unterschied sei in Bezug auf das Baugewerbe hervorgehoben. Grundsätzlich ist nach § 1b S. 1 AÜG der Abschluss eines Überlassungsvertrages zum Zwecke der Arbeitnehmerüberlassung in Betriebe des Baugewerbes unzulässig, wenn nicht ein Ausnahmetatbestand nach S. 2 oder S. 3 greift. Denn die Vorschrift will nicht generell den Abschluss derartiger Arbeitsverträge untersagen, sondern illegale Beschäftigungsformen auf dem Bau verhindern.[538] Unionsrechtliche Bedenken bestehen nicht, da die mit dem Verbot verfolgten Ziele der Eindämmung der illegalen Beschäftigung von Fremdfirmenbeschäftigten auf Baustellen, der Schutz der Sozialkassen des Baugewerbes und die Verhinderung von Wettbewerbsvorteilen durch Lohndumping rechtfertigende Gründe im Sinne des Art. 4 Abs. 1 der Richtlinie über Leiharbeit darstellen.[539]

In Italien wurde demgegenüber im Gegensatz zur früheren Regelung des Gesetzes Nr. 196/1997 der Anwendungsbereich der Arbeitnehmerüberlassung mittels einer Arbeitsagentur entsprechend Art. 4 Abs. 1 lit. b) des Gesetzes Nr. 30/2003 ausnahmslos auf die Landwirtschaft und das Bauwesen ausgeweitet.[540] Aufgrund der strengen Anforderungen für die Autorisierung zur Tätigkeit der Überlassung von Arbeitnehmern erschien die Ausdehnung des Anwendungsbereiches legitim.[541]

Betrachtet man die einzelnen Voraussetzungen für die Erteilung einer Verleiherlaubnis in den jeweiligen Ländern, dürfte die italienische Regelung in der Gesamtschau dem Arbeitnehmer einen höheren Schutz bieten. Dies zum einen aufgrund der Voraussetzung der Leistung finanzieller Sicherheiten, zum anderen da im italienischen Recht keinerlei Ausnahmen von der Erlaubnispflicht oder Ausnahmen von der Anwendung des AÜG vorgesehen sind. Demzufolge ist die italienische Regelung insgesamt betrachtet sehr viel strenger. Die Arbeitnehmerüberlassung von privaten Agenturen ist ausschließlich unter der Voraussetzung möglich, dass ihnen eine Autorisierung erteilt wurde. Dies gilt auch, wenn eine Verleiherlaubnis mangels Schutzbedürfnis eventuell entbehrlich wäre, weil keine Gefähr-

---

538 Ulber/*Ulber*, AÜG, § 1b Rdnr. 5.

539 Ulber/*Ulber*, AÜG, § 1b Rdnr. 55.

540 *Carinci, F.*, Diritto del lavoro, commentario, Carinci, F. (diretto da), vol. II, S. 1335 f.; *Vallebona*, Istituzioni di diritto del lavoro, S. 617; *Tiraboschi*, Somministrazione di lavoro, appalto di servizi, distacco, in: Tiraboschi (a cura di), La riforma Biagi del mercato del lavoro, S. 206.

541 *Caruso/Cinelli/Ferraro*, Diritto del lavoro, S. 168; *Ricci*, La somministrazione di lavoro dopo la riforma, in: De Luca Tamajo/Rusciano/Zoppoli (a cura di), Mercato del lavoro, riforma e vincoli del sistema, S. 114.

dung der Interessen des Arbeitnehmers droht. Dies führt zwar zu einer gewissen Schwerfälligkeit und einer Belastung des Verleihers, andererseits dürfte durch dieses strenge System eventuellen Missbrauchsmöglichkeiten bereits im Vorfeld ein Riegel vorgeschoben werden.

2. Der Entleiher in Italien

a) Entleiher aus dem Bereich der Privatwirtschaft

Die Arbeitnehmerüberlassung kann im Bereich von Produktions-, Handels- und Dienstleistungsbetrieben genutzt werden, in denen die Leistungen der Leiharbeitnehmer effektiv in den Bereich einer Organisationsstruktur eingegliedert werden.[542] Als Entleiher kommen Unternehmer, Vereinigungen, Organisationen oder private Arbeitgeber in Betracht.[543]

Der private Entleih ist also generell in jedem Sektor sowie für alle Arten von Tätigkeiten und Aufgaben zulässig.[544] Durch diesen weiten Anwendungsbereich hoffte der Gesetzgeber mit Hilfe der Arbeitnehmerüberlassung das Zusammenführen von Arbeitsuchenden und Arbeitgebern zu verbessern.[545]

b) Öffentlicher Bereich

Etwas anderes gilt jedoch für die öffentliche Verwaltung. Wie in Art. 6 des Gesetzes Nr. 30/2003 vorgegeben, findet gemäß Art. 1 Abs. 2 der Gesetzesverordnung Nr. 276/2003 diese Gesetzesverordnung keine Anwendung auf die öffentliche Verwaltung und ihr Personal.[546] Es scheint auf den ersten Blick, als bestünde für die öffentliche Verwaltung keine Möglichkeit, den neuen Arbeitnehmerüberlassungsvertrag zu verwenden.

In Widerspruch zu dieser Bestimmung regelt Art. 86 Abs. 9 der Gesetzesverordnung Nr. 276/2003 ausdrücklich, dass die Vorschrift des Art. 27 Abs. 1 der Gesetzesverordnung Nr. 276/2003 keine Anwendung auf die öffentlichen Verwaltungen findet, auf die die Bestimmungen zur Arbeitnehmerüberlassung grundsätzlich nicht anwendbar sind. Eine Ausnahme besteht indes für die befristete Arbeitnehmerüberlassung. Darüber hinaus beinhaltet Art. 86 Abs. 9, dass die Geldbußen gemäß Art. 19 der Gesetzesverordnung Nr. 276/2003 auch auf die öffentliche

---

542 *Rausei*, S. 172.

543 Der Begriff des Entleihers ist weit zu verstehen, vgl. hierzu *Rausei*, S. 171.

544 *Rausei*, S. 172 f.

545 *Rausei*, S. 173; *Carinci, F.*, Diritto del lavoro, commentario, Carinci, F. (diretto da), vol. II, S. 1335.

546 *Rausei*, S. 173; *Caruso/Cinelli/Ferraro*, Diritto del lavoro, S. 169.

Verwaltung anwendbar sind.[547] Demzufolge können auch die öffentlichen Verwaltungen von der Arbeitnehmerüberlassung Gebrauch machen, allerdings nur von der befristeten.[548] Der Schwerpunkt der Tätigkeit der öffentlichen Verwaltungen liegt in diesem Bereich ohnehin in der Arbeitsvermittlung.

3. Der Leiharbeitnehmer in Italien

Als dritter Beteiligter ist der Leiharbeitnehmer zu erwähnen, der ausschließlich in einer vertraglichen Beziehung zum Verleiher steht, nämlich dem Leiharbeitsverhältnis, das befristet oder unbefristet ausgestaltet sein kann. Der Anwendungsbereich der Regelung erstreckt sich gemäß Art. 20 Abs. 2 der Gesetzesverordnung Nr. 276/2003 ausschließlich auf den Verleih von Arbeitnehmern (*lavoratori*).[549]

4. Zusammenfassung

Während man im Hinblick auf den Verleiher in Deutschland und in Italien deutliche Unterschiede bei der Autorisierung feststellen kann, beim Entleiher in Italien im öffentlichen Bereich eine Beschränkung auf die befristete Arbeitnehmerüberlassung erkennbar ist, bestehen bezogen auf den Leiharbeitnehmer keine Besonderheiten. Auch in Deutschland erstreckt sich der Anwendungsbereich des AÜG ausschließlich auf den Verleih von Arbeitnehmern.[550]

IV. Der Arbeitnehmerüberlassungsvertrag

1. Die Rechtsbeziehung zwischen Ver- und Entleiher

a) In der italienischen Rechtsordnung

Der Arbeitnehmerüberlassungsvertrag (*contratto di somministrazione di lavoro*) ist ein handelsrechtlich geprägter, synallagmatischer Vertrag, in dem sich der Verleiher verpflichtet, dem Entleiher in einem vertraglich festgelegten Zeitraum

---

547 *Rausei*, S. 173; *Caruso/Cinelli/Ferraro*, Diritto del lavoro, S. 169; *Tiraboschi*, Somministrazione di lavoro, appalto di servizi, distacco, in: Tiraboschi (a cura di), La riforma Biagi del mercato del lavoro, S. 206.

548 *Rausei*, S. 173; *Caruso/Cinelli/Ferraro*, Diritto del lavoro, S. 169; *Ricci*, La somministrazione di lavoro dopo la riforma, in: De Luca Tamajo/Rusciano/Zoppoli (a cura di), Mercato del lavoro, riforma e vincoli del sistema, S. 115.

549 *Rausei*, S. 190.

550 *Urban-Crell/Schulz*, Arbeitnehmerüberlassung, Rdnr. 21.

einen oder mehrere entsprechend qualifizierte Arbeitnehmer zur Verfügung zu stellen, die ihre eigene Arbeitsleistung erbringen. Die Arbeitnehmer unterliegen dabei dem Direktions-, Organisations-, und Kontrollrecht[551] des Entleihers, ohne dass zwischen den beiden ein Arbeitsvertrag besteht (Art. 20 Abs. 2 S. 1 Gesetzesverordnung Nr. 276/2003). Im Gegenzug verpflichtet sich der Entleiher, dem Verleiher für die Überlassung eine genau festgelegte Vergütung zu zahlen, unter Berücksichtigung des tarifvertraglich unabdingbaren Mindestlohns.[552]

Diese Definition ergibt sich letztlich indirekt aus Art. 2 der Gesetzesverordnung Nr. 276/2003; denn die Norm enthält keine wirkliche Begriffsbestimmung, sondern beschreibt die Arbeitnehmerüberlassung als *„gewerbsmäßiges (professionale), befristetes oder unbefristetes Zurverfügungstellen von Arbeitskräften gemäß Art. 20 der Gesetzesverordnung Nr. 276/2003“*.[553]

Hinsichtlich der vertraglichen Ausgestaltung steht den Vertragspartnern eine gewisse Gestaltungsfreiheit zu, die die Aufnahme aller Klauseln erlaubt, die mit dem Tatbestand kompatibel und nicht spezialgesetzlich verboten sind.[554]

b) In der deutschen Rechtsordnung

Das AÜG enthält keine Normen, die die gegenseitigen vertraglichen Pflichten und Rechte von Ver- und Entleiher regeln. Soweit nicht zwingende Normen entgegenstehen, unterliegt die Ausgestaltung der vertraglichen Beziehung zwischen Ver- und Entleiher daher im Rahmen der Vertragsfreiheit unter Berücksichtigung der durch die allgemeinen zivilrechtlichen Vorschriften vorgegebenen Grenzen deren privat-autonomer Gestaltungsmacht.[555] Die Vertragsparteien können den Überlassungsvertrag daher befristet, unter einer auflösenden Bedingung oder auch – seit dem Wegfall der Höchstüberlassungsdauer – auf unbestimmte Zeit abschließen.[556]

---

551 *Falasca/Soldera*, Somministrazione di lavoro, S. 35.

552 Siehe unten § 4 IV 5 b aa.

553 *Falasca/Soldera*, Somministrazione di lavoro, S. 33.

554 *Falasca/Soldera*, Somministrazione di lavoro, S. 37.

555 *Urban-Crell/Schulz*, Arbeitnehmerüberlassung, Rdnr. 191; *Boemke/Lembke*, AÜG, § 12 Rdnr. 15; *Sandmann/Marschall*, AÜG, Art. 1 § 12 Anm. 3.

556 *Urban-Crell/Schulz*, Arbeitnehmerüberlassung, Rdnr. 253; *Blanke*, DB 2010, 1528, 1528.

2. Die befristete Arbeitnehmerüberlassung

a) Die Gestaltung in der italienischen Rechtsordnung

Diese Form der Arbeitnehmerüberlassung[557] steht im Wesentlichen in direkter Fortsetzung zur früheren Regelung der Zeitarbeit unter der Geltung des Gesetzes Nr. 196/1997.[558] Die Nachfolgeregelung ist indes detaillierter und gleichzeitig weniger limitiert.[559]

Gemäß Art. 20 Abs. 3 der Gesetzesverordnung Nr. 276/2003 ist die befristete Arbeitnehmerüberlassung ohne exzessive Begrenzungen generell zulässig. Eine Konkretisierung erfährt diese Bestimmung durch Abs. 4, wonach die Arbeitnehmerüberlassung auf bestimmte Zeit aus Gründen technischer, produktionsbedingter, organisatorischer und vertretungsbedingter Art zulässig ist, auch wenn sie den Kernbereich der unternehmerischen Tätigkeit des Entleihers betrifft. Maßgeblich für die Beurteilung der Gründe, in denen die Arbeitnehmerüberlassung erlaubt ist, ist damit die Situation im Entleiherbetrieb (Art. 20 Abs. 4 Gesetzesverordnung Nr. 276/2003).

Dies entspricht der Regelung zum befristeten Arbeitsvertrag im Sinne der Gesetzesverordnung Nr. 368/2001, wonach eine Befristung des Arbeitsvertrages ebenfalls aus Gründen technischer, produktionsbedingter, organisatorischer, und vertretungsbedingter Art zulässig ist. Wie bei dieser Regelung muss der Entleiher bei der Arbeitnehmerüberlassung in Bezug auf die ersten drei Konstellationen den Arbeitnehmerüberlassungsvertrag durch eine genaue Begründung der betrieblichen Bedürfnisse legitimieren.[560] Bei der vierten Variante sind die Anforderungen weniger streng. Das einzige ausdrückliche Verbot bezüglich des Befristungsgrundes der Vertretung betrifft diejenige von Arbeitnehmern, die von ihrem Streikrecht Gebrauch machen.[561]

In diesem Zusammenhang ist zum einen umstritten, ob die Angabe der Gründe im Vertrag eine Wirksamkeitsvoraussetzung darstellt. Nach einer Auffassung führt die fehlende Angabe unter Heranziehung des Art. 21 Abs. 4 der Gesetzesverordnung Nr. 276/2003 zur Unwirksamkeit der Befristung und zur gesetzlichen Fiktion eines unbefristeten Arbeitsverhältnisses zum Entleiher.[562]

---

557 Wie bereits ausgeführt kann der befristete Arbeitnehmerüberlassungsvertrag nur mit den „agenzie generaliste“ abgeschlossen werden, siehe oben § 4 III 1 a aa.

558 *Rausei*, S. 192.

559 *Caruso/Cinelli/Ferraro*, Diritto del lavoro, S. 170 f.

560 *Rausei*, S. 192 ff.

561 *Rausei*, S. 193.

562 *Gentile*, Le ragioni giustificative della fornitura di manodopera tra requisiti formali e sostanziali del contratto di somministrazione, ADL 2010, Nr. 3, 787, 787.

Eine andere Ansicht hält in einem solchen Fall die Befristung für unwirksam mit der Konsequenz, dass der Arbeitnehmer gemäß Art. 27 Abs. 1 der Gesetzesverordnung Nr. 276/2003 Anspruch auf Errichtung eines unbefristeten Arbeitsverhältnisses zum Entleiher hat.[563] Art. 27 Abs. 1 der Gesetzesverordnung Nr. 276/2003 sanktioniert Verstöße gegen die von der Gesetzesverordnung Nr. 276/2003 für den Arbeitnehmerüberlassungsvertrag vorgesehenen formalen Voraussetzungen.[564] Stellt der Richter infolge Klageerhebung durch den Arbeitnehmer einen Verstoß fest, wird ein Arbeitsverhältnis zum Entleiher errichtet. Auch wenn die Gesetzesverordnung dies nicht ausdrücklich regelt, so muss denknotwendig ein unbefristetes Arbeitsverhältnis zum Entleiher errichtet werden, anderenfalls hätte der Arbeitnehmer kaum ein Interesse an der Erhebung einer Klage und an der Feststellung des Verstoßes. Solange noch die Angabe der Befristungsgründe für einen befristeten Arbeitsvertrag ausnahmslos erforderlich war, sprach darüber hinaus gegen die Errichtung eines befristeten Arbeitsvertrages zum Entleiher, dass dieser ansonsten risikolos von einem befristeten Arbeitsverhältnis profitieren könnte, ohne dafür Sorge tragen zu müssen, ob die gesetzlich vorgesehenen Voraussetzungen für befristete Arbeitsverträge vorliegen.[565]

Art. 21 Abs. 4 der Gesetzesverordnung Nr. 276/2003 sah in seiner ursprünglichen Formulierung die notwendige Angabe der wesentlichen Elemente des Überlassungsvertrages – insbesondere der Befristungsgründe – vor, anderenfalls wäre die Klausel nichtig gewesen.[566] Die Vorschrift wurde aber bereits im Jahr 2004 durch die Gesetzesverordnung Nr. 251/2004 modifiziert. Seitdem ist die Rechtsfolge der Nichtigkeit des Vertrages kraft Gesetzes dem Wortlaut nach nur auf den Fall des gänzlichen Fehlens der Schriftform beschränkt.[567] Und tatsächlich wurde dies anfänglich überwiegend in der Literatur und Rechtsprechung so vertreten. Dennoch war ein Teil der Lehre der Auffassung, dass der Gesetzgeber beabsichtigt habe, die Anwendung des Abs. 4 des Art. 21 der Gesetzesverordnung Nr. 276/2003 auf alle Fälle auszuweiten, in denen die objektiven Voraussetzungen gemäß Art. 21 Abs. 1 der Gesetzesverordnung Nr. 276/2003 fehlen. Auch in diesen Fällen sei dann der Arbeitnehmerüberlassungsvertrag nichtig und es würde ein unbefristetes Arbeitsverhältnis zum Entleiher fingiert.[568] Anderenfalls hätte die Auflistung der Elemente keinen Sinn; denn würde man Verstöße nicht sanktionieren, liefe die Regelung des Art. 21 Abs. 1 der Gesetzesverordnung

563 Vgl. Tribunale di Milano vom 4.7.2007, D&L 2007, IV, 1094, 1094 ff.

564 Vgl. hierzu Leitsatz des Urteils des Tribunale di Napoli vom 3.2.2011, RIDL 2012, II, 348, 348, mit Anm. von *Luciani* hierzu, RIDL 2012, II, 348, 349.

565 Anm. von *Luciani* zum Urteil des Tribunale di Napoli vom 3.2.2011, RIDL 2012, II, 348, 351 f. und 358 f.

566 *Caruso/Cinelli/Ferraro*, Diritto del lavoro, S. 179 f.

567 *„In mancanza di forma scritta, il contratto di somministrazione è nullo (...)"*.

568 Tribunale di Milano vom 4.7.2007, D&L 2007, IV, 1094, 1094 ff.

Nr. 276/2003 ins Leere. Vor allem wäre eine fehlende Sanktionierung angesichts der unabdingbaren Schutzfunktion der Schriftform zugunsten der Arbeitnehmer nicht nachzuvollziehen. Dasselbe müsse für den unabdingbaren Vertragsinhalt gelten, schon allein unter Berücksichtigung der damit verbundenen Kontrollfunktion. Diese Interpretation hatte auch einen gewissen Einfluss auf die Rechtsprechung der Gerichte.

Gegen diese Auffassung kann zwar der eindeutige Wortlaut der Norm in seiner aktuellen Fassung angeführt werden.[569] Die Rechtsfolge der Nichtigkeit kraft Gesetzes würde sich danach ausschließlich auf das Fehlen der Schriftform beziehen.

Die erste, strenge Ansicht findet aber ihre Bestätigung in der Vorschrift des Art. 27 Abs. 1 der Gesetzesverordnung Nr. 276/2003, aus der sich ergibt, dass ein Verstoß gegen das Erfordernis der Angabe von Gründen nicht ohne Konsequenz bleiben kann. Diese Norm nimmt ausdrücklich Bezug auf den erforderlichen Mindestinhalt gemäß Art. 21 Abs. 1 lit. a) bis e) der Gesetzesverordnung Nr. 276/2003.[570] Dementsprechend bleibt Folgendes festzuhalten:

Enthält der Überlassungsvertrag diese unverzichtbaren Angaben nicht, ist er trotz Einhaltung der Schriftform gemäß Art. 21 Abs. 4 der Gesetzesverordnung Nr. 276/2003 nichtig und es wird ein unbefristetes Arbeitsverhältnis zum Entleiher fingiert.

Weiter wird diskutiert, wie genau die Gründe im Vertrag angegeben werden müssen. Eine reine Wiederholung des Gesetzeswortlautes oder ganz allgemeine Formulierungen sollen hierfür nicht ausreichen.[571] Die Anforderungen dürfen aber auch nicht zu streng sein, denn dies stünde im Widerspruch zum Zweck der Förderung flexibler Instrumente.[572]

Die Bedeutung der Legitimation durch das Vorliegen der oben genannten Gründe wird deutlich, wenn man sich vor Augen hält, dass – anders als der Wortlaut des Art. 86 Abs. 3 der Gesetzesverordnung Nr. 276/2003 vermuten lässt – nunmehr als bedeutende Neuerung der Gesetzesverordnung Nr. 276/2003 das Merkmal des vorübergehenden oder ausnahmsweise notwendigen Arbeitnehmereinsatzes nicht mehr erforderlich ist.[573]

---

569 Vertiefend zu dem Meinungsstreit *Carinci, F.*, Diritto del lavoro, commentario, Carinci, F. (diretto da), vol. II, S. 1356.

570 *Ferrara*, Kommentierung des Urteils des Tribunale di Bologna, sez. lav., vom 8.2.2008, Lav. Giur. 2009, Nr. 1, 69, 72; *Falasca/Soldera*, Somministrazione di lavoro, S. 35; *Caruso/Cinelli/Ferraro*, Diritto del lavoro, S. 182 f.

571 *Ratti*, Somministrazione di lavoro e temporaneità delle esigenze dell'impresa, Lav. Giur. 2010, Nr. 7, 703, 705.

572 Vertiefend hierzu: *Regina*, Besprechung des Urteils des Tribunale di Bergamo, sez. lav., 15.6.2010, Lav. Giur. 2011, Nr. 4, 402, 404.

573 Der Wortlaut des Art. 86 Abs. 3 der Gesetzesverordnung Nr. 276/2003 *„(...) delle esigenze di carattere temporaneo che consentono la somministrazione a termine (...)“* geht ausdrücklich

Der Überlassungsvertrag unter der Geltung des Gesetzes Nr. 196/1997 war ein befristeter Vertrag[574] zur Befriedigung von vorübergehendem Bedarf[575] im Entleiherbetrieb (Art. 1 Abs. 1 und 2 Gesetz Nr. 196/1997). Bei der neuen Regelung der Arbeitnehmerüberlassung ist die zeitliche Begrenzung hingegen nicht mehr Voraussetzung für den Vertrag.[576] Das Merkmal „vorübergehend" war das Element, das die Verwendung dieses Vertragstyps legitimierte. Anderenfalls hätte es sich um einen Fall der verbotenen Zwischenvergabe gehandelt. Man könnte zwar annehmen, dass diese Voraussetzung lediglich für den unbefristeten Arbeitnehmerüberlassungsvertrag weggefallen wäre, aber für den befristeten fortbestehe. Gemäß Art. 20 Abs. 4 der Gesetzesverordnung Nr. 276/2003 ist letzterer aber explizit nur an das Vorliegen der Befristungsgründe geknüpft. Andere vertreten den Standpunkt, dass das Merkmal der zeitlichen Begrenzung gerade das Kriterium ist, durch das sich der befristete vom unbefristeten Vertrag unterscheide.[577]

Für den Wegfall der Voraussetzung des vorübergehenden Bedarfes spricht auch der ausdrückliche Verweis auf die Regelung zur befristeten Arbeit[578] sowie die Tendenz der Ausweitung der Vertragsform der Arbeitnehmerüberlassung über die Grenzen der Befristung hinaus durch Einführung eines unbefristeten Arbeitnehmerüberlassungsvertrages, um Outsourcing-Maßnahmen zu ermöglichen. Hiergegen könnte zwar eingewandt werden, dass der Arbeitnehmerüberlassungsvertrag auch unter den Voraussetzungen des Art. 20 Abs. 4 der Gesetzesverordnung Nr. 276/2003 befristet abgeschlossen werden kann, allerdings wird auch die neue Form der Arbeitnehmerüberlassung überwiegend wieder als ein auf Dauer angelegter Vertrag qualifiziert.[579] Diese dogmatische Einordnung liegt darin begründet, dass sich die Leistung des Verleihers nicht in der bloßen Zurverfügungstellung der Arbeitskraft zugunsten des Entleihers erschöpft.[580] Denn falls es so wäre, würde es sich um einen Vertrag handeln, dessen Pflichten un-

---

von einem „vorübergehenden" Bedarf aus; zur Neuerung im Einzelnen bei *Bano*, La somministrazione di lavoro, in: Perulli (a cura di), Impiego flessibile e mercato del lavoro, S. 16; *Carinci, M.T.*, S. 41; ausführlich hierzu bei *Ratti*, Somministrazione di lavoro e temporaneità delle esigenze dell'impresa, Lav. Giur. 2010, Nr. 7, 703, 706.

574 *Bano*, La somministrazione di lavoro, in: Perulli (a cura di), Impiego flessibile e mercato del lavoro, S. 16.

575 *Caruso/Cinelli/Ferraro*, Diritto del lavoro, S. 170.

576 *Bano*, La somministrazione di lavoro, in: Perulli (a cura di), Impiego flessibile e mercato del lavoro, S. 16.

577 *Carinci, F.*, Diritto del lavoro, commentario, Carinci, F. (diretto da), vol. II, S. 1350.

578 *Bano*, La somministrazione di lavoro, in: Perulli (a cura di), Impiego flessibile e mercato del lavoro, S. 16 f.

579 *Bano*, La somministrazione di lavoro, in: Perulli (a cura di), Impiego flessibile e mercato del lavoro, S. 17 f.

580 *Bano*, La somministrazione di lavoro, in: Perulli (a cura di), Impiego flessibile e mercato del lavoro, S. 18.

mittelbar mit der Überlassung eines geeigneten Arbeitnehmers erfüllt werden, und zwar in dem Moment, indem der Verleiher überlässt.

Aber diese Lösung war schon unter der vorher geltenden Regelung nicht überzeugend und ist es auch jetzt nicht; denn beide verpflichten den Verleiher während der gesamten Dauer der Überlassung zur Kooperation mit dem Entleiher.[581] Wenn, wie die überwiegende Lehre vertritt, der Verleiher nicht nur ein formaler Arbeitgeber[582] ist, sondern ein, wenn auch vermindertes Direktions- und Kontrollrecht über den Schuldner der Arbeitsleistung behält, muss man daraus den Schluss ziehen, dass gerade das Fortbestehen dieser Rechte des Verleihers sich in der Erfüllung des Vertrages mit dem Entleiher während der gesamten Überlassungsdauer erklärt.[583]

Das Arbeitsministerium hat im Rundschreiben Nr. 7 vom 22.2.2005 bestätigt, dass die Befristung der Arbeitnehmerüberlassung nicht von der Notwendigkeit abhängt, einen temporären oder plötzlich auftretenden Bedarf des Entleihers zu befriedigen.[584] Vielmehr beurteilt sich die Angemessenheit der zeitlichen Begrenzung nach den Gründen für die Befristung. Dies wurde jedoch mehrheitlich von der Rechtsprechung kritisiert, weil sie es für widersprüchlich hielt, dass die Ursache für den vorübergehenden Arbeitskräftemangel als Befristungsgrund angegeben wird, obgleich die Stammarbeitnehmer des Entleiherbetriebes diese Aufgaben vorrangig übernehmen sollten.

Es ist demnach evident, dass das Merkmal „vorübergehend“ und das plötzliche Auftreten des Bedarfes an Arbeitskräften nicht vergleichbar sind.

Zur Einschränkung der durch den Wegfall der zeitlichen Grenze folgenden Gefahr der exzessiven Ausdehnung[585] der Interpretation der Norm und der dadurch möglichen kontinuierlichen und dauerhaften Verwendung der Arbeitnehmerüberlassung, die quasi einer unbefristeten gleichkommt, muss der Einsatz grundsätzlich durch das Vorliegen der oben genannten Gründe legitimiert werden,[586] es sei denn es greift eine der ausdrücklich vorgesehenen gesetzlichen Ausnahmen.[587]

---

581 *Ratti*, Somministrazione di lavoro e temporaneità delle esigenze dell'impresa, Lav. Giur. 2010, Nr. 7, 703, 704.

582 Anders *Caruso/Cinelli/Ferraro*, Diritto del lavoro, S. 157, wonach der Verleiher nur als formaler Arbeitgeber anzusehen sei.

583 *Bano*, La somministrazione di lavoro, in: Perulli (a cura di), Impiego flessibile e mercato del lavoro, S. 18.

584 *Ratti*, Somministrazione di lavoro e temporaneità delle esigenze dell'impresa, Lav. Giur. 2010, Nr. 7, 703, 705.

585 Hierzu vertiefend *Carinci, F.*, Diritto del lavoro, commentario, Carinci, F. (diretto da), S. 1350.

586 *Rausei*, S. 196; *Carinci, F.*, Diritto del lavoro, commentario, Carinci, F. (diretto da), vol. II, S. 1350 f.; *Lamberti*, La somministrazione di lavoro a tempo indeterminato: l'interposizione lecita dopo l'abolizione dello staff leasing, in: Cinelli/Ferraro, Lavoro, competitività, welfare, S. 129 f.

587 Siehe oben § 3 I 2 j, l und m.

Eine quantitative Begrenzung kann sich durch tarifvertragliche Regelungen ergeben: Gemäß Art. 20 Abs. 4 S. 2 der Gesetzesverordnung Nr. 276/2003 werden quantitative Grenzen der befristeten Arbeitnehmerüberlassung entsprechend der Regelung des Art. 10 Abs. 7 der Gesetzesverordnung Nr. 368/2001 von den landesweit geltenden Tarifverträgen festgelegt.[588]

Im Zusammenhang mit der Begrenzung befristeter Überlassungsverträge ist darauf hinzuweisen, dass mit der Aufhebung der noch in Art. 3 Abs. 1 lit. a) des Gesetzes Nr. 196/1997 enthaltenen Präzisierung, dass der befristete Vertrag der Dauer der Arbeitsleistung beim Entleiher entsprechen muss,[589] auch das Synchronisationsverbot weggefallen ist.

b) Die Gestaltung in der deutschen Rechtsordnung

In Deutschland wurden bis zur Aufhebung der Höchstüberlassungsdauer durch das „Erste Gesetz für moderne Dienstleistungen am Arbeitsmarkt“ (Hartz I) Arbeitnehmerüberlassungsverträge überwiegend zur Vermeidung der Überschreitung der zeitlichen Grenze befristet abgeschlossen. Infolge des Wegfalls der Überlassungshöchstdauer steht es Ver- und Entleiher frei, den Überlassungsvertrag zu befristen, unter eine auflösende Bedingung zu stellen oder auf unbestimmte Zeit abzuschließen.[590]

In diesem Zusammenhang stellt sich die Frage, ob diese Möglichkeit durch die Einführung des neuen Merkmals „vorübergehend“ mit dem 1. AÜGÄndG eingeschränkt wurde.

Der Gesetzesbegründung zufolge ist der Begriff „vorübergehend“ als „*flexible Zeitkomponente*“ zu verstehen und nicht als bestimmte Höchstüberlassungsgrenze.[591] Die fehlende Dauerhaftigkeit entspricht auch dem nationalen Verständnis der Leiharbeit, ungeachtet der Tatsache, dass seit den Hartz-Reformen keine zeitliche Höchstgrenze der Überlassung mehr besteht. Da trotz diesem Verständnis auch künftig keine absolute zeitliche Höchstgrenze der Überlassung existiert, ist von dieser Änderung letztlich keine rechtliche Auswirkung zu erwarten.[592]

---

588 *Ricci*, La somministrazione di lavoro dopo la riforma, in: De Luca Tamajo/Rusciano/Zoppoli (a cura di), Mercato del lavoro, riforma e vincoli del sistema, S. 117; *Caruso/Cinelli/Ferraro*, Diritto del lavoro, S. 171.

589 *Bellocchi*, La somministrazione di lavoro: profili generali, in: Guidi/Miglioranzi (a cura di), Il diritto del lavoro, S. 47.

590 *Urban-Crell/Schulz*, Arbeitnehmerüberlassung, Rdnr. 253; *Blanke*, DB 2010, 1528, 1528.

591 BT-Drs. 847/10 S. 7; siehe auch Klarstellung der Bundesregierung zum Begriff „vorübergehend“ in BT-Drs. 17/8829 vom 2.3.2012.

592 BT-Drs. 847/10 S. 7; so auch *Oberthür*, ArbRB 2011, 146, 147.

Bedauerlicherweise hat es der Gesetzgeber unterlassen, den Begriff „vorübergehend" näher zu konkretisieren. Auch die „Klarstellung" durch die Bundesregierung hat keine neuen Erkenntnisse gebracht.[593]

In Betracht kommt eine weite Auslegung im Sinne des in § 1 Abs. 3 Nr. 2 AÜG a.F. beim konzerninternen Verleih benutzten Begriffs „vorübergehend". Danach ist jede Überlassung „vorübergehend", die „nicht als endgültig geplant ist".[594] Demzufolge können auch mehrjährige Überlassungen „vorübergehend" sein.[595] Maßgeblich ist, dass zum Zeitpunkt der Überlassung feststehen muss, dass der Arbeitnehmer irgendwann zukünftig seine Arbeit wieder in der betrieblichen Organisation des Vertragsarbeitgebers erbringen soll.[596] Gegen diese Interpretation spricht jedoch, dass die konzerninterne Arbeitnehmerüberlassung einen – letztlich nicht vergleichbaren – Sonderfall darstellt. Der Gesetzgeber sah in diesem Fall die Konzernarbeitnehmer als nicht so schutzbedürftig an, da lediglich der konzerninterne Arbeitsmarkt betroffen ist und die Überlassungen zeitlich befristet sind.[597]

Ein anderer Ansatzpunkt ist, eine Beziehung zum Anlass und zum Grund im Sinne des § 14 Abs. 1 TzBfG des Einsatzes der Leiharbeitnehmer auf dem vorgesehenen Arbeitsplatz herzustellen, da eine maximale Überlassungsdauer nicht vorgesehen ist. Verleiher und Entleiher hätten also nichts zu befürchten, wenn Befristungsgründe im Sinne der Nummern 1 bis 5 des § 14 Abs. 1 S. 2 TzBfG gegeben sind, die die befristete Einstellung des Leiharbeitnehmers durch den Entleiher sachlich rechtfertigen würden.[598] Die Konsequenz hieraus wäre jedoch eine Befristungskontrolle des Überlassungsvertrages analog § 14 Abs. 1 TzBfG. Dies würde die Flexibilität des Instrumentes der Arbeitnehmerüberlassung allerdings zu sehr einschränken und ist vom Gesetzgeber nicht zuletzt in Anbetracht des verfolgten Gesetzeszwecks so auch nicht gewollt. Daher ist von einem extensiveren Verständnis des Begriffes „vorübergehend" auszugehen.[599]

Alternativ wird deswegen vorgeschlagen, den Begriff „vorübergehend" lediglich einer Missbrauchskontrolle zu unterwerfen.[600] Danach sei der Einsatz eines Leiharbeitnehmers nur dann nicht „vorübergehend", wenn die Entscheidung hierüber offensichtlich unsachlich, unvernünftig oder willkürlich erfolgt, d.h.

---

593 Vgl. Klarstellung der Bundesregierung zum Begriff „vorübergehend", BT-Drs. 17/8829 vom 2.3.2012.

594 BAG v. 21.3.1990, NZA 1991, 269, 273; ErfK/*Wank*, AÜG, § 1 Rdnr. 60.

595 *Hamann*, NZA, 2011, 70, 72.

596 *Hamann*, NZA, 2011, 70, 72.

597 BT-Dr. 10/3206, S. 33; *Hamann*, NZA, 2011, 70, 72.

598 *Hamann*, NZA 2011, 70, 73.

599 *Hamann*, NZA 2011, 70, 73.

600 *Hamann*, NZA 2011, 70, 74.

wenn es für die Entscheidung zugunsten des Einsatzes keinen plausiblen, nachvollziehbaren Grund gibt.[601] Auf diese Weise würde der grundgesetzlich geschützten Unternehmensfreiheit angemessen Rechnung getragen.[602]

Unter Berücksichtigung der Intention des Gesetzgebers, die missbräuchliche Nutzung der Arbeitnehmerüberlassung zu verhindern, scheint das Instrument einer Missbrauchkontrolle durchaus zweckmäßig. Es ist jedoch sehr fraglich, ob auf diese Weise das mit dem Gesetz verfolgte Ziel ausreichend berücksichtigt wird, denn dafür wären eine effektive Kontrolle und Sanktionierung unabdingbare Voraussetzung. Die einzige Rechtsfolge in diesem Zusammenhang findet sich in § 1 Abs. 2 AÜG, wonach die *„nicht nur vorübergehende"* Überlassung die Vermutung der Arbeitsvermittlung auslöst.[603] Weder Entwurf noch Begründung des Gesetzes sehen aber ausreichende Sanktionen für den Fall des Verstoßes vor. Für den Entleiher hätte ein Verstoß praktisch keine Konsequenzen. Es läge nicht einmal eine Ordnungswidrigkeit im Sinne von § 16 Abs. 1 AÜG vor. Dem Verleiher wird nur in schwerwiegenden Fällen die Überlassungserlaubnis entzogen.[604]

Allerdings werden Verstöße gegen das Merkmal „vorübergehend" als Arbeitsvermittlung i.S.d. § 1 Abs. 2 AÜG angesehen. Es bestehen daher große Bedenken, ob die Rechtsprechung des BAG zu § 1 Abs. 2 AÜG noch richtlinienkonform ist.[605] Das BAG lehnt es seit seinem Grundsatzurteil vom 28.6.2000 in Änderung seiner langjährigen Rechtsprechung ab, an die nicht widerlegte Vermutung von Arbeitsvermittlung die Folge zu knüpfen, dass ein Arbeitsverhältnis kraft Gesetzes mit dem Entleiher zu Stande kommt.[606] In Anbetracht der restriktiven Interpretation des § 1 Abs. 2 AÜG durch das BAG wäre der unzulässige Dauerverleih durch das AÜG nicht effektiv sanktioniert. Damit werden die Ziele der Richtlinie, vor allem der Schutz der Leiharbeitnehmer in Art. 2 sowie die Pflicht der Verleiher- und Entleiherbetriebe, ihre sich aus der Richtlinie ergebenden Verpflichtungen zu erfüllen (Art. 10 Abs. 1 Richtlinie über Leiharbeit) und das Verlangen „wirksamer, angemessener und abschreckender Sanktionen" nach Art. 10 Abs. 2 S. 2 der Richtlinie über Leiharbeit nicht eingehalten.

Es bleibt zu hoffen, dass in Betrieben mit Betriebsräten diese gemäß § 99 Abs. 2 Nr. 1 BetrVG ihre Zustimmung verweigern, wenn der Einsatz von Leih-

---

601 *Hamann*, NZA 2011, 70, 74.

602 *Hamann*, NZA 2011, 70, 74.

603 *Hamann*, NZA 2011, 70, 74.

604 *Hamann*, NZA, 2011, 70, 74.

605 *Hamann*, EuZA 2009, 287, 310 f.; zur Rechtsprechung des BAG zu § 1 Abs. 2 AÜG siehe oben § 4 II 3 b.

606 *Hamann*, NZA, 2011, 70, 74; BAG v. 28.6.2000, NZA 2000, 1160, 1160 ff.

arbeitnehmern „nicht nur vorübergehend" erfolgen soll. In solchen Betrieben besteht insoweit jedenfalls eine weitere Kontrollinstanz.[607]

c) Zusammenfassende Erwägung

Die Gegenüberstellung der beiden Rechtsordnungen zeigt, dass sich das Verständnis der Arbeitnehmerüberlassung in Italien und Deutschland konträr entwickelt. Während in Italien nach Aufhebung des Gesetzes Nr. 196/1997 und damit des Merkmales „vorübergehend" eine Tendenz in Richtung zeitliche Unbegrenztheit des Überlassungsvertrages zu beobachten ist, hat die deutsche Rechtsordnung nach dem Wegfall der Höchstüberlassungsdauer versucht, den europarechtlichen Vorgaben gerecht zu werden und das in Art. 1 Abs. 1 der Richtlinie über Leiharbeit zugrunde gelegte Merkmal „vorübergehend" in nationales Recht umgesetzt, auch wenn hier eine klarere Regelung wünschenswert gewesen wäre. Eine entsprechende Umsetzung hat der italienische Gesetzgeber versäumt. Zwar wird in Italien durch die gesetzlichen Befristungsgründe bzw. die tarifvertraglich geregelten Grenzen eine zeitliche Beschränkung des befristeten Überlassungsvertrages herbeigeführt. Vermutlich wird auch der unbefristete Überlassungsvertrag nicht Überhand nehmen, denn – wie bereits aufgezeigt wurde – war die Einführung dieses Vertragstyps, der durch die Voraussetzungen des Art. 20 Abs. 4 der Gesetzesverordnung Nr. 276/2003 begrenzt wird, nicht auf große Akzeptanz gestoßen. Dennoch wäre im Rahmen der jüngsten Reformen in Italien unter diesem Aspekt eine Anpassung der Gesetzesverordnung Nr. 276/2003 an die Richtlinie über Leiharbeit erforderlich gewesen.

3. Die unbefristete Arbeitnehmerüberlassung

a) Die Gestaltung in der italienischen Rechtsordnung

Bis zur Biagi-Reform war in Italien die Überlassung von Arbeitnehmern *per definitionem* eine Tätigkeit, die darauf gerichtet war, den vorübergehenden Arbeitskräftebedarf des Unternehmens zu decken. Nun schaffte aber die Gesetzesverordnung Nr. 276/2003, inspiriert vom Modell der USA[608], eine neue Figur der unbefristeten Überlassung von Arbeitnehmern, das *„staff leasing"*[609]. Es handelte

607 *Hamann*, NZA, 2011, 70, 76.

608 *Bano*, La somministrazione di lavoro, in: Perulli (a cura di), Impiego flessibile e mercato del lavoro, S. 14.

609 *Bano*, La somministrazione di lavoro, in: Perulli (a cura di), Impiego flessibile e mercato del lavoro, S. 27; *Mazzotta*, Il mondo al di là dello specchio: La delega sul lavoro e gli incerti con-

sich um eine wirkliche gesetzgeberische Innovation im Outsourcingbereich. Infolge der vorübergehenden Abschaffung der unbefristeten Arbeitnehmerüberlassung (Art. 1 Abs. 46 Gesetz Nr. 247/2007) war zeitweise die Arbeitnehmerüberlassung wieder ausschließlich in der befristeten Form möglich.

Allerdings hat der Gesetzgeber im Rahmen der Biagi-Reform die Zulässigkeit dieses neuen Typs der Arbeitnehmerüberlassung präventiv an ziemlich strenge Voraussetzungen geknüpft. Art. 20 Abs. 3 lit. a) bis h) der Gesetzesverordnung Nr. 276/2003 bekräftigt, dass die unbefristete Arbeitnehmerüberlassung nur bei folgenden genau festgelegten Tätigkeiten und Dienstleistungen zulässig ist:

- Beratung und Unterstützung im Informations- und Technologiesektor, einschließlich der Gestaltung und der Wartung von Intranet- und Extranet-Netzen, Internet-Websites, IT-Systemen, Anwendersoftwareentwicklung und Dateneingabe (lit. a));
- Reinigungs-, Sicherheits- und Wartungsdienstleitungen (lit. b));
- Transport von Personen und Waren von und zu Fabriken (lit. c));
- Tätigkeiten in Bibliotheken, Parks, Museen, Archiven, Lagern, Ausübung von Verwaltungstätigkeiten (lit. d));
- Beratungstätigkeit im Bereich des Managements, Unterstützung bei der Zertifizierung, Personalplanung, Organisation, Personalführung, Personalsuche und -auswahl (lit. e));
- Marketing, Marktanalyse, Organisation (lit. f));
- Organisation und Tätigkeiten in einem Call-Center (lit. g) Alt. 1);
- Neue Unternehmensinitiativen in strukturschwachen Gebieten gemäß der Verordnung (EG) Nr. 1260/1999 des Rates vom 21. Juni 1999[610] („Ziel 1") (lit. g) Alt. 2);
- Bautätigkeiten auf dem Betriebsgelände (lit. h) Alt. 1);
- Installation oder Demontage von Anlagen und Maschinen (lit. h) Alt. 2);
- Arbeit in Schiffswerften, für die Arbeitnehmer mit speziellen Fähigkeiten benötigt werden (lit. h) Alt. 3);
- Für alle anderen Fälle, die von den landesweit oder territorial geltenden Tarifverträgen, die von den einflussreichsten Arbeitgeber- und Arbeitnehmerverbänden abgeschlossen wurden, vorgesehen sind (lit. i)).[611]

Art. 20 der Gesetzesverordnung Nr. 276/2003 zählt also jene Reihe von betriebsinternen Tätigkeiten und Dienstleistungen ziemlich differenziert auf, die in der

---

fini della liceità nei rapporti interpositori, in: De Luca Tamajo/Rusciano/Zoppoli (a cura di), Mercato del lavoro, riforma e vincoli del sistema, S. 94 f.

610 Verordnung (EG) Nr. 1260/1999 vom 21.6.1999, ABl. Nr. L 161/1 vom 26.6.1999.

611 Vertiefend *Rausei*, S. 202 ff.; zu den einzelnen Voraussetzungen *Caruso/Cinelli/Ferraro*, Diritto del lavoro, S. 174 f.

jüngeren Vergangenheit zu den größten Auslegungsproblemen bei der Anwendung des Gesetzes Nr. 1369/1960 geführt hatten. Letztlich gingen alle nun in Form der unbefristeten Arbeitnehmerüberlassung zulässigen Tätigkeiten auf die eine oder andere Art auf die in Art. 1 Abs. 3 des Gesetzes Nr. 1369/1960 geregelte Vermutung der absoluten Rechtswidrigkeit zurück. Inzwischen hat der Gesetzgeber zur Vermeidung jeglichen Zweifels hinsichtlich des Anwendungsbereiches der früher für das Unternehmen strafrechtlich relevanten Vorschrift die Arbeitnehmerüberlassung für die Tätigkeiten praktikabel gemacht, die bisher den klassischen Fall einer verbotenen Zwischenvergabe darstellten.[612]

Die obengenannte Auflistung ist jedoch nicht abschließend. Tatsächlich wird die Reihe der erlaubten Tätigkeiten und Dienstleistungen gemäß Art. 20 Abs. 3 lit. i) der Gesetzesverordnung Nr. 276/2003 durch die generelle Öffnungsklausel mit innovativer Wirkung vervollständigt. Damit wird im Wesentlichen den Gewerkschafts- und Arbeitgeberorganisationen die soziale und politische Verantwortung überlassen, die bereits vom Gesetzgeber festgelegten Tätigkeiten um weitere zu ergänzen. Diese „gesetzgeberische" Aufgabe wird sowohl der nationalen Verhandlungsebene als auch auf die territoriale Ebene übertragen, wobei der Gesetzgeber damit vermutlich anstrebte, das neue arbeitsrechtliche Institut soweit wie möglich den historischen und örtlichen Gegebenheiten anzunähern.[613] Einerseits den Anwendungsbereich der unbefristeten Arbeitnehmerüberlassung auf spezielle Fälle festzulegen, andererseits eine Generalklausel aufzunehmen, hat allerdings ein gewisses Unverständnis hervorgerufen.[614]

Darüber hinaus darf man die Risiken nicht außer Acht lassen, die sich aus territorialen Abweichungen ergeben können, wenn der Zuständigkeitsbereich der Agenturen oder auch der Entleiher über die jeweiligen regionalen Grenzen hinausreicht und damit die Regelungen verschiedener Regionen aufeinandertreffen und miteinander konkurrieren.[615]

b) Rechtsvergleichende Erwägungen

Indem in Italien der Einsatz von Leiharbeitnehmern auf die in Art. 20 Abs. 3 der Gesetzesverordnung Nr. 276/2003 aufgeführten Fallgruppen beschränkt wird, ist

---

612 *Rausei*, S. 202.

613 *Rausei*, S. 209 f.; *Caruso/Cinelli/Ferraro*, Diritto del lavoro, S. 175; *Ricci*, La somministrazione di lavoro dopo la riforma, in: De Luca Tamajo/Rusciano/Zoppoli (a cura di), Mercato del lavoro, riforma e vincoli del sistema, S. 119.

614 *Caruso/Cinelli/Ferraro*, Diritto del lavoro, S. 175; *Ricci*, La somministrazione di lavoro dopo la riforma, in: De Luca Tamajo/Rusciano/Zoppoli (a cura di), Mercato del lavoro, riforma e vincoli del sistema, S. 119.

615 *Rausei*, S. 209 f.

die italienische Rechtsordnung selbst unter Berücksichtigung der Übertragung der Regelungskompetenz für weitere Fälle auf die tarifvertragliche Ebene um einiges strenger als die deutsche. Das deutsche Recht kennt keine Beschränkung auf bestimmte Fallgruppen. Vielmehr ist die Arbeitnehmerüberlassung grundsätzlich in allen Bereichen ohne sektorale Beschränkung möglich mit Ausnahme des Abschlusses eines Überlassungsvertrages zum Zwecke der Arbeitnehmerüberlassung in Betrieben des Baugewerbes (§ 1b S. 1 AÜG).[616] Diese ist grundsätzlich unzulässig, es sei denn es greift ein Ausnahmetatbestand nach S. 2 oder S. 3 des § 1b AÜG. Im Vergleich dazu ist für diesen Teilbereich in Italien die Arbeitnehmerüberlassung nicht ausgeschlossen.[617]

4. Form und Inhalt des Arbeitnehmerüberlassungsvertrages

a) Die Vorgaben der italienischen Rechtsordnung

aa) Form

Sowohl der befristete als auch der unbefristete Überlassungsvertrag unterliegt gemäß Art. 21 Abs. 1 der Gesetzesverordnung Nr. 276/2003 zwingend der Schriftform. Anderenfalls ist der Vertrag nichtig und es wird, ohne dass Klage zum Arbeitsgericht erhoben werden muss, unmittelbar ein Arbeitsverhältnis zum Entleiher fingiert (Art. 21 Abs. 4 Gesetzesverordnung Nr. 276/2003).[618]

bb) Inhalt

Weitere Voraussetzung ist, dass der Arbeitnehmerüberlassungsvertrag einen wesentlichen Mindestinhalt aufweist, der *a priori* die Feststellung der Gültigkeit und Zulässigkeit ermöglicht.[619] Liegt diese Voraussetzung nicht vor, so hat dies trotz Einhaltung der Schriftform die Nichtigkeit des Vertrages zufolge.[620] Auch in diesem Fall wird unmittelbar ein Arbeitsverhältnis zum Entleiher fingiert, da dieser Verstoß der Nichteinhaltung der Schriftform gleichsteht (Art. 21 Abs. 4 Gesetzesverordnung Nr. 276/2003).[621]

---

616 Ulber/*Ulber*, AÜG, § 1 Rdnr. 2.

617 Siehe oben § 4 III 1 e.

618 *Rausei*, S. 215; *Caruso/Cinelli/Ferraro*, Diritto del lavoro, S. 179.

619 *Rausei*, S. 217 ff.

620 *Rausei*, S. 223; zur Problematik der Schriftform siehe befristete Arbeitnehmerüberlassung siehe oben § 4 IV 2 a.

621 *Rausei*, S. 217 ff.

Folgende Elemente müssen gemäß Art. 21 Abs. 1 der Gesetzesverordnung Nr. 276/2003 im Vertrag enthalten sein:[622]

- die Daten der Verleiherlaubnis (lit. a)). Damit untrennbar verknüpft ist die Angabe der Eintragung des Verleihers in das entsprechende Register (*Albo informatico delle agenzie per il lavoro*), weil diese beiden Aspekte unabdingbar sind für die Verifizierung der vom Verleiher zu erfüllenden Voraussetzungen;
- die Zahl der überlassenen Arbeitnehmer zur Gewährleistung der Zulässigkeit des Rechtsgeschäftes (lit. b)). Dadurch soll gemäß Art. 24 der Gesetzesverordnung Nr. 276/2003 die Kontrolle der Gewerkschaften über die vom Entleiher für die Verwendung der Arbeitnehmerüberlassung angegebenen Gründe und auch über die Zahl der Arbeitnehmer, die von der Arbeitnehmerüberlassung betroffen sind, ermöglicht werden;

  Ist die Zahl der Arbeitnehmer, die bei der Kontrolle des Betriebes tatsächlich festgestellt wird, unterhalb der im schriftlichen Vertrag angegebenen, hat dies keine weiteren Konsequenzen, da für diesen Fall keine Sanktionen vorgesehen sind. Ist die Zahl allerdings höher, ist zwar nicht der gesamte Vertrag unwirksam, aber in Bezug auf die über die im Vertrag angegebene Zahl hinausgehenden Arbeitnehmer ist die Voraussetzung der persönlichen Mitteilung des Beginns der Arbeitnehmerüberlassung gemäß Art. 21 Abs. 3 der Gesetzesverordnung Nr. 276/2003 nicht erfüllt. Es kommt Art. 21 Abs. 4 der Gesetzesverordnung Nr. 276/2003 zur Anwendung: der Arbeitnehmerüberlassungsvertrag erfüllt demnach in Bezug auf diese Arbeitnehmer nicht die Voraussetzungen der Schriftform. Diese Arbeitnehmer sind als direkt beim Entleiher auf unbestimmte Zeit angestellt anzusehen (Art. 21 Abs. 4 Gesetzesverordnung Nr. 276/2003). Gemäß Art. 18 Abs. 3 der Gesetzesverordnung Nr. 276/2003 wird eine Geldbuße verhängt;[623]
- die technischen, produktionsbedingten, organisatorischen oder vertretungsbedingten Gründe[624] bei der befristeten Arbeitnehmerüberlassung (Art. 21 Abs. 1 lit. c) Gesetzesverordnung Nr. 276/2003). Für den Arbeitnehmer bedeutet diese Voraussetzung Transparenz: er kann bereits *ex ante* die Rechtmäßigkeit der Arbeitnehmerüberlassung überprüfen;[625]

---

622 Zu den einzelnen Elementen auch *Carinci, F.*, Diritto del lavoro, commentario, Carinci, F. (diretto da), vol. II, S. 1356; vertiefend Rausei, S. 218 ff.; *Caruso/Cinelli/Ferraro*, Diritto del lavoro, S. 182.

623 *Rausei*, S. 219.

624 Die Regelung ist allerdings missverständlich formuliert, da nicht klar ist, ob sich das Erfordernis der Angabe der Gründe der Arbeitnehmerüberlassung auch auf den unbefristeten oder – wie anzunehmen – nur auf den befristeten Arbeitnehmerüberlassungsvertrag bezieht.

625 Vgl. hierzu *Ferrara*, Besprechung des Urteils des Tribunale di Bologna, sez. lav., vom 8.2.2008, Lav. Giur. 2009, Nr. 1, 69, 72.

- die in der Form der unbefristeten Arbeitnehmerüberlassung zulässigen Tätigkeiten oder Dienstleistungen (Art. 21 Abs. 1 lit. c) Gesetzesverordnung Nr. 276/2003);
- der Hinweis auf mögliche Gefahren und Risiken für die Unversehrtheit und die Gesundheit der Arbeitnehmer nach der jeweils gültigen Norm und der entsprechend umgesetzten individuellen und kollektiven Präventionsmaßnahmen (Art. 21 Abs. 1 lit. d) Gesetzesverordnung Nr. 276/2003);
- das Anfangsdatum des Arbeitnehmerüberlassungsvertrages und die vorgesehene Dauer im Falle der befristeten Arbeitnehmerüberlassung (Art. 21 Abs. 1 lit. e) Gesetzesverordnung Nr. 276/2003): auch dieses Element ist von besonderer Bedeutung, da der Vertrag bei fehlender Angabe des Anfangsdatums und Abweichen des Endzeitpunktes nichtig ist. Hat der Arbeitnehmer vor dem im Vertrag angegebenen Zeitpunkt begonnen beim Entleiher zu arbeiten, greift die Sanktion des Art. 18 Abs. 3 der Gesetzesverordnung Nr. 276/2003. Liegt der Zeitpunkt danach, bleibt dies ohne Sanktion, da der Verleiher bzw. Entleiher den Arbeitnehmer in einem späteren Moment je nach Bedarf tatsächlich verliehen oder entliehen haben könnte;
- die Kosten für die Sicherheit der Arbeit (vgl. Gesetzesverordnung Nr. 81 vom 9.4.2008[626]) (Art. 21 Abs. 1 lit. f) Gesetzesverordnung Nr. 276/2003).

Neben diesen Bestandteilen muss der schriftliche Vertrag gemäß Art. 21 Abs. 1 lit. f) bis k) der Gesetzesverordnung Nr. 276/2003 folgende Angaben enthalten:[627]

Die exakte Beschreibung der Aufgaben, die die Leiharbeitnehmer auszuführen haben, und die konkrete Festlegung ihrer vertraglichen Einstufung, des Arbeitsortes, der Verteilung der Arbeitszeit sowie die Arbeitsbedingungen einschließlich des Arbeitsentgeltes.

Das Fehlen einer der Voraussetzungen ist jedoch nicht an eine Sanktion geknüpft.

b) Die Vorgaben der deutschen Rechtsordnung

aa) Form

Gemäß § 12 Abs. 1 S. 1 AÜG bedarf der Überlassungsvertrag der Schriftform bzw. der elektronischen Form nach § 126a BGB. Das Schriftformerfordernis bezieht sich auf das gesamte Rechtsgeschäft einschließlich etwaiger Nebenabsprachen sowie Angaben zu den wesentlichen Arbeitsbedingungen eines vergleichbaren

626 G.U. Nr. 101 vom 30.4.2008.

627 *Carinci, F.*, Diritto del lavoro, commentario, Carinci, F. (diretto da), vol. II, S. 1357; *Rausei*, S. 223 f.

Arbeitnehmers,[628] anderenfalls ist der Vertrag nach § 125 S. 1 BGB nichtig.[629] Dies entspricht der Regelung des Art. 21 Abs. 4 der Gesetzesverordnung Nr. 276/2003.

Die Rückabwicklung der Leistungen, die bei bereits in Vollzug gesetztem Überlassungsvertrag rechtsgrundlos erbracht wurden, richtet sich nach den bereicherungsrechtlichen Vorschriften gemäß §§ 812 ff. BGB.[630] Die Anwendung der Grundsätze des fehlerhaften Arbeitsverhältnisses auf den Überlassungsvertrag kommt nicht in Betracht, da es an einem besonderen Schutzbedürfnis fehlt.[631]

bb) Inhalt

Im Verhältnis zu den italienischen Bestimmungen (Art. 21 Abs. 1 Gesetzesverordnung Nr. 276/2003) sind die Vorgaben des AÜG weniger streng. Es enthält mit § 12 Abs. 1 S. 2 und 3 AÜG sowie § 9 Nr. 3 AÜG lediglich zwei zwingende Regelungen. Hiervon abgesehen wird der Vertragsinhalt weitestgehend durch einzelvertragliche Vereinbarungen festgelegt.[632]

§ 12 Abs. 1 S. 2 AÜG betrifft den Verleiher und verpflichtet ihn, in der Vertragsurkunde anzugeben, ob er im Besitz der nach § 1 AÜG erforderlichen Erlaubnis ist.[633] Dies wird von einer Auffassung abgelehnt, da es sich nicht um Willens- sondern Wissenserklärungen handle. Zum anderen ergebe sich aus der Formulierung *„hat (...) zu erklären"* bzw. *„hat (...) anzugeben"* in Abs. 1 S. 2 und 3, dass hinsichtlich dieser Erklärungen kein gesetzlicher Formzwang bestehe, sondern dem jeweiligen Vertragspartner lediglich ein einklagbarer Anspruch auf Abgabe der entsprechenden Erklärung eingeräumt wird.[634] Diese Meinung ist jedoch aufgrund des systematischen Zusammenhangs zwischen Satz 1 einerseits und den Sätzen 2 und 3 andererseits abzulehnen. Gemäß Satz 1 bedarf der Vertrag zwischen Ver- und Entleiher der Schriftform. Die Sätze 2 und 3 bestimmen, dass die jeweiligen Erklärungen in der schriftlich festgelegten Vertragsurkunde enthalten sein müssen. Hieraus geht hervor, dass auch die jeweiligen Erklärungen von Ver- und Entleiher unter das Schriftformerfordernis fallen sollen. Dieses

---

628 Ulber/*Ulber*, AÜG, § 12 Rdnr. 8.

629 *Urban-Crell/Schulz*, Arbeitnehmerüberlassung, Rdnr. 192 ff.; Ulber/*Ulber*, AÜG, § 12 Rdnr. 3.

630 BGH v. 17.1.1984, NJW 1984, 1456, 1456; BGH v. 17.2.2000, NJW 2000, 1557, 1558; Ulber/*Ulber*, AÜG, § 12 Rdnr. 41; *Boemke/Lembke*, AÜG, § 12 Rdnr. 12; Schüren/Hamann/*Brors*, AÜG, § 12 Rdnr. 15.

631 Ulber/*Ulber*, AÜG, § 12 Rdnr. 41; Schüren/Hamann/*Brors*, AÜG, § 12 Rdnr. 15; ErfK/Wank, AÜG, § 12 Rdnr. 3.

632 *Urban-Crell/Schulz*, Arbeitnehmerüberlassung, Rdnr. 196.

633 Thüsing/*Thüsing*, AÜG, § 12 Rdnr. 8; Ulber/*Ulber*, AÜG, § 12 Rdnr. 8.

634 *Boemke/Lembke*, AÜG, § 12 Rdnr. 9.

Ergebnis lässt sich auch mit dem Gesetzeszweck und der Beweisfunktion der Vorschrift begründen.[635]

Macht der Verleiher hierbei wahrheitswidrige Angaben, hat dies zwar keine Auswirkungen auf die Rechtsfolgen nach § 10 AÜG, allerdings macht sich der Verleiher gegenüber dem Entleiher schadensersatzpflichtig.[636] Dieser sollte aus eigenem Interesse darauf achten, dass der Verleiher das Vorliegen der Verleiherlaubnis in der Urkunde bestätigt, denn ihn kann anderenfalls ein Mitverschulden und damit auch die für ihn nachteiligen Rechtsfolgen bei illegaler Arbeitnehmerüberlassung treffen.[637]

Neben den gegenseitigen Leistungspflichten müssen in den Vertragstext alle Angaben aufgenommen werden, die für die Prüfung der Frage relevant sind, ob die Bestimmungen des AÜG eingehalten sind. Der Verleiher ist insoweit verpflichtet, dem Entleiher die Namen der überlassenen Leiharbeitnehmer mitzuteilen.[638] Der Entleiher muss seinerseits etwaige Vorbeschäftigungszeiten des Leiharbeitnehmers angeben. Dies ist für die Ausnahmeregelung des § 9 Nr. 2 Hs. 4 AÜG zum Rückentleih von Bedeutung.

Zwingend sind in jedem Falle die besonderen Merkmale aufzunehmen, die die für den Leiharbeitnehmer vorgesehene Tätigkeit aufweist, d.h. eine kurze Charakterisierung der Tätigkeit (§ 2 Abs. 1 Nr. 5 NachwG) sowie die Angabe der wesentlichen Tätigkeitsmerkmale, Aufgabengebiete und Merkmale, die aufgrund der Anforderungen des Arbeitsplatzes beim Entleiher Besonderheiten aufweisen.[639] Darüber hinaus muss der Entleiher angeben, welche beruflichen Qualifikationen notwendig sind. Weiterhin muss der Entleiher auch über die wesentlichen Arbeitsbedingungen eines vergleichbaren Stammarbeitnehmers informieren, es sei denn, es liegen die Voraussetzungen des Ausnahmetatbestandes gemäß §§ 3 Abs. 1 Nr. 3, 9 Nr. 2 AÜG vor, und die wesentlichen Arbeitsbedingungen sind in einem Tarifvertrag zur Arbeitnehmerüberlassung geregelt (§ 12 Abs. 1 S. 3 Hs. 2 AÜG). Dann ist der Entleiher von der Pflicht der Angabe der wesentlichen Arbeitsbedingungen befreit. Voraussetzung ist jedoch, dass er den Tarifvertrag bzw. die Bestimmungen des Tarifvertrages nennt, die den Befreiungstatbestand erfüllen. Bezüglich des vergleichbaren Arbeitnehmers sind neben den Angaben zum Tätigkeitsprofil auch Angaben zu dessen im Tarifvertrag geregelten Arbeitsbedingungen erforderlich. Liegt keine Ausnahme vor, muss der Entleiher die wesentlichen Arbeitsbedingungen des vergleichbaren Arbeit-

---

635 Thüsing/*Thüsing*, AÜG, § 12 Rdnr. 8.

636 *Urban-Crell/Schulz*, Arbeitnehmerüberlassung, Rdnr. 197.

637 *Urban-Crell/Schulz*, Arbeitnehmerüberlassung, Rdnr. 197; *Sandmann/Marschall*, AÜG, Art. 1 § 12 AÜG Anm. 2.

638 BAG v. 9.3.2011, NZA 2011, 871, 871 ff.

639 *Boemke/Lembke*, AÜG, § 12 Rdnr. 19.

nehmers nach Grund, Zusammensetzung sowie Höhe des Arbeitsentgeltes in den Arbeitnehmerüberlassungsvertrag aufnehmen.[640] Die Dokumentationspflicht umfasst alle Angaben, die der Verleiher zur Prüfung eventueller Gleichstellungsansprüche des Leiharbeitnehmers aus § 10 Abs. 4 AÜG und zur Vermeidung von Verstößen gegen das Diskriminierungsverbot benötigt.[641]

Der Entleiher ist außerdem gemäß § 12 Abs. 1 S. 3 AÜG verpflichtet anzugeben, welche besonderen Merkmale die für den Leiharbeitnehmer vorgesehene Tätigkeit hat und welche berufliche Qualifikation dafür erforderlich ist sowie welche im Betrieb des Entleihers für einen vergleichbaren Arbeitnehmer des Entleihers wesentlichen Arbeitsbedingungen einschließlich des Arbeitsentgeltes gelten. Hiermit wird zum einen die Richtlinie 91/383/EWG des Rates der Europäischen Union zur Ergänzung der Maßnahmen zur Verbesserung der Sicherheit und des Gesundheitsschutzes von Arbeitnehmern mit befristeten Arbeitsverhältnissen oder Leiharbeitsverhältnissen umgesetzt.[642] Zum anderen sollen dem Verleiher mit Hilfe der Erklärungspflicht die obligatorischen Angaben nach § 11 Abs. 1 AÜG i.V.m. § 2 Abs. 1 S. 2 Nr. 5 und 6 NachwG zur Verfügung gestellt werden.[643]

Nicht enthalten sein darf im Vertrag eine Klausel, die es dem Entleiher untersagt, den Leiharbeitnehmer zu einem Zeitpunkt selbst einzustellen, in dem dessen Arbeitsverhältnis zum Verleiher nicht mehr besteht. Eine derartige Regelung verstößt gegen § 9 Nr. 3 Hs. 1 AÜG. Ziel der Vorschrift ist, dem Leiharbeitnehmer die Chance des Wechsels auf einen möglichst unbefristeten Arbeitsplatz beim Entleiher zu wahren.[644] Die Vorschrift steht im Zusammenhang mit Art. 6 Abs. 2 der Richtlinie über Leiharbeit und § 13a AÜG und schützt in verfassungskonformer Weise die Berufsfreiheit des Leiharbeitnehmers auf freie Wahl des Arbeitsplatzes.[645]

§ 9 Nr. 3 Hs. 2 AÜG stellt entsprechend Art. 6 Abs. 2 Unterabs. 2 der Richtlinie über Leiharbeit klar, dass die Vereinbarung einer angemessenen Vermittlungsgebühr zwischen Ver- und Entleiher nach vorangegangener Überlassung nicht *per se* ausgeschlossen ist. Damit ist der frühere Meinungsstreit, ob ein Verleiher bei Einstellung zusätzlich eine Vermittlungsgebühr verlangen kann, wenn bereits eine Arbeitnehmerüberlassung vorangegangen ist, beigelegt.[646]

---

640 Ulber/*Ulber*, AÜG, § 12 Rdnr. 9.

641 *Benkert*, BB 2004, 998, 1000.

642 Richtlinie vom 25.6.1991, ABl. EG Nr. L 206/19 ff. vom 29.7.1991.

643 *Urban-Crell/Schulz*, Arbeitnehmerüberlassung, Rdnr. 198.

644 BGH v. 11.3.2010, NZA 2010, 511, 511 ff.; Ulber/*Ulber*, AÜG, § 9 Rdnr. 376; ErfK/*Wank*, AÜG, § 9 Rdnr. 8.

645 Ulber/*Ulber*, AÜG, § 9 Rdnr. 374.

646 Ulber/*Ulber*, AÜG, § 9 Rdnr. 374 m.w.N.; *Urban-Crell/Schulz*, Arbeitnehmerüberlassung, Rdnr. 202 m.w.N.

Eine Vereinbarung, die gegen § 9 Nr. 3 AÜG verstößt, ist unwirksam. Die Unwirksamkeit erfasst allerdings nicht den gesamten Überlassungsvertrag, sondern nur die Teilvereinbarung über das Einstellungsverbot. Die übrigen Absprachen sind nicht betroffen. Es handelt sich lediglich um eine Teilnichtigkeit.[647]

Zusammenfassend ist hierzu zu sagen, dass der Gesetzgeber mit der Vorschrift des § 9 Nr. 3 AÜG seinen arbeitsmarkt- und sozialpolitischen Zielsetzungen nachkommt, Arbeitsverhältnisse in den Betrieben zu fördern, bei denen tatsächliche Beschäftigungsmöglichkeiten vorhanden sind (sog. Klebeeffekt) und einer Ausuferung ungesicherter Beschäftigungsverhältnisse in Gestalt der Arbeitnehmerüberlassung Grenzen zu setzen.[648] Aus dem Vorangesagten ergibt sich, dass die Vereinbarung einer Vermittlungsprovision gemäß § 9 Nr. 3 Hs. 2 AÜG nur in Betracht kommen soll, wenn die Entscheidung des Leiharbeitnehmers zum Arbeitsplatzwechsel und die Übernahmeentscheidung des Entleihers unabhängig von einer Provisionszahlungspflicht nicht beeinträchtigt werden. Vertragsfreiheit und Entschließungsfreiheit dürfen folglich nicht eingeschränkt werden.[649] Diese Vorschrift setzt Art. 6 Abs. 3 der Richtlinie über Leiharbeit um.

c) Rechtsvergleichende Erwägungen

Die Anforderungen an den Inhalt des Arbeitnehmerüberlassungsvertrages sind in den jeweiligen Rechtsordnungen sehr detailliert. Dabei ist festzustellen, dass sich die unverzichtbaren Mindestangaben in beiden Ländern im Großen und Ganzen entsprechen. Auf diese Weise wird zugunsten der Beteiligten ausreichend Transparenz gewährleistet.

Eine dem § 9 Nr. 3 Hs. 1 AÜG in der italienischen Rechtsordnung weitgehend entsprechende Norm ist Art. 23 Abs. 8 der Gesetzesverordnung Nr. 276/2003, wonach jede Klausel unwirksam ist, die – und sei es nur indirekt – den Entleiher davon abhalten könnte, den Leiharbeitnehmer im Anschluss an den befristeten Arbeitnehmerüberlassungsvertrag selbst einzustellen.[650] Für den unbefristeten Überlassungsvertrag hat der Gesetzgeber keine entsprechende Regelung vorgesehen. Er hat aufgrund des unbefristeten Charakters des Vertrages vermutlich kein Schutzbedürfnis seitens des Leiharbeitnehmers gesehen.

Eine Ausnahme hinsichtlich der Untersagung von Anschlussverboten besteht indes gemäß Art. 23 Abs. 9 der Gesetzesverordnung Nr. 276/2003, wenn sich Verleiher und Arbeitnehmer über eine angemessene Entschädigung für den Ar-

647 Ulber/*Ulber*, AÜG, § 9 Rdnr. 391; ErfK/*Wank*, AÜG, § 9 Rdnr. 9; *Boemke/Lembke*, AÜG, § 9 Rdnr. 191.

648 Ulber/*Ulber*, AÜG, § 9 Rdnr. 376.

649 Ulber/*Ulber*, AÜG, § 9 Rdnr. 377.

650 *Falasca/Soldera*, Somministrazione di lavoro, S. 36.

beitnehmer einigen. Voraussetzung hierfür ist eine ausdrückliche Regelung in dem auf den Verleiher anwendbaren Tarifvertrag.[651]

Die Bestimmung ist allerdings unter dem Gesichtspunkt des Reformziels völlig unverständlich. Denn beabsichtigt war ein besseres Aufeinanderabstimmen von Angebot und Nachfrage nach Arbeit.[652] Zwar ist die unbefristete Arbeitnehmerüberlassung hiervon dem Wortlaut nach nicht erfasst,[653] die uneinheitliche Regelung der zwei Typologien wurde aber kritisiert, da die Leiharbeitnehmer mit unbefristetem Vertrag nicht denselben Schutz erhalten.[654]

5. Die Pflichten von Ver- und Entleiher

a) Die Systematik

aa) Nach italienischem Recht

Entsprechend ihrer Rechtsfolgen und der Möglichkeit von ihrem Regelungsgehalt abweichen zu können, werden die Pflichten der Vertragspartner nach „unabdingbaren Pflichten" und „abdingbaren Pflichten" differenziert. Die unabdingbaren Pflichten sind in den folgenden Vorschriften enthaltenen:

- die Gleichbehandlungspflicht (Art. 23 Abs. 1 Gesetzesverordnung Nr. 276/ 2003);
- die gesamtschuldnerische Haftung von Verleiher und Entleiher für die Vergütung und Vorsorgeleistungen (Art. 23 Abs. 3 Gesetzesverordnung Nr. 276/ 2003);
- die entsprechend dem für den Entleiherbetrieb geltenden Tarifvertrag dem Leiharbeitnehmer zustehende ergebnisorientierte Entlohnung und der Zugang zu den Gemeinschaftseinrichtungen (Art. 23 Abs. 4 Gesetzesverordnung Nr. 276/2003);
- die Informationspflicht bezüglich eventuell bestehender Sicherheitsrisiken sowie die entsprechenden Präventionen (Art. 23 Abs. 5 Gesetzesverordnung Nr. 276/2003);

---

651 *Rausei*, S. 253; *Lamberti*, La somministrazione di lavoro a tempo indeterminato: l'interposizione lecita dopo l'abolizione dello staff leasing, in: Cinelli/Ferraro, Lavoro, competitività, welfare, S. 131.

652 *Tiraboschi*, Riforma del mercato del lavoro e modello organizzativo tra vincoli costituzionali ed esigenze di unitarietà del sistema, in: Olivelli/Tiraboschi (a cura di), Il diritto del mercato del lavoro dopo la riforma Biagi, S. 63; *Rausei*, S. 254.

653 Es gilt die allgemeine Vorschrift des Art. 2125 c.c.

654 *Rausei*, S. 254.

- die Mitteilungspflicht des Entleihers bezüglich der Zuweisung anderweitiger Aufgaben (Art. 23 Abs. 6 Gesetzesverordnung Nr. 276/2003);
- die Mitteilungspflicht bezüglich Informationen, die im Zusammenhang mit der Ausübung des Disziplinarrechtes des Verleihers stehen (Art. 23 Abs. 7 Gesetzesverordnung Nr. 276/2003);
- die Pflicht zur Einhaltung der Vorschriften über die gewerkschaftlichen Rechte der Arbeitnehmer (Art. 24 Abs. 1 und 2 Gesetzesverordnung Nr. 276/2003) und die damit verknüpften Informationspflichten (Art. 24 Abs. 4 Gesetzesverordnung Nr. 276/2003) sowie
- die Pflicht zur Einhaltung der Vorschriften über die Sozialabgaben und Versicherungsbeiträge (Art. 25 Abs. 1 bis 4 Gesetzesverordnung Nr. 276/2003).

Zu den unabdingbaren Pflichten zählen auch die Inhaltsangaben in Art. 21 Abs. 1 lit. a) bis g) der Gesetzesverordnung Nr. 276/2003. Strittig ist, ob auch die in lit. h) bis k) enthaltenen Pflichten dazuzurechnen sind; allerdings wird sowohl lit. h) zur Übernahme der Vergütungs- und Beitragszahlungspflicht des Verleihers hinzugezählt werden müssen, vor allem weil diese direkte Zahlungspflicht von Vergütung und Sozialabgaben, auf die der Leiharbeitnehmer Anspruch hat, die Rolle des Verleihers im Dreiecksverhältnis kennzeichnet, als auch lit. k) zur Übernahme dieser Pflicht durch den Entleiher, wenn der Verleiher ihr nicht nachgekommen ist. Denn hier handelt es sich um eine Schutznorm zugunsten des Arbeitnehmers.[655] Schließlich gehört auch Art. 20 Abs. 2 S. 1 der Gesetzesverordnung Nr. 276/2003 hierzu, der dem Entleiher das Kontroll- und Direktionsrecht zuweist.

Verstöße werden, falls keine spezifische Regelung existiert, nach den allgemeinen Prinzipien und daher mit der Nichtigkeit der Klausel geahndet. Anstelle der nichtigen Regelung kommt die unabdingbare gesetzliche oder tarifvertragliche Norm zur Anwendung.

Daneben sind einige Pflichten nur in bestimmten Fällen abdingbar. Es handelt sich dabei um jene Vorschriften, bei deren Verletzung die Rechtsfolge nicht die Unwirksamkeit des Vertrages oder das Entstehen eines Arbeitsverhältnisses beim Entleiher ist, sondern lediglich eine Geldbuße gemäß Art. 18 Abs. 3 der Gesetzesverordnung Nr. 276/2003. Deswegen wird auch von „partiell" abdingbaren Pflichten gesprochen. Da die Rechtsfolge also nur eine Geldbuße bedeutet, die letztlich die Kosten für die Zuwiderhandlung des Abweichens von der Pflicht darstellt, spricht man von einer „Abdingbarkeit gegen Entgelt".[656]

---

655 *Falasca/Soldera*, Somministrazione di lavoro, S. 35.

656 *Falasca/Soldera*, Somministrazione di lavoro, S. 36; *Perulli*, Introduzione, in: Perulli (a cura di), Impiego flessibile e mercato del lavoro, S. XVIII.

Demnach kann von den Regelungen des Art. 21 Abs. 1 lit. i) und j) und Abs. 2 der Gesetzesverordnung Nr. 276/2003 abgewichen werden, jedoch unter dem Risiko der eventuellen Anwendung des Art. 18 Abs. 3 der Gesetzesverordnung Nr. 276/2003. Diese Fälle der partiellen Abdingbarkeit kommen nur dann in Betracht, wenn keine Normen zum Schutze des Leiharbeitnehmers betroffen sind.[657]

Jeder Verstoß gegen Art. 21 Abs. 1 der Gesetzesverordnung Nr. 276/2003 unterliegt einer Geldbuße von 250,00 Euro bis 1.250,00 Euro gemäß Art. 18 Abs. 3 der Gesetzesverordnung Nr. 276/2003.[658]

bb) Nach deutschem Recht

Zunächst werden im deutschen Recht die vertraglichen Pflichten in Haupt- und Nebenleistungspflichten unterteilt. Darunter finden sich auch Vorschriften, die zwingendes Recht enthalten, z.B. die Bestimmung des § 11 AÜG.

Die vertragliche Hauptleistungspflicht des Verleihers gegenüber dem Entleiher besteht in der Überlassung geeigneter Arbeitnehmer, die er entsprechend den vertraglich festgelegten Zwecksetzungen des Entleihers auszuwählen und ihm für die Dauer des Vertrages zur Verfügung zu stellen hat. Bei der Pflicht zur Überlassung eines geeigneten und leistungsbereiten Arbeitnehmers handelt es sich grundsätzlich um eine Gattungsschuld, die sich endgültig erst am Ende der Überlassungszeit konkretisiert, so dass der Verleiher das alleinige Beschaffungsrisiko i.S.d. § 276 Abs. 1 S. 1 BGB für die Dauer des Überlassungsverhältnisses trägt.[659] Ist der Verleiher nicht oder nicht wie vertraglich vereinbart zur Überlassung eines Arbeitnehmers in der Lage, haftet er nach den allgemeinen Grundsätzen.[660]

Der Entleiher hat seinerseits dem Verleiher die vereinbarte Überlassungsvergütung zu zahlen.[661] Umstritten ist, ob die tatsächliche Beschäftigung des Leiharbeitnehmers eine Hauptpflicht des Entleihers darstellt. So wird vertreten, es handle sich lediglich um eine Obliegenheit, da die Beschäftigungspflicht nicht von der Zahlung der Überlassungsvergütung abhänge. Nach der gegensätzlichen Auffassung könne der Beschäftigungspflicht nur durch die Annahme der Arbeitsleistung durch den Entleiher Rechnung getragen werden, anderenfalls wären die Leiharbeitnehmer anderen Arbeitnehmern gegenüber schlechter gestellt, trotz der grundlegenden Bedeutung dieses Anspruchs.

657 Vgl. *Falasca/Soldera*, Somministrazione di lavoro, S. 36.

658 *Rausei*, S. 226.

659 *Urban-Crell/Schulz*, Arbeitnehmerüberlassung, Rdnr. 234.

660 *Urban-Crell/Schulz*, Arbeitnehmerüberlassung, Rdnr. 247 ff.

661 Ulber/*Ulber*, AÜG, § 1 Rdnr. 164; Schüren/Hamann/*Schüren*, AÜG, Einl. Rdnr. 309.

Dies wird teilweise bejaht, da nur auf diese Weise der Beschäftigungsanspruch des Leiharbeitnehmers durchsetzbar wäre.[662] Allerdings besteht zwischen dem Leiharbeitnehmer und dem Entleiher kein Arbeitsverhältnis, sondern nur mit dem Verleiher. Dieser kann, falls der Leiharbeitnehmer vom Entleiher nicht eingesetzt wird, dem Beschäftigungsanspruch nachkommen, indem er den Leiharbeitnehmer anderweitig einsetzt.[663] Darüber hinaus muss der Leiharbeitnehmer mit fehlenden Einsatzzeiten rechnen, in denen er dann aber vom Verleiher Arbeitslohn erhält.[664]

b) Die Vergütungspflicht

aa) Nach italienischem Recht

Der Gesetzgeber verlangt sowohl vom Verleiher als auch vom Entleiher, sich ausdrücklich einzeln und/oder gesamtschuldnerisch zu verpflichten, die Vergütung und Sozialabgaben als Gegenleistung für die vom Leiharbeitnehmer erbrachten Leistungen sowie die Pflichtversicherung[665] zu zahlen (Art. 25 Abs. 1 Gesetzesverordnung Nr. 276/2003).[666]

Die Übernahme dieser Verpflichtung stellt damit ein für die Arbeitnehmerüberlassung typisches und wesentliches Zulässigkeitskriterium dar, denn würde die gesamte Vergütungslast – und im weiten Sinne die gesamte finanzielle Belastung – ausschließlich dem Entleiher aufgebürdet, läge ein klassischer Fall der Zwischenvergabe vor. Dann hätte nämlich derjenige, der bereits kraft Gesetzes angesichts der rechtmäßigen Ausübung des Direktionsrechtes und Organisationsrechtes als Arbeitgeber anzusehen ist, *de facto* auch alle Arbeitgeberbefugnisse inne. Diese konkretisieren sich hier in der Pflicht, die Vergütung und Sozialabgaben zu zahlen, welche dann nicht mehr auf dem Verleiher lasten würde, sondern auf dem Entleiher. Der Entleiher wäre dann als der tatsächliche Arbeitgeber des Leiharbeitnehmers anzusehen.

Der Entleiher seinerseits muss sich hinsichtlich drei verschiedener Aspekte verpflichten (Art. 21 Abs. 1 lit. i) bis k) Gesetzesverordnung Nr. 276/2003). Die unabdingbare Pflicht nach lit. k) sieht vor, dass falls der Verleiher seiner Pflicht nach lit. h) nicht nachkommt, der Entleiher den Arbeitnehmern direkt die ihnen

---

662 Ulber/*Ulber*, AÜG, § 12 Rdnr. 29; Thüsing/*Thüsing*, AÜG, § 12 Rdnr. 36.

663 ErfK/*Wank*, AÜG, § 12 Rdnr. 9.

664 Schüren/Hamann/*Brors*, AÜG, Einl. Rdnr. 183.

665 Ausführlich hierzu bei *Caruso/Cinelli/Ferraro*, Diritto del lavoro, S. 186; *Carinci, F.*, Diritto del lavoro, commentario, Carinci, F. (diretto da), vol. II, S. 1379.

666 *Rausei*, S. 224; *Caruso/Cinelli/Ferraro*, Diritto del lavoro, S. 181.

zustehende Vergütung sowie die Sozialabgaben zahlen muss, allerdings vorbehaltlich des Regressrechtes gegenüber dem Verleiher.

Die beiden anderen Fälle gehören zu den partiell abdingbaren Pflichten. Zum einen muss der Entleiher dem Verleiher die Vergütung und Sozialabgaben abgelten, die effektiv von diesem übernommen wurden (lit. i));[667] zum anderen muss er dem Verleiher das Arbeitsentgelt mitteilen, das jeweils für die vergleichbaren Arbeitnehmer gilt (lit. j)).

Zudem obliegt dem Verleiher die Beitragszahlung für die Versicherung gegen Arbeitsunfälle und Berufskrankheiten. Art. 25 der Gesetzesverordnung Nr. 276/2003 sieht zwar nicht ausdrücklich vor, dass die Pflichten im Bereich der Versicherung gegen Arbeitsunfälle und Berufskrankheiten zu Lasten des Verleihers gehen. Wird die Norm ordnungsgemäß unter Berücksichtigung der Gesetzessystematik und der allgemeinen arbeitsrechtlichen Grundsätze ausgelegt, bestehen allerdings keine Zweifel, dass die Pflicht dem Verleiher gegenüber dem Leiharbeitnehmer obliegt.[668]

Die Höhe der Versicherungsprämien für die Versicherung gegen Arbeitsunfälle und Berufskrankheiten wird gemäß Art. 25 Abs. 3 der Gesetzesverordnung Nr. 276/2003 unter Berücksichtigung des Dreiecksverhältnisses spezifisch auf Basis der tatsächlich beim Entleiher ausgeführten Arbeitsleistungen entsprechend der Art der Tätigkeit und des damit verbundenen Risikos festgelegt.[669] Auf der Basis dieser Tätigkeit wird der Betrieb des Entleihers in dem entsprechenden „Nationalen Versicherungsinstitut für Arbeitsunfälle“ (*Istituto Nazionale per l'Assicurazione contro gli Infortuni sul Lavoro – INAIL*) klassifiziert. Keine Versicherungspflicht besteht dementsprechend, wenn ein unbefristet eingestellter Leiharbeitnehmer an keinen Entleiher verliehen wird, da keine Arbeitsleistung ausgeführt wird, von der ein zu versicherndes Risiko ausgeht (Art. 1 Präsidialdekret Nr. 1124/1965).[670]

Eine Besonderheit im italienischen Recht ist die gesamtschuldnerische Haftung von Verleiher und Entleiher.

Mit der bereits erwähnten Vorschrift des Art. 23 Abs. 3 der Gesetzesverordnung Nr. 276/2003 setzt der Gesetzgeber das in Art. 1 Abs. 2 lit. m) Nr. 4 des Gesetzes Nr. 30/2003 vorgegebene Prinzip um. Danach soll der Schutz der Arbeitnehmer durch eine gesamtschuldnerische Haftung von Verleiher und Entleiher für die Vergütungen und Sozialabgaben garantiert werden.[671] Diese Haftung recht-

---

667 *Caruso/Cinelli/Ferraro*, Diritto del lavoro, S. 182.

668 *Carinci, F.*, Diritto del lavoro, commentario, Carinci, F. (diretto da), vol. II, S. 1383; *Caruso/Cinelli/Ferraro*, Diritto del lavoro, S. 186.

669 *Rausei*, S. 316.

670 *Rausei*, S. 317.

671 *Rausei*, S. 297 ff.; *Caruso/Cinelli/Ferraro*, Diritto del lavoro, S. 181 f.

fertigt sich zwangsläufig durch die unmittelbare Verpflichtung des Entleihers gegenüber dem Leiharbeitnehmer aufgrund der Arbeitsleistungen, die dieser in seinem Unternehmen und unter seinem Organisations- und Direktionsrecht zu seinen Gunsten erbringt. Aufgrund dieses direkten und unmittelbaren Vorteils des Entleihers im Rahmen der Arbeitnehmerüberlassung ist der Entleiher vom Gesetzgeber dazu aufgerufen, im Hinblick auf die Zahlung der Vergütungen und Sozialabgaben sowie der Versicherungsbeiträge die Arbeitnehmer direkt zu schützen.

Die Haftung ist andererseits jedoch – zum Nachteil des Entleihers – unbegrenzt: zum einen in quantitativer Hinsicht, weil es keinen wirtschaftlichen Parameter gibt, auch nicht im Hinblick auf eventuell bereits als Gegenleistung an den Verleiher erbrachte Zahlungen, zu denen der Entleiher aus dem Arbeitnehmerüberlassungsvertrag verpflichtet ist.[672] Zum anderen in zeitlicher Hinsicht, da keine temporäre Begrenzung vorgesehen ist, wie viel Zeit die Arbeitnehmer haben, um gegenüber dem Entleiher ihre eigenen Forderungen zu befriedigen.[673]

Auch die in Art. 21 Abs. 1 lit. k) der Gesetzesverordnung Nr. 276/2003 enthaltene Regelung kann nicht als zeitliche Grenze dienen, da sich dort keine temporäre Beschränkung findet. Vielmehr muss der Leiharbeitnehmer zunächst versuchen, seine Vergütungsforderungen gegenüber dem Verleiher zu befriedigen, um dann im Falle der Nichterfüllung oder Insolvenz gegenüber dem Entleiher fortfahren zu können.[674]

Durch diese Regelung will der italienische Gesetzgeber sicherstellen, dass der Leiharbeitnehmer in jedem Falle seinen Lohn erhält bzw. die zu zahlenden Beiträge entrichtet werden, sei es vom Verleiher, sei es vom Entleiher. Dies kann vor allem im Falle der Insolvenz[675] des Verleihers relevant werden.

bb) Nach deutschem Recht

Im Rahmen des Leiharbeitsverhältnisses ist der Verleiher als Arbeitgeber zur Lohnzahlung verpflichtet.[676] Gleichzeitig hat er bei der legalen Arbeitnehmerüberlassung auch den Gesamtsozialversicherungsbeitrag zu zahlen (§ 28e Abs. 1 S. 1 SGB IV)[677] sowie die Beiträge zur Unfallversicherung nach § 150 SGB VII abzuführen[678]. Für rückständige Sozialversicherungs- und Unfallversicherungs-

---

672 *Caruso/Cinelli/Ferraro*, Diritto del lavoro, S. 181; *Carinci, F.*, Diritto del lavoro, commentario, Carinci, F. (diretto da), vol. II, S. 1376 f.

673 *Rausei*, S. 297.

674 *Rausei*, S. 298.

675 *Rausei*, S. 298.

676 Ulber/*Ulber*, AÜG, § 1 Rdnr. 54 ff.

677 Ulber/*Ulber*, AÜG, Art. 3 Änderung sozialversicherungsrechtlicher Vorschriften Rdnr. 7; *Urban-Crell/Schulz*, Arbeitnehmerüberlassung, Rdnr. 1256.

678 *Urban-Crell/Schulz*, Arbeitnehmerüberlassung, Rdnr. 1257.

beiträge haftet der Entleiher wie ein selbstschuldnerischer Bürge, soweit ihm Arbeitnehmer gegen Vergütung zur Arbeitsleistung überlassen worden sind (§ 28e Abs. 2 und 4 SGB IV sowie § 150 Abs. 3 SGB VII).[679] Die Einschränkung, „*soweit*“ ihm der Arbeitnehmer überlassen wurde, stellt klar, dass sich der Sozialversicherungsbeitrag auf den jeweiligen Überlassungszeitraum des Arbeitnehmers beschränkt.[680]

Ist der Verleiher illegal tätig und zahlt ungeachtet der Unwirksamkeit des Leiharbeitsvertrages tatsächlich an den Arbeitnehmer das vereinbarte Arbeitsentgelt oder Teile davon, muss er gemäß § 10 Abs. 3 S. 1 AÜG gegenüber Dritten bestehende Zahlungspflichten so erfüllen, als wäre der Arbeitsvertrag wirksam. Hiervon sind insbesondere Beiträge zur Unfallversicherung (§ 150 Abs. 3 SGB VII), die Beiträge zur Gesamtsozialversicherung und die Abführung der Lohnsteuer erfasst.[681] Denn ungeachtet der Unwirksamkeit des Leiharbeitsvertrages liegt ein entgeltliches Beschäftigungsverhältnis im Sinne der §§ 7 Abs. 1, 14 Abs. 1 SGB IV vor.[682] In diesem Fall haftet der Verleiher dann auch für die Beiträge zur Sozialversicherung und hat gemäß § 28e Abs. 2 S. 3 SGB IV und § 10 Abs. 3 S. 1 AÜG den auf das gezahlte Arbeitsentgelt entfallenden Gesamtsozialversicherungsbeitrag abzuführen. Anderenfalls macht er sich trotz des fingierten Arbeitsverhältnisses im Falle der Vorenthaltung von Sozialversicherungsbeiträgen nach § 266a Abs. 1 StGB strafbar.[683]

Gemäß § 28e Abs. 2 S. 4 SGB IV und § 10 Abs. 3 S. 2 AÜG gelten der illegale Verleiher und der Entleiher in allen Zweigen der Sozialversicherung bezüglich dieser Zahlungspflicht als Arbeitgeber und haften insoweit als Gesamtschuldner.[684] Die gesamtschuldnerische Haftung konkurriert allerdings mit den Zahlungspflichten des Verleihers aus dem fehlerhaften Arbeitsverhältnis. Da sie aber nicht über diese hinausreicht, wird teilweise vertreten, dass die gesamtschuldnerische Haftung faktisch funktionslos sei.[685]

Aus den genannten Vorschriften lässt sich im Umkehrschluss herleiten, dass der illegal tätige Verleiher nicht für die Sozialversicherungsbeiträge haftet, wenn er den vereinbarten Arbeitslohn oder Teile davon nicht bezahlt.[686]

---

679 *Urban-Crell/Schulz*, Arbeitnehmerüberlassung, Rdnr. 1261; Ulber/*Ulber*, AÜG, Art. 3 Änderung sozialversicherungsrechtlicher Vorschriften Rdnr. 8.

680 *Urban-Crell/Schulz*, Arbeitnehmerüberlassung, Rdnr. 1261.

681 Ulber/*Ulber*, AÜG, § 10 Rdnr. 90.

682 *Urban-Crell/Schulz*, Arbeitnehmerüberlassung, Rdnr. 1269.

683 Ulber/*Ulber*, AÜG, § 10 Rdnr. 90.

684 *Urban-Crell/Schulz*, Arbeitnehmerüberlassung, Rdnr. 1269; Ulber/*Ulber*, AÜG, Art. 3 Änderung sozialversicherungsrechtlicher Vorschriften Rdnr. 7.

685 Schüren/Hamann/*Schüren*, AÜG, § 10 Rdnr. 212.

686 *Urban-Crell/Schulz*, Arbeitnehmerüberlassung, Rdnr. 1269.

Auf Grund der Fiktion des Arbeitsverhältnisses gemäß § 10 Abs. 1 AÜG und der gleichzeitigen Unwirksamkeit des Leiharbeitsvertrages nach § 9 Nr. 1 AÜG ist der Entleiher im Falle der illegalen Arbeitnehmerüberlassung alleiniger Arbeitgeber des Leiharbeitnehmers mit der sich hieraus ergebenden Anmeldungspflicht zur Sozialversicherung und den Beitragspflichten zur Sozial- und Unfallversicherung.[687] Er haftet neben dem Verleiher als Gesamtschuldner für Beitragsrückstände, die für die Dauer der Überlassung zu entrichten waren (§ 28e Abs. 2 S. 4 SGB IV).

Im Falle der Insolvenz des Verleihers stehen dem Leiharbeitnehmer Lohn- und Lohnersatzansprüche nur gegen den Verleiher als Arbeitgeber zu.[688] Eine subsidiäre Haftung des Entleihers im Insolvenzverfahren für Entgeltrückstände gibt es bei erlaubter gewerbsmäßiger Arbeitnehmerüberlassung nicht. Die subsidiäre Haftung beschränkt sich auf Beitragsrückstände der Überlassungszeit.[689] Nur für den Fall der illegalen Arbeitnehmerüberlassung wird gemäß § 10 Abs. 1 S. 1 AÜG ein Arbeitsverhältnis zwischen Leiharbeitnehmer und Entleiher fingiert, in welchem den Entleiher die Arbeitgeberpflichten in vollem Umfang treffen. Wird er insolvent, hat der Arbeitnehmer für Lohnrückstände ebenfalls Anspruch auf Insolvenzgeld (§ 183 Abs. 1 Nr. 1 SGB III). Dieser Anspruch kann allerdings nur in dem seltenen Fall relevant werden, dass auch der illegale Verleiher in den letzten Monaten nicht gezahlt hat. Theoretisch haben die Leiharbeitnehmer, die für einen unerlaubt tätigen Verleiher arbeiten, auch bei dessen Insolvenz Ansprüche auf die in der Vergangenheit nicht gezahlte Vergütung. Grundlage ist das fehlerhafte Arbeitsverhältnis zum unerlaubt tätigen Verleiher. Der Anspruch auf Insolvenzgeld greift seiner Funktion nach freilich erst, wenn auch die Ansprüche gegen den Entleiher nicht realisiert werden können, weil dieser ebenfalls insolvent ist. Dies folgt aus dem Wortlaut des § 183 Abs. 1 Nr. 1 SGB III.[690]

cc) Rechtsvergleichende Erwägungen

Während der Entleiher in Italien gesamtschuldnerisch sowohl für Löhne als auch für Sozialversicherungsbeiträge haftet (Art. 23 Abs. 3 Gesetzesverordnung Nr. 276/2003),[691] ist im deutschen Recht eine gesamtschuldnerische Haftung von Verleiher und Entleiher für Lohnansprüche des Leiharbeitnehmers nicht vorgesehen. Eine gesamtschuldnerische Haftung kommt diesbezüglich nur in den Fällen fehlender Verleiherlaubnis für Beitragsschulden des Verleihers in Be-

687 *Urban-Crell/Schulz*, Arbeitnehmerüberlassung, Rdnr. 1270.
688 Ulber/*Ulber*, AÜG, § 1 Rdnr. 75; Schüren/Hamann/*Schüren*, AÜG, Einl. Rdnr. 206.
689 Schüren/Hamann/*Schüren*, AÜG, Einl. Rdnr. 206.
690 Schüren/Hamann/*Schüren*, AÜG, Einl. Rdnr. 208.
691 *Rausei*, S. 297.

tracht, wenn gemäß § 10 Abs. 1 S. 1 AÜG ein fingiertes Arbeitsverhältnis zum Entleiher vorliegt und der Verleiher aber den vereinbarten Arbeitslohn oder Teile davon an den Leiharbeitnehmer gezahlt hat.[692] Die gesamtschuldnerische Haftung dient mittelbar dem Leiharbeitnehmer, weil sie Leistungsansprüche Dritter im Zusammenhang mit dem unwirksamen Leiharbeitsverhältnis sichert. Die Gläubiger erhalten mit dem Entleiher einen weiteren Schuldner und können gemäß § 421 S. 1 BGB nach Belieben den einen oder anderen in Anspruch nehmen. Praktisch geht es natürlich um die Haftung des Entleihers.[693]

Auch in Deutschland wäre eine Ausdehnung der Möglichkeit der Inanspruchnahme des Entleihers auf Vergütungsansprüche, die während der Überlassungsdauer entstehen, zu überdenken. Dadurch könnte der Schutz für die Leiharbeitnehmer erheblich ausgeweitet werden. Dies wäre insbesondere für den Fall der Insolvenz des Verleihers relevant, da es keine subsidiäre Haftung des Entleihers im Insolvenzverfahren für Entgeltrückstände bei erlaubter gewerbsmäßiger Arbeitnehmerüberlassung gibt. Die subsidiäre Haftung beschränkt sich auf Beitragsrückstände der Überlassungszeit.

Im Übrigen ist die Einbeziehung des Entleihers in die Haftung auch nur billig, da der Leiharbeitnehmer die Arbeitsleistung für ihn und zu dessen Vorteil erbracht hat. Einer gesamtschuldnerischen Haftung noch vorzuziehen wäre eine subsidiäre Haftung des Entleihers für Lohnansprüche, wie sie das französische Recht vorsieht.[694] Wäre die primäre Zahlungspflicht des Verleihers dann noch vorrangig durch eine Sicherheitsleistung[695] garantiert und hätte der Entleiher im Falle seiner Inanspruchnahme das Recht, seine Leistungen an den Leiharbeitnehmer mit der Überlassungsvergütung zu verrechnen, würde den Entleiher eine Mithaftung auch für den Lohn des Leiharbeitnehmers nicht unangemessen belasten.[696]

Jedenfalls würde er infolge der vorrangig in Anspruch zu nehmenden Sicherheitsleistung nicht wie bei der gesamtschuldnerischen Haftung neben dem Verleiher haften, sondern erst an zweiter Stelle. Für den Entleiher wäre damit das Risiko der tatsächlichen Inanspruchnahme reduziert. Für den Leiharbeitnehmer würde die Einführung einer subsidiären Haftung des Entleihers jedenfalls ein höheres Schutzniveau bedeuten.

Darüber hinaus enthält die Richtlinie über Leiharbeit keine Vorgaben bezüglich der Haftung des Entleihers für die Forderungen, die mit dem Leiharbeitsverhältnis zusammenhängen.

---

692 Ulber/*Ulber*, AÜG, § 10 Rdnr. 93; Schüren/Hamann/*Schüren*, AÜG, § 10 Rdnr. 222 ff.

693 Schüren/Hamann/*Schüren*, AÜG, § 10 Rdnr. 228.

694 *Steuer*, S. 341 ff.; vertiefend zur Arbeitnehmerüberlassung in Frankreich, *ders*., S. 287 ff.

695 Bisher wird lediglich ein Bonitätsnachweis verlangt, vgl. *Steuer*, S. 341 m.w.N.

696 Siehe hierzu, *Steuer*, S. 285 f.

Zugunsten des Entleihers wäre auch in Italien eine subsidiäre Haftung anstelle einer gesamtschuldnerischen Haftung zu überlegen. Die derzeitige Regelung einer unbegrenzten Haftung des Entleihers stellt für ihn einen Unsicherheitsfaktor dar. Allerdings wäre in die Erwägung mit einzubeziehen, dass in der Vorschrift des Art. 21 Abs. 1 lit. k) der Gesetzesverordnung Nr. 276/2003 im Rahmen der gesamtschuldnerischen Haftung in gewisser Weise das Merkmal der Subsidiarität enthalten ist. Denn danach soll sich der Entleiher zur Zahlung der Vergütung und der Beiträge verpflichten, falls der Verleiher dieser Zahlungspflicht nicht nachkommen sollte. Der Leiharbeitnehmer soll demnach zunächst versuchen, seine Lohnansprüche gegenüber dem eigenen Arbeitgeber, dem Verleiher, zu befriedigen und erst nachrangig gegenüber dem Entleiher. Eine Neuregelung dürfte daher nicht erforderlich sein. Durch die gesamtschuldnerische Haftung wird dem Leiharbeitnehmer ein hohes Schutzniveau gewährt und auf der anderen Seite wird die Mithaftung des Entleihers beschränkt.

6. Die Beendigung des Arbeitnehmerüberlassungsvertrages

a) Nach italienischem Recht

Das Gesetz enthält keine Regelung zu den Modalitäten und den Fällen vorzeitiger Beendigung des Arbeitnehmerüberlassungsvertrages, weder für den befristeten noch den unbefristeten. Die Beendigung unterliegt daher der freien Gestaltung der Vertragspartner. Darüber hinaus gelten die allgemeinen Vorschriften für Dauerschuldverhältnisse.[697]

b) Nach deutschem Recht

Der Arbeitnehmerüberlassungsvertrag kann infolge von Befristung, Bedingung, ordentlicher oder außerordentlicher Kündigung oder Aufhebungsvertrag enden.[698] Anzumerken ist aber, dass die strikten Voraussetzungen für die Befristung von Arbeitsverträgen nach dem TzBfG nicht für die Befristung von Überlassungsverträgen gelten.[699] Eine ordentliche Kündigung des Vertrages ist allerdings nur auf Grund einer besonderen Vereinbarung möglich.

Fällt die Erlaubnis nach Abschluss des Arbeitnehmerüberlassungsvertrages weg, unterscheiden sich die Rechtsfolgen je nach Grund des Wegfalls. Ist der Grund für den Wegfall das Erlöschen der Erlaubnis durch Zeitablauf gemäß § 2

---

697 *Falasca/Soldera*, Somministrazione di lavoro, S. 40.
698 ErfK/*Wank*, AÜG, § 12 Rdnr. 11; Thüsing/*Thüsing*, AÜG, § 12 Rdnr. 40.
699 Thüsing/*Thüsing*, AÜG, § 12 Rdnr. 40; Schüren/Hamann/*Schüren*, AÜG, Einl. Rdnr. 336.

Abs. 4 S. 1 AÜG, endet der Vertrag automatisch gemäß § 9 Nr. 1 AÜG.[700] Ist die Ursache jedoch eine Nichtverlängerung der Erlaubnis gemäß § 2 Abs. 4 AÜG oder eine Rücknahme nach § 4 AÜG oder ein Widerruf nach § 5 AÜG tritt die Beendigungswirkung erst nach Ablauf der zwölfmonatigen Abwicklungsfrist (§§ 2 Abs. 4 S. 4, 4 Abs. 1 S. 1, 5 Abs. 1 AÜG) ein.[701]

7. Die verbotene Arbeitnehmerüberlassung

Der Gesetzgeber hat im Rahmen der Biagi-Reform ausdrücklich einige Fälle in Art. 20 Abs. 5 der Gesetzesverordnung Nr. 276/2003 abschließend aufgelistet, in denen die Arbeitnehmerüberlassung verboten ist. Dadurch soll verhindert werden, dass der Arbeitnehmerüberlassungsvertrag zur Umgehung insbesondere von Vorschriften zum Schutz der Arbeitnehmer verwendet wird und die Leiharbeitnehmer damit unsicheren Situationen ausgesetzt würden.[702]

Die Fälle des Art. 20 Abs. 5 sind weitgehend denen nachgeahmt, die bereits von Art. 3 Abs. 1 der Gesetzesverordnung Nr. 368/2001 im Bereich der befristeten Arbeit und von Art. 1 Abs. 4 des Gesetzes Nr. 196/1997 geregelt waren. Die Anzahl der Verbotstatbestände wurde im Vergleich zur früheren Regelung (Art. 1 Gesetz Nr. 196/1997) aber reduziert.

Der Arbeitnehmerüberlassungsvertrag ist verboten:

- wenn der Leiharbeitnehmer Arbeitnehmer ersetzen soll, die in zulässiger Weise ihr Streikrecht ausüben, das seine Grundlage in den Artt. 39 und 40 Cost. hat[703] (Art. 20 Abs. 5 lit. a));[704]
- wenn Unternehmen gegenüber der Arbeitsdirektion der Provinz (*direzione provinciale del lavoro*) nicht nachweisen, dass sie eine Risikobewertung nach den Arbeitssicherheitsvorschriften vorgenommen haben (Art. 20 Abs. 5 lit. c));
- in Betrieben, in denen innerhalb der letzten sechs Monate Gruppenentlassungen vorgenommen wurden und Arbeitnehmer des Bereiches betroffen waren, deren Aufgaben nun von Leiharbeitnehmern vorgenommen werden sollen. Dies gilt nicht, wenn die Arbeitnehmerüberlassung zum Ersatz abwesender

700 Thüsing/*Thüsing*, AÜG, § 12 Rdnr. 40.

701 Ulber/*Ulber*, AÜG, § 12 Rdnr. 50.

702 *Caruso/Cinelli/Ferraro*, Diritto del lavoro, S. 178.

703 *Rausei*, S. 234; *Caruso/Cinelli/Ferraro*, Diritto del lavoro, S. 178; *Carinci, F.*, Diritto del lavoro, commentario, Carinci, F. (diretto da), vol. II, S. 1352.

704 *Carinci, F.*, Diritto del lavoro, commentario, Carinci, F. (diretto da), vol. II, S. 1352.

Arbeitnehmer erfolgt, die ein Rückkehrrecht haben (Art. 20 Abs. 5 lit. b) S. 1 Hs. 1);

- in Betrieben, in denen die Arbeitnehmerüberlassung für Aufgabenbereiche vorgesehen ist, in denen ein Ruhen der Arbeitsverhältnisse oder eine Reduzierung der Arbeitszeit mit dem Recht auf Lohnausgleich stattfindet (Art. 20 Abs. 5 lit. b) S. 1 Hs. 2).

In den beiden letztgenannten Fällen können Tarifverträge abweichende Regelungen vorsehen, so dass es sich in den ersten beiden Fällen um absolute Verbote handelt, bei den zweiten um relative Verbote.

Bei Verletzung der Vorschriften des Art. 20 Abs. 5 der Gesetzesverordnung Nr. 276/2003 greifen gleichzeitig die zivil- und verwaltungsrechtlichen Sanktionen, vorgesehen in den Artt. 27 und 18 Abs. 3 der Gesetzesverordnung Nr. 276/2003.

Die Bestimmung des Art. 20 Abs. 5 steht auch im Einklang mit der Richtlinie über Leiharbeit. Gemäß Art. 4 Abs. 1 Hs. 1 der Richtlinie sind Verbote oder Einschränkungen des Einsatzes von Leiharbeit nur aus Gründen des Allgemeininteresses gerechtfertigt. Hierzu zählen ausdrücklich gemäß Art. 4 Abs. 1 Hs. 2 der Richtlinie der Schutz der Leiharbeitnehmer, die Erfordernisse von Gesundheitsschutz und Sicherheit am Arbeitsplatz oder die Notwendigkeit, das reibungslose Funktionieren des Arbeitsmarktes zu gewährleisten und eventuellen Missbrauch zu verhüten. Die Verbote des Art. 20 Abs. 5 der Gesetzesverordnung Nr. 276/2003 dienen diesen Schutzzwecken.

V. Das Leiharbeitsverhältnis

1. Das Leiharbeitsverhältnis im italienischen Recht

Anders als im Gesetz Nr. 196/1997, das in Art. 3 eine Regelung für befristete und unbefristete Arbeitsverträge vorsah, fehlt in der Gesetzesverordnung Nr. 276/2003 eine spezifische Vorschrift, die den Leiharbeitsvertrag (*contratto di lavoro somministrato*) regelt.[705] Dies soll zu einer Art „Normalisierung" des Arbeitsvertrages zwischen Verleiher und Arbeitnehmer (*contratto di lavoro subordinato*) beitragen. Unverständlicherweise ist – ebenfalls im Gegensatz zu der Vorgängerregelung – die Schriftform nicht mehr für den Abschluss des Vertrages vorgesehen.[706]

Gemäß Art. 22 der Gesetzesverordnung Nr. 276/2003 kann der Verleiher den Arbeitnehmer, der überlassen werden soll, befristet oder unbefristet einstellen,

---

705 *Mazziotti*, S. 345.

706 *Rausei*, S. 241.

ohne hinsichtlich des Typs der gewählten Arbeitnehmerüberlassung gebunden zu sein und das obwohl der Wortlaut der Norm auf den ersten Blick diesbezüglich den Anschein erweckt.

Gemäß Art. 22 Abs. 1 der Gesetzesverordnung Nr. 276/2003 unterliegt bei der unbefristeten Arbeitnehmerüberlassung das Arbeitsverhältnis zwischen Verleiher und Arbeitnehmer den allgemeinen Vorschriften des italienischen bürgerlichen Gesetzbuches (*Codice civile*) und den arbeitsrechtlichen Spezialgesetzen.[707]

Die übrigen Vertragstypen können nur eingeschränkt verwendet werden. Das Rundschreiben des Arbeitsministeriums Nr. 7/2005 schließt die Möglichkeit aus, in den Fällen der befristeten Arbeitnehmerüberlassung Verträge wie den der Arbeit auf Abruf und die Eingliederungsverträge zu verwenden.[708] Etwas anderes gilt jedoch im Falle der befristeten Arbeitnehmerüberlassung für den Eingliederungsvertrag, insbesondere wenn es sich dabei um eine Maßnahme i.S.d. Art. 13 der Gesetzesverordnung Nr. 276/2003 mit dem Ziel des „*Workfare*", handelt. Der Begriff „*Workfare*" ist eine Bezeichnung für ein arbeitsmarktpolitisches Konzept, das staatliche Transferleistungen mit einer Verpflichtung zur Arbeitsaufnahme verknüpft.[709] Im Rundschreiben Nr. 7/2005 wird präzisiert, dass diese Vertragsart für zulässig gehalten werden muss, wenn eine Arbeitnehmerüberlassung tatsächlich die Funktion hat, Arbeitsuchende einzugliedern oder wiedereinzugliedern.

Im Hinblick auf die Vergütung des Leiharbeitnehmers ist an dieser Stelle bereits auf den Gleichbehandlungsgrundsatz nach Art. 23 Abs. 1 der Gesetzesverordnung Nr. 276/2003 einzugehen. Danach schuldet der Verleiher mindestens die Vergütung, die von dem beim Entleiher geltenden Tarifvertrag für einen vergleichbaren Arbeitnehmer der entsprechenden Gruppe i.S.d. Art. 25 des für alle Arbeitsverhältnisse zwischen Verleiher und Leiharbeitnehmer landesweit geltenden Tarifvertrages vom 24.7.2008 vorgesehen ist. Dabei ist der Berechnungsmodus dem Art. 26 dieses Tarifvertrages zu entnehmen. Darüber hinaus sind die weiteren tarifvertraglichen Pflichten einzuhalten. Hierzu zählen insbesondere der unabdingbare durch landesweit geltende Tarifverträge festgelegte Mindestlohn sowie die in vielen Firmentarifverträgen geregelte variable Vergütung.[710]

a) Der befristete Leiharbeitsvertrag

Handelt es sich um eine befristete Arbeitnehmerüberlassung, ist das Verhältnis zwischen Verleiher und Arbeitnehmer, soweit kompatibel, der Regelung der

---

707 *Rausei*, S. 243.

708 *Rausei*, S. 245.

709 Kurzexpertise für das Bundesministerium für Wirtschaft des Forschungsinstitutes zur Zukunft der Arbeit (IZA), März 2007, S. 4 und 14.

710 *Rausei*, S. 251 f.

Gesetzesverordnung Nr. 368/2001 unterworfen (Art. 22 Abs. 2 Gesetzesverordnung Nr. 276/2003).[711]

Im Gegensatz zur vorangegangenen Rechtslage unter der Geltung des Gesetzes Nr. 196/1997 müssen die Befristungen der jeweiligen Verträge nicht synchron sein.[712] Auch wenn die Arbeitnehmerüberlassung unbefristet ist, kann der Einsatz beim Entleiher befristet sein, wobei sich im Falle der befristeten Arbeitnehmerüberlassung die Dauer des Arbeitsverhältnisses mit der Überlassungszeit decken wird.[713] Nach einer strengen Auffassung kann der Leiharbeitsvertrag nur für die Dauer des spezifischen Bedarfes an Arbeitskräften befristet werden.[714]

Mit der Reform des befristeten Vertrages durch das Gesetz Nr. 247/2007 hatte sich der Gesetzgeber darum bemüht, der Kettenbefristung einen Riegel vorzuschieben: Durch Art. 1 Abs. 40 lit. b) des Gesetzes Nr. 247/2007 wurde Art. 5 Abs. 4 der Gesetzesverordnung Nr. 368/2001 um einen Abs. 4-bis ergänzt. Danach ist das Arbeitsverhältnis grundsätzlich als auf unbestimmte Zeit geschlossen anzusehen, wenn es wegen einer Aufeinanderfolge befristeter Verträge für gleichartige Aufgaben zwischen demselben Arbeitgeber und demselben Arbeitnehmer insgesamt länger als 36 Monate gedauert hat. Hierbei sind auch Verlängerungen und Erneuerungen, unabhängig von Unterbrechungen, die einen Vertrag vom anderen trennen, zu berücksichtigen. Gleichzeitig sieht Art. 22 Abs. 2 der Gesetzesverordnung Nr. 276/2003, modifiziert durch Art. 1 Abs. 42 des Gesetzes Nr. 247/2007, vor, dass im Falle der befristeten Arbeitnehmerüberlassung das befristete Leiharbeitsverhältnis nicht den Grenzen des Art. 5 Abs. 3 ff. der Gesetzesverordnung Nr. 368/2001 unterworfen ist (Art. 22 Abs. 2 S. 1 Gesetzesverordnung Nr. 276/2003).[715] Der Verleiher kann danach mehrere befristete Verträge hintereinander abschließen, ohne einen zeitlichen Abstand einhalten zu müssen.[716]

Das Rundschreiben des Arbeitsministeriums Nr. 7/2005 hatte bereits betont, dass eine Kettenbefristung nur im Rahmen der Grenze, die sich für die Verlängerung aus dem aktuellen landesweit geltenden Tarifvertrag ergibt, derzeit der

---

711 *Mazziotti*, S. 345; *Ricci*, La somministrazione di lavoro dopo la riforma, in: De Luca Tamajo/Rusciano/Zoppoli (a cura di), Mercato del lavoro, riforma e vincoli del sistema, S. 117; *Caruso/Cinelli/Ferraro*, Diritto del lavoro, S. 172.

712 *Rausei*, S. 245; *D'Oronzo*, Somministrazione, contratto di lavoro e tipi contrattuali utilizzabili, Lav. Giur. 2005, Nr. 8, 731, 733.

713 *Caruso/Cinelli/Ferraro*, Diritto del lavoro, S. 184.

714 *Mazziotti*, S. 343.

715 *Caruso/Cinelli/Ferraro*, Diritto del lavoro, S. 172; mangels Anwendbarkeit des Art. 5 Abs. 3 ff. der Gesetzesverordnung Nr. 368/2001, greifen die in Bezug auf die Arbeitnehmerüberlassung durch die „Riforma Fornero“ in Bezug auf diese Vorschriften gebrachten Veränderungen demzufolge nicht, siehe oben § 3 I 2 m.

716 Weiterführende Erläuterungen hierzu im Rundschreiben des Arbeitsministeriums Nr. 13 vom 2.5.2008.

landesweit geltende Tarifvertrag vom 24.7.2008, zulässig ist. Daraus folgt, dass derselbe Arbeitnehmer in den Grenzen des Art. 42 des national geltenden Tarifvertrages an denselben Entleiher verliehen werden kann, d.h. eine Verlängerung ist nach Abs. 1 sechs Mal innerhalb von 36 Monaten möglich; im Falle des Abs. 2, der maximal zwei Verlängerungen in den ersten 24 Monaten erlaubt, kann die Gesamtdauer sogar 42 Monate betragen. Innerhalb dieses zeitlichen Rahmens und in den Fällen, die in dem auf den Verleiher angewendeten Tarifvertrag vorgesehenen sind, ist mit Einverständnis des Arbeitnehmers und unter Einhaltung der Schriftform (Art. 42 Abs. 3 landesweit geltender Tarifvertrag vom 24.7.2008) immer eine Verlängerung des befristeten Leiharbeitsvertrages möglich (Art. 22 Abs. 2 S. 2 Gesetzesverordnung Nr. 276/2003).[717]

Eine weitere Limitierung ergibt sich daraus, dass die ursprüngliche Tätigkeit, für die der Arbeitnehmerüberlassungsvertrag abgeschlossen wurde, für die Vertragsverlängerung bindend ist. Sie qualifiziert den ursprünglichen Vertrag und rechtfertigt daher die Verlängerung und nicht einen Neuabschluss.[718]

Es soll jedoch nicht unerwähnt bleiben, dass die gesetzgeberischen Maßnahmen nicht ganz unumstritten waren, denn infolge der Konfrontationen mit den Sozialpartnern hatte sich herausgestellt, dass diese Vorschriften, die die Einhaltung der Intervalle zwischen dem Abschluss eines befristeten Arbeitsvertrages mit einem Arbeitnehmer und der nachfolgenden Wiedereinstellung auferlegen, dem Arbeitnehmer eher schaden als nützen würden, da er von Beschäftigungschancen ausgeschlossen würde.[719] Durch den Ausschluss der Anwendung der Grenzen des Art. 5 Abs. 3 ff. der Gesetzesverordnung Nr. 368/2001 und auch durch die Regelung der einvernehmlichen Vertragsverlängerung[720] scheint zudem der Schutz der Leiharbeitnehmer weiter geschwächt zu werden.[721]

Zur Verbesserung der Situation der Leiharbeitnehmer auf dem Arbeitsmarkt erhält der Verleiher gemäß Art. 43 Abs. 1 des landesweit geltenden Tarifvertrages einen Zuschuss als Anreiz für die Umwandlung des befristeten Vertrages im Zeitraum der ersten 21 Arbeitsmonate in einen unbefristeten Vertrag. Darüber hinaus hat der Leiharbeitnehmer bei einem befristeten Leiharbeitsvertrag, wenn er seine Arbeitstätigkeit in Ausführung von zwei oder mehreren Arbeitnehmer-

717 *Mazziotti*, S. 345; *Rausei*, S. 246; *Carinci, M.T.*, S. 69.

718 Vgl. Rundschreiben des Arbeitsministeriums Nr. 7/2005; *Rausei*, S. 246.

719 *D'Oronzo*, La riforma del mercato del lavoro tra concertazione e dialogo sociale, in: Tiraboschi (a cura di), La riforma Biagi del mercato del lavoro, S. 756.

720 Art. 4 der Gesetzesverordnung Nr. 368/2001 sieht eine strengere Regelung für Vertragsverlängerungen vor: einmalige Verlängerungsmöglichkeit für Verträge mit einer anfänglichen Dauer von weniger als 3 Jahren, in jedem Fall mit Zustimmung des Arbeitnehmers, im Hinblick auf dieselbe Tätigkeit als Gegenstand des befristeten Vertrages und einer maximalen Dauer von 3 Jahren.

721 *Caruso/Cinelli/Ferraro*, Diritto del lavoro, S. 172.

überlassungsverträgen mit demselben Verleiher für einen Zeitraum von insgesamt 42 Monaten erbracht hat, einen Anspruch darauf, mit einem neuen, unbefristeten Vertrag eingestellt zu werden (Art. 43 Abs. 2 des landesweit geltenden Tarifvertrages).[722] Der Verleiher kann dann für einen Zeitraum von 12 auf die Einstellung folgenden Monaten dem Arbeitnehmer selbst nicht kündigen, außer dieser lehnt einen vorgeschlagenen Arbeitseinsatz ab, obwohl er zumutbar ist. Es kann ihm aber in jedem Fall gekündigt werden, wenn die Voraussetzungen für eine Kündigung aus wichtigem oder aus berechtigtem, auf die Person bezogenen Grund vorliegen. Dem Arbeitnehmer wird dadurch Stabilität garantiert.

b) Der unbefristete Leiharbeitsvertrag

Im Unterschied zur befristeten Arbeitnehmerüberlassung bleiben die Arbeitnehmer auch in den Zeiten, in denen sie keine Arbeitsleistung bei dem Entleiher erbringen, dem Verleiher verfügbar, es sei denn es existiert ein wichtiger oder berechtigter Grund für eine Beendigung des Arbeitsvertrages.[723] Für diese Zeiträume muss der Verleiher dem Leiharbeitnehmer nicht die gesamte Vergütung zahlen. Stattdessen hat der Leiharbeitnehmer gegenüber dem Verleiher einen Anspruch auf eine monatliche Disponibilitätsentschädigung (*indennità di disponibilità*) (Art. 22 Abs. 3 Gesetzesverordnung Nr. 276/2003).[724] Es handelt sich im weiten Sinne um eine Vergütung, die dem Leiharbeitnehmer als Gegenleistung für die Verfügbarkeit und nicht für eine effektiv erbrachte Arbeitsleistung zu zahlen ist.[725] Die Höhe der Entschädigung wird gemäß Art. 22 Abs. 3 der Gesetzesverordnung Nr. 276/2003 auf der Grundlage des beim Verleiher anwendbaren Tarifvertrages berechnet bzw. jedoch in jedem Falle unter Einhaltung des vom Arbeitsministerium mit eigenem Dekret (D.M. 10.3.2004[726]) festgelegten unabdingbaren Mindestbetrages.[727] Dieser Anspruch des Arbeitnehmers basiert auf Art. 36 Cost., der das Recht der Arbeitnehmer, eine dem Umfang und der Qualität ihrer Arbeit entsprechende Entlohnung zu erhalten, verfassungsrechtlich schützt.[728] Art. 1 des Dekretes hat geregelt, dass beim unbefristeten Arbeitnehmerüberlas-

---

722 *Ferraro*, Tipologie di lavoro flessibile, S. 213.

723 Diese Regelung ist unter dem Aspekt der inhaltlichen Zuordnung als Beendigungstatbestand fälschlicherweise in Art. 20 Abs. 2 der Gesetzesverordnung Nr. 276/2003 enthalten.

724 *Carinci, F.*, Diritto del lavoro, commentario, Carinci, F. (diretto da), vol. II, S. 1378; *Carinci, M.T.*, S. 71.

725 *Carinci, F.*, Diritto del lavoro, commentario, Carinci, F. (diretto da), vol. II, S. 1378.

726 G.U. Nr. 68 vom 22.3.2004.

727 *Rausei*, S. 189; *Carinci, F.*, Diritto del lavoro, commentario, Carinci, F. (diretto da), vol. II, S. 1378.

728 Ausfürlich hierzu bei *Hausmann*, Arbeitnehmerschutz nach italienischem Recht vor deutschen Arbeitsgerichten, JbItalR 4 (1991), 55 ff.

sungsvertrag die Höhe der monatlichen Disponibilitätsentschädigung auf der Basis der Arbeitsstunden nicht unter 350,00 Euro im Monat liegen darf. Außerdem wird die Disponibilitätsentschädigung alle zwei Jahre durch Verordnung des Arbeitsministeriums entsprechend der Veränderungen des Verbraucherpreisindex für die Arbeiter- und Angestelltenfamilien, ermittelt vom staatlichen Statistikamt (*Istituto Nazionale di Statistica – ISTAT*), aktualisiert.[729]

Art. 27 Abs. 1 des landesweit geltenden Tarifvertrages vom 24.7.2008 regelt hierzu, dass die unbefristet eingestellten Leiharbeitnehmer Anspruch auf eine Disponibilitätsentschädigung in Höhe von 700,00 Euro brutto einschließlich der Abfindung bei Beendigung des Arbeitsverhältnisses (*trattamento di fine rapporto*) haben.

Weiter sieht der landesweit geltende Tarifvertrag in Art. 27 Abs. 2 vor, dass einem Arbeitnehmer, der für seine Arbeit einen monatlichen Bruttolohn bezogen hat, der unter der monatlichen Disponibilitätsentschädigung lag, die Differenz gezahlt werden muss.[730] Der Tarifvertrag bekräftigt in diesem Zusammenhang, dass der Leiharbeitnehmer während der Zeit der Disponibilität keine Tätigkeit für andere Verleiher ausüben darf und die Treuepflichten und Wettbewerbsverbote gemäß Artt. 2105 und 2106 c.c. einhalten und während der normalen Arbeitszeiten im jeweiligen Verleihbetrieb von dem Entleiher erreichbar sein muss. Außerdem muss sich der Leiharbeitnehmer während der Phasen, in denen er nicht verliehen ist, für eventuelle Bildungsmaßnahmen bereit halten.

Zusammenfassend ist festzustellen, dass zwischen dem befristeten und unbefristeten Leiharbeitsvertrag zwar eine Wahlfreiheit besteht. Tatsächlich ist es aber vor allem für den italienischen Verleiher sowohl aus ökonomischer als auch aus normativer Perspektive günstiger, den befristeten Arbeitsvertrag zu wählen: einerseits, weil er kostengünstiger ist, da keine Disponibilitätsentschädigung (*indennità di disponibilità*) für Zeiten des Nichtverleihs geschuldet ist, andererseits normativ, weil der Vertrag automatisch mit Fristablauf ohne Kündigungserfordernis endet.[731]

2. Das Leiharbeitsverhältnis im deutschen Recht

Die Voraussetzungen und Bedingungen, unter denen der Arbeitnehmer seine Arbeitsleistung beim Entleiher zu erbringen hat, werden im Arbeitsvertrag zwischen Leiharbeitnehmer und Verleiher geregelt. In Betracht kommt eine befristete oder unbefristete Gestaltung. Das Zustandekommen des unbefristeten Arbeits-

729 *Carinci, M.T.*, S. 71 f.

730 *Rausei*, S. 302.

731 *Carinci, M.T.*, S. 62.

verhältnisses richtet sich nach den allgemeinen Vorschriften des BGB und ist auch formlos wirksam. Etwas anderes gilt im Falle eines befristet abgeschlossenen Leiharbeitsverhältnisses. Die Befristung eines Arbeitsvertrages bedarf zu ihrer Wirksamkeit zwingend der Schriftform (§ 14 Abs. 4 TzBfG).

Den Verleiher treffen alle typischen Rechte und Pflichten eines Arbeitgebers, insbesondere die Lohnzahlungs-, Fürsorge-, Gleichbehandlungs- und Arbeitsschutzpflichten, die während der Dauer des Einsatzes beim Entleiher weder suspendiert noch eingeschränkt werden.[732]

a) Der befristete Leiharbeitsvertrag

Durch Art. 6 Nr. 3b des „Ersten Gesetzes für moderne Dienstleistungen am Arbeitsmarkt" vom 23.12.2002 (Hartz I) wurden das besondere Befristungsverbot (§§ 3 Abs. 1 Nr. 3, 9 Nr. 2 AÜG a.F.), die Bestimmungen zur Unwirksamkeit von Kündigungen bei Wiedereinstellung (§§ 3 Abs. 1 Nr. 4, 9 Nr. 3 AÜG a.F.) und das Synchronisationsverbot (§ 3 Abs. 1 Nr. 5 AÜG a.F.)[733] abgeschafft. Somit wird seitdem die Zulässigkeit von Befristungen und die Wirksamkeit von Kündigungen unter Berücksichtigung des Schutzzweckes des § 11 Abs. 4 S. 2 AÜG, wonach das Beschäftigungsrisiko des Verleihers nicht verlagert werden darf,[734] nur noch nach den allgemeinen arbeitsrechtlichen Grundsätzen, insbesondere den Befristungsregelungen der §§ 14 ff. TzBfG beurteilt.[735]

Einschränkungen im Hinblick auf die Befristung ergeben sich aber weiterhin. Die Richtlinie über Leiharbeit sieht vor allem für die Synchronisation von Laufzeit des Leiharbeitsverhältnisses und Dauer des Arbeitseinsatzes bei nur einem Entleiher Begrenzungen vor.[736]

Gemäß § 1 Abs. 1 S. 1 AÜG ist das Leiharbeitsverhältnis als unbefristetes Arbeitsverhältnis konzipiert, das einen besonderen Bestandsschutz genießt.[737] Dabei erfordert das Tatbestandsmerkmal „vorübergehend" in § 1 Abs. 1 S. 2 AÜG, dass das Arbeitsverhältnis des Leiharbeitnehmers die Zeit des Einsatzes bei einem Entleiher überdauert. Damit ist eine Synchronisation von der Dauer des Leiharbeitsverhältnisses mit der Laufzeit des Arbeitnehmerüberlassungsvertrages ausgeschlossen. Auf diese Weise bleiben gemäß § 11 Abs. 4 S. 2 AÜG die Betriebsrisiken aufgrund von Beschäftigungsschwankungen beim Verleiher und

---

732 Schüren/Hamann/*Schüren*, AÜG, Einl. Rdnr. 202 ff.; Ulber/*Ulber*, AÜG, § 1 Rdnr. 54.

733 Ulber/*Ulber*, AÜG, § 9 Rdnr. 325.

734 *Hirdina*, NZA 2011, 325, 328; Ulber/*Ulber*, AÜG, § 1 Rdnr. 94.

735 *Urban-Crell/Schulz*, Arbeitnehmerüberlassung, Rdnr. 1230 f.; vgl. hierzu auch *Wank*, NZA 2003, 14, 20; Thüsing/*Pelzner*, AÜG, § 3 Rdnr. 102; Ulber/*Ulber*, AÜG, § 9 Rdnr. 366.

736 Schüren/Hamann/*Riederer von Paar*, AÜG, Einl. Rdnr. 617.

737 *Schüren/Behrend*, NZA 2003, 521, 523; Ulber/*Ulber*, AÜG, § 9 Rdnr. 328 und § 1 Rdnr. 230a ff.

werden nicht auf den Leiharbeitnehmer abgewälzt.[738] Könnte der Verleiher außerdem mithilfe der Befristung die Dauer des Arbeitsverhältnisses von tatsächlich bestehenden Verleihmöglichkeiten abhängig machen, würde der Schwerpunkt des Arbeitsverhältnisses zum Entleiher verschoben. Dann liegt aber in der Regel ein Fall von Arbeitsvermittlung vor. Daher muss im Rahmen einer verfassungskonformen Auslegung der Vorschriften zur Befristung diese auf solche Fälle beschränkt werden, in denen eine Arbeitgeberstellung des Verleihers garantiert wird und daneben dem besonderen Schutzbedürfnis der Leiharbeitnehmer und den Regelungen zum besonderen Beschäftigungsrisiko des Verleihers Rechnung getragen wird. Demzufolge scheidet eine Befristung des Leiharbeitsverhältnisses aus, wenn der Verleiher von vornherein den Leiharbeitnehmer nur einmalig überlassen will.[739]

Das Leiharbeitsverhältnis darf demnach im Rahmen der Bestimmungen des TzBfG befristet werden. Nach § 14 TzBfG kommt grundsätzlich zwar eine sachgrundlose Befristung (§ 14 Abs. 2, 2a, 3) oder eine Befristung mit sachlichem Grund (§ 14 Abs. 1) in Betracht. Letztlich erscheint die Befristung mit Sachgrund aber schwer umzusetzen und nicht praktikabel.[740]

Der herrschenden Meinung zufolge ist für den Befristungsgrund ausschließlich auf das Verhältnis zwischen Verleiher und Leiharbeitnehmer abzustellen.[741]

Zwar sollte nach einer Auffassung mangels gesetzlicher Vorgaben zwischen betriebsbezogenen sachlichen Gründen (§ 14 Abs. 1 S. 2 Nr. 1, 3, 4, 7 TzBfG) und arbeitnehmerbezogenen sachlichen Gründen (§ 14 Abs. 1 S. 2 Nr. 2, 5, 6 TzBfG) differenziert werden. Im ersten Fall sei auf die Situation im Entleiherbetrieb, im zweiten Fall auf das Verhältnis zwischen Verleiher und Leiharbeitnehmer abzustellen. Dies würde der Besonderheit des Dreipersonenverhältnisses Rechnung tragen.[742] Gegen dieses Verständnis spricht allerdings, dass die arbeitsvertragliche Beziehung nur zwischen Verleiher und Leiharbeitnehmer besteht und deshalb die Situation im Betrieb des Verleihers entscheidend ist. Rechtlich wird der Leiharbeitnehmer allein dem Verleiher zugeordnet.[743]

Mit seinem Urteil vom 18.5.2006 hat das BAG jedenfalls indirekt klargestellt, dass für die Befristung wegen vorübergehenden Bedarfes der Betrieb des Verleihers und nicht des Entleihers zu beurteilen ist.[744] Auf jeden Fall ist ent-

738 Ulber/*Ulber*, AÜG, § 9 Rdnr. 328.

739 Schüren/Hamann/*Riederer von Paar*, AÜG, Einl. Rdnr. 617.

740 *Urban-Crell/Schulz*, Arbeitnehmerüberlassung, Rdnr. 1237 f.; ausführlich bei *Steuer*, S. 221 ff.

741 *Wank*, NZA 2003, 14, 20; ErfK/*Wank*, AÜG, Einl. Rdnr. 6; Thüsing/*Pelzner*, AÜG, § 3 Rdnr. 103.

741 *Urban-Crell/Schulz*, Arbeitnehmerüberlassung, Rdnr. 1237.

742 *Frik*, NZA 2005, 386, 386 ff.

743 Schüren/Hamann/*Schüren*, AÜG, § 3 Rdnr. 90; im Einzelnen *Steuer*, S. 221 ff.

744 BAG v. 18.5.2006, DB 2006, 1962, 1962 f.

sprechend der wohl herrschenden Auffassung eine Befristung nicht mit der Begründung möglich, der Leiharbeitnehmer werde lediglich für einen begrenzten Zeitraum im Entleiherbetrieb benötigt, die Möglichkeit eines späteren Einsatzes sei jedoch noch nicht vorhersehbar. Es sei für den Arbeitnehmerüberlassungsvertrag kennzeichnend, dass zwischen den einzelnen Überlassungen einsatzfreie Zeiten liegen. Demnach komme eine Befristung wegen vorübergehenden Bedarfes nur in Betracht, wenn zum Zeitpunkt der Einstellung des Leiharbeitnehmers endgültig abzusehen sei, dass über den Zeitraum der beabsichtigten Überlassung hinaus, kein weiterer Bedarf besteht. Die Auffassung geht im Endeffekt von einem Fortbestand des Synchronisationsverbotes[745] aus, da anderenfalls dem Arbeitnehmer das Risiko aufgebürdet würde, in einsatzfreien Zeiten keinen Lohn zu erhalten. Der Verleiher soll aber sein Unternehmerrisiko nicht auf den Leiharbeitnehmer abwälzen dürfen.[746]

Betrachtet man die einzelnen Befristungsgründe im Detail, ist im Übrigen festzustellen, dass diesen kaum Bedeutung zukommt:

Einen zeitlich begrenzten Bedarf (§ 14 Abs. 1 S. 2 Nr. 1 TzBfG) wird der Verleiher schwerlich nachweisen können, da sich seine Tätigkeit üblicherweise nicht nur auf eine einzige Überlassung beschränkt.[747] Anerkannt ist der vorübergehende Arbeitskräftemehrbedarf (z.B. Saisonarbeiter) oder ein absehbarer Minderbedarf.[748]

Auch ein Fall des § 14 Abs. 1 S. 2 Nr. 2 TzBfG (Befristung in Anschluss an Ausbildung oder Studium) ist sehr unwahrscheinlich, da der Verleiher keine Leiharbeitnehmer einstellt, um diese an andere Arbeitgeber zu verlieren, außer eventuell in Fällen vermittlungsorientierter Arbeitnehmerüberlassung.[749] § 14 Abs. 1 S. 2 Nr. 3 TzBfG (Beschäftigung als Vertretung) ist anwendbar, wenn vorübergehende Lücken in der Personaldecke zu schließen sind.[750] Auch hier darf allerdings der Verleiher das Unternehmer-Arbeitgeberrisiko nicht auf den Leiharbeitnehmer abwälzen.[751] Im Falle des § 14 Abs. 1 S. 2 Nr. 4 TzBfG (Rechtfertigung der Befristung durch die Eigenart der Arbeitsleistung) wollte der Ge-

---

745 Gemäß § 3 Abs. 1 Nr. 5 AÜG a.F., aufgehoben durch Art. 6 Nr. 3b des „Ersten Gesetzes für moderne Dienstleistungen am Arbeitsmarkt“ vom 23.12.2002, BGBl. I. S. 4607, 4617 ff., war eine Überlassungserlaubnis zu versagen, wenn der Verleiher die Dauer des Arbeitsverhältnisses mit dem Leiharbeitnehmer wiederholt auf die Zeit der erstmaligen Überlassung an einen Entleiher beschränkt.

746 Vgl. *Urban-Crell/Schulz*, Arbeitnehmerüberlassung, Rdnr. 1241.

747 *Wank*, NZA 2003, 14, 20; *Urban-Crell/Schulz*, Arbeitnehmerüberlassung, Rdnr. 1238 ff.

748 *Urban-Crell/Schulz*, Arbeitnehmerüberlassung, Rdnr. 1240.

749 *Urban-Crell/Schulz*, Arbeitnehmerüberlassung, Rdnr. 1242; *Wank*, NZA 2003, 14, 21; ErfK/*Wank*, AÜG, Einl. Rdnr. 8.

750 *Urban-Crell/Schulz*, Arbeitnehmerüberlassung, Rdnr. 1240.

751 *Wank*, NZA 2003, 14, 20 f.

setzgeber besondere Berufsgruppen erfassen. Leiharbeitnehmer üben aber jede Art von Tätigkeit aus.[752] Eine Befristung zur Erprobung (§ 14 Abs. 1 S. 2 Nr. 5 TzBfG) ist nur einmal möglich.

Die Befristung des Leiharbeitsvertrages ohne Sachgrund ist gemäß § 14 Abs. 2 TzBfG nur bis zur Höchstdauer von zwei Jahren zulässig. Zwar kann innerhalb dieses Zeitraums von zwei Jahren dreimal verlängert werden, allerdings innerhalb der vorangegangenen Befristung. Die Vorschrift ist jedoch unzweckmäßig, da eine durchgehende Beschäftigung im Leiharbeitsverhältnis bis zu zwei Jahren regelmäßig angesichts der üblicherweise kurzen Überlassungsdauer nicht intendiert ist. Die Höchstfrist wird daher in der Regel nie voll ausgenutzt.[753]

Vergleichbar dem italienischen Befristungsrecht ist auch hier die Möglichkeit gegeben, durch Tarifvertrag bzw. einzelvertragliche Bezugnahme auf den Tarifvertrag gemäß § 14 Abs. 2 S. 3 und 4 TzBfG die Anzahl der Verlängerungen und die Höchstdauer der Befristung abweichend zu regeln.

Ein weiterer Grund für die geringe Attraktivität der sachgrundlosen Befristung liegt in der Regelung des § 14 Abs. 2 S. 2 und 3 TzBfG, wonach diese nur möglich ist, wenn nicht bereits zuvor mit demselben Arbeitnehmer ein befristetes oder unbefristetes Arbeitsverhältnis bestanden hat, so dass eine sachgrundlose Befristung lediglich einmal möglich ist.[754]

Diskutiert wird in diesem Zusammenhang, ob angesichts des speziellen Merkmals der vorübergehenden Einsatzmöglichkeit im Falle der Arbeitnehmerüberlassung ein besonderer Sachgrund für die Befristung von Leiharbeitsverhältnissen in das TzBfG aufzunehmen sei.[755] Zu überlegen wäre die Möglichkeit der Befristung der Überlassung auf die Einsatzdauer. Dies käme sicherlich den Arbeitssuchenden zu Gute, da Arbeitgeber eher geneigt sein werden, Bewerbern im Rahmen einer befristeten Beschäftigung eine Chance zu geben. Zudem wäre – nach Aufhebung des Synchronisationsverbotes – auch zur Ermöglichung synchronisierter Verträge die Einführung eines Befristungsgrundes für die Arbeitnehmerüberlassung geboten.

Dagegen ist allerdings die Rechtsprechung des BAG anzuführen, wonach der Arbeitgeber nicht den Arbeitnehmer mit der Unsicherheit über den künftigen Arbeitskräftebedarf und demnach mit dem Unternehmensrisiko belasten darf. Dem Verleiher steht es im Übrigen frei, auf die sachgrundlose Befristung zurückzugreifen. Theoretisch könnten auch die Tarifvertragsparteien in Anlehnung

752 *Urban-Crell/Schulz*, Arbeitnehmerüberlassung, Rdnr. 1243.

753 *Wank*, NZA 2003, 14, 20; *Urban-Crell/Schulz*, Arbeitnehmerüberlassung, Rdnr. 1234; Schüren/Hamann/*Schüren*, AÜG, § 3 Rdnr. 119; Thüsing/*Pelzner*, AÜG, § 3 Rdnr. 110.

754 *Urban-Crell/Schulz*, Arbeitnehmerüberlassung, Rdnr. 1235.

755 Im Einzelnen *Steuer*, S. 221 ff. und 337 ff.

an § 14 Abs. 2 S. 3 und 4 TzBfG befristete Arbeitsverträge mit Sachgrund abweichend oder ergänzend zu § 14 Abs. 1 TzBfG regeln.[756]

Wie bereits erwähnt kann sich der herrschenden Meinung zufolge ein Befristungsgrund ausschließlich aus dem Verhältnis zwischen Verleiher und Leiharbeitnehmer ergeben, da nur zwischen diesen beiden ein Arbeitsverhältnis besteht.[757]

Es bleibt letztlich dem Gesetzgeber überlassen, ob er sich für die Einführung eines Befristungsgrundes entscheidet, um dadurch den Gestaltungsspielraum in der Zeitarbeitsbranche zu erweitern und das mit der Beseitigung des Synchronisationsverbotes verfolgte Ziel der Ermöglichung synchronisierter Verträge zu verwirklichen.[758] Hier besteht durchaus noch Flexibilisierungsbedarf.

Alternativ wird zur Flexibilisierung der Befristung immer wieder die Aufhebung des Anschlussverbotes des § 14 Abs. 2 S. 2 TzBfG diskutiert.

Gemäß § 14 Abs. 2 S. 2 TzBfG wird dem Verleiher die Möglichkeit gegeben, bis zur Höchstdauer von zwei Jahren die Laufzeit des Leiharbeitsverhältnisses mit den Einsatzmöglichkeiten bei Entleihern faktisch zu synchronisieren.[759] Allerdings ist diese Vorschrift, insbesondere im Hinblick auf Kettenbefristungen, wegen Verstoßes gegen Art. 5 Abs. 5 der Richtlinie über Leiharbeit, wonach aufeinanderfolgende missbräuchliche Überlassungen verhindert werden sollen und als Umgehung der Richtlinie zu werten sind, nicht mit dem Unionsrecht vereinbar.[760]

Im Zusammenhang mit der Problematik der Kettenbefristung sei die aktuelle Rechtsprechung in der Rechtsache Kücük zur Kettenbefristung wegen Vertretungsbedarfes angesprochen. Der EuGH hat die ihm vom siebten Senat des BAG mit Beschluss vom 17.11.2010[761] vorgelegte Frage dahingehend beantwortet, dass zwar wiederholtes oder gar dauerhaftes Zurückgreifen auf befristete Vertretungen sachlich gerechtfertigt sei. Die nationalen staatlichen Stellen müssten aber alle mit der Verlängerung der befristeten Verträge verbundenen Umstände berücksichtigen, da sie einen Hinweis auf Missbrauch geben können, den § 5 Nr. 1 der EGB-UNICE-CEEP-Rahmenvereinbarung über befristete Arbeitsverträge im Anhang der Richtlinie 1999/70/EG des Rates vom 28.6.1999 verhindern soll. Bei

756 ErfK/*Müller-Glöge*, TzBfG, § 14 Rdnr. 102.

757 *Wank*, NZA 2003, 14, 20; ErfK/*Wank*, AÜG, Einl. Rdnr. 6 m.w.N.; Thüsing/*Pelzner*, AÜG, § 3 Rdnr. 103.

757 *Urban-Crell/Schulz*, Arbeitnehmerüberlassung, Rdnr. 1237.

758 *Steuer*, S. 340.

759 ErfK/*Wank*, AÜG, Einl. Rdnr. 6; Schüren/Hamann/*Schüren*, AÜG, § 3 Rdnr. 118; *Ulber*, AuR 2003, 7, 9.

760 *Blanke*, Gutachten im Auftrag des DGB 2010, S. 117; Schüren/Hamann/*Riederer von Paar*, AÜG, Einl. Rdnr. 611; *Ulber*, AuR 2010, 7, 11.

761 BAG v. 17.11.2010, NZA 2011, 34, 34 ff.

dieser Prüfung könnten sich Zahl und Dauer der mit demselben Arbeitgeber geschlossenen aufeinander folgenden Verträge als relevant erweisen.[762] Das BAG hat sich allerdings daraufhin jüngst in seinem Urteil vom 18.7.2012 gegen eine extrem lange Befristung ausgesprochen. Danach kann die Befristung von Arbeitsverträgen trotz Vorliegens eines Sachgrunds aufgrund der besonderen Umstände des Einzelfalls ausnahmsweise rechtsmissbräuchlich und daher unwirksam sein. Dies gilt insbesondere bei sehr langer Gesamtdauer oder einer außergewöhnlich hohen Anzahl aufeinander folgender Befristungen mit demselben Arbeitgeber.[763] An einen solchen nur ausnahmsweise anzunehmenden Rechtsmissbrauch seien jedoch hohe Anforderungen zu stellen. Es müssten dabei alle Umstände des Einzelfalls, insbesondere aber Gesamtdauer und Anzahl der in der Vergangenheit mit demselben Arbeitgeber geschlossenen aufeinander folgenden befristeten Verträge berücksichtigt werden. Das BAG lässt demnach Kettenbefristungen ausdrücklich zu. Im Rahmen einer gerichtlichen Überprüfung kommt es allein darauf an, ob der letzte Arbeitsvertrag eine wirksame Befristungsklausel enthält. Dabei geht das BAG hinsichtlich der zu überprüfenden Prognose von steigenden Anforderungen aus.[764]

Im Hinblick auf die Befristung von Leiharbeitsverträgen ergibt sich jedenfalls aus Art. 5 Abs. 5 der Richtlinie über Leiharbeit für die Mitgliedstaaten die Pflicht, die missbräuchliche Verwendung kettenbefristeter Leiharbeitsverhältnisse durch den Verleiher zur Umgehung der Bestimmungen der Richtlinie zu verhindern.

b) Der unbefristete Leiharbeitsvertrag

Als besondere arbeitsrechtliche Pflicht des Verleihers ist die Übernahme des Betriebsrisikos anzuführen, das er typischerweise alleine zu tragen hat. Bestehen im Verleihbetrieb keine Möglichkeiten zur Beschäftigung oder besteht im Einsatzbetrieb kein Bedarf an Leiharbeitnehmern, berührt dies seine Vergütungspflicht nicht.[765] Die zwingenden Vorschriften zum besonderen Beschäftigungsrisiko wirken sich auch auf den Bestandsschutz beim Leiharbeitsverhältnis aus. Allgemein lässt sich dabei der Grundsatz aufstellen, dass der Verleiher seine Beschäftigungspflicht sowie seine Vergütungspflicht in verleihfreien Zeiten nicht durch eine von ihm veranlasste Beendigung des Leiharbeitsverhältnisses umgehen darf.[766] Diese Pflicht folgt aus § 615 S. 1 BGB; denn der Verleiher

---

762 EuGH v. 26.1.2012- Rs. C-586/10, *Kücük*, NZA 2012, 135, 135 ff.

763 BAG v. 18.7.2012 – 7 AZR 443/09, Pressemitteilung Nr. 54/12.

764 *Drosdeck/Bitsch*, NZA 2012, 977, 980.

765 Schüren/Hamann/*Schüren*, AÜG, § 11 Rdnr. 99; Ulber/*Ulber*, AÜG, § 1 Rdnr. 76.

766 Ulber/*Ulber*, AÜG, § 9 Rdnr. 367.

befindet sich mit der Annahme der Dienste in Verzug. Diese Regelung ist nicht zum Nachteil des Arbeitnehmers vertraglich abdingbar.[767] Das wirtschaftliche Risiko in derartigen Phasen ohne Beschäftigung trägt danach der Verleiher.[768] Soll durch die Kündigung eine faktische Synchronisation der Laufzeiten von Leiharbeitsverhältnis und Arbeitnehmerüberlassungsvertrag erreicht werden, ist die Kündigung unwirksam.[769]

Im Hinblick auf die Vergütung in verleihfreien Zeiten ist bei einzelvertraglichen Vereinbarungen zu beachten, dass diese entsprechend des Lohnausfallprinzips der Höhe nach mindestens dem Vergütungsanspruch entsprechen muss, der dem Leiharbeitnehmer bei einem Verleih zugestanden hätte.[770] Neben der Grundvergütung werden dabei auch alle sonstigen Lohnbestandteile wie Zulagen, Zuschläge oder Zuwendungen mit entgeltwertem Charakter erfasst.[771] Zwar gilt in verleihfreien Zeiten nicht der Gleichbehandlungsgrundsatz nach § 9 Nr. 2 AÜG,[772] der Verleiher muss nach § 10 Abs. 5 AÜG jedoch mindestens das in einer Rechtsverordnung nach § 3a AÜG festgelegte Mindeststundenentgelt zahlen, im Übrigen die individual- oder tarifvertraglich geschuldete Vergütung.

Die Bestimmung des § 3a AÜG wurde durch das 1. AÜGÄndG[773] eingeführt und trat am 30.4.2011 in Kraft.

Zweck der Vorschrift ist, über die Festlegung verbindlicher Lohnuntergrenzen Lohndumping einzudämmen und aus dem Ausland entsandten Leiharbeitnehmern einen verbindlichen Mindestlohn zu garantieren.[774] Es handelt sich hierbei um eine zwingende Norm im Sinne des Art. 9 Abs. 1 der Verordnung (EG) Nr. 593/2008 (Rom I-VO)[775], die gemäß § 2 Nr. 4 AEntG auch Leiharbeitnehmer erfasst, die von einem im Ausland ansässigen Arbeitgeber ins Inland entsandt werden.[776]

Hinsichtlich der Vorschrift bestehen weder verfassungsrechtliche noch unionsrechtliche Bedenken. Zwar stellt diese Regelung einen Eingriff in die Koali-

---

767 *Urban-Crell/Schulz*, Arbeitnehmerüberlassung, Rdnr. 322.

768 *Urban-Crell/Schulz*, Arbeitnehmerüberlassung, Rdnr. 322.

769 *Schüren/Behrend*, NZA 2003, 521, 524.

770 ErfK/*Wank*, AÜG, § 11 Rdnr. 17; Schüren/Hamann/*Schüren*, AÜG, § 11 Rdnr. 86.

771 *Boemke/Lembke*, AÜG, § 11 Rdnr. 119; Ulber/*Ulber*, AÜG, § 1 Rdnr. 64.

772 Ulber/*Ulber*, AÜG, § 9 Rdnr. 43; *Boemke/Lembke*, AÜG, § 9 Rdnr. 48; Thüsing/*Pelzner*, AÜG, § 3 Rdnr. 100; *Bauer/Krets*, NJW 2003, 537, 539.

773 BGBl. I S. 642.

774 Ulber/*Ulber*, AÜG, § 3a Rdnr. 5.

775 Verordnung (EG) Nr. 593/2008 des Europäischen Parlaments und des Rates vom 17.6.2008 über das auf vertragliche Schuldverhältnisse anzuwendende Recht (Rom I), ABl. 2008 L 177/6 vom 4.7.2008.

776 *Bayreuther*, DB 2011, 706, 706.

tionsfreiheit konkurrierender Verbände und Gewerkschaften dar.[777] Dieser Eingriff ist jedoch durch das damit verfolgte Ziel der Garantie angemessener Arbeitsbedingungen in der Verleihbranche[778] sowie die Gewährleistung der finanziellen Stabilität der sozialen Sicherungssysteme[779] gerechtfertigt.[780]

Im Hinblick auf das Unionsrecht ist die Norm mit der Entsenderichtlinie konform, da gemäß Art. 3 Abs. 1 lit. d) dieser Richtlinie die Arbeitsbedingungen von Leiharbeitnehmern umfassend auf alle Leiharbeitnehmer, die von einem im In- oder Ausland ansässigen Verleiher im Geltungsbereich des AÜG eingesetzt werden, festzulegen sind.[781]

Legt man § 3a AÜG richtlinienkonform aus, steht die Vorschrift auch im Einklang mit Art. 5 Abs. 3 der Richtlinie über Leiharbeit.[782] Danach sind die Mitgliedstaaten berechtigt und verpflichtet, die Bedingungen festzulegen, unter denen vom Gleichbehandlungsgrundsatz des Art. 5 Abs. 1 der Richtlinie über Leiharbeit abgewichen werden darf.

Der Geltungsbereich der Vorschrift ist begrenzt. Er bezieht sich lediglich auf die Festsetzung von verbindlichen Mindeststundenentgelten, nicht auf wesentliche Arbeitsbedingungen i.S.v. § 9 Nr. 2 AÜG. Zum Mindeststundenentgelt gehören neben dem Stundengrundlohn alle Lohnbestandteile, die neben oder zusätzlich zum Stundenlohn in Verbindung mit geleisteten Arbeitsstunden zeitanteilig zu zahlen sind. Zulagen oder Zuschläge können ebenfalls als Mindeststundenentgelt geregelt werden.[783]

Nach § 3a Abs. 1 S. 1 AÜG können Gewerkschaften und Arbeitgebervereinigungen, vorausgesetzt beide Tarifvertragsparteien sind tariffähig und für die Verleihbranche bundesweit zuständig, tarifliche Mindeststundenentgelte im Bereich der Arbeitnehmerüberlassung bundesweit miteinander vereinbaren und daraufhin dem Bundesministerium für Arbeit und Soziales gemeinsam vorschlagen, diese als Lohnuntergrenze in einer Rechtsverordnung verbindlich festzusetzen.[784]

Nach § 3a Abs. 1 S. 2 AÜG muss der Tarifvertrag die Mindeststundenentgelte für Verleihzeiten und für verleihfreie Zeiten festlegen. Zwar ist gesetzlich nicht geregelt, wann von verleihfreien Zeiten gesprochen werden kann, allerdings kann aufgrund des Zweckes der Regelung, dem Leiharbeitnehmer ein gleichbleibendes Arbeitsentgelt zu garantieren, hergeleitet werden, dass darunter alle Zei-

---

777 Ulber/*Ulber*, AÜG, § 3a Rdnr. 6; a.A. *Sittard*, NZA 2010, 1160, 1160 f.

778 BVerfG v. 24.5.1977, BVerfGE 44, 322, 322 ff.

779 BVerfG v. 20.3.2007, NZA 2007, 609, 609 ff.

780 Ulber/*Ulber*, AÜG, § 3a Rdnr. 6.

781 Ulber/*Ulber*, AÜG, § 3a Rdnr. 6.

782 Ulber/*Ulber*, AÜG, § 3a Rdnr. 6.

783 EuGH v. 14.4.2005 – Rs. C-341/02, *Kommission der Europäischen Gemeinschaften./.Bundesrepublik Deutschland*, NZA 2005, 573, 573 ff.; Ulber/*Ulber*, AÜG, § 3a Rdnr. 7.

784 Ulber/*Ulber*, AÜG, § 3a Rdnr. 9 f.

ten zu verstehen sind, in denen der Leiharbeitnehmer nicht einem Entleiher überlassen ist. Somit werden alle Zeiten erfasst, die nicht während der Laufzeit eines Arbeitnehmerüberlassungsvertrages eine Arbeitspflicht des Leiharbeitnehmers beim Entleiher begründen.[785] Für Verleihzeiten und für verleihfreie Zeiten muss der Höhe nach ein einheitliches, d.h. dasselbe Mindeststundenentgelt vorgesehen sein. Dieses Differenzierungsverbot gilt jedenfalls für die Grundvergütung. Sonstige Entgeltbestandteile, die in tatsächlicher Hinsicht eine Arbeitsleistung voraussetzen, werden nur erfasst, wenn die Anspruchsvoraussetzungen aufgrund der Tätigkeit des Leiharbeitnehmers erfüllt sind.[786]

Das Bundesministerium für Arbeit und Soziales ist gemäß § 3a Abs. 2 S. 1 AÜG ermächtigt, die vorgeschlagenen Mindeststundenentgelte durch Rechtsverordnung als verbindliche Lohnuntergrenze festzusetzen. Zunächst muss die Rechtsverordnung im öffentlichen Interesse geboten erscheinen (§ 3a Abs. 3 S. 1 AÜG i.V.m. § 5 Abs. 1 S. 1 Nr. 2 TVG). Hier sind auch die Verpflichtungen aus der Leiharbeitsrichtlinie zu berücksichtigen (Art. 11 Abs. 1 Richtlinie über Leiharbeit). Die Entscheidung ist dann im Rahmen einer Gesamtabwägung zu treffen (§ 3a Abs. 3 S. 2 AÜG), wobei vor allem den Voraussetzungen und Zielen der Richtlinie über Leiharbeit Rechnung zu tragen ist.[787] Nach § 3a Abs. 3 S. 3 AÜG hat der Verordnungsgeber die bundesweit bestehenden Tarifverträge in der Arbeitnehmerüberlassung (Nr. 1) und die Repräsentativität der vorschlagenden Tarifvertragsparteien (Nr. 2) zu berücksichtigen.[788]

Aufgrund der Rechtsverordnung gelten deren Bestimmungen im Geltungsbereich des AÜG als normative Regelungen unmittelbar als staatliches Recht im Sinne von Art. 9 Abs. 1 der Rom I-VO.[789] Weiterhin wird nach § 10 Abs. 5 AÜG ein unmittelbarer Leistungsanspruch gegen den Verleiher begründet.

Derzeit gilt ein zwischen dem Deutschen Gewerkschaftsbund (DGB)[790] und dem Bundesarbeitgeberverband der Personaldienstleister e.V. (BAP)[791] bzw. dem Interessenverband Deutscher Zeitarbeitsunternehmen e.V. (iGZ)[792] vereinbarter Mindestlohn von 7,01 Euro in den neuen Ländern und 7,89 Euro in den

---

785 Ulber/*Ulber*, AÜG, § 3a Rdnr. 14.

786 Ulber/*Ulber*, AÜG, § 3a Rdnr. 15.

787 Ulber/*Ulber*, AÜG, § 3a Rdnr. 38.

788 *Oberthür*, ArbRB 2011, 146, 148.

789 OVG Berlin-Brandenburg v. 18.12.2008, AuR 2009, 46, 46; Ulber/*Ulber*, AÜG, § 3a Rdnr. 33.

790 Der DGB ist die größte Dachorganisation von Einzelgewerkschaften.

791 Im Frühjahr 2011 schlossen sich die beiden großen Branchenverbände, Arbeitgeberverband Mittelständischer Personaldienstleister e.V. (AMP) und Bundesverband Zeitarbeit Personal-Dienstleistungen e.V. (BZA), der ein Arbeitgeber- und Unternehmensverband von konzessionierten Zeitarbeitsunternehmen war, zum „Bundesarbeitgeberverband der Personaldienstleister" (BAP) zusammen.

792 Der iGZ ist der mitgliedsstärkste Arbeitgeberverband der Zeitarbeitsbranche.

übrigen Bundesländern.[793] Er sieht allerdings keine Differenzierung nach der beim Entleiher ausgeübten Tätigkeit vor und soll für alle Entgeltgruppen einheitlich gelten. Dies kann allenfalls für die untersten Lohngruppen oder Hilfstätigkeiten als angemessen angesehen werden. Im Hinblick auf die Tätigkeiten in den höheren Entgeltgruppen ist diese Lohnuntergrenze allerdings sittenwidrig, wenn sie tätigkeitsbezogen 67% des am Beschäftigungsort gezahlten Tarifentgeltes unterschreitet.[794]

Da im Gegensatz zu anderen Branchen in Art. 5 Abs. 1 der Richtlinie über Leiharbeit und § 9 Nr. 2 AÜG auch ohne zusätzliche Bestimmung bereits eine normative Regelung zum Mindestarbeitsentgelt besteht, ist es für die Festlegung einer Lohnuntergrenze in der Verleihbranche erforderlich, dass die Wertungsgrundlagen des Gleichbehandlungsgrundsatzes von Art. 5 Abs. 1 der Richtlinie über Leiharbeit und § 9 Nr. 2 AÜG berücksichtigt werden.[795] Tarifvertragliche Abweichungsmöglichkeiten vom Gleichbehandlungsgrundsatz können gemäß Art. 5 Abs. 3 der Richtlinie über Leiharbeit nur zugelassen werden, wenn der Gesamtschutz des Leiharbeitnehmers im Sinne der Garantie eines angemessenen Schutzniveaus gewahrt bleibe.[796] Zur Vermeidung von Diskriminierungen ist hierfür die Vereinbarung eines Tarifgitters im Rahmen von Tarifverträgen zum Mindestentgelt insoweit eine unabdingbare Voraussetzung.[797]

Wird die Lohnuntergrenze von einem Tarifvertrag jedoch nicht eingehalten, ist dieser nun nicht mehr geeignet, die Anwendung des Equal-Pay-Grundsatzes auszuschließen (vgl. §§ 3 Abs. 1 Nr. 3 S. 2, 9 Nr. 2 Hs. 2, 10 Abs. 4 S. 3 AÜG). Der Leiharbeitnehmer hat dann Anspruch gegen den Verleiher auf Zahlung des Stundenlohns, der vergleichbaren Arbeitnehmern im Entleiherbetrieb gezahlt wird.[798] Darüber hinaus wird die Nichteinhaltung der Lohnuntergrenze als Ordnungswidrigkeit mit einem Bußgeld von bis zu 500.000,00 Euro geahndet. Damit soll Art. 10 der Richtlinie über Leiharbeit nachgekommen werden und den Behörden ein alternatives Instrument zur Entziehung der Erlaubnis zur Arbeitnehmerüberlassung zur Verfügung gestellt werden.[799]

---

793 Pressemitteilung des Bundesministeriums für Arbeit und Soziales „Zeitarbeit hat ihren Wert", Stand 20.12.2011, siehe http://www.bmas.de/DE/Service/Presse/Pressemitteilungen/mindest lohn-zeitarbeit-branchen.html.

794 Ulber/*Ulber*, AÜG, § 3a Rdnr. 21.

795 Ulber/*Ulber*, AÜG, § 3a Rdnr. 22.

796 Vgl. Erwägungsgrund Nr. 16 der Richtlinie 2008/104/EG des Europäischen Parlamentes und des Rates über Leiharbeit vom 19.11.2008.

797 Ulber/*Ulber*, AÜG, § 3a Rdnr. 25 und § 9 Rdnr. 239.

798 *Oberthür*, ArbRB 2011, 146, 148.

799 BT-Drs. 847/10, S. 10.

Da die Kontrollbefugnisse der Bundesagentur für Arbeit für die sich aus § 3a AÜG ergebende Aufgabe jedoch nicht weit genug gingen, brachte die Koalition ergänzend den Entwurf eines Gesetzes zur Änderung des AÜG und des Schwarzarbeitsbekämpfungsgesetzes ein.[800] Das „Gesetz zur Änderung des AÜG und des Schwarzarbeitsbekämpfungsgesetzes" vom 20.7.2011 (AÜGuaÄndG) wurde am 29.7.2011 verkündet und ist am 30.7.2011 in Kraft getreten.[801] Zuständig für die Überwachung der Lohnuntergrenze und zur Ahndung von Verstößen sind die Behörden der Zollverwaltung. Diese haben sich bereits bei der Kontrolle der entsprechenden Mindestentgeltbedingungen nach dem AEntG bewährt.[802]

3. Rechtsvergleichende Erwägungen

Eine Gegenüberstellung der Vergütungsregeln in beiden Ländern macht deutlich, dass in Deutschland wie in Italien verbindliche Mindestlöhne gelten. Der Unterschied liegt allerdings in der Rechtsgrundlage: In Deutschland wird der Mindestlohn für die Zeitarbeitsbranche vom Bundesarbeitsministerium per Rechtsverordnung verbindlich festgesetzt. Diese Rechtsverordnung (Art. 80 Abs. 1 GG) stellt ein Gesetz im materiellen Sinn dar. In Italien ist hingegen zwischen verleihfreien Zeiten und Zeiten des Arbeitseinsatzes zu differenzieren. Der in Italien für verleihfreie Zeiten per ministeriellem Dekret vorgegebene Mindestbetrag für die Disponibilitätsentschädigung hat keine Gesetzeskraft. Allerdings haben die einzelnen Gewerkschaften im Übrigen mit den meisten Arbeitgebern Mindestlöhne ausgehandelt. Aufgrund der Wirkungsweise der italienischen Tarifverträge sind die Mindestlöhne in Italien ebenfalls verbindlich.[803] In Italien spielen die von Gewerkschaften und Arbeitgeberverbänden abgeschlossenen landesweit gültigen Tarifverträge im praktischen Arbeitleben eine ganz überragende Rolle. Dies erklärt sich nicht nur aus dem weitreichenden politischen Einfluss, der den wichtigsten Gewerkschaften und Unternehmervereinigungen zukommt.[804] Im Unterschied zum deutschen Recht werden die jeweils geltenden Tarifverträge nahezu auf alle Arbeitsverträge angewandt. Die Tarifverträge sind darüber hinaus sogar auf nichttarifgebundene Arbeitgeber anwendbar.[805] Die italienische Rechtsprechung

800 Siehe hierzu BT-Drs. 17/5761.

801 BGBl. I S. 1506 ff.

802 *Düwell*, DB 2011, 1520, 1520.

803 *Radoccia*, Arbeitsrecht in Italien, S. 649 Rdnr. 256.

804 Dazu gehören auf Arbeitnehmerseite die „Confederazione Generale Italiana del Lavoro", sog. CGIL, die „Unione Italiana del Lavoro", sog. UIL, die „Confederazione Italiana Sindacati Lavoratori, sog. CISL, und für die Unternehmerseite z.B. die Confindustria für die Großindustrie; vgl. dazu *Kindler*, Italienisches Handels- und Wirtschaftsrecht, § 3 Rdnr. 8.

805 *Kindler*, Italienisches Handels- und Wirtschaftsrecht, § 3 Rdnr. 8 m.w.N.

begründet dies unter Berufung auf den verfassungsrechtlichen Gleichheitssatz und die Mindestlohngarantie (Artt. 3 und 36 Cost.). Teilweise erfolgt die Begründung über die Figur der stillschweigenden Einbeziehung.[806] Dies kann jedoch nicht für die Disponibilitätsentschädigung gelten, da diese im Verwaltungswege festgelegt wird, so dass die Figur der stillschweigenden Einbeziehung nicht herangezogen werden kann (Artt. 2099 c.c. und 36 Cost.).[807]

Trotz der Vorteile, die die Regelung eines Mindestlohnes für die Branche der Zeitarbeit mit sich bringt, wie Schutz vor Lohn- und Sozialdumping sowie die Gewährleistung existenzsichernder Einkommen für Leiharbeitnehmer, darf nicht außer Acht gelassen werden, dass die Festlegung eines Mindestlohnes auf der anderen Seite auch zu negativen Beschäftigungswirkungen führen kann.

a) Der befristete Leiharbeitsvertrag

Im Hinblick auf die Diskussion in Deutschland zur Einführung eines besonderen Sachgrundes für die Befristung von Leiharbeitsverhältnissen in das TzBfG, und zwar die Befristung der Überlassung auf die Einsatzdauer, sei darauf hingewiesen, dass genau dies von der italienischen Rechtsprechung kritisiert wird. Es soll gerade darauf hingewirkt werden, vorrangig die Stammarbeitnehmer des Entleiherbetriebes mit vorübergehend auftretenden Tätigkeiten zu betrauen.

In den meisten europäischen Ländern – abgesehen von Deutschland und Schweden – werden die Leiharbeitnehmer mit einem befristeten Vertrag eingestellt.[808] Es wäre an der Zeit, dass sich das deutsche Recht von seinem Leitbild des Dauer-Leiharbeitnehmers, der kontinuierlich bei einem Verleiher beschäftigt ist, verabschiedet.[809] Eine größere Flexibilität käme sowohl der Leiharbeitsbranche als auch den Arbeitssuchenden entgegen.

Zum Schutz vor überzogenen Kettenbefristungen wird dem Leiharbeitnehmer in Italien der Anspruch auf Anstellung mit einem neuen, unbefristeten Vertrag gewährt, wenn er im Rahmen eines befristeten Leiharbeitsvertrages seine Arbeitstätigkeit in Ausführung von zwei oder mehreren Arbeitnehmerüberlassungsverträgen mit demselben Verleiher für einen Zeitraum von insgesamt 42 Monaten erbracht hat (Art. 43 Abs. 2 des landesweit geltenden Tarifvertrages).

In Deutschland kann der Leiharbeitnehmer die Unwirksamkeit der Befristung des Arbeitsverhältnisses im Wege der Befristungskontrollklage vor dem Arbeitsgericht klären lassen. Die Rechtsfolgen unwirksamer Befristungen sind gesetz-

806 *Kindler*, Italienisches Handels- und Wirtschaftsrecht, § 3 Rdnr. 8 m.w.N.
807 *Carinci*, *M.T.*, S. 72.
808 *Wank*, NZA 2003, 14, 16; *Steuer*, S. 338.
809 *Steuer*, S. 338.

lich festgelegt. Das unwirksam befristete Leiharbeitsverhältnis wird als unbefristetes fortgesetzt (§ 16 S. 1 TzBfG).[810]

Auf der Rechtsfolgenseite entsprechen sich daher die Regelungen der beiden Länder. Soweit Kettenbefristungen missbräuchlich gestaltet sind, wird sowohl in Italien als auch in Deutschland dem Leiharbeitnehmer das Recht auf Beschäftigung in einem unbefristeten Arbeitsverhältnis eingeräumt. In Italien dürfte dies allerdings einfacher durchsetzbar sein, da hier der Anspruch lediglich an das Überschreiten einer zeitlichen Grenze geknüpft ist.

Zusammenfassend ist festzustellen, dass sowohl in Deutschland als auch in Italien das Synchronisationsverbot inzwischen aufgehoben worden ist. Dies ermöglicht zwar eine flexiblere Handhabung der Vertragsform der Arbeitnehmerüberlassung, birgt auf der anderen Seite aber auch die Gefahr des Missbrauches. Daher wird in Deutschland teilweise die Wiedereinführung des Synchronisationsverbotes gefordert.[811]

b) Der unbefristete Leiharbeitsvertrag

Eine Besonderheit besteht im Hinblick auf die Regelungen der beiden Rechtsordnungen hinsichtlich der Vergütung in verleihfreien Zeiten. In Italien wird dem Leiharbeitnehmer eine Disponibilitätsentschädigung zuerkannt, bei der es sich aber letztlich wie in Deutschland um eine Vergütung handelt. In Deutschland muss der Verleiher aber nach § 10 Abs. 5 AÜG mindestens das in einer Rechtsverordnung nach § 3a AÜG festgelegte Mindeststundenentgelt zahlen, im Übrigen die individual- oder tarifvertraglich geschuldete Vergütung. Demgegenüber existiert in Italien ein tarifvertraglich festgelegter Mindestbetrag (Art. 22 Abs. 3 Gesetzesverordnung Nr. 276/2003 i.V.m. Art. 27 Abs. 1 des landesweit geltenden Tarifvertrages vom 24.7.2008). Anders als in Deutschland erhält er in verleihfreien Zeiten nicht das Arbeitsentgelt fortgezahlt, das ihm für die Zeit des Arbeitseinsatzes gezahlt wird.

Der Leiharbeitnehmer ist demnach in Deutschland zu Recht besser gestellt als in Italien. Die italienische Regelung, wonach in verleihfreien Zeiten der Lohn nicht fortgezahlt wird, setzt einen falschen Anreiz, anstelle eines Normalarbeitsverhältnisses die Vertragsform der Arbeitnehmerüberlassung zu wählen, um Kosten zu sparen.

Ein Verstoß gegen die Richtlinie über Leiharbeit liegt damit aber nicht vor. Der Richtlinie liegt ein Konzept von Leiharbeit zugrunde, welches auf mehrfache, jeweils vorübergehende Entleihzeiten gerichtet ist. Die Frage, wie die Ver-

---

810 *Urban-Crell/Schulz*, Arbeitnehmerüberlassung, Rdnr. 421.

811 Wie z.B. von der IG Metall, vgl. *Schwitzer*, „Wildwuchs eingedämmt", Online Magazin Mitbestimmung der Hans Böckler Stiftung, Ausgabe 7 und 8/2012.

gütung der Leiharbeitnehmer zwischen den einzelnen Verleihzeiten geregelt ist und speziell, ob es insoweit eine Garantie der Vergütungshöhe der Leiharbeitnehmer durch die Bestimmungen der Richtlinie oder nach nationalem Recht gibt, ist in der Richtlinie nicht geregelt. Die Gestaltung ist den einzelnen Mitgliedstaaten selbst überlassen.

4. Die Beendigung des Arbeitsverhältnisses

a) Die italienische Regelung

Das Kündigungsrecht beider Vertragspartner im Arbeitsverhältnis richtet sich, je nachdem, ob es sich um eine befristete oder unbefristete Arbeitnehmerüberlassung handelt, nach den entsprechenden Bezugsnormen. Was die befristete Arbeitnehmerüberlassung angeht, ist dies die Gesetzesverordnung Nr. 368/2001 (Art. 22 Abs. 2 Gesetzesverordnung Nr. 276/2003), soweit kompatibel.[812]

Im Falle der unbefristeten Arbeitnehmerüberlassung regelt der Gesetzgeber unabhängig von der Unterwerfung des Arbeitsverhältnisses unter die generelle Vorschrift des *Codice civile* und der Spezialgesetze, dass die Arbeitnehmer zur Verfügung des Verleihers bleiben müssen, *„außer es besteht ein wichtiger oder ein berechtigter Grund für die Beendigung des Arbeitsvertrages"* (Art. 20 Abs. 2 Gesetzverordnung Nr. 276/2003). In diesem Fall würde die Kündigung des Verleihers gemäß der gültigen Regelung über die Kündigungen der auf unbestimmte Zeit abgeschlossenen Individualarbeitsverträge erfolgen.[813]

Zwar steht dem Entleiher kein Kündigungsrecht zu, allerdings wäre es legitim, dem Entleiher bei Vorliegen eines wichtigen Grundes, das Recht einzuräumen, den Verleiher zur Kündigung aufzufordern und den Arbeitnehmer an diesen zurückzusenden.[814]

Das Gesetz schweigt zum Thema Kündigungsrecht des Arbeitnehmers. Die Kündigung dürfte nur zulässig sein, wenn im Falle der befristeten Arbeitnehmerüberlassung ein wichtiger Grund vorliegt. Im Falle der unbefristeten Arbeitnehmerüberlassung dürfte sie auch aus berechtigtem Grund gemäß Art. 45 des landesweit geltenden Tarifvertrages vom 24.7.2008 und unter Einhaltung der Kündigungsfrist möglich sein.[815] Als wichtiger Grund kommen Verstöße des Entleihers gegen seine Informationspflicht oder die Einhaltung der Schutz- und Sicherheitsvorkehrungen in Betracht.[816] Zu diesem Zweck muss der Leiharbeitnehmer

812 *Caruso/Cinelli/Ferraro*, Diritto del lavoro, S. 185.
813 *Caruso/Cinelli/Ferraro*, Diritto del lavoro, S. 185.
814 *Caruso/Cinelli/Ferraro*, Diritto del lavoro, S. 185.
815 *Caruso/Cinelli/Ferraro*, Diritto del lavoro, S. 185.
816 Siehe unten § 4 V 7 b.

präventiv dem Verleiher und ebenso dem Entleiher die Pflichtverletzung und seine Kündigungsabsicht unter Angabe der Gründe mitteilen. Wenn innerhalb der nachfolgenden 24 Stunden nicht die Beseitigung des Pflichtverstoßes veranlasst wird, kann der Arbeitnehmer per Einschreiben mit Rückschein außerordentlich kündigen.

Die Kündigungsfristen finden sich in Art. 29 des landesweit geltenden Tarifvertrages vom 24.7.2008. Während der Dauer der Überlassung müssen bei der unbefristeten wie auch der befristeten Arbeitnehmerüberlassung denknotwendig dieselben Kündigungsvorschriften gelten. Daher ist die Kündigung nur bei Vorliegen eines wichtigen Grundes möglich.[817] In den verleihfreien Zeiten entspricht die Kündbarkeit des unbefristeten Leiharbeitsvertrages der eines normalen unbefristeten Arbeitsverhältnisses.

Schwierigkeiten bei der Durchführung oder die Beendigung des Arbeitnehmerüberlassungsvertrages können im Leiharbeitsverhältnis weder als wichtiger Grund noch als berechtigter Grund angesehen werden, auch wenn die vertraglichen Beziehungen aufgrund des Dreiecksverhältnisses dafür sprechen könnten.[818] Um diesen dennoch Rechnung zu tragen, wird vertreten, dass man von Fall zu Fall den jeweiligen Schaden zu Lasten des Verleihers beurteilen muss. Nicht jeder Verlust, der durch die Nicht-Beendigung des Arbeitsverhältnisses entsteht, kann demnach die Kündigung rechtfertigen, sondern erst das Überschreiten einer gewissen Schwelle. Auch die Ratio des Institutes spricht hierfür, denn der Entleiher verwendet die Leiharbeit gerade deswegen, um nicht direkt die Rolle des Arbeitgebers übernehmen zu müssen. Zudem würde anderenfalls, immer wenn Schwierigkeiten bei der Durchführung des Arbeitnehmerüberlassungsvertrages auftreten, das Beschäftigungsrisiko des Verleihers auf den Arbeitnehmer abgewälzt.[819]

Auch im italienischen Recht trägt der Verleiher das Beschäftigungsrisiko. Dabei wird ihm die Möglichkeit eingeräumt, den überlassenen Arbeitnehmer gegebenenfalls zu ersetzen. Tatsächlich ist das Recht des Arbeitnehmers eliminiert worden, für den gesamten Zeitraum der Verleihung die eigene Arbeit zu erbringen (Art. 3 Abs. 4 S. 2 Gesetz Nr. 196/1997). Wird die Arbeit nicht wie vereinbart erbracht, insbesondere verspätet, setzt sich der Verleiher der Gefahr eines Schadensersatzanspruches des Entleihers aus. Außerdem riskiert der Verleiher in einem besonders schweren Fall der Nichterfüllung, die in einem Arbeitsvertrag eine Kündigung rechtfertigen würde, dass der Entleiher die Beendigung des Vertrages verlangt. Der Verleiher kann dann nicht entgegnen, ihm sei kein Verschulden an der Nichterfüllung durch den Arbeitnehmer vorzuwerfen. Etwas

---

817 *Carinci, F.*, Diritto del lavoro, commentario, Carinci, F. (diretto da), vol. II, S. 1374.

818 *Carinci, F.*, Diritto del lavoro, commentario, Carinci, F. (diretto da), vol. II, S. 1373.

819 *Carinci, F.*, Diritto del lavoro, commentario, Carinci, F. (diretto da), vol. II, S. 1374.

anderes gilt nur, wenn die Nichterfüllung durch den Arbeitnehmer auf dessen legitimer Ausübung seines Streikrechtes beruht und eventuell auch im Fall der Verweigerung der Arbeitsleistung wegen fehlender Sicherheitsbedingungen.[820]

Gemäß Art. 31 des landesweit geltenden Tarifvertrages vom 24.7.2008 schuldet der befristet angestellte Leiharbeitnehmer im Falle einer vorzeitigen Eigenkündigung dem Verleiher eine Vertragsstrafe wegen vorzeitiger Vertragsbeendigung (*penalità di risoluzione*), berechnet auf Basis der beruflichen Eingruppierung (vgl. Art. 25 des landesweit geltenden Tarifvertrages vom 24.7.2008) und im Verhältnis zu den noch verbleibenden Tagen der Überlassung. Die Vorschrift des Art. 31 des landesweit geltenden Tarifvertrages vom 24.7.2008 kommt jedoch nicht zur Anwendung, wenn die Beendigung in den ersten 15 Tagen des Arbeitsverhältnisses erfolgt oder im Falle der rechtzeitigen vorherigen Mitteilung der vorzeitigen Beendigung.

b) Die deutsche Regelung

Die rechtlichen Möglichkeiten, die Laufzeit und die Beendigung des Arbeitsverhältnisses zu gestalten, bestehen nur in der Beziehung der Arbeitsvertragsparteien, d.h. Verleiher und Leiharbeitnehmer. Dabei dürfen allerdings die Grundwertungen des AÜG nicht umgangen werden.[821]

Das AÜG enthält keine weiteren besonderen Kündigungsvorschriften für Leiharbeitsverträge, außer der Regelung des § 11 Abs. 4 S. 1 AÜG, der die einzelvertragliche Abkürzung der gesetzlichen Kündigungsfristen für Aushilfsarbeitsverhältnisse, die drei Monate oder weniger bestehen (§ 622 Abs. 5 S. 1 Nr. 1 BGB), vor dem Hintergrund untersagt, dass der Verleiher im Rahmen der Arbeitnehmerüberlassung das Betriebs- und Vergütungsrisiko tragen soll.[822] Voraussetzung für eine außerordentliche Kündigung ist gemäß § 314 Abs. 1 S. 2 BGB das Vorliegen eines wichtigen Grundes, der die Fortsetzung der vertraglichen Beziehungen unzumutbar macht.

Zusammenfassend ist anzumerken, dass bezüglich des Kündigungsrechtes des Leiharbeitsvertrages beider Länder keine wesentlichen Besonderheiten bestehen. Die Regelungen beider Rechtsordnungen sind von dem Grundsatz geprägt, dass das Beschäftigungsrisiko nicht vom Verleiher auf den Leiharbeitnehmer abgewälzt werden darf.

---

820 *Carinci, F.*, Diritto del lavoro, commentario, Carinci, F. (diretto da), vol. II, S. 1355.

821 Ulber/*Ulber*, AÜG, § 1 Rdnr. 92.

822 Ulber/*Ulber*, AÜG, § 11 Rdnr. 96.

5. Der Status des Arbeitgebers

a) Nach italienschem Recht

Wie bereits erwähnt, ist während der Dauer der Überlassung gemäß Art. 20 Abs. 2 S. 1 der Gesetzesverordnung Nr. 276/2003 das Direktionsrecht[823] und das Kontrollrecht auf den Entleiher übertragen.[824] Das Disziplinarrecht hingegen hat der Verleiher inne, wobei gemäß Art. 23 Abs. 7 der Gesetzesverordnung 276/2003 der Entleiher dem Verleiher die für die Ausübung seines Disziplinarrechtes relevanten Tatsachen mitteilen muss.[825] Diese Aufteilung entspricht der Besonderheit des Dreiecksverhältnisses.[826]

Ebenso wird das Weisungsrecht, das sog. „*ius variandi*", d.h. die Befugnis des Arbeitgebers, dem Arbeitnehmer andere als die ursprünglich vereinbarten Aufgaben zuzuweisen, als Ausdruck des Direktionsrechtes gemäß Art. 23 Abs. 6 der Gesetzesverordnung Nr. 276/2003 vom Entleiher ausgeübt. Danach muss er dem Verleiher unverzüglich schriftlich die Veränderung des Aufgabenbereiches mitteilen und dem Arbeitnehmer eine Kopie davon aushändigen.[827] Im Falle des Verstoßes gegen diese Pflicht, haftet der Entleiher allein für die Vergütungsdifferenz, die dem Arbeitnehmer infolge der Zuteilung höherer Aufgaben geschuldet wird. Darüber hinaus schuldet er eventuell Schadensersatz wegen der Zuteilung niedrigerer Aufgaben.[828] Die Ansprüche des Leiharbeitnehmers sind jedenfalls durch die gesamtschuldnerische Haftung von Ver- und Entleiher (Art. 23 Abs. 3 Gesetzesverordnung Nr. 276/2003) gesichert.[829]

Besteht zwischen Verleiher und Leiharbeitnehmer ein unbefristetes Arbeitsverhältnis, so lässt sich Art. 20 Abs. 2 der Gesetzesverordnung Nr. 276/2003

---

823 Im Sinne der Artt. 2086 und 2104 Abs. 2 c.c.

824 Im Einzelnen dazu: Rundschreiben des Arbeitsministeriums Nr. 7/2005; *Rausei*, S. 248; *Mazziotti*, S. 347; *Caruso/Cinelli/Ferraro*, Diritto del lavoro, S. 184; *Carinci, F.*, Diritto del lavoro, commentario, Carinci, F. (diretto da), vol. II, S. 1359 f.

825 *Rausei*, S. 298; *Mazziotti*, S. 348; *Caruso/Cinelli/Ferraro*, Diritto del lavoro, S. 184; das Disziplinarverfahren ist in Art. 7 des Arbeitnehmerstatuts geregelt.

826 *Caruso/Cinelli/Ferraro*, Diritto del lavoro, S. 184; vgl. auch Rundschreiben des Arbeitsministeriums Nr. 7/2005; *Mazziotti*, S. 348; *Mazzotta*, Il mondo al di là dello specchio: La delega sul lavoro e gli incerti confini della liceità nei rapporti interpositori, in: De Luca Tamajo/Rusciano/Zoppoli (a cura di), Mercato del lavoro, riforma e vincoli del sistema, S. 98.

827 *Caruso/Cinelli/Ferraro*, Diritto del lavoro, S. 184; *Maziotti*, S. 347; *Carinci, F.*, Diritto del lavoro, commentario, Carinci, F. (diretto da), vol. II, S. 1363.

828 *Caruso/Cinelli/Ferraro*, Diritto del lavoro, S. 184 f.; *Maziotti*, S. 347; *Carinci, F.*, Diritto del lavoro, commentario, Carinci, F. (diretto da), vol. II, S. 1357.

829 *Rausei*, S. 249.

entnehmen, dass in verleihfreien Zeiten ausnahmslos der Verleiher das Direktionsrecht inne hat.[830]

b) Nach deutschem Recht

Anders als in Italien wird in Deutschland dem Entleiher das Kontroll- und Direktionsrecht nicht ausdrücklich zugewiesen. Ob der Verleiher Arbeitgeber und der Leiharbeitnehmer Arbeitnehmer ist, beurteilt sich nach den arbeitsrechtlichen Grundsätzen. Arbeitgeber ist danach, wer zumindest eine andere Person als Arbeitnehmer beschäftigt. Die tatsächliche Beschäftigung kann dabei im Rahmen der Überlassung auch an Dritte erfolgen, wie im Falle der Arbeitnehmerüberlassung. Es ist nicht erforderlich, dass der Verleiher den Leiharbeitnehmer selbst beschäftigt.[831] Vielmehr erhält der Verleiher als Arbeitgeber durch den Arbeitsvertrag die Berechtigung, das Weisungsrecht auf einen anderen Arbeitgeber zu übertragen (sog. Leiharbeitnehmerklausel).[832] Dabei wird dem Entleiher in der Regel ein arbeitsplatzbezogenes Weisungsrecht bezüglich der individuellen Arbeitsausführung übertragen.[833] Das Weisungsrecht wird demnach sektoral zwischen Ver- und Entleiher aufgespalten, so dass der Leiharbeitnehmer einer doppelten Weisungsgebundenheit unterliegt.[834] Die Stellung des Verleihers als Arbeitgeber wird indes durch die Übertragung des Direktionsrechtes auf den Entleiher nicht eingeschränkt. Der Entleiher ist als faktischer Arbeitgeber anzusehen.[835] Die Ausübung seines Weisungsrechtes, die in den durch den Arbeitnehmerüberlassungsvertrag eingeräumten Grenzen erfolgt, steht allerdings unter dem Vorbehalt einer anderweitigen Ausübung des vorrangig dem Verleiher zustehenden Weisungsrechtes.[836]

c) Rechtsvergleichende Erwägungen

In Italien wird zwischen Direktionsrecht und Kontrollrecht auf der einen Seite und Disziplinarrecht auf der anderen Seite unterschieden. Während letzteres für die Dauer der Überlassung beim Verleiher bleibt, werden Direktions- und Kontrollrecht ausdrücklich auf den Entleiher übertragen (Art. 20 Abs. 2 S. 1 Gesetzesverordnung Nr. 276/2003). In verleihfreien Zeiten fallen diese bei unbefristeten

830 *Rausei*, S. 248.
831 Ulber/*Ulber*, AÜG, § 1 Rdnr. 23.
832 Ulber/*Ulber*, AÜG, § 1 Rdnr. 38; Schüren/Hamann/*Schüren*, AÜG, Einl. Rdnr. 177.
833 *Urban-Crell*/*Schulz*, Arbeitnehmerüberlassung, Rdnr. 482.
834 Ulber/*Ulber*, AÜG, § 1 Rdnr. 50.
835 Ulber/*Ulber*, AÜG, § 12 Rdnr. 31.
836 Ulber/*Ulber*, AÜG, § 1 Rdnr. 53.

Leiharbeitsverträgen auf den Verleiher zurück. Zwar ist auch hier – wie in Deutschland – eine Spaltung im Hinblick auf das Disziplinarrecht festzustellen, die Abgrenzung dürfte aber keine Schwierigkeiten bereiten.

Eine konkrete Regelung der Verteilung des Direktionsrechtes auch für die Zeiten der Überlassung von Arbeitnehmern wäre in Deutschland ebenfalls wünschenswert. Dies würde die Lösung der Zuordnungsschwierigkeiten hinsichtlich der Frage, wem das Weisungsrecht zusteht, um vieles erleichtern. Die Tatsache, dass das Weisungsrecht vorrangig dem Verleiher eingeräumt wird, der jederzeit anderweitige Anordnungen im Rahmen des Direktionsrechtes treffen kann, trägt sicherlich nicht zum Rechtsfrieden bei. Auch aus Sicht des Leiharbeitnehmers wäre eine klare Vorgabe für die Zeiten der Überlassung hilfreich.

6. Die Dokumentationspflicht

a) Die Mitteilung an das Arbeitsamt

Durch Art. 1 Abs. 1180 des Gesetzes Nr. 296 vom 27.12.2006 wurde Abs. 2 des Art. 9-bis des Gesetzesdekretes Nr. 510 vom 1.10.1996, modifiziert durch das Gesetz Nr. 608 vom 28.11.1996, ersetzt. Er verpflichtet nunmehr alle Arbeitgeber, ob öffentlich oder privat, gegenüber dem jeweils lokalen Arbeitsamt bis zum Tag vor der tatsächlichen Aufnahme der Beschäftigung ihrer Mitteilungspflicht nachzukommen. Der letzte Satz der Vorschrift sieht speziell für die Verleiher die Mitteilung über die Einstellung, Verlängerung und Beendigung des Leiharbeitsverhältnisses innerhalb des 20. Tages des auf den Tag der Einstellung folgenden Monates vor.[837] Im Grunde stellt die Mitteilungspflicht der Verleiher eine Antwort auf das Bedürfnis nach umfassender Überwachung des Arbeitsmarktsystems dar.

Mit Inkrafttreten des interministeriellen Dekretes (*Decreto Interministeriale – D.I.*) vom 30.10.2007 am 11.1.2008[838] wurde hierfür ein neues vereinheitlichendes Telekommunikationssystem geschaffen, das ab 1.3.2008 auch von den Verleihern zur Dokumentation ausschließlich zu verwenden ist.[839] Hierzu gehört das gemäß Art. 3 Abs. 1 des interministeriellen Dekretes vom 30.10.2007 speziell für die Arbeitnehmerüberlassung eingeführte neue Modul mit dem Namen „*Unificato-Somm*", das aus sechs Abteilungen besteht, in die die entsprechenden Daten eingetragen werden:

837 *Rausei*, S. 255.
838 *Rausei*, S. 257.
839 *Rausei*, S. 272.

- für Verleiher;
- für Arbeitnehmer;
- für das Verhältnis Verleiher/Arbeitnehmer;
- für Entleiherunternehmen;
- für das Verhältnis Entleiherunternehmen/Arbeitnehmer und
- die Daten der Überlassung.

Kommt der Verleiher seiner Pflicht nicht oder zu spät nach, kann er gemäß Art. 19 Abs. 3 der Gesetzesverordnung Nr. 276/2003 für jeden betroffenen Arbeitnehmer einer Geldbuße von 100,00 bis 500,00 Euro[840] unterworfen werden. Dabei besteht die Möglichkeit der Beschränkung auf eine Verwarnung, und falls der Verleiher dieser Verwarnung nachkommt und die unterlassene Verpflichtung nachholt, wird lediglich die Mindest-Strafzahlung von 100,00 Euro auferlegt (Art. 13 Gesetzesverordnung Nr. 124/2004).[841]

b) Die Registrierungspflicht des Verleihers

Mit Art. 39 des Gesetzesdekretes Nr. 112/2008, neu gefasst mit Gesetz Nr. 133/2008, wurde – wie bereits erwähnt – ein Register, das sog. „*Libro unico del lavoro*" eingeführt, das von den privaten Arbeitgebern aller Wirtschaftszweige[842] einschließlich der Arbeitsagenturen unter anderem für alle Arbeitnehmer zu führen und jeweils zu aktualisieren ist. Einzutragen sind die personenbezogenen Daten und solche, die das Arbeitsverhältnis betreffen, sowie Informationen zur Vergütung sowie alle Arbeitstage pro Monat jeweils bis zum 16. des Folgemonats in einen Präsenzkalender (Art. 39 Abs. 2 und 3 Gesetzesdekret Nr. 112/2008). Die Verletzung der Registerführungspflicht wird gemäß Art. 39 Abs. 6 des Gesetzesdekretes Nr. 112/2008 mit einer Geldbuße in Höhe von 500,00 bis 2.500,00 Euro sanktioniert. Auch hier ist die Möglichkeit zur Nachholung der Eintragung nach Ausspruch einer Verwarnung (Art. 13 Gesetzesverordnung Nr. 124/2004) gegeben.[843]

Es besteht eine Aufbewahrungspflicht von fünf Jahren (Art. 6 Abs. 1 des Ministerialdekretes vom 9.7.2008). Wird gegen diese Pflicht verstoßen, kann eine Geldbuße von 100,00 bis 600,00 Euro verhängt werden (Art. 39 Abs. 7 Gesetzesdekret Nr. 112/2008). Art. 39 Abs. 7 des Gesetzesdekretes Nr. 112/2008 enthält je nach der Schwere des Vergehens ein abgestuftes Sanktionssystem.[844]

840 Gemäß Art. 16 des Gesetzes Nr. 689 vom 24.11.1981, G.U. Nr. 329 vom 30.11.1981.

841 *Rausei*, S. 263.

842 Ausgenommen der Bereich Hausarbeit.

843 *Rausei*, S. 274.

844 *Rausei*, S. 276; zu den einzelnen Sanktionen siehe detailliert *ders.*, S. 275 ff.

Ziel ist die Harmonisierung der Dokumentationspflichten in Bezug auf die Arbeitsverhältnisse, indem man die Pflichten verringert und sich durch die Reduzierung der Formalitäten auf den materiellen Schutz der Arbeitnehmer konzentriert.

c) Die Registrierungspflicht des Entleihers

Die Leiharbeitnehmer werden nicht nur in dem Register (*Libro unico del lavoro*) beim Verleiher, sondern auch in dem des Entleihers registriert. Bei letzterem beschränkt sich die Registrierungspflicht auf die Angabe des Namens des Verleihers sowie der den Arbeitnehmer kennzeichnenden und der sich auf das Arbeitsverhältnis beziehenden Daten.[845] Die Registrierung muss entsprechend dem „ministeriellen Vademecum" (sog. *Vademecum sul Libro Unico del Lavoro*)[846] in jedem Falle zu Beginn und am Ende der Beschäftigung bei dem Entleiher erfolgen.

d) Zusammenfassung

Vergleichbare speziell auf die Leiharbeit zugeschnittene Mitteilungs- und Registrierungspflichten existieren in Deutschland nicht. Die italienischen Regelungen tragen zu einer geordneten Durchführung der Arbeitnehmerüberlassung bei und sorgen für Transparenz in der Zeitarbeitsbranche. Hier zeigt sich erneut, dass die Arbeitnehmerüberlassung in Italien sehr detailliert und streng konzipiert ist.

7. Der Status des Leiharbeitnehmers

a) Der Gleichbehandlungsgrundsatz

aa) Der Gleichbehandlungsgrundsatz in Italien

Das wichtigste Instrument zum Schutze des Leiharbeitnehmers ist das Prinzip der Gleichbehandlung gemäß Art. 23 Abs. 1 der Gesetzesverordnung Nr. 276/2003. Der überlassene Arbeitnehmer hat danach das Recht auf Gewährung der Arbeitsbedingungen und des Arbeitsentgeltes, die „*insgesamt*" nicht unter dem Entgelt oder den Bedingungen vergleichbarer Stammarbeitnehmer im Entleiherbetrieb

845 *Rausei*, S. 284.

846 „Vademecum sul Libro Unico del Lavoro" vom 5.12.2008, abrufbar auf der *website* des Ministeriums für Arbeit und Soziales.

liegen dürfen.[847] Neben der gesetzlichen ist auch die tarifvertragliche Regelung zu beachten.

Für die Arbeitsverhältnisse, auf die der landesweit geltende Tarifvertrag vom 24.7.2008 anwendbar ist, wird der Gleichbehandlungsgrundsatz durch die Regelung des Art. 26 des Tarifvertrages zur Vergütung konkretisiert.[848] Danach schuldet der Verleiher mindestens die Vergütung, die für einen vergleichbaren Arbeitnehmer der entsprechenden Gruppe i.S.d. Art. 25 des landesweit geltenden Tarifvertrages vom 24.7.2008 von dem beim Entleiher geltenden Tarifvertrag vorgesehen ist. Dabei ist der Berechnungsmodus dem Art. 26 des Tarifvertrages zu entnehmen.

Vom Gleichbehandlungsgrundsatz umfasst ist auch der Anspruch des Leiharbeitnehmers auf die variable Vergütung, die erfolgs-, unternehmens- oder projektbezogen sein kann, allerdings nur soweit die jeweiligen Voraussetzungen vorliegen.[849] Gemäß Art. 23 Abs. 4 S. 1 der Gesetzesverordnung Nr. 276/2003 ergibt sich der Berechnungsmodus für die variable Vergütung dann aus den beim Entleiherbetrieb geltenden Tarifverträgen.[850]

Die Regelung des Gleichbehandlungsgrundsatzes schränkt selbstverständlich die Möglichkeit der Gewinnerzielung der Verleiher ein, letztlich auch zum Nachteil der Arbeitnehmer.[851]

Art. 23 Abs. 1 der Gesetzesverordnung Nr. 276/2003 bezieht sich auch auf die Beitragspflichten. Die Höhe der Beiträge kann bei den Überlassungen an die einzelnen Entleiher entsprechend der unterschiedlichen Vergütungen variieren. Allerdings wollte der Gesetzgeber in Umsetzung des Art. 1 Abs. 2 lit. m) des Gesetzes Nr. 30/2003 in Art. 23 Abs. 1 der Gesetzesverordnung Nr. 276/2003 eine Mindestberechnungsgrundlage festlegen, auf deren Basis die Beiträge für die Leiharbeitnehmer berechnet und bezahlt werden können;[852] denn der Leiharbeitnehmer hat Anspruch auf Gewährung des Arbeitsentgeltes und der Arbeitsbedingungen die „insgesamt" nicht unter dem Entgelt oder den Bedingungen

---

847 Durch die Formulierung „die „*insgesamt*" nicht unter den Arbeitsbedingungen vergleichbarer Stammarbeitnehmer im Entleihbetrieb liegen dürfen", werden Abweichungen bei einzelnen Bedingungen erlaubt, vorausgesetzt das Gesamtniveau wird gewahrt; Näheres hierzu bei *Rausei*, S. 295; *Caruso/Cinelli/Ferraro*, Diritto del lavoro, S. 186 f.

848 *Rausei*, S. 339 ff.

849 *Rausei*, S. 295; *Caruso/Cinelli/Ferraro*, Diritto del lavoro, S. 187.

850 *Caruso/Cinelli/Ferraro*, Diritto del lavoro, S. 187 f.; *Ricci*, La somministrazione di lavoro dopo la riforma, in: De Luca Tamajo/Rusciano/Zoppoli (a cura di), Mercato del lavoro, riforma e vincoli del sistema, S. 118.

851 *Rausei*, S. 296.

852 *Rausei*, S. 313.

vergleichbarer Stammarbeitnehmer des Entleihers liegen dürfen (Art. 23 Abs. 1 Gesetzesverordnung Nr. 276/2003).[853]

In diesem Zusammenhang sei erwähnt, dass das Nationale Institut für Sozialfürsorge (*Istituto Nazionale della Previdenza Sociale – INPS*) mit Rundschreiben Nr. 41 vom 13.3.2006 klargestellt hat, dass der Leiharbeitnehmer u.a. Anspruch auf folgende Leistungen hat: Familienzulagen (*trattamenti di famiglia*), Mutterschaftsgeld, Krankengeld.

Gemäß der Vorschrift des Art. 23 Abs. 4 S. 2 der Gesetzesverordnung Nr. 276/2003 stehen den Angestellten des Verleihers ausdrücklich die Sozial- und Versicherungsleistungen zu, die auch für die Angestellten des Entleihers im selben Betrieb gelten.[854]

Das Recht auf Gleichbehandlung findet gemäß Art. 23 Abs. 2 der Gesetzesverordnung Nr. 276/2003 in den Fällen, in denen Überlassungsverträge von autorisierten privaten Verleihern zugunsten benachteiligter Arbeitnehmer (Art. 13 Gesetzesverordnung Nr. 276/2003) im Rahmen spezifischer Programme für Weiterbildung, Eingliederung und Umschulung abgeschlossen werden, ausdrücklich keine Anwendung.[855] Die Vertragsdauer darf nicht unter sechs Monaten liegen (Art. 13 Abs. 1 lit. a) Gesetzesverordnung Nr. 276/2003). Der Grund für die Regelung ist auf die ganz allgemeine Umstrukturierung des Arbeitsmarktes und die Reorganisation der Leistungen im Rahmen der öffentlichen Arbeitsverwaltung zurückzuführen.[856] Es bestehen jedoch große Bedenken hinsichtlich der Vereinbarkeit dieser Regelung mit dem Gleichbehandlungsgrundsatz gemäß Art. 5 der Richtlinie über Leiharbeit. Auch wenn beschäftigungspolitisch die gesetzgeberische Maßnahme nachvollziehbar ist, kann der Richtlinie über Leiharbeit eine derartige Abweichungsmöglichkeit nicht entnommen werden. Die Vorschrift verstößt daher gegen Art. 5 der Richtlinie.

Zusammenfassend ist hierzu anzumerken, dass zur Durchsetzung des Gleichbehandlungsgrundsatzes den Aufsichtsbehörden (*Ispettorati del lavoro*) eine bedeutende Rolle zukommt, um zu verhindern, dass die Regelung leer läuft.[857]

---

853 *Giubboni*, La protezione dei lavoratori non-standard nel diritto dell'Unione Europea, RGL 2011, Nr. 1, 265, 272.

854 *Rausei*, S. 295; *Caruso/Cinelli/Ferraro*, Diritto del lavoro, S. 187; *Ricci*, La somministrazione di lavoro dopo la riforma, in: De Luca Tamajo/Rusciano/Zoppoli (a cura di), Mercato del lavoro, riforma e vincoli del sistema, S. 118; *Mazziotti*, S. 345.

855 *Caruso/Cinelli/Ferraro*, Diritto del lavoro, S. 187; *Ricci*, La somministrazione di lavoro dopo la riforma, in: De Luca Tamajo/Rusciano/Zoppoli (a cura di), Mercato del lavoro, riforma e vincoli del sistema, S. 118.

856 *Caruso/Cinelli/Ferraro*, Diritto del lavoro, S. 189; *Spattini*, Riforme possibili, riforme necessarie: l'utilità di una comparazione tra il caso italiano e quello tedesco, in: Tiraboschi (a cura di), La riforma Biagi del mercato del lavoro, S. 53.

857 La somministrazione di lavoro in Europa: il quadro comparato e le prospettive dopo la direttiva n. 104 del 2008, DRI 2009, Nr. 2, S. 508.

Aufgrund der Reform des Sanktionssystems durch die Gesetzesverordnung Nr. 24/2012 wurde zudem die Sanktion der Geldbuße gemäß Art. 18 Abs. 3 der Gesetzesverordnung Nr. 276/2003 auf Verstöße gegen den Gleichbehandlungsgrundsatz ausgeweitet. Dies war eine dringend erforderliche gesetzgeberische Maßnahme zur Gewährleistung der Einhaltung des Gleichbehandlungsgebotes und damit zur Verbesserung des Schutzes der Leiharbeitnehmer.

Die italienische Regelung dürfte abgesehen von Art. 23 Abs. 2 der Gesetzesverordnung Nr. 276/2003 jedenfalls im Einklang mit dem Unionsrecht stehen.[858]

bb) Der Gleichbehandlungsgrundsatz in Deutschland

Während in Italien der Gleichbehandlungsgrundsatz hinsichtlich des Arbeitsentgeltes bereits im Gesetz Nr. 196/1997 in Art. 4 Abs. 2 geregelt war,[859] wurde er in Deutschland erstmals durch § 10 Abs. 5 AÜG a.F. im Rahmen des „Job-AQTIV-Gesetzes", in Kraft getreten am 1.1.2002,[860] eingeführt. Danach galt der Gleichbehandlungsgrundsatz für Leiharbeitnehmer in Bezug auf die Arbeitsbedingungen beim Entleiher, inklusive Arbeitsentgelt, allerdings erst ab dem 13. Überlassungsmonat. Dies wurde mit dem „Ersten Gesetz für moderne Dienstleistungen am Arbeitsmarkt" (Hartz I)[861], in Kraft getreten am 1.1.2003, geändert. Seitdem gilt das Gleichstellungsgebot zwischen Leiharbeitnehmern und vergleichbaren Arbeitnehmern des Entleihers ab dem ersten Tag der Überlassung. Der Gleichbehandlungsgrundsatz ist – neben § 3 Abs. 1 Nr. 3 AÜG – hauptsächlich in § 10 Abs. 4 AÜG verankert. Ist danach eine Vereinbarung mit dem Verleiher wegen Verstoßes gegen das Gleichstellungsgebot gemäß § 9 Nr. 2 AÜG unwirksam, kann der Leiharbeitnehmer von diesem verlangen, dass er ihm die im Entleiherbetrieb geltenden wesentlichen Arbeitsbedingungen einschließlich des Arbeitsentgeltes gewährt.[862]

Neben anderen Vorschriften beinhaltet § 9 Nr. 2 Hs. 1 AÜG den Gleichbehandlungsgrundsatz, wonach Vereinbarungen unwirksam sind, soweit sie *„für den Leiharbeitnehmer für die Zeit der Überlassung an einen Entleiher schlechtere als die im Betrieb des Entleihers für einen vergleichbaren Arbeitnehmer des Entleihers geltenden wesentlichen Arbeitsbedingungen vorsehen"*. In Abände-

858 La somministrazione di lavoro in Europa: il quadro comparato e le prospettive dopo la direttiva n. 104 del 2008, DRI 2009, Nr. 2, S. 509.

859 *Fuchs*, NZA 2004, 956, 961.

860 Job-AQTIV Gesetz vom 10.12.2001, BGBl. I S. 3443 ff.; Ulber/*Ulber*, AÜG, Einl. B. Entstehungsgeschichte Rdnr. 53; *Urban-Crell/Schulz*, Arbeitnehmerüberlassung, Rdnr. 323.

861 Erstes Gesetz für moderne Dienstleistung am Arbeitsmarkt vom 23.12.2002, BGBl. I S. 4607, 4617 ff.

862 Ulber/*Ulber*, AÜG, § 10 Rdnr. 95 ff.; *Thüsing/Stiebert*, ZESAR 2012, 199, 200 ff.

rung des Grundsatzes der üblichen Vergütung nach § 612 Abs. 2 BGB sieht § 9 Nr. 2 AÜG vor, dass bei fehlender Vergütungsvereinbarung dem Leiharbeitnehmer ab dem ersten Einsatztag mindestens das beim Entleiher einem Stammarbeitnehmer zustehende bzw. das übliche Arbeitsentgelt zu zahlen ist, soweit das Leiharbeitsverhältnis keinem Tarifvertrag zur Arbeitnehmerüberlassung unterliegt. Dann hat er auf der Grundlage einer tarifvertragskonformen Eingruppierung Anspruch auf alle tarifvertraglich geregelten Vergütungsbestandteile.[863] Zu den „wesentlichen Arbeitsbedingungen“ zählen – allgemein formuliert – alle diejenigen, die in § 2 Abs. 1 NachwG aufgeführt sind.[864]

Bei einem Verstoß gegen das Gleichstellungsgebot gemäß §§ 3 Abs. 1 Nr. 3, 9 Nr. 2, 10 Abs. 4 AÜG greift mangels Übernahme der üblichen Arbeitgeberpflichten oder des Arbeitgeberrisikos (§ 3 Abs. 1 Nr. 1 bis 3 AÜG)[865] die widerlegbare Vermutung der Arbeitsvermittlung nach § 1 Abs. 2 AÜG. Ein solcher Verstoß kann aber im Hinblick auf die Verleiherlaubnis einen Versagungsgrund (§ 3 Abs. 1 Nr. 2 AÜG) oder einen Widerrufsgrund (§ 5 Abs. 1 Nr. 3 AÜG) darstellen.[866] Zudem stellt der Verstoß eine Ordnungswidrigkeit dar, die mit einem Bußgeld bis zu 500.000,00 Euro belegt werden kann.[867]

Die §§ 3 Abs. 1 Nr. 3 Hs. 2 und 9 Nr. 2 Hs. 2 AÜG sehen Abweichungsmöglichkeiten vom Gleichbehandlungsgrundsatz durch tarifvertragliche Regelungen vor, die inzwischen derart verbreitet sind, dass der gesetzliche Gleichbehandlungsgrundsatz in fast keinem Leiharbeitsverhältnis mehr gilt.[868] Die Intention des Gesetzgebers ist, den Tarifvertragsparteien eine flexible Gestaltung der Arbeitsbedingungen entsprechend den Bedürfnissen der Verleihbranche zu ermöglichen, Differenzen der unterschiedlichen Arbeitsentgelte bei Entleihern durch Pauschalierungen in Form einer Durchschnittsentlohnung auszugleichen sowie das Arbeitsentgelt für Zeiten des Verleihs und verleihfreie Zeiten zu vereinheitlichen.[869] Infolge der Abweichungsmöglichkeiten wird allerdings der Gleichbehandlungsgrundsatz letztlich ausgehebelt.[870] Dies muss jedoch nicht unbedingt nur nachteilig sein, da die Abweichung auch zu Gunsten des Leiharbeitnehmers erfolgen kann.[871]

---

863 Ulber/*Ulber*, AÜG, § 1 Rdnr. 58 f.

864 *Boemke/Lembke*, AÜG, § 9 Rdnr. 61 f.; Ulber/*Ulber*, AÜG, § 9 Rdnr. 57.

865 Ulber/*Ulber*, AÜG, § 9 Rdnr. 83.

866 Thüsing/*Mengel*, AÜG, § 9 Rdnr. 49.

867 Ulber/*Ulber*, AÜG, § 9 Rdnr. 82.

868 Ulber/*Ulber*, AÜG, § 9 Rdnr. 118 ff.; *Steuer*, S. 171 ff.

869 BT-Drs. 15/25, S. 38.

870 *Steuer*, S. 171 f.; *Schüren*, RdA 2007, 231, 232; Schüren/Hamann/*Schüren*, AÜG, § 9 Rdnr. 113; *Lembke*, BB 2005, 499, 499.

871 *Ulber*, AuR 2003, 7, 11.

cc) Zusammenfassung

Auch wenn sich die Abweichungsmöglichkeiten durch tarifvertragliche Regelungen nicht immer unbedingt zum Nachteil des Leiharbeitnehmers auswirken müssen, ist die Entwicklung des Gleichbehandlungsgrundsatzes sehr fragwürdig. So zeigt sich derzeit eine deutliche Tendenz der Tarifparteien, den Gleichbehandlungsgrundsatz zu umgehen. Daraus ist klar der Vorteil der italienischen Regelung ersichtlich. Die Gestaltung des Gleichbehandlungsgrundsatzes in der italienischen Rechtsordnung als unabdingbares Prinzip bietet den Leiharbeitnehmern jedenfalls mehr Sicherheit als die deutsche. Ziel der deutschen Regelung ist zwar der Schutz des Leiharbeitnehmers vor Lohndumping, indem er wirtschaftlich mit den vergleichbaren Arbeitnehmern im Entleiherbetrieb gleichgestellt wird. Finanziell gesehen soll dem Leiharbeitnehmer daher nicht nur das laufende Entgelt zustehen, sondern auch Zuschläge, Entgeltfortzahlungsansprüche, Sozialleistungen und andere Lohnbestandteile.[872] Dennoch birgt der Grundsatz in seiner jetzigen Konzeption aufgrund der hohen Kostenbelastung das Risiko des Missbrauchs. Die hohen Vergütungskosten führen letztlich zu einem Verlust der Attraktivität der Zeitarbeit.

b) Weitere Schutzvorschriften

aa) Die Informationspflicht gegenüber dem Arbeitnehmer

(1) Die italienische Regelung

Der Vollständigkeit halber sei erwähnt, dass gemäß Art. 40 Abs. 2 des Gesetzesdekretes Nr. 112 vom 25.6.2008, modifiziert durch das Gesetz Nr. 133 vom 6.8.2008, die Pflicht des privaten und öffentlichen Arbeitgebers unberührt bleibt, dem Arbeitnehmer vor Beginn der Arbeit eine Kopie der von beiden Parteien unterschriebenen Einstellungserklärung (*dichiarazione di assunzione*) über das Arbeitsverhältnis oder stattdessen den Arbeitsvertrag zu übergeben.[873]

Verstöße gegen diese Informationspflicht sind einer Geldbuße von 250,00 Euro bis 1.500,00 Euro für jeden betroffenen Arbeitnehmer (Art. 19 Abs. 2 Gesetzesverordnung Nr. 276/2003) unterworfen. Aufgrund der Heilbarkeit des Verstoßes gegen die Informations- und Dokumentationspflicht ist das Rechtsinstitut der Verwarnung mit der niedrigst möglichen Sanktion in Höhe von 250,00 Euro pro Arbeitnehmer bei Nachholung anwendbar.[874]

---

872 BT-Drs. 15/25, S. 38; Ulber/*Ulber*, AÜG, § 9 Rdnr. 47 ff. und § 10 Rdnr. 113.

873 *Rausei*, S. 287.

874 *Rausei*, S. 290 f.

Art. 21 Abs. 3 der Gesetzesverordnung Nr. 276/2003 regelt, dass der Verleiher bei Abschluss des Arbeitsvertrages oder bei der Vornahme der Überlassung verpflichtet ist, den Leiharbeitnehmer schriftlich über die in Abs. 1 des Art. 21 aufgeführten Mindestangaben zu informieren, die in jedem Fall in einem Überlassungsvertrag enthalten sein müssen.[875]

Hinsichtlich dieser Information müssen nach Art. 21 Abs. 2 auch die in Tarifverträgen enthaltenen Angaben berücksichtigt werden.[876] Für den befristeten Leiharbeitsvertrag ist Art. 22 des landesweit geltenden Tarifvertrages vom 24.7.2008 und für den unbefristeten Art. 23 dieses Tarifvertrages maßgeblich.

Bei der Übergabe der Einstellungserklärung und dieser Informationspflicht handelt es sich um zwei verschiedene Pflichten. Die erste ist in Art. 19 Abs. 2 und die zweite in Art. 18 Abs. 3 der Gesetzesverordnung Nr. 276/2003 mit einer Geldbuße von 250,00 Euro bis 1.250,00 Euro sanktioniert. Hintergrund dieser Pflicht ist, dem Arbeitnehmer die Überprüfung der Rechtmäßigkeitsvoraussetzungen, der Wirksamkeit des Vertrages und der tatsächlichen Daten des Arbeitsverhältnisses zu ermöglichen.[877]

(2) Die deutsche Regelung

In Deutschland entspricht diese Pflicht weitgehend der Dokumentations- und Informationspflicht der Gesetzesverordnung Nr. 276/2003 in Italien. Nach § 11 Abs. 1 S. 1 AÜG i.V.m. § 2 Abs. 1 NachwG muss der Verleiher dem Leiharbeitnehmer binnen eines Monats eine Niederschrift mit den wesentlichen Vertragsbedingungen aushändigen.[878] Die in § 11 Abs. 1 AÜG aufgeführten Nachweispflichten beschränken sich auf Besonderheiten des Leiharbeitsverhältnisses. Im Übrigen gelten für die Nachweispflichten die Vorschriften des Nachweisgesetzes.[879]

§ 11 Abs. 1 S. 2 AÜG sieht in Nr. 1 vor, dass Firma und Anschrift des Verleihers, die Erlaubnisbehörde sowie Ort und Datum der Erlaubniserteilung und zudem gemäß Nr. 2 Art und Höhe der Leistungen für verleihfreie Zeiten aufzunehmen sind. Der Katalog der in § 2 Abs. 1 S. 2 NachwG aufgeführten Arbeitsbedingungen enthält jedoch nur Mindestangaben und ist nicht abschließend.[880] Die Mindestangaben sind nach § 2 Abs. 1 S. 1 NachwG zu ergänzen, soweit sonstige wesentliche Bedingungen für das Arbeitsverhältnis gelten oder vertraglich verein-

875 Siehe oben § 4 IV 4 a bb.

876 *Caruso/Cinelli/Ferraro*, Diritto del lavoro, S. 182; *Rausei*, S. 227.

877 *Rausei*, S. 293.

878 Ulber/*Ulber*, AÜG, § 11 Rdnr. 11.

879 Ulber/*Ulber*, AÜG, § 11 Rdnr. 2.

880 Ulber/*Ulber*, AÜG, § 11 Rdnr. 12.

bart wurden.[881] Dazu gehört, zusätzlich zu den in § 2 Abs. 1 S. 2 NachwG enthaltenen Mindestangaben insbesondere die Abrede, dass der Leiharbeitnehmer in Abweichung von § 613 S. 2 BGB verpflichtet ist, auch unter dem Weisungsrecht eines Dritten zu arbeiten.[882] Mit Hilfe dieser Dokumentation lässt sich unter anderem auch feststellen, ob die vertraglich vereinbarten Arbeitsbedingungen einen Verstoß gegen die Gleichbehandlungspflichten aus § 9 Nr. 2 AÜG darstellen und daher unwirksam sind. Die vertraglich vereinbarten wesentlichen Arbeitsbedingungen sind daher vollständig in die Urkunde aufzunehmen, damit die Einhaltung des Gleichbehandlungsgrundsatzes geprüft und die Ansprüche des Leiharbeitnehmers aus § 10 Abs. 4 AÜG durchgesetzt werden können.[883]

Genauso ist bei Auslandsentsendungen von Leiharbeitnehmern in Mitgliedstaaten der Europäischen Union zu verfahren, die unter den Anwendungsbereich der Entsenderichtlinie fallen. Es sind dann die jeweils geltenden nationalen Regelungen zu den Mindestarbeitsbedingungen in den Mitgliedstaaten anzugeben.[884]

Nach § 2 Abs. 2 NachwG bestehen bei Auslandseinsätzen, die länger als einen Monat dauern, zusätzliche Nachweispflichten, die bei jedem Einsatz neu entstehen: Dem Leiharbeitnehmer sind die in den Mitgliedstaaten geltenden nationalen Umsetzungsregelungen sowohl zur Entsenderichtlinie als auch zur Richtlinie über Leiharbeit und die für den Einsatz geltenden Mindestarbeitsbedingungen schriftlich bei jedem Auslandseinsatz erneut mitzuteilen.[885] Der Arbeitgeber hat neben der Dauer der im Ausland auszuübenden Tätigkeit gemäß § 2 Abs. 2 Nr. 1 NachwG nach Nr. 2 auch die Währung, in der das Arbeitsentgelt ausgezahlt wird, anzugeben.

Aus § 11 Abs. 3 AÜG ergibt sich die Pflicht des Verleihers, den Leiharbeitnehmer unverzüglich über den Zeitpunkt des Wegfalls der Verleiherlaubnis und dem daraus folgenden Ende des Leiharbeitsverhältnisses sowie in den Fällen des § 11 Abs. 3 S. 2 AÜG über das voraussichtliche Ende der Abwicklung und die gesetzliche Abwicklungsfrist zu unterrichten. Darüber hinaus wird auch die Unterrichtung bezüglich eventueller Gesundheitsgefahren mit den entsprechend zu treffenden Vorkehrungen vorausgesetzt (§ 11 Abs. 6 S. 2 und 3 AÜG). § 11 AÜG enthält ebenso wie § 2 NachwG zwingende arbeitsrechtliche und arbeitsschutzrechtliche Normen i.S.d. § 3 Abs. 1 Nr. 1 AÜG.[886]

---

881 EuGH v. 8.2.2001 – Rs. C-350/99, *Lange*, BB 2001, 1255, 1255 ff.

882 Ulber/*Ulber*, AÜG, § 11 Rdnr. 12.

883 Ulber/*Ulber*, AÜG, § 11 Rdnr. 19; einschränkend *Boemke/Lembke*, AÜG, § 11 Rdnr. 76, da noch nicht feststehe, in welchem Betrieb bzw. in welchen Betrieben der Leiharbeitnehmer zum Einsatz kommen wird.

884 Ulber/*Ulber*, AÜG, § 11 Rdnr. 19.

885 Ulber/*Ulber*, AÜG, § 11 Rdnr. 61.

886 Ulber/*Ulber*, AÜG, § 11 Rdnr. 5.

Verstöße gegen diese Informationspflichten nach § 11 Abs. 1 und 2 AÜG stellen sowohl eine Ordnungswidrigkeit dar, die mit einem Bußgeld bis zu 1.000,00 Euro geahndet werden kann (§ 16 Abs. 1 Nr. 8 AÜG),[887] als auch eine Verletzung der Arbeitgeberpflichten i.S.d. § 3 Abs. 1 Nr. 1 AÜG.[888] Zuwiderhandlungen führen daher in der Regel zu einer Versagung der Erlaubnis. Sie berühren aber weder die Wirksamkeit der Absprachen, die nicht wie von den gesetzlichen Vorschriften vorgesehen dokumentiert wurden, noch haben sie Auswirkungen auf die Wirksamkeit des Arbeitsvertrages.[889] Kommt der Verleiher bei Auslandsentsendungen seinen Aushändigungs- oder Aufbewahrungspflichten nach § 2 Abs. 1 S. 1 und 2 NachwG nicht nach, so ist dies gleichfalls eine Ordnungswidrigkeit gemäß § 16 Abs. 1 Nr. 8 AÜG.

Aufgrund der mit dem Wegfall der Verleiherlaubnis für den Entleiher verbundenen nachteiligen Rechtsfolgen (§§ 9 Nr. 1, 10 Abs. 1 AÜG) hat der Verleiher nach § 12 Abs. 2 S. 1 AÜG die Pflicht, den Entleiher – ohne ein besonderes Formerfordernis[890] – über den Zeitpunkt des Wegfalls der Erlaubnis unverzüglich zu unterrichten. Entfällt die Erlaubnis wegen Nichtverlängerung (§ 2 Abs. 4 S. 3 AÜG), Rücknahme (§ 4 AÜG) oder Widerrufs (§ 5 AÜG), muss der Verleiher den Entleiher außerdem nach § 2 Abs. 4 S. 4 AÜG auf das voraussichtliche Ende der Abwicklung und die gesetzliche Abwicklungsfrist von zwölf Monaten hinweisen. Kommt der Verleiher seiner Informationspflicht nicht nach, macht er sich schadensersatzpflichtig.[891]

(3) Rechtsvergleichende Erwägungen

Wird demgegenüber in Italien die Verleiherlaubnis entzogen, kann der Verleiher die laufenden Verträge abwickeln, jedoch ist er nicht befugt, neue Arbeits- und Arbeitnehmerüberlassungsverträge abzuschließen.[892] Der Wegfall der Verleiherlaubnis hat demzufolge keine nachteiligen Auswirkungen für den Entleiher.

Während in Italien in Art. 21 Abs. 3 i.V.m. Art. 21 Abs. 1 lit. c) der Gesetzesverordnung Nr. 276/2003 explizit geregelt ist, dass dem Leiharbeitnehmer die Befristungsgründe schriftlich mitzuteilen sind, ist im deutschen Recht umstritten, ob die Angabe der Befristungsgründe in der an den Arbeitnehmer auszuhändigenden Niederschrift gemäß § 11 Abs. 1 AÜG i.V.m. § 2 Abs. 1 S. 2 Nr. 3 NachwG

---

887 *Boemke/Lembke*, AÜG, § 11 Rdnr. 44; ErfK/*Wank*, AÜG, § 11 Rdnr. 2 und 23.

888 BSG v. 6.4.2000, AiB, 2001, 495, 495 ff.

889 BSG v. 21.7.2009, BSGE 104, 83, 83 ff.; Ulber/*Ulber*, AÜG, § 11 Rdnr. 82.

890 ErfK/*Wank*, AÜG, § 12 AÜG Rdnr. 12; a.A. Schüren/Hamann/*Brors*, AÜG, § 12 Rdnr. 27; *Urban-Crell/Schulz*, Arbeitnehmerüberlassung, Rdnr. 221.

891 *Urban-Crell/Schulz*, Arbeitnehmerüberlassung, Rdnr. 221.

892 *Rausei*, S. 43.

erforderlich ist. Nach der h.M. soll dies nur bei einer Zweckbefristung notwendig sein.[893] Im Übrigen sei zwar die vorhersehbare Dauer des Arbeitsverhältnisses, nicht aber der Grund für die Befristung anzugeben, da das in § 3 Abs. 1 Nr. 3 AÜG a.F. normierte grundsätzliche Befristungsverbot aufgehoben worden sei und für die Befristung die allgemeinen Regelungen (§§ 14 ff. TzBfG) gelten.[894] Wegen der nur eingeschränkten Zulässigkeit von Befristungen des Leiharbeitsvertrages und des gesetzlichen Verbotes der Verlagerung von Beschäftigungsrisiken in verleihfreien Zeiten wird andererseits vertreten, dass der Befristungsgrund anzugeben sei, anderenfalls sei die Befristung unwirksam.[895] Aus Gründen der besseren Kontrolle ist eine Angabe der Gründe sicherlich anzuraten.

Letztlich lässt sich feststellen, dass die Informationspflicht nach der italienischen Regelung noch weiter geht als die deutsche, indem der Typ der Arbeitnehmerüberlassung (Art. 21 Abs. 3 i.V.m. 1 lit. c) Gesetzesverordnung Nr. 276/2003) und die Zahl der überlassenen Arbeitnehmer anzugeben sind. Hinzu kommt, dass die Übernahme der Zahlungspflichten von Verleiher und Entleiher festgehalten werden sollen (Art. 21 Abs. 3 i.V.m. 1 lit. h) bis k) Gesetzesverordnung Nr. 276/2003). Zwar werden im Gegensatz zur deutschen Rechtsordnung keine Angaben zu den Kündigungsfristen für das Arbeitsverhältnis (§ 2 Abs. 1 S. 2 Nr. 9 NachwG) noch zur Dauer des jährlichen Erholungsurlaubes (§ 2 Abs. 1 S. 2 Nr. 8 NachwG) verlangt; die für den Leiharbeitnehmer relevantesten erforderlichen Informationen werden aber in beiden Rechtsordnungen gleichermaßen vorausgesetzt.

Ergänzt werden die in Art. 21 Abs. 1 der Gesetzesverordnung Nr. 276/2003 aufgelisteten Mindestangaben um die in den Tarifverträgen enthaltenen Vertragsbedingungen (Art. 21 Abs. 2 Gesetzesverordnung Nr. 276/2003). Weitere Angaben ergeben sich für den befristeten Leiharbeitsvertrag daher aus Art. 22 und für den unbefristeten aus Art. 23 des landesweit geltenden Tarifvertrages vom 24.7.2008, wie u.a. die Angaben zur Disponibilitätsentschädigung und weitergehend über die Erfüllung der Sicherheitsleistung sowie über die für die Vergütung maßgebliche Eingruppierung.

Insgesamt erfordert das italienische Recht demzufolge eine detailliertere Information des Leiharbeitnehmers, wobei dies sicherlich auch der unterschiedlichen Ausgestaltung der einzelnen Typen der Arbeitnehmerüberlassung geschuldet ist. In jedem Falle wird dadurch ein noch höheres Maß an Transparenz und Sicherheit im Verhältnis zur deutschen Regelung gewährleistet.

---

893 ErfK/*Müller-Glöge*, TzBfG, § 14 Rdnr. 118.

894 *Boemke/Lembke*, AÜG, § 11 Rdnr. 52; Schüren/Hamann/*Schüren*, AÜG, § 11 Rdnr. 35; ebenso Thüsing/*Mengel*, AÜG, § 11 Rdnr. 10.

895 Ulber/*Ulber*, AÜG, § 11 Rdnr. 25.

bb) Der Arbeits- und Gesundheitsschutz

Aufgrund der Dreiecksbeziehung der Arbeitnehmerüberlassung scheinen die Leiharbeitnehmer tatsächlich vermehrt dem Risiko von Unfällen[896] und Gesundheitsschäden sowie auch Risiken psychisch-sozialer Art im Vergleich zu den direkt beim Entleiher eingestellten Arbeitnehmern ausgesetzt zu sein.

(1) Regelungen in der italienischen Rechtsordnung

Angesichts der besonderen Gefahren, die dieser Art der atypischen Arbeiten innewohnen, muss ein angemessenes, verfassungsrechtlich durch Art. 32 Cost. garantiertes Schutzniveau zur Gewährleistung der Gesundheit der Arbeitnehmer sichergestellt sein.[897]

Art. 23 Abs. 5 der Gesetzesverordnung Nr. 276/2003 verpflichtet den Verleiher, die Arbeitnehmer vor jeder Überlassung an einzelne Entleiher über die Gesundheits- und Sicherheitsrisiken im Allgemeinen zu informieren und sie unter besonderer Berücksichtigung der Tätigkeit für die sie eingestellt werden, auszubilden und zu schulen.[898] Der Verleiher hat diese Pflicht entsprechend den Vorschriften der Gesetzesverordnung Nr. 626/1994, jetzt Gesetzesverordnung Nr. 81 vom 9.4.2008[899], die mit der Gesetzesverordnung Nr. 106/2009[900] zum sog. „Einheitstext zum Gesundheitsschutz und zur Sicherheit am Arbeitsplatz" (*Testo unico sulla salute e sicurezza sul lavoro*) verbunden ist,[901] zu erfüllen. Die Gesetzesverordnung Nr. 626/1994 war in Umsetzung der unionsrechtlichen Richtlinien zum Gesundheitsschutz und Sicherheit bei der Arbeit erlassen worden.

Zudem ist Art. 21 des landesweit geltenden Tarifvertrages vom 24.7.2008 zu beachten, der auf die gesamten Vorschriften der Gesetzesverordnung Nr. 81/2008 verweist.

Der Gesetzgeber hat es allerdings den Vertragspartnern überlassen, im Rahmen ihrer Vertragsfreiheit die Möglichkeit vorzusehen, dass die Pflicht direkt vom Entleiher erfüllt wird (Art. 23 Abs. 5 S. 2 Gesetzesverordnung Nr. 276/2003).[902] Voraussetzung ist aber, dass dies ausdrücklich im Arbeitnehmerüberlassungsver-

---

896 Vgl. hierzu Ulber/*Ulber*, AÜG, Einl. C. Fremdfirmenarbeit Rdnr. 21.

897 *Natullo*, Lavori temporanei e sicurezza del lavoro, in: De Luca Tamajo/Rusciano/Zoppoli (a cura di), Mercato del lavoro, riforma e vincoli del sistema, S. 151 f.

898 *Carinci, F.*, Diritto del lavoro, commentario, Carinci, F. (diretto da), vol. II, S. 1383; *Caruso/Cinelli/Ferraro*, Diritto del lavoro, S. 185 f.

899 G.U. Nr. 101 vom 30.4.2008 – Suppl. Ordinario Nr. 108, im Folgenden: Gesetzesverordnung Nr. 81/2008.

900 G.U. Nr. 180 vom 5.8.2009.

901 Zuletzt geändert mit Gesetz Nr. 101 vom 12.7.2012, G.U. Nr. 162 vom 13.7.2012.

902 *Rausei*, S. 323; *Caruso/Cinelli/Ferraro*, Diritto del lavoro, S. 186.

trag geregelt wird. Darüber hinaus muss der Arbeitnehmer im Leiharbeitsvertrag hierüber informiert werden. Entsprechend muss dann der Entleiher die Leiharbeitnehmer davon in Kenntnis setzen, sie einer regelmäßigen medizinischen Kontrolle unterziehen und die spezifischen Risiken absichern.[903] In Bezug auf alle Schutzvorschriften haftet der Entleiher für die Verletzung von Sicherheitspflichten (Art. 23 Abs. 5 S. 4 Gesetzesverordnung Nr. 276/2003). Hinsichtlich der Pflichten des Gesundheitsschutzes sowie der Sicherheitspflichten ist der Leiharbeitnehmer unabhängig von der Art des Arbeitnehmerüberlassungsvertrages den beim Entleiher angestellten Arbeitnehmern gleichgestellt (vgl. Art. 22 Abs. 5 Hs. 2 Gesetzesverordnung Nr. 276/2003).[904]

Allerdings wurde der besonderen Merkmale des Dreipersonenverhältnisses durch die Aufspaltung der Arbeitgeberfunktion Rechnung getragen, so dass sowohl für den Verleiher als auch den Entleiher Pflichten vorgesehen sind.

Den Verleiher trifft, wie bereits erwähnt, eine allgemeine Informations- und Ausbildungspflicht hinsichtlich der Produktionstätigkeit im Allgemeinen und des Gebrauchs der normalerweise für die Ausführung der Arbeitstätigkeit, für die er eingesetzt wird, benutzten und notwendigen Geräte und Einrichtungen. Diese Pflichten können allerdings vom Verleiher mittels schriftlicher Vereinbarung an den Entleiher delegiert werden. In einem solchen Fall ist jedoch eine gleichzeitige Mitteilung der Pflichtenverlagerung an den Arbeitnehmer obligatorisch. Nur mit einer umfassenden Ausbildung und Schulung können Unfallrisiko und Berufskrankheiten effizient bekämpft werden.

Für den Entleiher besteht jedoch die Pflicht, gesetzlich vorgesehene spezifische Schutzmaßnahmen umzusetzen, wenn die vom Leiharbeitnehmer auszuführenden Tätigkeiten eine gesundheitliche Überwachung erfordern oder spezifische Risiken bergen.[905] Daher ist der Entleiher und nicht der Verleiher für eventuelle Verletzungen der gesetzlichen oder tarifvertraglich vorgesehenen Sicherheitspflichten persönlich verantwortlich.[906]

Hinsichtlich der Verteilung der Präventions- und Schutzpflichten zwischen Verleiher und Entleiher wurde mit der Gesetzesverordnung Nr. 81/2008 klargestellt, dass nunmehr gemäß Art. 3 Abs. 5 der Gesetzesverordnung Nr. 81/2008 in den Fällen, in denen die Arbeitsleistung im Rahmen eines Arbeitnehmerüberlassungsvertrages erbracht wird, *„alle Präventions- und Schutzpflichten zu Lasten des*

---

903 *Rausei*, S. 323.

904 *Natullo*, Lavori temporanei e sicurezza del lavoro, in: De Luca Tamajo/Rusciano/Zoppoli (a cura di), Mercato del lavoro, riforma e vincoli del sistema, S. 154.

905 *Rausei*, S. 324; *Caruso/Cinelli/Ferraro*, Diritto del lavoro, S. 186.

906 *Caruso/Cinelli/Ferraro*, Diritto del lavoro, S. 186.

Entleihers gehen", wobei die Regelung zur Verteilung der Informationspflichten des Art. 23 Abs. 5 der Gesetzesverordnung Nr. 276/2003 unberührt bleibt.

Insbesondere im Einklang mit Art. 36 der Gesetzesverordnung Nr. 81/2008 muss der Entleiher gemäß Art. 21 Abs. 3 des landesweit geltenden Tarifvertrages vom 24.7.2008 den Leiharbeitnehmern im Vertrag oder Mitteilungsschreiben über den Einsatz die verantwortlichen Personen für Gesundheit- und Sicherheit im Betrieb nennen. Diese müssen die Leiharbeitnehmer über die Sicherheits- und Gesundheitsrisiken, die mit der Tätigkeit im Allgemeinen verknüpft sind, aufklären. Die Informationspflicht erstreckt sich auch auf Bekanntgabe des Namens des speziell für die Sicherheit der Arbeitnehmer Verantwortlichen, die Erste-Hilfe- und Brandschutzmaßnahmen sowie den Namen des zuständigen Arztes.

Darüber hinaus regelt Art. 21 des landesweit geltenden Tarifvertrages vom 24.7.2008, dass die Leiharbeitnehmer vom Verleiher bei Abschluss des Vertrages oder mit dem Mitteilungsschreiben über den Einsatz ein Merkblatt mit all den genannten Informationen erhalten müssen.

Verstößt der Entleiher gegen die Pflichten, die gesetzlich oder von dem auf die Verleiher oder auf die Entleiher anwendbaren landesweit geltenden Tarifvertrag vorgesehen sind, insbesondere die Informationspflichten, die Vorschriften zur beruflichen Ausbildung und Schulung sowie die Schutz- und Sicherheitsvorschriften, stellt dies einen wichtigen Grund zur Kündigung seitens des Arbeitnehmers dar.[907]

(2) Regelung in der deutschen Rechtsordnung

Gemäß § 11 Abs. 6 AÜG gelten die im Entleiherbetrieb zu beachtenden Arbeitsschutzvorschriften in Übereinstimmung mit der Richtlinie 91/383/EWG des Rates vom 25.6.1991 „zur Ergänzung der Maßnahmen zur Verbesserung der Sicherheit und des Gesundheitsschutzes von Arbeitnehmern mit befristetem Arbeitsverhältnis oder Leiharbeitsverhältnis"[908] auch für Leiharbeitnehmer.[909] Um dem Arbeitnehmer die Möglichkeit zu geben, Arbeitsschutzanordnungen richtig zu erfassen, Gesundheitsgefahren zu erkennen und sich sicherheitsgerecht zu verhalten, muss der Entleiher gemäß § 12 Abs. 2 ArbSchG den Leiharbeitnehmer vor Beginn der Beschäftigung und bei Veränderungen in seinem Arbeitsbereich über Gefahren für Sicherheit und Gesundheit sowie über Maßnahmen und Einrichtungen zu deren Abwendung unterrichten und unterweisen (§ 12 Abs. 1 ArbSchG).[910] Grundlage hierfür stellt die schriftlich dokumentierte Gefährdungs-

907 *Rausei*, S. 332.
908 In Kraft getreten am 15.7.1991 ABl. Nr. L 206 vom 29.7.1991, S. 19.
909 *Urban-Crell/Schulz*, Arbeitnehmerüberlassung, Rdnr. 224; Ulber/*Ulber*, AÜG, § 11 Rdnr. 144 ff.
910 Schüren/Hamann/*Schüren*, AÜG, § 11 Rdnr. 139.

beurteilung (§ 5 und § 6 ArbSchG) dar, die der Entleiher bei jedem Einsatz eines Leiharbeitnehmers vornehmen muss.[911] Die Unterrichtungspflicht umfasst auch die Notwendigkeit von Zusatzqualifikationen der Leiharbeitnehmer oder die Notwendigkeit einer besonderen ärztlichen Überwachung und die Aufklärung über eventuell erhöhte Gefahren.

Verstößt der Entleiher gegen die genannten primär ihm obliegenden Pflichten aus § 11 Abs. 6 AÜG, steht dem Leiharbeitnehmer ein Leistungsverweigerungsrecht zu.[912]

Der Verleiher muss gemäß § 11 Abs. 6 S. 1 Hs. 2 AÜG als Vertragsarbeitgeber weiterhin seinen eigenen Pflichten zur Einhaltung der öffentlich-rechtlichen Vorschriften des Arbeitsschutzes nachkommen, die zusätzlich zu denjenigen des Entleihers bestehen. Eine Delegierung seiner Arbeitsschutzpflichten auf den Entleiher i.S.d. § 13 Abs. 2 ArbSchG ist daher ausgeschlossen. Da § 11 Abs. 6 S. 1 Hs. 2 AÜG allgemein von Pflichten spricht, trifft den Verleiher die eigene Pflicht, zu überwachen, ob im Entleiherbetrieb die geltenden öffentlich-rechtlichen Vorschriften des Arbeitsschutzes eingehalten werden.

Da der Verleiher seinen Verpflichtungen nach § 11 Abs. 6 AÜG, bei denen es sich grundsätzlich um Handlungs- und Durchführungspflichten handelt, während der Zeit der Überlassung nicht nachkommen kann, weil ihm die autonome Umsetzungsbefugnis fehlt, sind diese letztlich auf Kontroll- und Überwachungspflichten sowie die Pflicht zur Unterbindung von Verstößen beschränkt.[913]

§ 8 Abs. 1 ArbSchG sieht aber eine Zusammenarbeit von Ver- und Entleiher bei der Durchführung der Sicherheits- und Gesundheitsbestimmungen vor.

(3) Rechtsvergleichende Erwägungen

Während im deutschen Recht grundsätzlich die Pflichten von Entleiher und Verleiher zur Einhaltung der öffentlich-rechtlichen Vorschriften des Arbeitsschutzes nebeneinander bestehen, wobei eine schuldbefreiende Übertragung der Pflichten des Verleihers auf den Entleiher ausgeschlossen ist, wird die italienische Regelung den Besonderheiten des Arbeitnehmerüberlassungsvertrages besser gerecht: Vor allem durch die Aufteilung in allgemeine Informationspflichten des Verleihers und spezifische Informationspflichten des Entleihers kann den unterschiedlichen Organisationsbereichen besser Rechnung getragen werden. Der Entleiher hat schließlich eine genauere Kenntnis der Verhältnisse in seinem Betrieb und ist damit besser in der Lage, Gefahren und Risiken festzustellen und dementsprechend hierüber zu

---

911 Ulber/*Ulber*, AÜG, § 11 Rdnr. 148.

912 Schüren/Hamann/*Schüren*, AÜG, § 11 Rdnr. 154; *Boemke/Lembke*, AÜG, § 11 Rdnr. 156; *Urban-Crell/Schulz*, Arbeitnehmerüberlassung, Rdnr. 227.

913 Ulber/*Ulber*, AÜG, § 11 Rdnr. 150.

informieren. Daher erlaubt auch Art. 23 Abs. 5 S. 2 der Gesetzesverordnung Nr. 276/2003 eine Übertragung der Informationspflicht auf den Entleiher.

Hieraus erklärt sich wohl auch die umfassende Haftung des Entleihers für die Verletzung von gesetzlich oder tarifvertraglich vorgesehenen Sicherheitspflichten (Art. 23 Abs. 5 S. 4 Hs. 2 Gesetzesverordnung Nr. 276/2003). Diese unterschiedlose Haftung erscheint sehr weitgehend, allerdings dürften hiermit nur die Sicherheitspflichten des Entleiherbetriebes gemeint sein.[914] Dafür spricht auch die Formulierung in dem voranstehenden ersten Halbsatz des Art. 23 Abs. 5 S. 4 der Gesetzesverordnung Nr. 276/2003, dass der Entleiher die Schutzpflichten einzuhalten habe, die gegenüber seinen eigenen Angestellten vorgesehen sind. Damit ist er nur für den Bereich verantwortlich, den er auch beeinflussen kann.

Demgegenüber trägt im deutschen Recht der Entleiher für die Einhaltung und Beachtung der öffentlich-rechtlichen Vorschriften des Arbeitsschutzes die primäre Verantwortung, der Verleiher bleibt jedoch mitverantwortlich (§ 11 Abs. 6 S. 1 Hs. 2 AÜG).[915] Dies bietet dem Arbeitnehmer sicherlich höheren Schutz, aber es ist doch fraglich, ob es sinnvoll ist, dem Verleiher eine Überwachungspflicht für den Entleiherbetrieb aufzuerlegen. Seine Möglichkeiten, diese Pflicht im fremden Betrieb auszuüben, sind eher eingeschränkt, auch wenn er selbstverständlich ein Interesse an der Vermeidung von Arbeitsunfällen hat.

Die deutsche Regelung mag zwar klarer und zu Lasten des Verleihers strenger sein, aber sie berücksichtigt nicht ausreichend die Besonderheiten, die sich aus der Arbeitnehmerüberlassung als Dreiecksverhältnis ergeben.

c) Gewerkschaftliche Rechte der Leiharbeitnehmer

aa) Die Ausgestaltung in Italien

Art. 22 Abs. 5 der Gesetzesverordnung Nr. 276/2003 regelt, dass die Leiharbeitnehmer nicht zur Belegschaft des Entleiherunternehmens gezählt werden, wenn es um die Frage der Anwendbarkeit von Gesetzen oder Tarifverträgen geht. Eine Ausnahme besteht indes hinsichtlich der Normen im Bereich der Hygiene und Sicherheit der Arbeit.[916]

In beiden Arten der Arbeitnehmerüberlassung hat der Einsatz des Arbeitnehmers im Betrieb des Entleihers daher keine Auswirkung auf die tatsächliche Belegschaft des Entleihers. Die Vorschrift regelt zwar nicht ausdrücklich die

---

914 *Rausei*, S. 324 f.

915 *Urban-Crell/Schulz*, Arbeitnehmerüberlassung, Rdnr. 224.

916 *Biagi*, Istituzioni di diritto del lavoro, S. 386; *Rausei*, S. 247; *Caruso/Cinelli/Ferraro*, Diritto del lavoro, S. 183; *Magrini/Pizutti*, Somministrazione e esternalizzazione, in: Sviluppo e occupazione nel mercato globale, Ferraro (a cura di), S. 193.

Betriebszugehörigkeit, sondern die Frage, ob bei Bestimmungen, die auf die Zahl der Belegschaftsmitglieder abstellen, auch Leiharbeitnehmer zu berücksichtigen seien. Diese Frage ist aber eng verbunden mit der Problematik der Belegschaftszugehörigkeit. Es spricht zwar viel dafür, dass der Leiharbeitnehmer nicht als zur Belegschaft des Entleiherbetriebes zugehörig zu betrachten ist.[917] Demzufolge dürften ihm dann dort auch keine Rechte auf gewerkschaftliche Betätigung zukommen. Allerdings muss der Aufspaltung der Arbeitgeberfunktion auf Verleiher und Entleiher Rechnung getragen werden. Daher stellt sich die Frage, welche Rechte dem Leiharbeitnehmer im Entleiherbetrieb überhaupt zustehen und welche Rechte er demgegenüber im Verleiherbetrieb hat.

Der Gesetzgeber hat mit Art. 24 der Gesetzesverordnung Nr. 276/2003 eine eigene Regelung für die gewerkschaftlichen Rechte der Leiharbeitnehmer vorgesehen, die dazu bestimmt ist, die beim Verleiher angestellten Leiharbeitnehmer mit allen Arbeitnehmern des Entleiherbetriebes auch auf kollektiver Ebene gleichzustellen. Dabei haben auch die Besonderheiten Berücksichtigung gefunden, die aus der Spaltung der Figur des Arbeitgebers herrühren bzw. aus dem Umstand, dass sie beim Verleiher angestellt sind, aber die Arbeitsleistung zu Gunsten und in Abhängigkeit des Entleihers erbringen.[918]

Gemäß Art. 24 Abs. 1 der Gesetzesverordnung Nr. 276/2003 stehen dem Leiharbeitnehmer im Verleiherbetrieb alle Rechte zu, die im Arbeitnehmerstatut (Gesetz Nr. 300/1970) niedergeschrieben sind, einschließlich der jeweiligen tarifvertraglichen Spezifizierungen.[919] Das Arbeitnehmerstatut regelt in Ausgestaltung der verfassungsrechtlichen Gewerkschaftsfreiheit (Art. 39 Cost.) zwei Arten der betrieblichen Arbeitnehmervertretung: die „Gewerkschaftliche Vereinigung" (*associazione sindacale*) und die „Betriebliche Gewerkschaftsvertretung" (*rappresentanze sindacali aziendali – R.S.A.*), wobei allenfalls in Bezug auf letztere – nach deutschem Verständnis – von ernsthafter betriebsverfassungsrechtlicher Mitwirkung die Rede sein kann.[920]

Im Entleiherbetrieb kommt dem Leiharbeitnehmer gemäß Art. 24 Abs. 2 der Gesetzesverordnung Nr. 276/2003 während der Dauer des Einsatzes beim Entleiher das Recht zu, sich gewerkschaftlich zu organisieren, sich gewerkschaftlich zu betätigen sowie sich an Versammlungen des Personals des Entleiherbetriebes zu beteiligen.[921] Die Norm wird sehr extensiv interpretiert. Ausgeschlossen ist allerdings die Ausübung jener Rechte und Sonderrechte, die aufgrund ihrer lan-

917 Vgl. *Falasca/Soldera*, Somministrazione di lavoro, S. 47.

918 *Caruso/Cinelli/Ferraro*, Diritto del lavoro, S. 191.

919 Art. 16 des landesweit geltenden Tarifvertrages vom 24.7.2008; Näheres dazu bei *Mazziotti*, S. 348 f.; *Rausei*, S. 303.

920 Näheres bei *Kindler*, Italienisches Handels- und Wirtschaftsrecht, § 3 Rdnr. 34 ff.

921 *Carinci, M.T.*, S. 77 f.

gen Auswirkung zu der nur vorübergehenden Anwesenheit der Leiharbeitnehmer im Betrieb im Widerspruch stehen könnten.[922]

Ein spezielles Versammlungsrecht wird den Angestellten des Verleihers zugestanden, die bei unterschiedlichen Entleihern beschäftigt sind (Art. 24 Abs. 3 Gesetzesverordnung Nr. 276/2003).[923] Entsprechend der ausdrücklichen Regelung des Art. 24 Abs. 3 können demnach die Leiharbeitnehmer ihr Versammlungsrecht sowohl im Betrieb des Verleihers als faktischem Arbeitgeber, als auch im Verhältnis zum Entleiherbetrieb als dem Arbeitgeber, bei dem sie tatsächlich ihre Arbeitsleistung erbringen, ausüben.[924]

Der Grund für diese Regelung liegt in der Tatsache, dass der Verleiher Arbeitnehmer verschiedenster Berufsgruppen angestellt hat, bei denen nicht unbedingt ein gemeinsames Interesse insbesondere an der Ausübung der gewerkschaftlichen Rechte bestehen muss.[925] Deswegen wird der Gruppe der Arbeitnehmer desselben Verleihers, die jedoch bei unterschiedlichen Entleihern arbeiten, unabhängig vom Ort der Ausführung der Tätigkeit ein Versammlungsrecht zuerkannt (Art. 24 Abs. 3 Gesetzesverordnung Nr. 276/2003).[926]

Die Norm enthält allerdings keine Regelung zum Thema der betrieblichen Gewerkschaftsvertretung und auch nicht zum Thema des Streikrechtes, obwohl letzteres dem vom Verleiher angestellten Arbeitnehmer zweifelsfrei zusteht. Dabei bleiben jedoch die praktischen Probleme ungelöst, die mit der Ausübung des Rechtes verknüpft sind. Denn vor allem angesichts der üblicherweise kurzen Dauer des Arbeitsverhältnisses und seiner Auswirkung sowohl auf den Ver- als auch auf den Entleiher, bringt die Arbeitnehmerüberlassung Probleme mit sich, die mit dem Streikrecht schwer in Einklang zu bringen sind, wie z.B. die Nichterfüllung der geschuldeten Leistung und die daraus folgende Haftung.[927]

Art. 24 Abs. 4 der Gesetzesverordnung Nr. 276/2003 erkennt den Gewerkschaftsvertretungen – wenn auch indirekt – ein Kontrollrecht hinsichtlich der Anzahl und der Gründe für die Arbeitnehmerüberlassungsverträge zu. Diese Vorschrift verpflichtet den Entleiher, die jeweiligen Informationen zu den bereits abgeschlossenen und abzuschließenden Überlassungsverträgen entweder der „Einheitlichen Gewerkschaftsvertretung" (*rappresentanza sindacale unitaria – R.S.U.*), der betrieblichen Gewerkschaftsvertretung oder anderenfalls den „Territorialen Berufsverbänden" (*associazioni territoriali di categoria*), die zu den vergleichsweise einflussreichsten Arbeitnehmerverbänden auf landesweiter Ebene gehören, mitzu-

922 *Carinci, F.*, Diritto del lavoro, commentario, Carinci, F. (diretto da), vol. II, S. 1380.
923 *Rausei*, S. 303; *Caruso/Cinelli/Ferraro*, Diritto del lavoro, S. 192.
924 *Carinci, M.T.*, S. 77.
925 *Carinci, F.*, Diritto del lavoro, commentario, Carinci, F. (diretto da), vol. II, S. 1381.
926 *Caruso/Cinelli/Ferraro*, Diritto del lavoro, S. 192.
927 *Caruso/Cinelli/Ferraro*, Diritto del lavoro, S. 193.

teilen.[928] Der Entleiher muss daher entweder vor oder in dringenden Fällen auch fünf Tage nach Abschluss eines Arbeitnehmerüberlassungsvertrages genau über Anzahl und Gründe informieren.[929] Über diese Daten einschließlich Dauer der Verträge sowie Anzahl und Qualifikation der Leiharbeitnehmer muss der Entleiher außerdem den entsprechenden Arbeitgeberverbänden jährlich Auskunft erteilen.

In diesem Zusammenhang sei jedoch auf die Probleme hingewiesen, die durch einen eventuellen Verstoß gegen die beschriebenen Informationspflichten entstehen, da das Gesetz die damit verbundenen Rechtsfolgen nicht festlegt. Dies wäre allerdings besonders im Hinblick auf die präventive Mitteilung wichtig, deren Fehlen auch die Gültigkeit des Arbeitnehmerüberlassungsvertrages in Frage stellen könnte. Bis zur Klarstellung durch den Gesetzgeber dürfte den Arbeitnehmern ein Antragsrecht gemäß Art. 28 des Gesetzes Nr. 300/1970 auf Erlass eines richterlichen Beschlusses zur Unterbindung gewerkschaftsfeindlichen Verhaltens des Entleihers zustehen.[930] Auch wenn die Regelungen zu den gewerkschaftlichen Rechten erkennbar darauf abzielen, dem Leiharbeitnehmer auch auf kollektiver Ebene angemessenen Schutz zu garantieren, erweist sich die Regelung auf normativer Ebene als zu unbestimmt und könnte immer wieder zu Streit führen und damit zu einer geringeren Akzeptanz der Arbeitnehmerüberlassung.

Gelöst wurde durch Art. 24 der Gesetzesverordnung Nr. 276/2003 zumindest das Problem, in welchem Betrieb der Leiharbeitnehmer konkret die ihm ausdrücklich gesetzlich zuerkannten gewerkschaftlichen Rechte ausüben darf. Aufgrund der Besonderheiten des Dreiecksverhältnisses genügt es für eine ausreichende Garantie gewerkschaftlicher Rechte nicht, wenn diese in nur einem Betrieb gewährt werden, sei es im Verleiher- oder Entleiherbetrieb.[931]

Durch die spezifischen Regelungen im landesweit geltenden Tarifvertrag vom 24.7.2008 wird der gesetzlich garantierte Schutz der Leiharbeitnehmer, vor allem durch die besonderen Informationsregeln der Tarifpartner in Art. 1 sowie der allgemeinen Informationspflicht der Arbeitgeber gegenüber den gewerkschaftlichen Organisationen und den Betriebsvertretern gemäß Art. 16 des landesweit geltenden Tarifvertrages vom 24.7.2008, verstärkt.

Dieser beschreibt ein spezifisches Vertretungssystem der Leiharbeitnehmer in den Gewerkschaften: Neben der nationalen Vertretung der Verleiher (*rappresentanza nazionale di agenzia*)[932] gibt es den lokalen Gewerkschaftsvertreter (*delegato sindacale territoriale*), der von den einzelnen gewerkschaftlichen Organisationen,

928 *Rausei*, S. 304; *Carinci, F.*, Diritto del lavoro, commentario, Carinci, F. (diretto da), vol. II, S. 1382.

929 *Rausei*, S. 304; *Mazziotti*, S. 349; *Caruso/Cinelli/Ferraro*, Diritto del lavoro, S. 193.

930 *Caruso/Cinelli/Ferraro*, Diritto del lavoro, S. 194.

931 *Rausei*, S. 305.

932 Vertiefend *Rausei*, S. 305.

d.h. den Unterzeichnern des landesweit geltenden Tarifvertrages, auf regionaler oder provinzieller Ebene ernannt wird.[933] Beiden kommen, bezogen auf das jeweilige Gebiet, Eingriffsbefugnisse gegenüber den Verleihern hinsichtlich der Anwendung der Verträge und der Arbeitsnormen sowie für die Anwendung der gewerkschaftlichen Rechte zu. An dritter Stelle sind die Betriebsvertreter zu nennen. Diese werden von den Leiharbeitnehmern im Entleiherbetrieb gewählt und ernannt. In den Entleiherbetrieben, in denen mindestens 20 Leiharbeitnehmer auch von verschiedenen Verleihern gleichzeitig für mehr als drei Monate beschäftigt sind, können die unterzeichnenden Gewerkschaftsorganisationen der Arbeitnehmer Wahlen für die Arbeitnehmervertreter organisieren, und zwar im Verhältnis von je einem Vertreter für 20 Leiharbeitnehmer. Der Betriebsvertreter hat die Aufgabe, gegenüber den Verleihern entsprechende Maßnahmen zu ergreifen, wenn Leiharbeitnehmer im Entleiherbetrieb betroffen sind. Zudem hat er die Aufgabe, sich mit den örtlichen Gewerkschaftsvertretern und den landesweiten Arbeitgeberverbänden der Zeitarbeit zu koordinieren.[934]

Es stellt sich daher die Frage, welche Rechte dem Leiharbeitnehmer im Rahmen der Wahl der gewerkschaftlichen Vertretung sowohl im Verleih- als auch im Entleiherbetrieb zustehen.

Grundsätzlich kann sich der Leiharbeitnehmer vorbehaltlich kollektiver Regelungen im Verleiherbetrieb aktiv an der Errichtung der Betriebsvertretung beteiligen und umgekehrt als Mitglied der gewerkschaftlichen Vertretung gewählt oder ernannt werden.

Es bestehen im Hinblick auf den Entleiherbetrieb jedoch Zweifel, ob der Leiharbeitnehmer an der Wahl der Betriebsvertretung aktiv oder passiv teilnehmen kann. Dagegen dürfte der nur kurze Einsatz im Entleiherbetrieb sprechen. Fraglich ist aber, ob dieses Recht nicht jedenfalls den Leiharbeitnehmern im Falle der unbefristeten Arbeitnehmerüberlassung auch im Entleiherbetrieb zugestanden werden sollte. Die Regelung des Art. 24 der Gesetzesverordnung Nr. 276/2003 enthält keine Antwort auf diese Frage.

Dagegen könnte Art. 22 Abs. 5 der Gesetzesverordnung Nr. 276/2003 angeführt werden, wonach Leiharbeitnehmer nicht zur Belegschaft des Entleiherunternehmens gezählt werden, wenn es um die Frage der Anwendbarkeit von Gesetzen oder Tarifverträgen geht. Die gewerkschaftlichen Rechte sind vornehmlich in Gesetz Nr. 300/1970, dem Arbeitnehmerstatut, geregelt, aus dem eventuell ein Wahlrecht hergeleitet werden könnte (vgl. Art. 35). Eine explizite Regelung wie in Abs. 1 des Art. 24 der Gesetzesverordnung Nr. 276/2003, der den Leiharbeitnehmern in Bezug auf den Verleiherbetrieb die im Arbeitnehmerstatut niederge-

933 *Carinci, M.T.*, S. 78 f.

934 *Rausei*, S. 305 f.; *Carinci, M.T.*, S. 79.

legten Rechte zuerkennt, existiert für die Rechte im Entleiherbetrieb nicht. In Bezug auf die Anwendbarkeit des Gesetzes Nr. 300/1970 könnte daher die Vorschrift des Art. 22 Abs. 5 der Gesetzesverordnung Nr. 276/2003 greifen, so dass den Leiharbeitnehmern im Entleiherunternehmen die im Arbeitnehmerstatut niedergelegten Rechte nicht zustehen würden.

Hiergegen und für die Einräumung eines Wahlrechtes spricht zum einen die Regelung des Art. 24 Abs. 2 der Gesetzesverordnung Nr. 276/2003, wonach die Leiharbeitnehmer zumindest während der Dauer des Einsatzes beim Entleiher das Recht haben, sich gewerkschaftlich zu betätigen. Zum anderen ist die Regelung des Art. 24 Abs. 1 der Gesetzesverordnung Nr. 276/2003 anzuführen, wonach den Leiharbeitnehmern jedenfalls in Bezug auf den Verleiherbetrieb die gewerkschaftlichen Rechte aus dem Gesetz Nr. 300/1970 zuerkannt werden. Der Gesetzgeber wollte mit den Rechten aus dem Arbeitnehmerstatut die Position des Arbeitnehmers im Betrieb stärken. Ein ausdrückliches gesetzliches Verbot, dass der Leiharbeitnehmer sich in beiden Betrieben an der Wahl beteiligt, besteht jedenfalls nicht.

So wird vertreten, dass den Leiharbeitnehmern im Entleiherbetrieb zumindest ein aktives Wahlrecht zustehen soll, wenn mehr als 15 Arbeitnehmer fest beim Entleiherbetrieb beschäftigt sind. Dann können sie gemäß Art. 35 des Gesetzes Nr. 300/1970 eigene Betriebsvertretungen wählen.[935]

Einem passiven Wahlrecht dürfte trotz des grundsätzlich möglichen dauerhaften Einsatzes die verhältnismäßig kurze Überlassungsdauer und Austauschbarkeit der Leiharbeitnehmer entgegenstehen.

bb) *Die Ausgestaltung in Deutschland*

Im deutschen Recht stellt sich aufgrund der Dreiecksbeziehung ebenfalls die Problematik der Betriebszugehörigkeit des Leiharbeitnehmers. Ausgangspunkt der Problematik ist die Definition der Betriebszugehörigkeit, die ein Arbeitsverhältnis zum Betriebsinhaber und die Eingliederung in die Betriebsorganisation voraussetzt. Es fehlt jedoch bereits an der Voraussetzung der arbeitsvertraglichen Bindung zwischen Entleiher und Leiharbeitnehmer.[936] Die tatsächliche Eingliederung des überlassenen Arbeitnehmers in die Betriebsorganisation allein genügt nicht, um die Betriebszugehörigkeit zu begründen. Dies ergibt sich aus § 14 Abs. 1 AÜG, einer speziellen Regelung zur betriebsverfassungsrechtlichen Stellung des Leiharbeitnehmers. Danach besteht für die Leiharbeitnehmer auch während der Zeit ihrer Arbeitsleistung bei einem Entleiher die Betriebszugehörigkeit zum Ver-

---

935 *Falasca/Soldera*, Somministrazione di lavoro, S. 69.

936 BAG v. 22.3.2000, NZA 2000, 1119, 1119 ff.

leiherbetrieb fort. Demzufolge haben die Leiharbeitnehmer im Verleiherbetrieb sowohl das aktive als auch das passive Wahlrecht gemäß § 7 und § 8 BetrVG.[937]

Der tatsächlichen Eingliederung in den Entleiherbetrieb hat der Gesetzgeber mit den Regelungen des § 14 Abs. 2 S. 2 und Abs. 3 AÜG Rechnung getragen, wonach dem Leiharbeitnehmer im Betrieb des Entleihers einzelne betriebsverfassungsrechtliche Rechte zustehen.

Dem Leiharbeitnehmer stehen im Verleiherbetrieb alle betrieblichen Individualansprüche nach den §§ 81 ff. BetrVG zu.[938]

Aufgrund der Aufteilung der Arbeitgeberfunktionen auf zwei Arbeitgeber stellt sich – wie im italienischen Recht – die Frage der doppelten Betriebszugehörigkeit des Leiharbeitnehmers, sowohl zum Verleiher- als auch zum Entleiherbetrieb. Die Aufteilung hat auch zur Konsequenz, dass einzelne Betriebsverfassungsrechte ihrem Sinn und Zweck nach nur im Verleiher-, andere hingegen nur im Entleiherbetrieb ausgeübt werden können. Denn die Zuständigkeit des Verleiherbetriebsrates ist dort eingeschränkt, wenn ein untrennbarer Zusammenhang mit einer Tätigkeit im Entleiherbetrieb besteht.[939]

Daher besteht nach einer Meinung eine doppelte Betriebszugehörigkeit des Leiharbeitnehmers,[940] während sich Rechtsprechung und herrschende Meinung in der Literatur dagegen aussprechen. Aus § 14 Abs. 1 AÜG ergebe sich eine ausschließliche Zuordnung des Leiharbeitnehmers zum Verleiherbetrieb.[941] Der Gesetzgeber hat in den vergangenen Jahren trotz Kenntnis der Problematik weder die Regelung des § 14 Abs. 1 AÜG noch das passive Wahlrecht im Entleiherbetrieb gemäß § 14 Abs. 2 AÜG modifiziert und wollte daher offenbar die Zuordnung zum Entleiherbetrieb nicht ändern. Dies wäre ohnehin mit höheren Kosten für den Entleiher verbunden, die ihn von der Beschäftigung von Leiharbeitnehmern abhalten könnten. Für den Leiharbeitnehmer bedeutet die alleinige Zuordnung zum Verleiherbetrieb auch keine Schutzeinbuße, da dort sein Zählwert unbestritten besteht.[942]

Ein Verstoß gegen europarechtliche Vorgaben ist in der deutschen Ausgestaltung nicht zu sehen, da entsprechend der Regelung des Art. 7 der Richtlinie über

---

937 *Sandmann/Marschall*, AÜG, Art. 1 § 14 Anm. 4; Thüsing/*Thüsing*, AÜG, § 14 Rdnr. 17; Schüren/Hamann/*Hamann*, AÜG, § 14 Rdnr. 115.

938 *Sandmann/Marschall*, AÜG, Art. 1 § 14 Anm. 5; Thüsing/*Thüsing*, AÜG, § 14 Rdnr. 18; Schüren/Hamann/*Hamann*, AÜG, § 14 Rdnr. 117; ErfK/*Wank*, AÜG, § 14 Rdnr. 10.

939 *Steuer*, S. 78; Ulber/*zu Dohna-Jaeger*, AÜG, § 14 Rdnr. 10 ff.

940 *Hamann*, NZA 2003, 526, 527.

941 BAG v. 10.3.2004, NZA 2004, 1340, 1341; *Sandmann/Marschall*, AÜG, Art. 1 § 14 Anm. 3; Schüren/Hamann/*Hamann*, AÜG, § 14 Rdnr. 30; ErfK/*Wank*, AÜG, § 14 Rdnr. 7.

942 *Brose*, NZA 2005, 797, 800.

Leiharbeit den Mitgliedstaaten die Berücksichtigung der Leiharbeitnehmer bei der Berechnung der Schwellenwerte der §§ 9 und 38 BetrVG freigestellt ist.

Im Hinblick auf die betriebsverfassungsrechtliche Stellung des Leiharbeitnehmers im Entleiherbetrieb ist zu differenzieren:

Erfolgt die Arbeitnehmerüberlassung ohne Erlaubnis, greift in jedem Falle die Fiktion des § 9 Nr. 1 i.V.m. § 10 Abs. 1 AÜG. Da der Leiharbeitnehmer hier Arbeitnehmer des Entleihers wird, wird er betriebsverfassungsrechtlich auch dem Entleiherbetrieb zugeordnet.[943]

Im Falle einer legalen Arbeitnehmerüberlassung dürfen Leiharbeitnehmer bei einem drei Monate übersteigenden Einsatz im Entleiherbetrieb zwar gemäß § 7 S. 2 BetrVG aktiv wählen, sie sind jedoch gemäß § 14 Abs. 2 S. 1 AÜG bei der Wahl der betriebsverfassungsrechtlichen Arbeitnehmervertretungen des Entleiherbetriebes nicht wählbar.

Fraglich ist aber, ob der Ausschluss des Leiharbeitnehmers vom passiven Wahlrecht im Entleiherbetrieb entgegen der ausdrücklichen Regelung in § 14 Abs. 2 S. 1 AÜG angesichts der Möglichkeit eines langfristigen oder gar unbegrenzten Einsatzes im Entleiherbetrieb seit Wegfall der Höchstüberlassungsdauer noch zeitgemäß ist. Die Diskussion ist weiterhin relevant, da der Arbeitnehmer auf unbestimmte Zeit beim Entleiher eingesetzt werden kann. Der Gesetzgeber hat zwar das Tatbestandsmerkmal der „vorübergehenden" Arbeitnehmerüberlassung eingeführt, es aber nicht näher konkretisiert.

Teilweise wird vertreten, dass der Ausschluss nicht mit dem der Betriebsverfassung zugrundeliegenden Demokratieprinzip vereinbar sei und vor allem gegen den Gleichheitsgrundsatz (Art. 3 GG) verstoße.[944]

Wählbar ist nach § 8 BetrVG, wer nach § 7 BetrVG wahlberechtigt ist, vorausgesetzt die Person hat dem Betrieb am Tag der Stimmabgabe sechs Monate angehört.[945] Gemäß § 7 S. 2 BetrVG dürfen Leiharbeitnehmer bei einem drei Monate übersteigenden Einsatz im Entleiherbetrieb wählen. Folglich bestehe eine Ungleichbehandlung des Leiharbeitnehmers im Verhältnis zu einem Angestellten mit einem beispielsweise auf sieben Monate befristeten Arbeitsvertrag, dem sowohl das aktive als auch das passive Wahlrecht gewährt werde. Die angeblich engere Bindung des Stammarbeitnehmers reiche aufgrund der unbegrenzt möglichen Überlassungsdauer nicht als Rechtfertigungsgrund für die Ungleichbehandlung.

---

943 *Sandmann/Marschall*, AÜG, Art. 1 § 14 Anm. 7.

944 Schüren/Schüren/*Hamann*, AÜG, § 14 Rdnr. 62 ff.; *Steuer*, S. 126 ff.

945 Dies gilt nicht in den Fällen illegaler Arbeitnehmerüberlassung, in denen nach §§ 10, 1 Abs. 2 AÜG ein Arbeitsverhältnis zum Entleiher fingiert wird, vgl. dazu Ulber/*zu Dohna-Jaeger*, AÜG, § 14 Rdnr. 73.

Gegen diese Ansicht spricht allerdings der ausdrückliche Wortlaut des § 14 Abs. 2 S. 1 AÜG. Zudem hat der Gesetzgeber, obwohl ihm die Diskussion bekannt war, die Regelung nicht reformiert. Schließlich lässt sich eine Ungleichbehandlung von Leiharbeitnehmern auch mit dem Argument der Austauschbarkeit des Leiharbeitnehmers rechtfertigen, denn entsprechend dem Überlassungsvertrag schuldet der Verleiher die Überlassung eines entsprechend qualifizierten Leiharbeitnehmers. Der Verleiher kann diesen folglich jederzeit ersetzen bzw. der Entleiher kann ihn zurückweisen oder einen Austausch verlangen. Aufgrund der jederzeit möglichen Beendigung der Arbeitnehmerüberlassung wäre die tatsächliche Ausübung des Amtes des Betriebsrates durch einen Leiharbeitnehmer nicht gesichert.[946]

Die herrschende Meinung und die Rechtsprechung lehnen ein passives Wahlrecht von Leiharbeitnehmern im Entleiherbetrieb ab. Es gilt weiterhin die gefestigte Rechtsprechung des siebten Senates des BAG, wonach Leiharbeitnehmer zwar wählen dürfen, aber nicht zählen. Das heißt, sie werden bei der Berechnung der Schwellenwerte, die auf die „wahlberechtigten Arbeitnehmer" im Unternehmen oder Betrieb abstellen, nicht mitgerechnet.[947] Daran hat sich auch durch jüngere Entscheidungen des BAG nichts geändert.[948]

Der Gesetzgeber hätte daher bei der Reformierung des AÜG gut daran getan, endlich für eine Klarstellung zu sorgen. Eine wichtige Frage wäre in diesem Zusammenhang gewesen, weshalb Leiharbeitnehmer, die länger als drei Monate überlassen werden, zwar durch das „Gesetz zur Reform des Betriebsverfassungsgesetzes" (BetrVG-Reformgesetz)[949] vom 23.7.2001 gemäß § 7 S. 2 BetrVG das aktive Wahlrecht im Entleiherbetrieb erhalten, nach der Rechtsprechung des siebten Senates des BAG jedoch nicht als Arbeitnehmer des Entleiherbetriebes anzusehen sind.[950]

cc) Rechtsvergleichende Erwägungen

In beiden Rechtsordnungen stellt sich aufgrund der Dreiecksbeziehung die Frage der doppelten Betriebszugehörigkeit, die letztlich von beiden Seiten verneint wird. Sowohl in Deutschland als auch in Italien werden die Arbeitnehmerrechte größtenteils über die Verleiherbetriebe ausgeübt, wobei die Arbeitnehmer jedoch auch im Entleiherbetrieb einige Rechte genießen. Dies gilt auch für die gewerk-

946 *Steuer*, S. 128; BAG v. 2.3.2006, NZA 2006, 988, 990; *Leuchten*, NZA 2007, 585, 585.

947 BAG v. 10.3.2004, NZA 2004, 1340, 1343; ausführlich hierzu *Rieble*, NZA 2012, 485, 485 m.w.N.

948 BAG v. 15.12.2011, NZA 2012, 519, 519 ff.; siehe auch *Rieble*, NZA 2012, 485, 485 f.

949 BGBl. I S. 1852.

950 *Düwell*, AuR 2011, 288, 288; BAG v. 22.10.2003, NZA 2004, 1052, 1052 ff.

schaftlichen bzw. betriebsverfassungsrechtlichen Rechte. Es lassen sich hier keine wesentlichen Unterschiede feststellen. Vergleichbar dem Art. 24 Abs. 2 der Gesetzesverordnung Nr. 276/2003, der dem Leiharbeitnehmer im Entleiherbetrieb das Recht einräumt, sich gewerkschaftlich zu organisieren, gewerkschaftlich tätig zu werden und an Personalversammlungen teilzunehmen, regelt § 14 Abs. 2 S. 2 und 3 AÜG die betriebsverfassungsrechtlichen Individualrechte des Leiharbeitnehmers und das Teilnahmerecht an Betriebsversammlungen.

Hinsichtlich des Wahlrechtes im Entleiherbetrieb ergibt sich jedoch eine Abweichung: Während in Deutschland das aktive Wahlrecht den Leiharbeitnehmern ausdrücklich gemäß § 7 S. 2 BetrVG zuerkannt wird, findet sich in der italienischen Rechtsordnung keine derartige Bestimmung. In Italien lässt das Fehlen einer Regelung allerdings Raum für Interpretationsmöglichkeiten. Daher wird vertreten, dass bezogen auf den Entleiherbetrieb dem Leiharbeitnehmer nur dann ein Wahlrecht zuerkannt wird, wenn mehr als 15 Arbeitnehmer fest beim Entleiherbetrieb beschäftigt sind. Dann können sie gemäß Art. 35 des Gesetzes Nr. 300/1970 eigene Betriebsvertretungen wählen.

Trotz der weiterhin bestehenden Unsicherheiten haben die jeweiligen Gesetzgeber aber keinen zusätzlichen Regelungsbedarf gesehen.[951]

Abschließend ist zu diesem Thema unter dem Aspekt des Europarechtes festzustellen, dass die Richtlinie über Leiharbeit wenig zu den Rechten der Leiharbeitnehmer auf kollektiver Ebene regelt. Die Wahrnehmung der Interessen der Leiharbeitnehmer durch die Arbeitnehmerinteressenvertretungen beschränkt sich in Art. 7 der Richtlinie darauf, die Berücksichtigung der Leiharbeitnehmer bei den Schwellenwerten für die Errichtung solcher Interessenvertretungen zu regeln. Grund hierfür ist, dass die europäischen Rechtsetzungsorgane nicht zur Regelung des Koalitionsrechtes nach Art. 153 Abs. 5 AEUV befugt sind. Den Mitgliedstaaten stehen drei Optionen zur Auswahl: die Berücksichtigung der Leiharbeitnehmer bei den Schwellenwerten ausschließlich in den Verleiherbetrieben (Art. 7 Abs. 1 Richtlinie über Leiharbeit), Berücksichtigung alternativ ausschließlich in den Entleiherbetrieben (Art. 7 Abs. 2 Richtlinie über Leiharbeit) oder, wenn die zweite Variante gewählt wurde, auch eine Doppelzählung vorzusehen (Art. 7 Abs. 3 Richtlinie über Leiharbeit).[952] Den Mitgliedstaaten bleibt daher die Entscheidungsfreiheit. Für Deutschland ist, solange die Rechtsprechung des BAG fortbesteht, dass Leiharbeitnehmer bei den Schwellenwerten der Betriebsratsgröße und der freizustellenden Betriebsratsmitglieder im Entleiherbetrieb nicht

951 *Falasca/Soldera*, Somministrazione di lavoro, S. 69; vertiefend *Steuer*, S. 358 f.; *Düwell*, DB 2010, 1759, 1762.

952 *Rieble*, NZA 2012, 485, 486 f.

mitgezählt werden, von der Wahl der ersten Alternative auszugehen.[953] In Italien werden Leiharbeitnehmer lediglich im Hinblick auf Regelungen im Bereich der Gesundheit und Sicherheit im Entleiherbetrieb berücksichtigt.

Das entleihende Unternehmen muss gemäß Art. 8 der Richtlinie den Arbeitnehmervertretungen im Zuge der Unterrichtung über die Beschäftigungslage in den Unternehmen „*angemessene Informationen über den Einsatz von Leiharbeitnehmern in dem Unternehmen*“ vorlegen.[954] In Italien wird diesen Vorgaben durch die Regelung des Art. 24 Abs. 4 der Gesetzesverordnung Nr. 276/2003, in Deutschland durch die Unterrichtungspflichten gemäß §§ 80 Abs. 2 S. 2, 92, 106 ff. BetrVG Rechnung getragen.

d) Die zivilrechtliche Haftung für Schäden

aa) In der italienischen Rechtsordnung

Eine besondere Vorschrift wurde mit Art. 26 der Gesetzesverordnung Nr. 276/2003 eingeführt, um die Fälle zu regeln, in denen die vom Leiharbeitnehmer beim Entleiher ausgeübte Tätigkeit bei Dritten Schäden verursacht hat.[955]

Gemäß Art. 2049 c.c. haftet der Arbeitgeber für die von den eigenen Angestellten bei Ausübung der Tätigkeit verursachten Schäden. Mit Art. 26 der Gesetzesverordnung Nr. 276/2003 hat der Gesetzgeber nun ausdrücklich vorgesehen, dass in den Fällen, in denen der Schaden vom Leiharbeitnehmer bei einem Dritten in Ausübung seiner Tätigkeit beim Entleiher verursacht wurde, der Entleiher den durch die unerlaubte Handlung entstandenen Schaden zu ersetzen hat. Denn dieser hat sich der Leistung des Arbeitnehmers, der bei Ausübung der Tätigkeit den Schaden verursacht hat, bedient und daraus Gewinn gezogen. Es handelt sich daher um eine normative Verflechtung zwischen genereller (Art. 2049 c.c.) und spezieller (Art. 26 Gesetzesverordnung Nr. 276/2003) Norm für einen weiteren und umfassenderen Entschädigungsschutz zugunsten des Geschädigten unter Berücksichtigung der spezifischen gespaltenen Struktur der Arbeitnehmerüberlassung.[956]

Zwar könnte diese Vorschrift als Ausnahme zu Art. 2049 c.c. gesehen werden, mit der Folge, dass ausschließlich der Entleiher als Empfänger der Arbeits-

---

953 Ulber/*Ulber*, AÜG, § 14 Rdnr. 74; *Giubboni*, La protezione dei lavoratori non-standard nel diritto dell'Unione Europea, RGL, Nr. 1, 2011, 265, 279, der zu Recht das Fehlen wesentlicher kollektiver Rechte in der Richtlinie kritisiert; *Steuer*, S. 358.

954 Ulber/*Ulber*, AÜG, Einl. F. Fremdfirmenarbeit mit Auslandsbezug Rdnr. 66; *Rieble*, NZA 2012, 485, 486.

955 *Rausei*, S. 307; *Caruso/Cinelli/Ferraro*, Diritto del lavoro, S. 186.

956 *Rausei*, S. 307; *Caruso/Cinelli/Ferraro*, Diritto del lavoro, S. 186.

leistung haftet.[957] Dies dürfte aber nach überwiegender Auffassung nicht die Intention des Reformgesetzgebers gewesen sein. Er schien vielmehr Dritten die Möglichkeit zuerkennen zu wollen, sowohl gegen den Entleiher, als auch gegen den Verleiher vorzugehen.[958] Verleiher und Entleiher dürften daher i.S.d. Art. 2055 c.c. gesamtschuldnerisch haften. Dieses Verständnis wird der Besonderheit der Dreiecksbeziehung am besten gerecht.

bb) In der deutschen Rechtsordnung

Zu unterscheiden ist zunächst das Verhältnis zwischen Leiharbeitnehmer und Verleiher. Hier sind die in jedem Normalarbeitsverhältnis geltenden Haftungsregeln unter Berücksichtigung der Besonderheiten der Dreiecksbeziehung zu beachten.[959] Damit kommt zugunsten des Leiharbeitnehmers für Schäden, die er seinem Arbeitgeber durch die schuldhafte Verletzung seiner arbeitsvertraglichen Pflichten zufügt, auch die Haftungsbeschränkung nach den Grundsätzen des innerbetrieblichen Schadensausgleiches in Betracht.[960]

Bei Schädigung von Dritten kann ein Anspruch des Arbeitnehmers auf Freistellung von Schadensersatzansprüchen des Dritten in dem Umfang bestehen, in dem der Arbeitnehmer bei Schädigung des Arbeitgebers eine Haftungsbeschränkung nach den Grundsätzen des innerbetrieblichen Schadensausgleiches verlangen könnte.[961] Hier ist jedoch der Besonderheit des Dreiecksverhältnisses Rechnung zu tragen. Es ist daher zu differenzieren, welchem Betätigungsbereich der Schaden zuzurechnen ist, dem Verleiher oder dem Entleiher in der jeweiligen Funktion als Arbeitgeber. In der Mehrzahl der Fälle wird dies der Bereich des Entleihers sein, denn der Leiharbeitnehmer arbeitet für ihn und verwendet dabei dessen Betriebsmittel und der Entleiher zieht Gewinn aus der Arbeitsleistung des Leiharbeitnehmers. Aufgrund seines Vorteils muss der Entleiher auch konsequenterweise für den in Ausführung der Tätigkeit entstandenen Schaden einstehen.[962] Werden bei der Tätigkeit für den Entleiher hingegen Betriebsmittel des Verleihers benutzt, was allerdings selten der Fall ist, so haftet der Verleiher.[963]

---

957 *Carinci, M. T.*, S. 80, die sich für eine Ausnahme ausspricht.

958 *Rausei*, S. 307 f.

959 *Urban-Crell/Schulz*, Arbeitnehmerüberlassung, Rdnr. 387.

960 *Urban-Crell/Schulz*, Arbeitnehmerüberlassung, Rdnr. 398 f.

961 *Urban-Crell/Schulz*, Arbeitnehmerüberlassung, Rdnr. 400; Schüren/Hamann/*Brors*, AÜG, Einl. Rdnr. 473.

962 BAG v. 14.12.1983, EzAÜG § 611 BGB Haftung Nr. 9; Schüren/Hamann/*Brors*, AÜG, Einl. Rdnr. 465.

963 Schüren/Hamann/*Brors*, AÜG, Einl. Rdnr. 467.

Obgleich in der Rechtsbeziehung zwischen Leiharbeitnehmer und Entleiher kein Arbeitsvertrag besteht, sind auch hier bei Schlechtleistung zugunsten des Arbeitnehmers die Haftungsbeschränkungen nach den Grundsätzen des innerbetrieblichen Schadensausgleiches zu beachten.[964] Das Verhältnis zwischen Entleiher und Leiharbeitnehmer ist als echter Vertrag zugunsten Dritter zu qualifizieren,[965] auf das infolge des Erwerbes eines unmittelbaren Anspruches des Entleihers auf Arbeitsleistung das arbeitsrechtliche Haftungssystem zur Anwendung kommt.[966]

Erleidet der Leiharbeitnehmer im Entleiherbetrieb beispielsweise wegen Verstoßes gegen Arbeitsschutzvorschriften eine Verletzung, ist auch im Verhältnis zwischen Leiharbeitnehmer und Entleiher die Haftungsbeschränkung nach § 104 SGB VII zu berücksichtigen. Entsprechend greift der Haftungsausschluss nach §105 SGB VII, wenn der Schädiger oder Geschädigte als Leiharbeitnehmer im Entleiherbetrieb tätig war und dabei infolge eines Arbeitsunfalls einen Betriebsangehörigen des Entleiherbetriebs verletzt hat oder von einem Betriebsangehörigen verletzt wurde.[967]

Im Falle der Schädigung Dritter kann der Leiharbeitnehmer grundsätzlich vom Entleiher Haftungsfreistellung verlangen.[968] Hinsichtlich der Freistellungspflichten und eventueller Aufwendungsersatzansprüche sind die arbeitsrechtlichen Besonderheiten zu beachten. Aufwendungsersatzansprüche kommen in Betracht, wenn der Leiharbeitnehmer im Interesse seines Arbeitgebers eigene Güter beschädigt, fahrlässig Dritte verletzt oder deren Sachen beschädigt.[969] Dabei muss der Schaden dem Bereich des Entleiherbetriebes zugerechnet werden können und es darf sich darin nicht das allgemeine Lebensrisiko des Arbeitnehmers realisiert haben. Der Leiharbeitnehmer, der bei Ausübung der Tätigkeit regelmäßig ein arbeitsspezifisches Risiko übernimmt, handelt zum Vorteil des Entleihers. Dieses Risiko muss sich verwirklichen.[970] Schädigt der Leiharbeitnehmer bei der Tätigkeit für den Entleiher einen Dritten, trifft grundsätzlich allein den Entleiher die Freistellungspflicht, da die Tätigkeit des Leiharbeitnehmers zur Risikosphäre des Entleihers gehört. Bei eventuellem Verschulden des

---

964 Thüsing/*Tüsing*, AÜG, Einl. Rdnr. 38; ErfK/*Wank*, AÜG, Einl. Rdnr. 35; Schüren/Hamann/*Brors*, AÜG, Einl. Rdnr. 496 ff.; *Urban-Crell/Schulz*, Arbeitnehmerüberlassung, Rdnr. 499.

965 ErfK/*Wank*, AÜG, Einl. Rdnr. 32; Schüren/Hamann/*Schüren*, AÜG, Einl. Rdnr. 179 und 312; a.A. Ulber/*Ulber*, AÜG, § 1 Rdnr. 20; *Urban-Crell/Schulz*, Arbeitnehmerüberlassung, Rdnr. 20.

966 *Steuer*, S. 106.

967 ErfK/*Wank*, AÜG, Einl. Rdnr. 35; Schüren/Hamann/*Brors*, AÜG, Einl. Rdnr. 434; *Urban-Crell/Schulz*, Arbeitnehmerüberlassung, Rdnr. 500.

968 *Urban-Crell/Schulz*, Arbeitnehmerüberlassung, Rdnr. 502.

969 Schüren/Hamann/*Brors*, AÜG, Einl. Rdnr. 463; *Steuer*, S. 110.

970 Schüren/Hamann/*Brors*, AÜG, Einl. Rdnr. 464.

Leiharbeitnehmers sind die Grundsätze des innerbetrieblichen Schadensausgleiches heranzuziehen.[971]

cc) Rechtsvergleichende Erwägungen

Beiden Rechtsordnungen ist gemeinsam, dass im Rahmen der Haftung die Besonderheiten der Arbeitnehmerüberlassung als Dreiecksverhältnis Berücksichtigung finden. Bei Schädigung Dritter ist daher zu differenzieren, welchem Betätigungsbereich der Schaden zuzurechnen ist. Der Schaden wird in der Regel dem Bereich des Betriebes des Entleihers zugerechnet werden können, denn der Arbeitnehmer erbringt seine Leistung in dessen Betrieb und unter Verwendung von dessen Betriebsmitteln und zu dessen Gunsten, so dass eine Haftung des Entleihers nur gerecht erscheint. Der Schutz des Dritten reicht jedoch im italienischen Rechtssystem weiter, da neben dem Entleiher gemäß Art. 2049 c.c. auch der Verleiher für von seinen Erfüllungsgehilfen verursachte Schäden bei Auftragsausführung haftet. Gemäß Art. 2055 c.c. ist von einer gesamtschuldnerischen Haftung auszugehen.

Da in Italien der Leiharbeitnehmer in diesem Fall offenbar überhaupt nicht in Anspruch genommen wird, befindet er sich in einer vorteilhafteren und vor allem sichereren Position als der Leiharbeitnehmer in Deutschland.

e) Bildungs- und Lohnergänzungsfonds

aa) In Italien

Gemäß Art. 12 der Gesetzesverordnung Nr. 276/2003 sind die Partner des Tarifvertrags für die Verleihunternehmen verpflichtet, einen bilateralen Fonds zu errichten. Dieser soll der Finanzierung von Bildungsmaßnahmen für Leiharbeitnehmer dienen.[972] Diese Maßnahme stellt eine moderne Form des Schutzes der Arbeitnehmer auf dem Arbeitsmarkt dar: Durch den Erwerb von Kenntnissen und Kompetenzen sollen deren Beschäftigungschancen gefördert werden und folglich die Möglichkeit der festen Eingliederung in den Arbeitsmarkt.[973]

In diesen Fonds müssen die Verleiher 4% der an die befristet und unbefristet eingestellten Arbeitnehmer gezahlten Vergütung einzahlen.[974] Der Beitrag für die

971 BAG v. 17.7.1997, NZA 1997, 1346, 1346.

972 *Tiraboschi*, Somministrazione di lavoro, appalto di servizi, distacco, in: Tiraboschi (a cura di), La riforma Biagi del mercato del lavoro, S. 221 f.

973 *Spattini/Tiraboschi*, Fondi per il sostegno al reddito dei somministrati, in: Tiraboschi (a cura di), Collegato lavoro, commento alla legge 4 novembre 2010, n. 183, S. 190.

974 *Biagi*, Istituzioni di diritto del lavoro, S. 386; *Rausei*, S. 308; *Caruso/Cinelli/Ferraro*, Diritto del lavoro, S. 188.

befristet eingestellten Leiharbeitnehmer ist darauf gerichtet, Initiativen zur Weiterbildung zu fördern, insbesondere durch Umschulung und Qualifizierung.[975] Darüber hinaus sollen die Beiträge auch als Vorsorgemaßnahmen dienen.

Für die befristet eingestellten Leiharbeitnehmer war der Fonds „Forma.temp“[976] eingerichtet worden, für die unbefristet eingestellten Leiharbeitnehmer der Fonds „Ebiref“[977]. Seit dem 1.1.2011 ist der Fonds „Ebiref“ jedoch mit dem Fonds „Forma.temp“ verbunden.[978] Die Tätigkeiten des Fonds „Ebiref“ wurden in Statut und Regelungen des Fonds „Forma.temp“ aufgenommen und ohne Unterbrechung fortgesetzt.

Der Beitrag für unbefristet eingestellte Leiharbeitnehmer wird nicht nur für Bildungsmaßnahmen eingezahlt, sondern auch zur Finanzierung folgender Initiativen:

Lohnergänzung zum Ende des Einsatzes, Prüfung der Wirksamkeit der Arbeitnehmerüberlassung, Eingliederung und Wiedereingliederung benachteiligter Arbeitnehmer in den Arbeitsmarkt und Maßnahmen für Umschulung und berufliche Qualifizierung.

Mit dem Gesetz Nr. 183/2010 (Art. 48 Abs. 4) wurde die Regelung zur Lohnergänzung auf die Leiharbeitnehmer mit befristetem Vertrag ausgeweitet.[979] Die normative Veränderung des Art. 12 der Gesetzesverordnung Nr. 276/2003 hat außerdem präzisiert, dass die Bildungsmaßnahmen nicht nur für bereits von den Arbeitsagenturen eingestellte Leiharbeitnehmer bestimmt sein können, sondern auch für potentielle Bewerber für die Arbeitnehmerüberlassung.[980]

Alle Maßnahmen, die vom Fonds finanziert werden können, müssen unter Berücksichtigung der aktiven Beschäftigungspolitik umgesetzt werden, die tarifvertraglich oder subsidiär vom Arbeitsministerium festgelegt werden.[981]

Auf die Fondseinlagen kann erst nach Genehmigung durch das Arbeitsministerium zugegriffen werden. Dem Ministerium obliegt darüber hinaus auch die

---

975 *Biagi*, Istituzioni di diritto del lavoro, S. 386 f.

976 Der Fonds „Forma.temp“ war entsprechend dem Vertrag vom 12.2.2005 auf der Basis des Rahmenvertrages vom 2.2.2005 von der Vereinigung der Arbeitgeberverbände der Zeitarbeit (ASSOLAVORO), den Gewerkschaftsorganisationen für Leiharbeitnehmer (FelSA-CISL, NIDIL-CGIL, UILTEMP.P@) und den Gewerkschaften (CGIL, CISL und UIL) eingerichtet worden, siehe auch auf der *website*: www.formatemp.it.

977 Der Fonds „Ebiref“ war für unbefristete Verträge am 27.7.2005 auf der Basis des Rahmenvertrages vom 2.2.2005 eingerichtet worden.

978 Siehe hierzu: http://www.nidil.cgil.it/somministrazione/formatemp-ed-ebitemp.

979 *Spattini/Tiraboschi*, Fondi per il sostegno al reddito dei somministrati, in: Tiraboschi (a cura di), Collegato lavoro, commento alla legge 4 novembre 2010, n. 183, S. 191.

980 *Spattini/Tiraboschi*, Fondi per il sostegno al reddito dei somministrati, in: Tiraboschi (a cura di), Collegato lavoro, commento alla legge 4 novembre 2010, n. 183, S. 191.

981 *Rausei*, S. 309.

Kontrolle der Fondsverwaltung. Wird der Beitrag nicht vom Arbeitgeber in den Fonds gezahlt, wird dies mit einer Geldbuße sanktioniert. Diese besteht aus dem nicht gezahlten Beitrag und zusätzlich einer Strafzahlung ebenfalls in Höhe des nicht gezahlten Beitrages, die beide in den Fonds fließen (Art. 12 Abs. 8 Gesetzesverordnung Nr. 276/2003).[982]

bb) Rechtsvergleichende Erwägungen

Hervorzuheben ist, dass in Italien versucht wird, mit Hilfe von Sozial- und Weiterbildungsfonds die Situation der Leiharbeitnehmer zu verbessern. Vergleichbare Maßnahmen sind in Deutschland nicht vorgesehen.[983] Es ist festzustellen, dass sich in Deutschland die Förderung der beruflichen Fähigkeiten der Leiharbeitnehmer generell in Maßen hält.[984] Dies liegt zum einen daran, dass die Leiharbeitnehmer gerade für die kurzfristige Bedarfsdeckung eingesetzt werden. Dadurch entsteht das Risiko, dass das Qualifikationsniveau nicht gehalten bzw. verbessert werden kann und in der Konsequenz die Beschäftigungsfähigkeit der Leiharbeitnehmer abnimmt. Zum anderen ergibt sich aus der Dreiecksbeziehung die Problematik, dass wenig Interesse an Investitionen in die Weiterbildung besteht, da zu dem Zeitpunkt, in dem über die Finanzierung zu entscheiden ist, nicht feststellbar ist, wer schlussendlich den Nutzen davon trägt. Die italienische Rechtsordnung löst dieses Problem durch die gesetzliche Regelung einer fondsgebundenen Investition in die Weiterbildung der Leiharbeitnehmer. Deutschland sollte sich daran ein Beispiel nehmen und die Weiterbildungs- und Qualifizierungsmöglichkeiten von Leiharbeitnehmern verbessern.[985] Für eine erhöhte Beschäftigungsstabilität, die als Gelegenheit zu ununterbrochener Beschäftigung zu verstehen und zu konzipieren ist, einschließlich der Chancen auf Wieder- bzw. Neubeschäftigung bei Verlust des Arbeitsplatzes, wäre dies wesentliche Voraussetzung.[986] Beschäftigungsstabilität kann nur erreicht werden, wenn die Beschäftigungsfähigkeit gesichert ist. Diese hängt aber nicht nur von der beruflichen Erstausbildung ab, sondern erheblich von den Chancen beruflicher Weiterbildung. Ohne verbesserten Zugang zu beruflicher Weiterbildung dürfte es Leiharbeitnehmern und generell atypisch Beschäftigten schwer fallen, in stabilere und höher entlohnte Normalarbeitsverhältnisse zu wechseln.

---

982 *Rausei*, S. 309; *Tursi/Varesi*, Lineamenti di diritto del lavoro, S. 89.

983 *Steuer*, S. 293 und 349.

984 *Steuer*, S. 349; *Behrens/Richter*, NZA 2003, 87, 89.

985 *Schmid*, Il lavoro non standard. Riflessioni nell'ottica dei mercati transizionali del lavoro, DRI 2011, Nr. 1, 1, 2.

986 *Keller/Seifert*, WISO Diskurs Oktober 2011, Atypische Beschäftigung und soziale Risiken: Entwicklung, Strukturen, Regulierung, S. 41.

Bessere Weiterbildungs- und Qualifizierungsmöglichkeiten könnten außerdem zu einer Aufwertung des Images der Leiharbeit beitragen. Schließlich regelt auch die Richtlinie über Leiharbeit in Art. 6 Abs. 5, dass die Mitgliedstaaten zur Förderung der Beschäftigungsfähigkeit geeignete Maßnahmen treffen oder den Dialog zwischen den Sozialpartnern verstärken sollen, um den Zugang der Leiharbeitnehmer zu Fort- und Weiterbildungsangeboten in den Verleiherbetrieben auch in der Zeit zwischen den Überlassungen sowie in den Entleiherbetrieben zu verbessern. Diesem Verständnis wäre bei der Umsetzung der Regelung des Art. 6 Abs. 5 der Richtlinie über Leiharbeit entsprechend Rechnung zu tragen. Sinnvoll wäre wohl eine Verpflichtung der Verleiherbetriebe, da diese am ehesten von der Qualifikation profitieren. Die Qualifikation sollte formal zertifiziert werden.

Die Finanzierung der Weiterbildung könnte durch einen überbetrieblichen Fonds erfolgen. Dieser kann umlagefinanziert und sollte in jedem Fall zweckgebunden sein. Die Organisation kann auf der Grundlage tarifvertraglicher oder gesetzlicher Regelung, auch in kombinierter Form geschehen.

Alternativ wäre denkbar, dass die Betriebe mit Leiharbeitnehmern zusätzlich zu den bisherigen Arbeitgeberbeiträgen einen bestimmten Anteil der Lohnsumme dieser Arbeitskräfte an die Bundesagentur für Arbeit zahlen, die diese Mittel dann für deren Weiterbildung verwendet.[987]

Italien hat mit der gesetzlichen Regelung einer Beitragspflicht von einem geringen Prozentsatz des Arbeitslohnes in einen Fonds[988] eine geeignete Maßnahme i.S.d. Art. 6 Abs. 5 der Richtlinie über Leiharbeit getroffen. Dessen Vorgabe, wonach die Mitgliedstaaten Maßnahmen zu treffen haben, die den Zugang der Leiharbeitnehmer zu Fort- und Weiterbildungsangeboten verbessern, wurde dementsprechend richtlinienkonform umgesetzt.

Italien ist in dieser Hinsicht fortschrittlicher als Deutschland und kann insoweit als Vorbild dienen.

VI. Die unrechtmäßige Arbeitnehmerüberlassung

Zunächst wird die Regelung in Italien dargestellt, anschließend erfolgt eine Gegenüberstellung der Gestaltung in der deutschen Rechtsordnung.

---

987 *Keller/Seifert*, WISO Diskurs Oktober 2011, Atypische Beschäftigung und soziale Risiken: Entwicklung, Strukturen, Regulierung, S. 41.

988 *Thüsing*, DB 2002, 2218, 2223.

1. Die unrechtmäßige Arbeitnehmerüberlassung im italienischen Recht

Durch die Biagi-Reform wurde ein abgestuftes System von Sanktionstatbeständen eingeführt, beginnend mit der regelwidrigen Arbeitnehmerüberlassung (*somministrazione irregolare*) (Art. 27 Abs. 1 Gesetzesverordnung Nr. 276/2003). An zweiter Stelle folgt die rechtsmissbräuchliche Arbeitnehmerüberlassung (*somministrazione abusiva*) (Art. 18 Abs. 1 Gesetzesverordnung Nr. 276/2003) und an dritter Stelle die schwerste Form, die betrügerische Arbeitnehmerüberlassung (*somministrazione fraudolenta*) (Art. 28 Gesetzesverordnung Nr. 276/2003).[989]

a) Die regelwidrige Arbeitnehmerüberlassung

Die Gesetzesverordnung Nr. 276/2003 spricht gemäß Art. 27 Abs. 1 von regelwidriger (*irregolare*) Arbeitnehmerüberlassung in den Fällen, in denen die Arbeitnehmerüberlassung *„außerhalb der Grenzen und der Voraussetzungen der Artt. 20 und 21 Abs. 1 lit. a) bis e) der Gesetzesverordnung Nr. 276/2003 erfolgt"*, d.h. immer dann, wenn die Arbeitnehmerüberlassung durchgeführt wird, ohne dass die in Artt. 20 und 21 vorgesehenen formellen und materiellen Voraussetzungen vorliegen, z.B. wenn die Arbeitnehmerüberlassung zum Ersatz von streikenden Arbeitnehmern erfolgt.[990] Der Begriff „*irregolare*" wird daher untechnisch verwendet.[991]

Die Folgen eines solchen regelwidrigen Verhaltens von Ver- und Entleiher wirken auf zwei verschiedenen Ebenen: der Sanktionsebene und der arbeits-/zivilrechtlichen Ebene. Auf der Sanktionsebene wird beiden gemäß Art. 18 Abs. 3 der Gesetzesverordnung Nr. 276/2003 eine Geldbuße auferlegt. Vorgesehen ist ein Bußgeldrahmen von 250,00 bis 1.250,00 Euro.[992] Die regelwidrige Arbeitnehmerüberlassung unterliegt anders als die missbräuchliche und die betrügerische grundsätzlich keiner strafrechtlichen Sanktion.

aa) Die zivilrechtlichen Aspekte der regelwidrigen Arbeitnehmerüberlassung

Auf der arbeits-/zivilrechtlichen Ebene kann der Arbeitnehmer gemäß Art. 27 Abs. 1 der Gesetzesverordnung Nr. 276/2003 beim Arbeitsgericht Klage gemäß

---

989 *Rausei*, S. 371; *Falasca/Soldera*, Somministrazione di lavoro, S. 73.

990 *Falasca/Soldera*, Somministrazione di lavoro, S. 72.

991 *Carinci, F.*, Diritto del lavoro, commentario, Carinci, F. (diretto da), vol. II, S. 1384.

992 *Rausei*, S. 347; *Carinci, F.*, Diritto del lavoro, commentario, Carinci, F. (diretto da), vol. II, S. 1384 f.

Art. 414 c.p.c.[993] gegen den Entleiher erheben, um die Nichtigkeit des Arbeitnehmerüberlassungsvertrages feststellen zu lassen mit der Konsequenz, dass *ex tunc* ein Arbeitsverhältnis mit dem Entleiher errichtet wird.[994]

An dieser Stelle sei erwähnt, dass im Hinblick auf die tarifvertraglich festgelegten maximal zulässigen Leiharbeitnehmer in einem Unternehmen der für Arbeitsrecht zuständige Senat des Kassationshofes kürzlich mit Urteil vom 10.4.2012, Nr. 5667 entschieden hat, dass ein Verstoß gegen diese Höchstgrenze nicht zur Errichtung eines Arbeitsverhältnisses beim Entleiher führt.

Hervorzuheben ist, dass sich die Regelwidrigkeit wegen formeller Fehler im Sinne der Gesetzesverordnung Nr. 276/2003 ausschließlich auf den Arbeitnehmerüberlassungsvertrag bezieht und nicht auf den Leiharbeitsvertrag. Formelle Fehler im Vertrag zwischen Verleiher und Leiharbeitnehmer führen daher nicht zur Errichtung eines Arbeitsverhältnisses zum Entleiher (Art. 27 Abs. 1 Gesetzesverordnung Nr. 276/2003).[995]

Aufgrund der Notwendigkeit, Klage gemäß Art. 414 c.p.c. zu erheben, besteht in der Lehre Streit darüber, wie die Unwirksamkeit des Arbeitnehmerüberlassungsvertrages zu qualifizieren ist. In Betracht kommt einerseits die „Nichtigkeit“ (*nullità*) kraft Gesetzes, andererseits die „Möglichkeit der Nichtigerklärung“ (*annullabilità*). Ein Teil der Lehre vertritt die Auffassung, dass ein Verstoß i.S.d. Art. 27 Abs. 1 der Gesetzesverordnung Nr. 276/2003 eine Verletzung zwingender Normen darstelle und daher nur ein Fall der Nichtigkeit des Arbeitnehmerüberlassungsvertrages kraft Gesetzes in Betracht komme.[996] Denn der Vertrag bliebe anderenfalls bestehen, wenn nicht gemäß Art. 27 Abs. 1 der Gesetzesverordnung Nr. 276/2003 Klage erhoben würde, mit der Konsequenz, dass die vom Gesetz vorgesehene Rechtsfolge der Errichtung eines Arbeitsverhältnisses mit dem Entleiher nicht eintreten würde. Dieser Auffassung nach müsse man die Norm vielmehr als eine Bestimmung mit rein prozessualem Charakter lesen, die darauf abzielt, den Arbeitnehmer als einzigen festzulegen, der legitimiert ist, mittels Klage die zu prüfende Arbeitnehmerüberlassung als rechtswidrige Zwischenvergabe feststellen zu lassen.[997]

Nach einer anderen Ansicht spricht die Notwendigkeit der Klageerhebung durch den Leiharbeitnehmer für die Variante der Möglichkeit der Nichtigerklä-

---

993 Codice di procedura civile, G.U. Nr. 253 vom 28.10.1940, in Kraft getreten am 21.4.1942.

994 *Biagi*, Istituzioni di diritto del lavoro, S. 398; *Bano*, La somministrazione di lavoro, in: Perulli (a cura di), Impiego flessibile e mercato del lavoro, S. 19; *Rausei*, S. 347; *Caruso/Cinelli/Ferraro*, Diritto del lavoro, S. 199; *Mazziotti*, S. 349; Tribunale di Milano vom 2.12.2010, D&L 2010, IV, 1040, 1052.

995 Tribunale di Napoli vom 3.2.2011, sez. lav., RIDL 2012, II, 348, 348.

996 *Mazziotti*, S. 349.

997 *Rausei*, S. 350.

rung. Überzeugender erscheint allerdings die erste Auffassung. Der Gesetzgeber wollte die Wirksamkeit des Vertrages sicher nicht davon abhängig machen, ob der Leiharbeitnehmer Klage erhebt oder untätig bleibt.

Es ruft jedenfalls Verwunderung hervor, dass im Falle der regelwidrigen Arbeitnehmerüberlassung nach Art. 27 Abs. 1 der Gesetzesverordnung Nr. 276/2003 die Klageerhebung für die Errichtung des Arbeitsverhältnisses mit dem Entleiher erforderlich sein soll, wohingegen nach Art. 21 Abs. 4 der Gesetzesverordnung Nr. 276/2003 bei Nichteinhaltung der Schriftform der Arbeitnehmerüberlassungsvertrag nichtig ist und kraft Gesetzes ein Arbeitsverhältnis zum Entleiher fingiert wird.[998] Hier hätte es einer Klarstellung durch den Gesetzgeber bedurft.

Die Regelung zur Rechtsfolge der Sanktion des Art. 27 Abs. 1 der Gesetzesverordnung Nr. 276/2003 ist insgesamt zu unbestimmt. Im Hinblick auf die detaillierte Regelung über den rechtmäßigen Abschluss von Arbeitnehmerüberlassungsverträgen wäre eine differenziertere Ausgestaltung der Möglichkeit der Klageerhebung zu erwarten gewesen. Der Gesetzgeber hätte deutlich den Fall der befristeten regelwidrigen von der unbefristeten regelwidrigen Arbeitnehmerüberlassung unterscheiden müssen, damit dem Arbeitnehmer ermöglicht wird, klar zu erkennen, welche Auswirkungen eine Klageerhebung für ihn hätte.[999] Geht man von der Nichtigkeit des Arbeitnehmerüberlassungsvertrages kraft Gesetzes aus, kann wohl nur ein unbefristetes Arbeitsverhältnis mit dem Entleiher zustande kommen.[1000] Diese Interpretation wird indirekt durch Art. 86 Abs. 9 der Gesetzesverordnung Nr. 276/2003 bestätigt, wonach die Umwandlung des Arbeitsverhältnisses gemäß Art. 27 Abs. 1 der Gesetzesverordnung Nr. 276/2003 nicht auf die öffentlichen Verwaltungen anzuwenden ist, für die die Regelungen zur Arbeitnehmerüberlassung nur gelten, soweit sie sich auf die befristete Arbeitnehmerüberlassung beziehen. Hieraus ergibt sich, dass das abgeänderte nun mit dem Entleiher bestehende Arbeitsverhältnis nach Art. 27 Abs. 1 der Gesetzesverordnung Nr. 276/2003 ein unbefristetes sein muss.[1001]

Weiterhin ist fraglich ob die Regelwidrigkeit bereits aus Unregelmäßigkeiten beim Vertragsabschluss oder erst aus dem tatsächlichen rechtswidrigen Einsatz der Leiharbeitnehmer resultiert. Um von einer regelwidrigen Arbeitnehmerüberlassung sprechen zu können, verlangt der Wortlaut des Art. 27 Abs. 1 der Gesetzesverordnung Nr. 276/2003, dass die Arbeitnehmerüberlassung tatsächlich erfolgt und sich daher konkret realisiert sowie, dass der Entleiher aus den Arbeitsleis-

---

998 *Caruso/Cinelli/Ferraro*, Diritto del lavoro, S. 200.
999 *Caruso/Cinelli/Ferraro*, Diritto del lavoro, S. 199 f.
1000 *Mazziotti*, S. 349.
1001 *Caruso/Cinelli/Ferraro*, Diritto del lavoro, S. 200.

tungen der Leiharbeitnehmer Vorteile zieht. Dabei werden dann allerdings die gesetzlich vorgesehenen Grenzen und Voraussetzungen nicht eingehalten.

Strittig ist, wer im Falle des Art. 27 Abs. 1 der Gesetzesverordnung Nr. 276/2003 für die Forderungen des Arbeitnehmers aus dem Arbeitsverhältnis aufkommen muss. Es stehen sich in diesem Zusammenhang zwei Auffassungen in der Rechtsprechung des Kassationshofes gegenüber: Nach der einen Meinung bleiben die aus dem Arbeitsverhältnis herrührenden Pflichten beim Verleiher. Zwischen Ver- und Entleiher bestünde eine gesamtschuldnerische Haftung für die Zahlung der Vergütung.[1002] Der Verleiher wäre danach weiterhin als Arbeitgeber anzusehen, und zwar aufgrund der Prinzipien des Rechtsscheins und des Vertrauens gutgläubiger Dritter.[1003] Nach der anderen Ansicht obliegen die Vergütungs- und Beitragspflichten einzig dem Arbeitgeber, der die Arbeitsleistung genutzt hat und damit dem Entleiher.

Wie bereits ausgeführt tritt der Entleiher mit Wirkung *ex tunc* an die Stelle des Verleihers, der den Arbeitsvertrag mit dem Leiharbeitnehmer ursprünglich abgeschlossen hatte. Dies wird von einer Ansicht als eine Abtretung des Arbeitsvertrages angesehen (*cessione legale*),[1004] die – kumulativ – mit der Folge einer gesamtschuldnerischen Haftung von Verleiher und Entleiher gegenüber dem Arbeitnehmer zur Erfüllung der Vergütungs- und Vorsorgepflichten verbunden sei. Darüber hinaus käme ihr Rückwirkung zu. Der Arbeitnehmer könnte von der Haftung sowohl des Zessionars als auch des Zedenten hinsichtlich seiner Forderungen aus dem Arbeitsverhältnis profitieren.[1005]

Dies ist jedoch von den vereinigten Zivilsenaten des Kassationshofes (*sezioni unite*)[1006] kritisiert worden. Sie schließen sich der zweiten Auffassung an und begründen dies mit der Regelung des Art. 1 Abs. 5 des Gesetzes Nr. 1369/1960, wonach bei Verstoß gegen das Verbot der Vermittlung und Zwischenvergabe ein Arbeitsverhältnis mit dem Entleiher entstand. Der hier ausgeführte Streit bestand

---

1002 *Ratti*, Interposizione illecita e irresponsabilità solidale del datore di lavoro interposto, Lav. Giur. 2007, Nr. 3, 271, 276.

1003 *Ratti*, Interposizione illecita e irresponsabilità solidale del datore di lavoro interposto, Lav. Giur. 2007, Nr. 3, 271, 278.

1004 *Ratti*, Somministrazione di lavoro e temporaneità delle esigenze dell'impresa, Lav. Giur. 2010, Nr. 7, 703, 704; *Follieri*, Anmerkungen zum Urteil: Cass. S.U. vom 26.10.2006, Nr. 22910, Obbligazioni e Contratti 2008, Nr. 5, 416, 427; *Valente*, Besprechung des Urteils des Tribunale di Roma vom 7.3.2007, sez. lav., RGL 2008, Nr. 2, 182, 184; *Paterno*, Anmerkungen zum Urteil, Cass. S.U. vom 26.10.2006, Nr. 22910, RIDL 2007, II, 291, 292.

1005 *Follieri*, Anmerkungen zum Urteil: Cass. S.U. vom 26.10.2006, Nr. 22910, Obbligazioni e Contratti 2008, Nr. 5, 416, 428.

1006 In sehr wichtigen Fällen oder in solchen, in denen die Auffassungen der einzelnen Sektionen auseinandergehen, tritt der Kassationshof als „sezioni unite" zusammen, vergleichbar unserem Großen Senat.

bereits im Zusammenhang mit der Auslegung des Art. 1 des Gesetzes Nr. 1369/1960 und setzt sich nun hinsichtlich der Nachfolgeregelung des Art. 27 Abs. 1 der Gesetzesverordnung Nr. 276/2003 fort.

Die vereinigten Zivilsenate des Kassationshofes sind der Auffassung, dass die Haftung des Verleihers nicht auf die Abtretung des Vertrages gestützt werden könne, da die Tatbestände im Hinblick auf die Natur des dreiseitigen Rechtsgeschäftes der Abtretung nicht vergleichbar seien. Denn die Arbeitnehmerüberlassung sehe von der Beteiligung des Arbeitnehmers am Vertrag zwischen Ver- und Entleiher explizit ab. Der Arbeitnehmer solle gerade nicht in das Verhältnis mit einbezogen werden. Grundlage sei vielmehr die gesetzliche Regelung des Art. 27 der Gesetzesverordnung Nr. 276/2003 zum Schutze des Arbeitnehmers.

Für einen beachtlichen Teil der Lehre führt die Beurteilung als Abtretung des Arbeitsvertrages ebenfalls nicht zu einer zufriedenstellenden Lösung. Ihrer Auffassung nach tritt der Entleiher kraft Gesetzes an die Stelle des Verleihers (*surrogazione soggettiva*).[1007] Hiergegen ist allerdings einzuwenden, dass es an einer gesamtschuldnerischen Haftung fehlen würde, was jedoch insbesondere im Falle einer Insolvenz zu Schwierigkeiten führen könnte. Außerdem würde dies der Regelung des Art. 27 Abs. 1 der Gesetzesverordnung Nr. 276/2003 widersprechen, die von der Möglichkeit des Leiharbeitnehmers ausgeht, auf Errichtung eines Arbeitsverhältnisses mit dem Entleiher zu klagen.

Zwar sind die vereinigten Zivilsenate der Auffassung, dass eine gesamtschuldnerische Haftung auszuschließen sei. Der oberste Gerichtshof (*Suprema Corte*) hingegen will dem Arbeitnehmer ein Vorgehen gegenüber Ver- und Entleiher im Sinne einer gesamtschuldnerischen Haftung ermöglichen.[1008]

Wenn das hier verfolgte Ziel in erster Linie der Schutz des Arbeitnehmers ist, stellt sich die Frage, ob die vereinigten Zivilsenate nicht ihre Auffassung überdenken müssten. Denn zum Schutz des Arbeitnehmers sollte diesem auf jeden Fall die Möglichkeit gegeben werden, sowohl gegen den Ver- als auch den Entleiher vorzugehen.

Gemäß Art. 27 Abs. 2 der Gesetzesverordnung Nr. 276/2003 sind dann alle Handlungen, die der Verleiher für den Abschluss und die Durchführung des Arbeitsvertrages vorgenommen hat, als vom Entleiher erbracht anzusehen, der als faktischer Arbeitgeber anerkannt wird.[1009] Was die geschuldeten Beiträge und

---

1007 *Ratti*, Somministrazione di lavoro e temporaneità delle esigenze dell'impresa, Lav. Giur. 2010, Nr. 7, 703, 704.

1008 *Follieri*, Anmerkungen zum Urteil: Cass. S.U. vom 26.10.2006, Nr. 22910, Obbligazioni e Contratti 2008, Nr. 5, 416, 430.

1009 *Rausei*, S. 348.

die Vergütung betrifft, gelten die bereits vom Verleiher geleisteten Zahlungen als Befreiung des Entleihers bis zur Höhe der gezahlten Summen.[1010]

Im Gegensatz zu früher haben die vom Verleiher bereits in der Vergangenheit im Rahmen der dann als regelwidrig festgestellten Arbeitnehmerüberlassung entrichteten Sozial- und Versicherungsbeiträge gemäß Art. 27 Abs. 2 der Gesetzesverordnung Nr. 276/2003 für den Entleiher befreiende Wirkung.[1011]

Für die Zukunft ist in jedem Fall der Entleiher als Arbeitgeber für das nach Art. 27 Abs. 1 der Gesetzesverordnung Nr. 276/2003 entstehende Arbeitsverhältnis zahlungspflichtig.[1012]

Zuletzt ist festzustellen, dass Art. 27 Abs. 3 der Gesetzesverordnung Nr. 276/ 2003 eine bedeutende Einschränkung bezüglich der Überprüfung des Sachverhaltes der regelwidrigen Arbeitnehmerüberlassung gemäß Art. 27 Abs. 1 durch den Arbeitsrichter regelt. Bei der Bewertung der Gründe gemäß Art. 20 Abs. 3 und 4 der Gesetzesverordnung Nr. 276/2003, die die Arbeitnehmerüberlassung erlauben, ist die richterliche Kontrolle genau auf die Feststellung des Vorliegens der Gründe begrenzt, die den Abschluss eines befristeten oder unbefristeten Arbeitnehmerüberlassungsvertrages erlauben. Der Kontrolle sind hingegen die Bewertungen und Entscheidungen technischer, organisatorischer oder produktionsbedingter Art entzogen, da diese dem Entleiher obliegen.[1013] Denn die strategischen Entscheidungen und die Betriebspolitik sind Teil der in Art. 41 Abs. 1 Cost. geschützten privatwirtschaftlichen Betätigungsfreiheit des Arbeitgebers.[1014]

Mit dieser Bestimmung, die teilweise als überflüssig angesehen wird, verfolgte der Gesetzgeber wohl die Absicht, den Zuständigkeitsbereich der Arbeitsgerichtsbarkeit zu beschränken. Die Regelung ist in Verbindung mit den allgemeineren Normen über die Reduzierung der arbeitsrechtlichen Auseinandersetzungen sowie die normative Gestaltung des Zertifizierungsverfahrens (Artt. 75 bis 84 Gesetzesverordnung Nr. 276/2003) zu sehen.[1015]

1010 *Carinci, F.*, Diritto del lavoro, commentario, Carinci, F. (diretto da), vol. II, S. 1385.

1011 *Rausei*, S. 350 f.; *Caruso/Cinelli/Ferraro*, Diritto del lavoro, S. 199; *Magrini/Pizutti*, Somministrazione e esternalizzazione, in: Sviluppo e occupazione nel mercato globale, Ferraro (a cura di), S. 193.

1012 Vgl. hierzu *Carinci, M.T.*, S. 82.

1013 *Rausei*, S. 351; *Caruso/Cinelli/Ferraro*, Diritto del lavoro, S. 199; kritisch zur unzureichenden Kontrolle der vertraglichen Gestaltung bei *Ricci*, La somministrazione di lavoro dopo la riforma, in: De Luca Tamajo/Rusciano/Zoppoli (a cura di), Mercato del lavoro, riforma e vincoli del sistema, S. 118.

1014 *Carinci, F.*, Diritto del lavoro, commentario, Carinci, F. (diretto da), vol. II, S. 1386; siehe auch *Carinci, M.T.*, S. 55.

1015 *Caruso/Cinelli/Ferraro*, Diritto del lavoro, S. 199.

bb) Die Verwaltungssanktion für die regelwidrige Arbeitnehmerüberlassung

Während gemäß Art. 10 Abs. 1 des Gesetzes Nr. 196/1997 die Zeitarbeit, die unter Verletzung der gesetzlichen Voraussetzungen erfolgte, auch wenn der Verleiher über eine Erlaubnis verfügte, als rechtswidrige Zwischenvergabe gewertet wurde und damit in den Anwendungsbereich der strafrechtlichen Sanktionen fiel, handelt es sich nunmehr nur noch um einen Verwaltungsverstoß.[1016]

Die Fälle, die Verwaltungsverstöße im Sinne des Art. 18 Abs. 3 der Gesetzesverordnung Nr. 276/2003 darstellen, betreffen in gleichem Maße sowohl den Verleiher als auch den Entleiher persönlich und unmittelbar als Mitverantwortliche. Der von Ver- und Entleihern regelwidrig, d.h. ohne Berücksichtigung der gesetzlichen Grenzen und Kriterien der Artt. 20 und 21 der Gesetzesverordnung Nr. 276/2003, abgeschlossene Arbeitnehmerüberlassungsvertrag führt dazu, dass beiden Parteien eine Geldbuße von 250,00 bis 1.250,00 Euro auferlegt wird. Diese wird im Falle der Verletzung der Vorschriften der Art. 20 Abs. 3 bis 5 sowie Art. 21 Abs. 1 und 2 der Gesetzesverordnung Nr. 276/2003 auf den Verleiher und den Entleiher gemeinsam angewendet, während sie im Falle der Verletzung des Art. 21 Abs. 3 der Gesetzesverordnung Nr. 276/2003 nur auf den Verleiher Anwendung findet.[1017] Die unterlassene schriftliche Mitteilung an den Leiharbeitnehmer zu Beginn der Beauftragung mit der Arbeitnehmerüberlassung und der nachfolgenden Überlassung an den Entleiher (Art. 21 Abs. 3 Gesetzesverordnung Nr. 276/2003) stellt damit die einzige Ausnahme hierzu dar. Diese Pflicht wurde vom Gesetzgeber allein dem Verleiher auferlegt, der daher für ein eventuelles Unterlassen haftet.

Durch Art. 4 Abs. 3 der Gesetzesverordnung Nr. 251/2004 wurde die ursprüngliche Bezugnahme des Art. 18 Abs. 3 auf Art. 20 Abs. 1 der Gesetzesverordnung Nr. 276/2003 herausgestrichen, der unter dem Aspekt der Gesetzessystematik irrtümlicherweise die Fälle sanktionierte, in denen der Arbeitnehmerüberlassungsvertrag mit einem Verleiher ohne Verleiherlaubnis geschlossen wurde. Die ursprüngliche Version hatte zu einem gewissen Widerspruch bei der Zuordnung der Sanktionen im Hinblick auf die Vorschrift des Art. 20 Abs. 1 und 2 der Gesetzesverordnung Nr. 276/2003 geführt; denn Verstöße gegen diese Bestimmung sind vielmehr dem Bereich der nicht autorisierten (missbräuchlichen) Arbeitnehmerüberlassung und des rechtswidrigen Einsatzes der Arbeitnehmer (Art. 18 Abs. 1 Gesetzesverordnung Nr. 276/2003) zuzuordnen.[1018]

1016 *Rausei*, S. 354.

1017 *Rausei*, S. 361.

1018 *Rausei*, S. 352; zur missbräuchlichen Arbeitnehmerüberlassung siehe unten § 4 VI 1 b.

Tatsächlich kann es sich bei einer derartigen Zuwiderhandlung nach Art. 20 Abs. 1 der Gesetzesverordnung Nr. 276/2003 nicht nur um einen Verwaltungsverstoß handeln, zumal der Verstoß durch den Verleiher die Zuwiderhandlung auf Seiten des Entleihers durch den missbräuchlichen Einsatz des ohne Erlaubnis verliehenen Arbeitnehmers nach sich zieht. Sie muss strafrechtliche Sanktionen (Art. 18 Abs. 1 Gesetzesverordnung Nr. 276/2003) nach sich ziehen.

Daraus resultiert die Frage, in welchem Verhältnis die strafrechtliche und die verwaltungsrechtliche Sanktion zueinander stehen.

Man könnte die Vorschrift des Art. 9 Abs. 1 des Gesetzes Nr. 689 vom 24.11.1981[1019] heranziehen, der regelt, dass wenn für ein und die selbe Tatsache gleichzeitig von einer Vorschrift eine strafrechtliche und eine verwaltungsrechtliche Sanktion vorgesehen ist, man die spezielle Vorschrift anwendet, wobei eine eindeutige Bewertung schwer fällt.

Treffender scheint es, von der Duplizität der Sanktionsmaßnahme zu Lasten sowohl des Ver- als auch des Entleihers auszugehen, die zum einen eine Strafnorm verletzen, welche die Arbeitnehmer und den Arbeitsmarkt vor dem missbräuchlichen Gebrauch der Arbeitnehmerüberlassung schützt; zum anderen verstoßen sie gegen die „Straf-Verwaltungs-Norm“ des Art. 18 Abs. 1 der Gesetzesverordnung Nr. 276/2003. Diese sanktioniert das missbräuchliche Verhalten, wobei die Parteien zumindest der Vorwurf der Fahrlässigkeit treffen muss. Demgegenüber bezieht sich der Verwaltungsverstoß (Art. 18 Abs. 3 Gesetzesverordnung Nr. 276/2003) vielmehr auf die Ebene des Vertragsschlusses zwischen Ver- und Entleiher.[1020] Dies war der Grund weshalb mit der Gesetzesverordnung Nr. 251/2004 die Regelung – zweckmäßig – modifiziert wurde. Danach wurde dieser Fall im Bereich der „Verwaltungsstrafbarkeit“ eliminiert und fällt nun – um einiges adäquater – nur mehr in den Bereich der strafrechtlich relevanten Rechtswidrigkeit.[1021]

Der Tatbestand des Art. 18 Abs. 3 der Gesetzesverordnung Nr. 276/2003 ist bereits verwirklicht, wenn die gesetzlich vorgeschriebenen Voraussetzungen fehlen. Auf einen tatsächlichen Einsatz des Arbeitnehmers kommt es nicht an. Wird der Arbeitnehmer aber tatsächlich eingesetzt, kommt aufgrund des Prinzips der Spezialität zwischen strafrechtlich und verwaltungsrechtlich relevantem rechtswidrigen Verhalten gemäß Art. 9 des Gesetzes Nr. 689/1981 allein die strafrechtliche Sanktion zur Anwendung (Art. 18 Abs. 1 oder Art. 28 Gesetzesverordnung Nr. 276/2003).[1022]

1019 G.U. Nr. 329 vom 30.11.1981, im Folgenden: Gesetz Nr. 689/1981.

1020 *Rausei*, S. 353.

1021 Vgl. *Falasca/Soldera*, Somministrazione di lavoro, S. 73.

1022 *Carinci, M.T.*, S. 86 f.

Was hingegen das Konkurrenzverhältnis zwischen verwaltungsrechtlich und zivilrechtlich relevantem Verhalten betrifft, existiert keine ausdrückliche Regelung, die das Konkurrenzverhältnis zwischen den Normen löst. Sie dürften jedoch nebeneinander stehen. Dafür spricht, dass zwei unterschiedliche Rechtsgüter geschützt werden: die zivilrechtliche Sanktion will die persönlichen und die Vermögensinteressen der Arbeitnehmer bewahren, die von der rechtswidrigen Arbeitnehmerüberlassung betroffen sind, indem das Arbeitsverhältnis dem Entleiher zugeordnet wird; die Verwaltungssanktion – wie übrigens auch die strafrechtliche Sanktion – will hingegen das öffentliche Interesse an der Unabdingbarkeit der entsprechenden gesetzlichen und vertraglichen Schutznormen schützen.

Eine Analyse des neuen nach den von Ver- und Entleiher begangenen Zuwiderhandlungen abgestuften Sanktionssystems der Gesetzesverordnung Nr. 276/2003 ergibt, dass der Gesetzgeber mit Hilfe der strengen Sanktionen (Artt. 21 Abs. 4 und 27 Abs. 1 Gesetzesverordnung Nr. 276/2003) den betroffenen Arbeitnehmern einen effektiven Schutz gewähren wollte.[1023] Dabei zielt die strafrechtliche Rechtsfolge ausschließlich darauf ab, das Verhalten zu bestrafen, das mit dem Missbrauch verbunden ist und sich in einer rechtswidrigen Arbeitnehmerüberlassung konkretisiert. Eine rein verwaltungsrechtliche verbleibt neben der fortbestehenden arbeits-/zivilrechtlichen Haftung jedenfalls für die Verstöße, bei denen es sich um eine nicht autorisierte Ausübung der Tätigkeit handelt.

Als weiterer Fall eines Verwaltungsverstoßes, der Ver- und Entleiher zurechenbar ist, kommt gemäß Art. 18 Abs. 3 der Gesetzesverordnung Nr. 276/2003 der Abschluss eines Arbeitnehmerüberlassungsvertrages ohne die notwendige Anpassung und gleichzeitige Aufnahme der in den Tarifverträgen enthalten Angaben (Art. 21 Abs. 2 Gesetzesverordnung Nr. 276/2003) in Betracht.

Als mildere Sanktion sieht Art. 13 der Gesetzesverordnung Nr. 124/2004 die Möglichkeit der Verwarnung vor, jedoch gemäß Rundschreiben des Arbeitsministeriums Nr. 24 vom 24.6.2004[1024] nur in Fällen heilbarer Verwaltungsverstöße.

Allerdings hat das Arbeitsministerium mit Rundschreiben Nr. 9 vom 23.3.2006[1025] geregelt, dass diese Verwarnung nur in den Fällen der Arbeitnehmerüberlassung anwendbar sein kann, wenn im Überlassungsvertrag nicht die Mindestangaben nach Art. 21 Abs. 1 lit. f) bis k) der Gesetzesverordnung Nr. 276/2003 enthalten sind sowie bei fehlender schriftlicher Mitteilung des Beginns der Arbeitnehmerüberlassung an den Arbeitnehmer (Art. 21 Abs. 3 Gesetzesverordnung Nr. 276/2003).[1026] Der verwarnte Arbeitgeber, der den vertraglichen Inhalt

---

1023 *Vallebona*, Istituzioni di diritto del lavoro, S. 615.

1024 G.U. Nr. 151 vom 30.6.2004.

1025 G.U. Nr. 101 vom 3.5.2006.

1026 *Rausei*, S. 357.

ergänzt oder die Mitteilung innerhalb der vom Aufsichtspersonal der Arbeitsdirektion der Provinz festgesetzten Frist übergibt, muss nur eine stark reduzierte Zahlung leisten (Art. 13 Abs. 2 Gesetzesverordnung Nr. 124/2004), und zwar in Höhe der Mindestsanktion von 250,00 Euro bei gleichzeitiger Beendigung des Sanktionsverfahrens.

An sich könnte die Verwarnung auch im Falle des Verwaltungsverstoßes der unterlassenen Angabe des Mindestinhaltes gemäß Art. 21 Abs. 1 lit. a) bis e) der Gesetzesverordnung Nr. 276/2003 Anwendung finden. Der Gesetzgeber hat indes in einem solchen Fall für die betroffenen Arbeitnehmer die Möglichkeit vorgesehen, beim Gericht die Errichtung eines Arbeitsverhältnisses direkt mit dem Entleiher zu beantragen (Art. 27 Abs. 1 Gesetzesverordnung Nr. 276/2003).

b) Die missbräuchliche Arbeitnehmerüberlassung und der rechtswidrige Einsatz

aa) Der Tatbestand der missbräuchlichen Arbeitnehmerüberlassung (Art. 18 Abs. 1 Gesetzesverordnung Nr. 276/2003)

Der Sanktionstatbestand auf der zweiten Stufe im Sanktionssystem ist die missbräuchliche Arbeitnehmerüberlassung gemäß Art. 18 Abs. 1 der Gesetzesverordnung Nr. 276/2003, die vorliegt, wenn der Verleih ohne Erlaubnis erfolgt. Die Gesetzesverordnung Nr. 251/2004 hat auf klare Weise dazu beigetragen, die normativen Grenzen der Fälle des Vergehens vorzugeben, die durch jede Form der missbräuchlichen Ausübung der Arbeitnehmerüberlassung sowie des rechtswidrigen Einsatzes der missbräuchlich überlassenen Leiharbeitnehmer verwirklicht werden. Es handelt sich letztlich um zwei unterschiedliche Arten des Vergehens. Zum einen das Vergehen der missbräuchlichen Arbeitnehmerüberlassung, begangen vom Verleiher, der ohne Autorisierung die Tätigkeit der Arbeitnehmerüberlassung ausübt (Art. 18 Abs. 1 S. 1 Gesetzesverordnung Nr. 276/2003); zum anderen das Vergehen des missbräuchlichen Einsatzes, begangen vom Entleiher, welchem die Leiharbeitnehmer von einem nicht autorisierten Verleiher überlassen werden und der diese einsetzt (Art. 18 Abs. 2 Gesetzesverordnung Nr. 276/2003). Bei genauerer Betrachtung wird deutlich, wie sehr die beiden Rechtsverletzungen miteinander verknüpft sind; denn der Einsatz von Leiharbeitskräften seitens des Entleihers wird in derartigen Fällen nur deswegen missbräuchlich, weil der Verleiher ohne Erlaubnis handelt.

Unter Berücksichtigung der Vorschläge der Lehre hat der Gesetzgeber in der Gesetzesverordnung Nr. 251/2004 die Geldbuße von 50,00 Euro pro Tag für jeden Arbeitnehmer zu Lasten von Ver- und Entleiher bestätigt, die jedoch Akteure eines einheitlichen und insgesamt rechtswidrigen Tatbestandes der „missbräuchlichen Arbeitnehmerüberlassung“ bleiben. Strukturbedingt können sich die zwei Zuwiderhandlungen zwar hintereinander verwirklichen. Das Vergehen ist indes als Einheit zu betrachten, so dass es sich um ein zusammengesetztes Delikt (*reato composto*) handelt bzw. um ein Beteiligungsdelikt.[1027]

Die missbräuchliche Arbeitnehmerüberlassung stellt zudem ein Gefährdungsdelikt (*contravvenzione di pericolo*) dar, da die konkrete Realisierung des Tatbestandes des Vergehens nicht den Nachweis eines Schadens benötigt. Denn die missbräuchliche Überlassung des Arbeitnehmers an einen beliebigen Entleiher reicht für sich allein betrachtet aus, um die von der Rechtsordnung vorgesehene Strafe für die Rechtswidrigkeit des aktiven Verhaltens zu determinieren.

Voraussetzung für die Verwirklichung des Tatbestandes ist daher in objektiver Hinsicht, dass der Verleiher nicht autorisiert ist, weil er entweder die formalen Voraussetzungen nicht erfüllt oder nicht innerhalb der vom Gesetzgeber vorgegebenen Fristen in der entsprechenden Abteilung des elektronischen Registers (*Albo informatico delle agenzie per il lavoro*) eingetragen wurde.

In subjektiver Hinsicht muss der Verleiher zumindest fahrlässig gehandelt haben, indem er den Abschluss eines Arbeitnehmerüberlassungsvertrages vorgeschlagen hat, ohne die übliche (*id quod plerumque accidit*) von der Rechtsordnung verlangte Sorgfalt, Vorsicht oder den Sachverstand walten zu lassen.

Der Tatbestand der missbräuchlichen Arbeitnehmerüberlassung ist schließlich mit der Feststellung des tatsächlichen Einsatzes des ohne Autorisierung beschäftigten Arbeitnehmers als erfüllt anzusehen.

Während im Hinblick auf die Rechtsfolgen die verbotene Zwischenvergabe (Artt. 1 und 2 des inzwischen aufgehobenen Gesetzes Nr. 1369/1960) von der herrschenden Lehre als Dauerdelikt qualifiziert wurde, wird die aktuelle missbräuchliche Arbeitnehmerüberlassung als ein Zustandsdelikt mit dauerhaften Folgen angesehen; denn sanktioniert wird zum einen bereits in einem zeitlich vorangegangenen Moment die Unterzeichnung des Arbeitnehmerüberlassungsvertrages oder in jedem Fall der Abschluss einer rechtsgeschäftlichen Vereinbarung in diesem Sinne zwischen dem nicht autorisierten Verleiher und dem Entleiher. Zum anderen führt aber dann nicht allein die reine Vereinbarung zwischen Verleiher und Entleiher, sondern der tatsächliche Einsatz der Leiharbeitnehmer zur konkreten Strafbarkeit dieses Vergehens.[1028] Für das Strafmaß ist die Anzahl der tatsächlichen Arbeitstage des Leiharbeitnehmers maßgeblich.

Mit den Gesetzesverordnungen Nr. 276/2003 und Nr. 251/2004 (Art. 4) wurden einige neue präzise Strafbestimmungen eingeführt, die teilweise das unter der Geltung des Gesetzes Nr. 1369/1960 vorherrschende Regelungssystem wiederaufgenommen haben. Allerdings unterscheiden sie sich deutlich von einem

1027 *Rausei*, S. 370.

1028 *Rausei*, S. 373.

streng strafrechtlichen Gesichtspunkt aus. Die Regelung der missbräuchlichen Arbeitnehmerüberlassung entspricht daher nur teilweise derjenigen der verbotenen Zwischenvergabe i.S.d. Gesetzes Nr. 1369/1960.[1029]

Im Einzelnen sieht Art. 18 Abs. 1 der Gesetzesverordnung Nr. 276/2003 (ersetzt durch Art. 4 Abs. 2 Gesetzesverordnung Nr. 251/2004) als Sanktion eine Geldbuße in Höhe von 50,00 Euro für jeden beschäftigten Arbeitnehmer und für jeden Tag der Beschäftigung vor.

Die Sanktion erhöht sich verhältnismäßig und progressiv je nach Zahl der von der missbräuchlichen Arbeitnehmerüberlassung betroffenen Betriebe.[1030] Es handelt sich demnach um eine Sanktion von progressiver Proportionalität[1031] mit zwei unterschiedlichen Elementen: zum einen der Sanktionsgrundlage in fixer vom Gesetzgeber festgelegter Höhe und zum anderen dem Multiplikationskoeffizienten, der entsprechend den konkreten Tatumständen variiert.

bb) Der Qualifikationstatbestand

Werden im Rahmen der missbräuchlichen Arbeitnehmerüberlassung Minderjährige ausgebeutet, sieht Art. 18 Abs. 1 der Gesetzesverordnung Nr. 276/2003 nach der Modifizierung durch die Gesetzesverordnung Nr. 251/2004 eine deutlich schwerere Strafe vor: Die Geldbuße wird erhöht bis zum Sechsfachen (300,00 Euro für jeden Arbeitnehmer und jeden Arbeitstag). Gleichzeitig wird eine Freiheitsstrafe von bis zu 18 Monaten verhängt.

Es wird hervorgehoben, dass es sich im Verhältnis zum Grundtatbestand des oben genannten Vergehens um einen tatsächlich erschwerenden Umstand handelt. Denn auf der einen Seite wird der Sanktionsbetrag erheblich erhöht. Zudem verändert sich die Art der Strafe selbst, da zu der Geld- eine Freiheitsstrafe hinzukommt (Art. 63 Abs. 3 c.p.[1032]).

Für die Auslegung der Formulierung „Ausbeutung von Minderjährigen“ ist das Gesetz Nr. 977 vom 17.10.1967[1033], modifiziert durch die Gesetzesverordnung Nr. 345 vom 4.8.1999[1034] und die Gesetzesverordnung Nr. 262 vom 18.8.2000[1035], heranzuziehen.

1029 *Rausei*, S. 371.

1030 *Rausei*, S. 372.

1031 Erklärung des Arbeitsministeriums zur Bemessung der Sanktionen vom 21.2.2008, Nr. 2852; vgl. *Rausei*, S. 375.

1032 Italienisches Strafgesetzbuch, königliches Dekret vom 19.10.1930, Nr. 1398, G.U. Nr. 251 vom 26.11.1930, in der Fassung vom 29.6.2012.

1033 G.U. Nr. 276 vom 6.11.1967, im Folgenden: Gesetz Nr. 977/1967.

1034 G.U. Nr. 237 vom 8.10.1999, im Folgenden: Gesetzesverordnung Nr. 345/1999.

1035 G.U. Nr. 224 vom 25.9.2000.

Daher wird im Sinne der Artt. 3 und 4 des Gesetzes Nr. 977/1967 (Gesetz zum Schutz der Arbeit von Kindern und Jugendlichen) der Verleiher vom Qualifikationstatbestand des Art. 18 Abs. 1 der Gesetzesverordnung Nr. 276/2003 erfasst, der dem Entleiher Kinder oder Minderjährige zur Arbeit überlässt, die noch nicht 15 Jahre alt sind und die obligatorische Ausbildungszeit noch nicht beendet haben, mit Ausnahme der ausdrücklich vom Gesetz vorgesehenen Fälle.

Analog scheint man auch von der „Ausbeutung Minderjähriger“ sprechen zu müssen, wenn Jugendliche, d.h. Minderjährige im Alter von 15 bis 18 Jahren, die die Schulpflicht (Artt. 3 und 5 Gesetzesverordnung Nr. 345/1999) bereits beendet haben, für die ausdrücklich von Art. 6 des Gesetzes Nr. 977/1967 aufgeführten Aufgaben, Prozesse und Arbeiten eingesetzt werden.[1036]

Daneben kommt dem Vergehen der missbräuchlichen Durchführung der Arbeitstätigkeit von Minderjährigen auch strafrechtliche Bedeutung zu, besonders im Hinblick auf die strafrechtlichen Sanktionsvorschriften, die in Art. 26 desselben Gesetzes Nr. 977/1967, modifiziert von Art. 14 Gesetzesverordnung Nr. 345/1999, geregelt sind, d.h. Haftstrafe bis zu sechs Monaten (Art. 4) oder Haftstrafe nicht höher als sechs Monate oder Geldbuße bis zu 5.164,00 Euro (Art. 3).[1037]

Was die Frage der Normenkonkurrenz betrifft, handelt es sich unter Berücksichtigung des Art. 81 cod. pen. (*„Tateinheit. Fortgesetzte strafbare Handlung“*) und Art. 15 cod. pen. (*„Regelung eines Sachverhaltes durch mehrere Strafgesetze oder Vorschriften desselben Strafgesetzes“*) tatsächlich um zwei unterschiedliche Fälle des Vergehens.[1038]

Die Sanktionen betreffen den Entleiher, der minderjährige Leiharbeitnehmer einsetzt, gleichermaßen.[1039]

In Deutschland ist demgegenüber keine spezifische jugendschutzrechtliche Regelung im AÜG enthalten. Es gelten die allgemeinen Vorschriften zum Jugendschutz.

cc) Die Privilegierung

Im Zusammenhang mit der missbräuchlichen Arbeitnehmerüberlassung ist schließlich noch hervorzuheben, dass Art. 4 der Gesetzesverordnung Nr. 251/2004 mit der Neuregelung des Abs. 1 des Art. 18 der Gesetzesverordnung Nr. 276/2003 ein weiteres Auslegungsproblem beseitigt hat, und zwar wie weit das privilegierende Merkmal „ohne Gewinnerzielungsabsicht“ reicht:

1036 *Caruso/Cinelli/Ferraro*, Diritto del lavoro, S. 195.
1037 *Rausei*, S. 378.
1038 *Rausei*, S. 378.
1039 *Rausei*, S. 379.

Das Fehlen der Gewinnerzielungsabsicht bei einer Arbeitnehmerüberlassung ohne Autorisierung ist die absolute Ausnahme und letztlich völlig unwahrscheinlich: wer *contra legem* einen Arbeitnehmer an einen Dritten verleiht, begünstigt sich durch das Unterlassen der normativ, organisatorisch und finanziell bestehenden Verleiherpflichten (Artt. 4 und 5 Gesetzesverordnung Nr. 276/2003), denn der missbräuchlich tätige Verleiher verfolgt zwangsläufig nach allen Gesichtspunkten eine Gewinnerzielungsabsicht.

Das Auslegungsproblem rührt daher, dass die ursprüngliche Fassung des Art. 18 Abs. 1 der Gesetzesverordnung Nr. 276/2003 besonders auf die Fälle der missbräuchlichen Vermittlung von Arbeit fokussiert war, um dann zu präzisieren, dass *„wenn keine Gewinnerzielungsabsicht vorliegt, die Geldbuße 500,00 bis 2.500,00 Euro beträgt"*.

Einer der ersten Kommentatoren zur Biagi-Reform hatte daher aus dem Wortlaut der Norm den Schluss gezogen, dass sich die Ausübung der Tätigkeit ohne Gewinnerzielungsabsicht nur auf die Vermittlung von Arbeit beziehen würde. Parallel dazu wollten einige Kommentatoren den Privilegierungstatbestand auf die missbräuchliche Arbeitnehmerüberlassung beziehen. Tatsächlich stehen einer solchen weiten Interpretation der Bestimmung juristische Erwägungen entgegen: in erster Linie der Wortlaut der Norm, der separat und spezifisch ausdrücklich die Vermittlung von Arbeit nennt; an zweiter Stelle wurde betont, dass das Fehlen einer Gewinnerzielungsabsicht bei dem Begehen einer missbräuchlichen Arbeitnehmerüberlassung nicht vorstellbar ist.

Zuletzt lässt sich zusammenfassend sagen, dass die ursprüngliche Sanktionsvorschrift unangemessen war, weil die Differenzierung der Art der Strafe nach dem Grund- und Privilegierungstatbestand zu dem absurden Ergebnis führen konnte, dass eine missbräuchliche Arbeitnehmerüberlassung mit Gewinnerzielungsabsicht weniger schwer bestraft würde als jene hypothetische ohne irgendeine Gewinnerzielungsabsicht. Der Gesetzgeber hatte daher gut daran getan, Art. 18 Abs. 1 der Gesetzesverordnung Nr. 276/2003 zu reformieren.

dd) Die obligatorische Einziehung

Schließlich sieht Art. 18 Abs. 1 der Gesetzesverordnung Nr. 276/2003 die Nebenstrafe der Einziehung (generell vorgesehen von Art. 240 cod. pen.) des Transportmittels vor, das eventuell für alle einschlägigen Tätigkeiten, auf die die Sanktionsnorm verweist, verwendet wurde.[1040] Die Einziehung ist grundsätzlich ein Sanktionsinstrument fakultativer Art, hier ist sie jedoch obligatorisch, ob-

1040 *Rausei*, S. 380.

wohl sie vermutlich ausschließlich in den Fällen der missbräuchlichen Arbeitnehmerüberlassung vorsätzlicher Art relevant sein wird.[1041]

ee) Das Vergehen des Entleihers (Art. 18 Abs. 2 Gesetzesverordnung Nr. 276/2003)

Entsprechend dem missbräuchlich agierenden Verleiher ist der Entleiher als zwingend Beteiligter mitschuldig; denn er setzt die von einem nicht autorisierten Verleiher zur Verfügung gestellten Leiharbeitnehmer ein. Indem sich strafrechtlich beide für das Verhalten verantworten müssen, soll eine korrekte und gesetzlich legitimierte Arbeitnehmerüberlassung sichergestellt werden. Auch der rechtswidrige Einsatz stellt gemäß der Regelung des Art. 18 Abs. 2 der Gesetzesverordnung Nr. 276/2003 eine Zuwiderhandlung dar, die wie Art. 18 Abs. 1 mit einer Geldbuße von 50,00 Euro pro Beschäftigungstag für jeden Arbeitnehmer geahndet wird.[1042]

Die Struktur des gesetzlichen Tatbestandes und seine Voraussetzungen entsprechen ebenfalls dem der missbräuchlichen Überlassung von Arbeitnehmern durch den Verleiher (Art. 18 Abs. 1 Gesetzesverordnung Nr. 276/2003).

Obwohl sie jedenfalls letztlich ein einheitliches Vergehen bilden, sind die zwei Fälle nicht nur in zwei verschiedenen Absätzen (Absätze 1 und 2) des Art. 18 der Gesetzesverordnung Nr. 276/2003 normiert, vielmehr sind sie trotz der zwischen ihnen bestehenden Wechselwirkung differenziert zu betrachten: wird der Verleiher ohne Autorisierung tätig, ist der objektive Tatbestand des Vergehens des Entleihers durch den konkreten und tatsächlichen Einsatz der Arbeitnehmer verwirklicht, die von dem nicht autorisierten Verleiher überlassen wurden.[1043] In subjektiver Hinsicht muss den Entleiher, der die Arbeitnehmer auf der Basis einer missbräuchlichen Arbeitnehmerüberlassung einsetzt, wenigstens der Vorwurf der Nachlässigkeit und Unvorsichtigkeit treffen, weil er es unterlassen hat, das Vorliegen der gesetzlichen Voraussetzungen beim Verleiher zu verifizieren. Auch der Entleiher muss daher zumindest fahrlässig gehandelt haben.

Gemäß Art. 18 Abs. 2 der Gesetzesverordnung Nr. 276/2003 wird auch der rechtswidrige Einsatz sanktioniert, der auf einer Arbeitnehmerüberlassung beruht, die unter Verstoß gegen die gesetzlichen vorgegebenen Voraussetzungen für die unbefristete und befristete Arbeitnehmerüberlassung erfolgt ist, folglich auch dann, wenn ein autorisierter Verleiher die Voraussetzungen des Art. 20 Abs. 3 und 4 der Gesetzesverordnung Nr. 276/2003 nicht eingehalten hat.

1041 *Rausei*, S. 381.

1042 *Rausei*, S. 385.

1043 *Rausei*, S. 383; dazu auch *Carinci, M.T.*, S. 84.

Fraglich ist, wie der Fall eines rechtswidrigen Einsatzes auf der Basis einer missbräuchlichen Arbeitnehmerüberlassung zu handhaben ist, wenn kein schriftlicher Vertrag vorliegt. Denn Art. 21 Abs. 4 der Gesetzesverordnung Nr. 276/2003, modifiziert durch Gesetzesverordnung Nr. 251/2004, regelt, dass bei fehlender Schriftform der Arbeitnehmerüberlassungsvertrag nichtig ist und die Arbeitnehmer in jeder Hinsicht als beim Entleiher angestellt angesehen werden. In einer solchen Situation kann die überwachende Behörde in Ausübung polizeilicher Funktionen entsprechend anordnen, dass der Entleiher nicht lediglich den gesetzeswidrigen Einsatz beendet, was allerdings in der Mehrzahl der Fälle geschieht, sondern vielmehr dafür sorgt, dass die rechtswidrig beschäftigten Arbeitnehmer regulär bei ihm eingestellt werden.[1044] Zugunsten des Entleihers kommt dann eine entsprechende Anwendung der Regelung des Art. 27 Abs. 2 der Gesetzesverordnung Nr. 276/2003 in Betracht, wonach die Zahlungen des Verleihers auch den Entleiher von der entsprechenden Schuld bis zur Höhe der effektiv gezahlten Summe befreien. Das Gleiche gilt für die bereits vom Verleiher für die Errichtung und Durchführung des Arbeitsverhältnisses für den Zeitraum vorgenommenen Handlungen, in dem die Arbeitnehmerüberlassung stattgefunden hat.

Dem Entleiher wird genau wie dem Verleiher die freiwillige Zahlung gemäß Art. 162 c.p. ermöglicht. Ebenso kommt die Qualifikation der Ausbeutung Minderjähriger in Betracht.

Was die Rechtsfolgen des Vergehens angeht, stellt der rechtswidrige Einsatz anders als die missbräuchliche Überlassung von Arbeitnehmern ein Dauerdelikt dar, das bereits von dem Augenblick an verwirklicht ist, ab dem der Entleiher die Arbeitnehmer gesetzeswidrig einsetzt und das sich mit jedem weiteren Arbeitstag fortsetzt. Darin liegt der Schwerpunkt des Verhaltens, das ihm angelastet wird.[1045]

c) Die betrügerische Arbeitnehmerüberlassung

aa) Der Tatbestand der betrügerischen Arbeitnehmerüberlassung

Im Sanktionssystem stellt die betrügerische Arbeitnehmerüberlassung (*somministrazione fraudolenta*) gemäß Art. 28 der Gesetzesverordnung Nr. 276/2003 die höchste Stufe der Rechtswidrigkeit dar. Hiermit regelt der Gesetzgeber tatsächlich eine spezifische Schutz- und Sanktionsnorm zur Vervollständigung des viel allgemeineren in Art. 18 der Gesetzesverordnung Nr. 276/2003 geregelten Sanktionsrahmens.

1044 *Rausei*, S. 386.
1045 *Rausei*, S. 385.

Bei diesem Vergehen handelt es sich um eine einheitliche Zuwiderhandlung von Ver- und Entleiher, die beide einen einzigen Tatbestand verwirklichen. Die betrügerische Arbeitnehmerüberlassung stellt demnach ein echtes Beteiligungsdelikt der zwei Vertragspartner des Arbeitnehmerüberlassungsvertrages dar.

Entsprechend der höchsten Stufe des Sanktionssystems erfordert der subjektive Tatbestand mehr als bei der missbräuchlichen Arbeitnehmerüberlassung: Ver- und Entleiher müssen in betrügerischer Absicht vorgehen.[1046] Denn nach Art. 28 der Gesetzesverordnung Nr. 276/2003 ist die Arbeitnehmerüberlassung „betrügerisch", wenn sie mit der Absicht verwirklicht wird, gezielt unabdingbare Normen des Gesetzes oder des auf den Leiharbeitnehmer angewendeten Tarifvertrages zu umgehen.[1047]

Es handelt sich daher um einen strafrechtlichen Tatbestand, der nicht nur vorsätzlich, sondern gerade mit Absicht (*dolo specifico*) realisiert wird. Voraussetzung ist, dass zwischen Verleiher und Entleiher eine Absprache besteht oder wenigstens beiderseitige Kenntnis vom rechtswidrigen Einsatz der Leiharbeitnehmer vorliegt (sog. *consilium fraudis*). Das heißt im Hinblick auf die rechtswidrige Arbeitnehmerüberlassung muss die spezifische Absicht gegeben sein, das normative Schutzsystem zu umgehen, das aus detaillierten vertraglichen oder gesetzlichen Vorschriften besteht.[1048]

Wie schon die missbräuchliche Arbeitnehmerüberlassung ist auch die betrügerische ein Gefährdungsdelikt (*reato di pericolo*): Tatsächlich ist der strafrechtliche Verstoß jedes Mal, wenn die betrügerische Umgehungsabsicht bewiesen ist, verwirklicht.

bb) Die Abgrenzung zur missbräuchlichen Arbeitnehmerüberlassung

Strittig ist, worin sich die missbräuchliche von der betrügerischen Arbeitnehmerüberlassung unterscheidet, wenn sich die betrügerische Absicht nicht deutlich auf die Umgehung der arbeitsrechtlichen, vertraglichen oder gesetzlichen Vorschriften zur Vergütung, Vorsorge und Versicherung der missbräuchlich verliehenen und rechtswidrig eingesetzten Arbeitnehmer richtet. Es ließe sich argumentieren, dass sich bereits in dem Abschluss des Arbeitnehmerüberlassungsvertrages, der ohne Einhaltung der ausdrücklichen und abschließend sanktionierten Zulässigkeitsvoraussetzungen der Gesetzesverordnung Nr. 276/2003 zustande kam, die Absicht von Ver- und Entleiher manifestiert, die allgemeinen normativen Pflichten

1046 Vgl. Art. 43 Abs. 1 des Codice penale, königliches Dekret vom 19.10.1930 Nr. 1398, G.U. Nr. 251 vom 26.10.1930, in der Fassung des Gesetzes Nr. 27 vom 24.3.2012; *Rausei*, S. 392.

1047 *Biagi*, Istituzioni di diritto del lavoro, S. 399.

1048 *Rausei*, S. 392 f.; *Caruso/Cinelli/Ferraro*, Diritto del lavoro, S. 200; *Bano*, La somministrazione di lavoro, in: Perulli (a cura di), Impiego flessibile e mercato del lavoro, S. 20.

im Zusammenhang mit der Einstellung, der Überlassung von Arbeitnehmern sowie der Vergütungs- und Beitragszahlung zu umgehen.

Geeigneter erscheint aber, die Abgrenzung im Wirkungsbereich der betrügerischen Arbeitnehmerüberlassung vorzunehmen. Denn letztlich ist in jedem Tatbestand der regelwidrigen, missbräuchlichen oder rechtswidrigen Arbeitnehmerüberlassung implizit eine betrügerische Absicht enthalten. Es kommt daher darauf an, ob es den Ermittlungsbehörden gelingt, konkret Beweismaterial für die betrügerische Absicht zusammenzutragen.

Die häufigsten Fälle des Art. 28 der Gesetzesverordnung Nr. 276/2003 sind die, in denen das Vergehen aktiv von einem völlig ordnungsgemäßen, gesetzlich autorisierten und in das elektronische Register (*Albo informatico delle agenzie per il lavoro*) eingetragenen Verleiher verwirklicht wird. Dabei erfolgt die Überlassung unter voller Umgehung des Gesetzes oder tarifvertraglich festgelegter Grenzen, wie z.B. quantitativer Grenzen für die befristete Überlassung von Arbeitnehmern, die mittels betrügerischen Kunstgriffes, und zwar einer mehrfachen unbefristeten Überlassung an den selben Entleiher, überwunden werden.

Ähnliches ist für Fälle einer mehrfachen, zeitlich nahe beieinander liegenden Überlassung sozial benachteiligter Arbeitnehmer i.S.d. Art. 13 der Gesetzesverordnung Nr. 276/2003 zu beobachten; denn auf diese Kategorie von Arbeitnehmern ist das Gleichbehandlungsgebot gemäß Art. 23 Abs. 1 und 2 der Gesetzesverordnung Nr. 276/2003 nicht anzuwenden. Das trifft auch dann zu, wenn ein sozial benachteiligter Arbeitnehmer, der entlassen wird, um dann vom ehemaligen Arbeitgeber nach der Arbeitnehmerüberlassung wegen fehlender Gleichbehandlungspflicht mit einer normativ schlechteren Behandlung und niedrigeren Vergütung wieder eingestellt zu werden.

cc) Die Sanktionen

Die beiden Tatbestände der missbräuchlichen und der betrügerischen Arbeitnehmerüberlassung können nicht losgelöst voneinander betrachtet werden. Die Strafe für die betrügerische Arbeitnehmerüberlassung wird zusätzlich zu der Sanktion für die missbräuchliche Überlassung der Arbeitnehmer und deren Einsatz verhängt.[1049] Durch die erhöhte Gesamtstrafe wird die Schwere des kriminellen Verhaltens vom Gesetzgeber besonderes zum Ausdruck gebracht.

Mit einer gesetzgeberischen Technik, die für die strafrechtliche Gesetzgebung ganz und gar untypisch ist, wird die Anwendbarkeit des gesamten in Art. 18 der Gesetzesverordnung Nr. 276/2003 enthaltenen Sanktionssystems bestätigt, ohne

1049 *Rausei*, S. 393; *Bano*, La somministrazione di lavoro, in: Perulli (a cura di), Impiego flessibile e mercato del lavoro, S. 20.

zwischen jener für das strafrechtlich relevante Verhalten vorgesehenen Sanktion (Abs. 1, 2 und 5-bis) und jener verwaltungsrechtlicher Art (Abs. 3) zu unterscheiden.[1050]

Es handelt sich daher auch hier um eine Strafe mit progressiver Proportionalität, die sich aus zwei Elementen zusammensetzt: der vom Gesetzgeber in fixer Höhe festgelegten Sanktionsgrundlage und dem Multiplikationskoeffizienten, der entsprechend den konkreten Tatumständen variiert.

Trotz der Schwere des Verstoßes enthält das Gesetz keine Regelung zu den Auswirkungen auf das Arbeitsverhältnis.[1051] Zum Schutze des Arbeitnehmers wird jedoch vertreten, die in Art. 21 Abs. 4 der Gesetzesverordnung Nr. 276/2003 (Verstoß gegen die Voraussetzung der Schriftform) vorgesehene Rechtsfolge der Nichtigkeit des Überlassungsvertrages anzuwenden.[1052] Wenn dies auch nicht ausdrücklich vorgesehen ist, so scheint man doch der Auffassung sein zu müssen, dass auf die betrügerische Arbeitnehmerüberlassung auch die zivilrechtliche Sanktion der kraft Gesetzes eintretenden Nichtigkeit Anwendung finden muss (Art. 21 Abs. 4).[1053] Es ist mithin schwer vorstellbar, dass der Fall des Betruges keine Auswirkungen auf das Arbeitsverhältnis hat. Denn der Arbeitnehmerüberlassungsvertrag ist aufgrund des betrügerischen Inhaltes nach den allgemeinen Prinzipien der Rechtsordnung nichtig (Artt. 1344 und 1418 Abs. 3 c.c.); dies mit der Konsequenz, dass ein unbefristetes Arbeitsverhältnis zum Entleiher entstehen muss.[1054]

Der Vollständigkeit halber sei angemerkt, dass auch im Falle eines Verstoßes nach Art. 28 der Gesetzesverordnung Nr. 276/2003 mit einer freiwilligen Zahlung die Eröffnung des Hauptverfahrens verhindert werden oder jedenfalls zur Einstellung gebracht werden kann, bevor eine Entscheidung ergangen ist (Art. 162 c.p.).

d) Die obligatorische Anordnung (Art. 15 Gesetzesverordnung Nr. 124/2004)

Für das gesamte strafrechtlich relevante Verhalten ist Art. 15 der Gesetzesverordnung Nr. 124/2004 zu beachten, wonach die Geldbuße nach Befolgung der obligatorischen Anordnung (*prescrizione obbligatoria*) weiter reduziert werden kann. Dies führt eventuell sogar dazu, dass das strafrechtliche Verfahren nicht einmal eingeleitet wird. Gemäß Art. 15 muss der Zuwiderhandelnde die Anordnung der Arbeitsdirektion der Provinz unter Einhaltung der festgesetzten Frist befolgen und für nachträgliche Heilung (Art. 20 Gesetzesverordnung Nr. 758

1050 *Rausei*, S. 393; *Caruso/Cinelli/Ferraro*, Diritto del lavoro, S. 200 f.
1051 *Caruso/Cinelli/Ferraro*, Diritto del lavoro, S. 200 f.
1052 *Caruso/Cinelli/Ferraro*, Diritto del lavoro, S. 201.
1053 *Rausei*, S. 395; *Caruso/Cinelli/Ferraro*, Diritto del lavoro, S. 201.
1054 *Rausei*, S. 395.

vom 19.12.1994[1055]) sorgen. Der Entleiher wird dabei zur unverzüglichen Legalisierung der betrügerisch beschäftigten Arbeitnehmer angewiesen, indem die Arbeitnehmer direkt mit allen gesetzlichen Folgen (Dokumentations-, Versicherungs- und Beitragspflicht) beim Entleiher eingestellt werden.

Stellt die Behörde die Heilung des Verstoßes fest, muss der Zuwiderhandelnde nur ein Viertel des Höchstbetrages der Geldbuße bezahlen (Art. 21 Gesetzesverordnung Nr. 758/1994).

e) Der öffentliche Entleiher

In Ausnahme zu der Regelung des Art. 1 Abs. 2 der Gesetzesverordnung Nr. 276/ 2003 ist nach Art. 86 Abs. 9 der Gesetzesverordnung Nr. 276/2003 die befristete Arbeitnehmerüberlassung ausdrücklich auf die öffentliche Verwaltung anwendbar. Auch der Fall eines missbräuchlichen Einsatzes der Arbeitskraft durch einen öffentlichen Entleiher wird explizit geregelt, da Art. 86 Abs. 9 die Verwaltungssanktionen des Art. 19 der Gesetzesverordnung Nr. 276/2003 auf die öffentliche Verwaltung erstreckt. Nicht erwähnt werden jedoch die strafrechtlichen und verwaltungsrechtlichen Sanktionen des Art. 18 der Gesetzesverordnung Nr. 276/2003 im Bereich der rechtswidrigen oder regelwidrigen Arbeitnehmerüberlassung.

Andererseits, trotz Fehlens einer ausdrücklichen Erwähnung, muss man die Vorschrift zwingend so interpretieren, dass sich Art. 86 Abs. 9 der Gesetzesverordnung Nr. 276/2003 nicht nur auf Art. 19, sondern auf die ganze „*Regelung der Arbeitnehmerüberlassung*“ bezieht. Hiervon muss explizit ausschließlich Art. 27 Abs. 1 der Gesetzesverordnung Nr. 276/2003 ausgenommen werden, der die Errichtung des Arbeitsverhältnisses beim Entleiher beinhaltet. Das bedeutet, es sind alle weiteren Sanktionen strafrechtlicher Natur aber auch verwaltungsrechtlicher Natur anwendbar, allerdings nur auf die befristete Arbeitnehmerüberlassung bezogen.[1056] Somit wird die öffentliche Verwaltung bzw. alle anderen Verleiher öffentlich-rechtlicher Natur, auf die Art. 1 Abs. 2 der Gesetzesverordnung Nr. 165 vom 30.3.2001[1057] ohne irgendeine Ausnahme Bezug nimmt, den in Art. 18 Abs. 2 geregelten Sanktionen und im Falle der betrügerischen Arbeitnehmerüberlassung den in Art. 28 der Gesetzesverordnung Nr. 276/2003 vorgesehenen Strafen unterworfen. Aufgrund des aktuellen Regelungssystems treffen die Sanktionen direkt die Person, die für die Zuwiderhandlung verantwortlich ist.

Schließlich stellt sich die Frage nach dem Konkurrenzverhältnis zwischen Art. 1 Abs. 2 und Art. 86 Abs. 9 der Gesetzesverordnung Nr. 276/2003, die of-

1055 G.U. Nr. 21 vom 26.1.1995 – Suppl. Ordinario Nr. 9.
1056 *Rausei*, S. 387.
1057 G.U. Nr. 106 vom 9.5.2001.

fensichtlich im Widerspruch zueinander stehen. Das Problem ist mit Hilfe der für die Normenkonkurrenzen geltenden allgemeinen Prinzipien zu lösen. Dabei ist der generelle Charakter der ersten Vorschrift und der spezielle der zweiten hervorzuheben.[1058] Letztlich hatte der Gesetzgeber beabsichtigt, mit der in Art. 1 Abs. 2 der Gesetzesverordnung Nr. 276/2003 enthaltenen Regelung eine generalisierte Anwendung dieser Vorschrift auf die öffentliche Verwaltung auszuschließen. Er hat aber nicht ausgeschlossen, dass einzelne Vorschriften auch auf die Arbeitsverhältnisse mit öffentlichen Entleihern Anwendung finden, und genau das ist die Funktion des Art. 86 der Gesetzesverordnung Nr. 276/2003. Der Wortlaut der Vorschrift des Art. 86 Abs. 9 der Gesetzesverordnung Nr. 276/2003 ist eindeutig.

f) Zusammenfassung

Im Wesentlichen verwirklicht dieser komplexe, strenge[1059] Sanktionsapparat im Verhältnis zu dem früheren und inzwischen aufgehobenen Schutz-System einen Mindestschutz für die Arbeitnehmer im Bereich der regelwidrigen, missbräuchlichen und betrügerischen Arbeitnehmerüberlassung.[1060] Dennoch ist das vom Gesetzgeber geschaffene System nicht ausreichend. Unter anderem hat der Gesetzgeber nicht die Vorgaben des Art. 1 Abs. 2 lit. m) Nr. 3 des Gesetzes Nr. 30/2003 umgesetzt, wonach die Voraussetzungen der rechtswidrigen Zwischenvergabe neu festzulegen sind, die dann vorliegt „wenn ein technischer, organisatorischer oder produktbezogener Grund fehlt oder die Verletzung unabdingbarer gesetzlicher Rechte oder von Rechten des auf den Arbeitnehmer angewendeten Tarifvertrages verifiziert wird oder verifiziert werden könnte“.[1061]

2. Die unrechtmäßige Arbeitnehmerüberlassung im deutschen Recht

a) Die Arbeitnehmerüberlassung ohne Verleiherlaubnis (§ 9 Nr. 1 AÜG)

Wird in Deutschland der Verleiher tätig, ohne über eine Verleiherlaubnis zu verfügen, so sind Leiharbeitsvertrag und Überlassungsvertrag gemäß § 9 Nr. 1 AÜG – *ex nunc* – unwirksam.[1062] Aufgrund dieser Wirkung ist der Tatbestand des § 9 Nr. 1 AÜG nicht schon dann erfüllt, wenn die Voraussetzungen für eine

1058 Urteil des Tribunale Amministrativo Regionale (TAR) per il Piemonte, sez. II, 27.6.2006, Nr. 2711, hierzu auch *Rausei*, S. 388.

1059 *Vallebona*, Istituzioni di diritto del lavoro, S. 615.

1060 *Caruso/Cinelli/Ferraro*, Diritto del lavoro, S. 201.

1061 *Caruso/Cinelli/Ferraro*, Diritto del lavoro, S. 201 f.

1062 ErfK/*Wank*, AÜG, § 9 Rdnr. 4.

Versagung der Verleiherlaubnis nach § 3 AÜG vorliegen. Es muss tatsächlich an einer Erlaubnis fehlen.[1063] Dem stehen Fälle gleich, in denen der Verleih nicht vom Geltungsbereich der Erlaubnis gedeckt ist.

Infolge der Unwirksamkeit des Arbeitnehmerüberlassungsvertrages (§ 9 Nr. 1 Alt. 1 AÜG) bestehen keine Leistungspflichten der Vertragsparteien. Wurden dennoch Leistungen in Erfüllung des unwirksamen Überlassungsvertrages erbracht, so erfolgten die Leistungen ab dem Zeitpunkt des Wegfalls der Erlaubnis ohne Rechtsgrund. Mangels Schutzbedürftigkeit des Entleihers wird ein faktischer Überlassungsvertrag allgemein abgelehnt.[1064] Es kommen keine arbeitsrechtlichen Grundsätze zur Anwendung. Eine eventuelle Rückabwicklung erfolgt nach den bereicherungsrechtlichen Grundsätzen, die im Prinzip nicht durch § 10 Abs. 1 AÜG ausgeschlossen werden.[1065] Mangels einer Verleiherlaubnis kommt es nicht zu einer Überlassung im eigentlichen Sinne, denn der Entleiher wird gemäß § 10 Abs. 1 AÜG Arbeitgeber des Leiharbeitnehmers.

Zum Schutze des Leiharbeitnehmers wird in den Fällen des § 9 Nr. 1 AÜG dann gemäß § 10 Abs. 1 S. 1 AÜG zwischen diesem und dem Entleiher ein Arbeitsverhältnis fingiert. Der Entleiher tritt vollumfänglich in die Position des Arbeitgebers ein.[1066]

Im Hinblick auf die Frage, wann das fingierte Arbeitsverhältnis beginnt, ist zu differenzieren: Fehlt die Verleiherlaubnis bereits bei Abschluss des Arbeitsvertrages, so kommt nach dem Wortlaut des § 10 Abs. 1 S. 1 Hs. 1 AÜG das Arbeitsverhältnis zu dem im Überlassungsvertrag vereinbarten Zeitpunkt der Arbeitsaufnahme zustande.[1067] Anders als teilweise vertreten wird, ist für den Beginn des Arbeitsverhältnisses nicht auf den Zeitpunkt der tatsächlichen Arbeitsaufnahme des Leiharbeitnehmers beim Entleiher abzustellen.[1068] Das Argument, die Auffassung der herrschenden Meinung würde dem Schutzzweck der Norm nicht gerecht, klingt zwar überzeugend, denn dem Arbeitnehmer soll ein gleichwertiger Anspruch gegen den Entleiher für den Verlust der vertraglichen Ansprüche gegenüber dem Verleiher eingeräumt werden. Der eindeutige Gesetzeswortlaut steht dem jedoch entgegen.

1063 Schüren/Hamann/*Schüren*, AÜG, § 9 Rdnr. 20; ErfK/*Wank*, AÜG, § 9 Rdnr. 4.

1064 ErfK/*Wank*, AÜG, § 9 Rdnr. 5.

1065 *Boemke/Lembke*, AÜG, § 9 Rdnr. 23; Schüren/Hamann/*Schüren*, AÜG, § 9 Rdnr. 45; vertiefend zu den bereicherungsrechtlichen Problemen Ulber/*Ulber*, AÜG, § 9 Rdnr. 16 ff.; *Steuer*, S. 95 ff.

1066 *Urban-Crell/Schulz*, Arbeitnehmerüberlassung, Rdnr. 794 ff.

1067 ErfK/*Wank*, AÜG, § 10 Rdnr. 3; *Urban-Crell/Schulz*, Arbeitnehmerüberlassung, Rdnr. 791.

1068 So Ulber/*Ulber*, AÜG, § 10 Rdnr. 22 ff.; differenzierend Schüren/Hamann/*Schüren*, AÜG, § 10 Rdnr. 46 ff.

Tritt die Unwirksamkeit des Leiharbeitsvertrages erst nach Aufnahme der Tätigkeit beim Entleiher ein, so gilt nach § 10 Abs. 1 S. 1 Hs. 2 AÜG das Arbeitsverhältnis zwischen Entleiher und Leiharbeitnehmer mit dem Eintritt der Unwirksamkeit als zustande gekommen. Regelmäßig wird dies zum Zeitpunkt des Wegfalls der Erlaubnis sein, eventuell unter Berücksichtigung der Abwicklungsfristen des § 2 Abs. 4 S. 4 AÜG.

Inhalt und Dauer des gesetzlich fingierten Arbeitsverhältnisses richten sich im Wesentlichen nach § 10 Abs. 1 S. 2 bis 5 AÜG. Soweit sich die Arbeitsbedingungen nicht nach § 10 Abs. 1 S. 2, 3 und 5 AÜG bestimmen, finden gemäß § 10 Abs. 1 S. 4 Hs. 1 AÜG auf das fingierte Arbeitsverhältnis alle für den Entleiherbetrieb geltenden Vorschriften und sonstigen Regelungen Anwendung. Durch diese Vorschrift wird klargestellt, dass das fingierte hinsichtlich aller Arbeitsbedingungen einem vertraglich begründeten Arbeitsverhältnis gleichzustellen ist. Darüber hinaus soll sichergestellt werden, dass alle im Entleiherbetrieb geltenden materiellen Arbeitsbedingungen zur Anwendung kommen, so dass die Gleichbehandlung mit den Stammarbeitnehmern des Entleihers gewährleistet wird.

Auf Arbeitsverhältnisse, bei denen Leiharbeitnehmer zu einem Entleiher ins Ausland verliehen wurden, findet § 10 Abs. 1 AÜG keine Anwendung.[1069] In Betracht kommt höchstens ein Schadensersatzanspruch des Leiharbeitnehmers gemäß § 10 Abs. 2 AÜG auf Ersatz des Vertrauensschadens. Umgekehrt, wenn ein Leiharbeitnehmer ohne Erlaubnis vom Ausland ins Inland verliehen wird, findet § 10 Abs. 1 AÜG als Eingriffsnorm im Sinne von Art. 9 Abs. 1 Rom I-VO ohne Einschränkung Anwendung.

Gemäß § 10 Abs. 2 AÜG hat der Leiharbeitnehmer, der über das Fehlen der Erlaubnis in Unkenntnis war, einen Anspruch gegen den Verleiher auf Ersatz des Vertrauensschadens.

Über den Ersatz des Vertrauensschadens hinaus ist der Leiharbeitnehmer gemäß § 10 Abs. 2 AÜG so zu stellen, wie er bei wirksamer Begründung bzw. Fortbestand des Arbeitsverhältnisses zum Verleiher gestanden hätte. Dies betrifft über § 10 Abs. 2 AÜG hinaus auch die Rechtsstellung zum früheren Entleiher als jetzigem Arbeitgeber des nach § 10 Abs. 1 S. 1 AÜG zustande gekommenen Arbeitsverhältnisses. § 10 Abs. 1 S. 5 AÜG ist insoweit der allgemeine Rechtsgedanke zu entnehmen, dass sich die vormals gegen den Verleiher bestehenden Ansprüche im Arbeitsverhältnis beim Entleiher als Mindestarbeitsbedingungen bzw. Mindestansprüche des Leiharbeitnehmers fortsetzen.[1070]

1069 Thüsing/*Mengel*, AÜG, § 10 Rdnr. 7; Ulber/*Ulber*, AÜG, § 10 Rdnr. 4.

1070 Im Ergebnis auch *Boemke/Lembke*, AÜG, § 10 Rdnr. 5 und 55; Ulber/*Ulber*, AÜG, § 10 Rdnr. 5.

Was die Haftung des Entleihers betrifft, so kann ihn zusätzlich zu der gesamtschuldnerischen Haftung nach § 10 Abs. 3 AÜG für sonstige Teile des Arbeitsentgeltes und die Gesamtsozialversicherungsbeiträge nach § 28e SGB IV noch eine eigene, weitergehende Beitragspflicht aus dem fingierten Arbeitsverhältnis treffen: Dem Leiharbeitnehmer steht gegen den Entleiher aus dem fingierten Arbeitsverhältnis ein ergänzender Entgeltanspruch zu, falls trotz Vergütungszahlung durch den Verleiher die übliche Vergütung im Entleiherbetrieb höher als im unwirksamen Arbeitsverhältnis ist.[1071]

Der Verleiher ist infolge der Unwirksamkeit des Arbeitnehmerüberlassungsvertrages gemäß § 134 BGB aufgrund Fehlens oder Fortfall der Erlaubnis verpflichtet, den entstandenen Schaden aus c.i.c. (§ 311 Abs. 2 BGB) zu erstatten (§§ 241 Abs. 2, 280 Abs. 1 BGB).

Gemäß § 9 Nr. 1 Alt. 2 AÜG ist bei fehlender Verleiherlaubnis auch das Leiharbeitsverhältnis unwirksam. Hier finden bei faktisch vollzogenem Arbeitsverhältnis jedoch die Grundsätze des fehlerhaften Arbeitsverhältnisses Anwendung, so dass es für die Vergangenheit als wirksam zustande gekommen betrachtet wird.[1072] Die Unwirksamkeit des Leiharbeitsvertrages erfasst auch die Vergütungsabsprache. Der Anspruch auf Vergütung richtet sich gegen den Verleiher und der Anspruch auf Mindestvergütung nach den Gleichstellungsgrundsätzen gemäß §§ 3 Abs. 1 Nr. 3, 9 Nr. 2 i.V.m. 10 Abs. 4 AÜG[1073].

Das fehlerhafte Arbeitsverhältnis zwischen Verleiher und Leiharbeitnehmer und das fingierte Arbeitsverhältnis zum Entleiher bestehen bei illegaler Überlassung während des Einsatzes des Leiharbeitnehmers im Entleiherbetrieb nebeneinander.[1074] Der Leiharbeitnehmer hat allerdings keinen Anspruch auf Doppelvergütung, d.h. er hat kann das Arbeitsentgelt nicht doppelt, vom Verleiher und vom Entleiher, verlangen. Vielmehr sind das fingierte und das unwirksame Arbeitsverhältnis miteinander verknüpft. Die aufgrund des fiktiven Arbeitsvertrages bestehende Schuld des Entleihers erlischt in Höhe des vom illegal tätigen Verleiher gezahlten Arbeitslohns.[1075]

Der Verstoß gegen die Erlaubnispflicht (§ 1 AÜG) im Sinne des § 9 Nr. 1 AÜG stellt gemäß § 16 Abs. 1 Nr. 1 AÜG bezogen auf den Verleiher und gemäß Nr. 1a bezogen auf den Entleiher eine Ordnungswidrigkeit dar, die gemäß Abs. 2 mit einer Geldbuße bis zu 30.000,00 Euro geahndet werden kann. Die Vorschrift

---

1071 *Steuer*, S. 113.

1072 Ulber/*Ulber*, AÜG, § 9 Rdnr. 34.

1073 Im Zuge der Novellierung des AÜG wurde durch Art. 1 Nr. 8 des 1. AÜGÄndG der § 10 Abs. 4 m.W.v. 30.4.2011 neu gefasst und Abs. 5 eingefügt.

1074 *Steuer*, S. 113.

1075 BGH v. 8.11.1979, NJW 1980, 452, 453; *Sandmann/Marschall*, AÜG, Art. 1 § 10 Anm. 10; *Boemke/Lembke*, AÜG, § 9 Rdnr. 38.

des § 16 Abs. 1 Nr. 1 AÜG gilt auch für Verleiher, die nach ausländischem Recht eine Erlaubnis zur Arbeitnehmerüberlassung besitzen, wenn sie ohne Verleiherlaubnis Arbeitnehmer ins Inland überlassen.[1076]

b) Die Verletzung des Gleichbehandlungsgebotes (§ 9 Nr. 2 AÜG)

Neben den Unwirksamkeitsfolgen bei fehlender Erlaubnis zur Arbeitnehmerüberlassung enthält die zwingende Vorschrift des § 9 AÜG arbeitsrechtliche Sonderregelungen, die der besonderen Schutzbedürftigkeit von Leiharbeitnehmern Rechnung tragen sollen.

Zweck der Regelung ist der Schutz der Leiharbeitnehmer bei illegalen Formen der Arbeitnehmerüberlassung (Nr. 1) und vor Diskriminierungen (Nr. 2) sowie die Verbesserung der Integrationschancen der Leiharbeitnehmer in den ersten Arbeitsmarkt (Nr. 3 und 4). Im Hinblick auf den Zweck der Norm, dem sozialen Schutz des Leiharbeitnehmers zu dienen, wird die Norm aber den Besonderheiten des Leiharbeitsverhältnisses nur unvollkommen gerecht.[1077]

aa) Inhalt des § 9 Nr. 2 AÜG

Wie bereits erwähnt ist unter anderem in § 9 Nr. 2 AÜG das Gleichbehandlungsgebot für Leiharbeitnehmer mit Stammarbeitnehmern des Entleihers verankert. Danach sind Vereinbarungen im Leiharbeitsvertrag unwirksam, soweit dem Leiharbeitnehmer für Zeiten der Überlassung an einen Entleiher ab dem ersten Einsatztag nicht mindestens die wesentlichen Arbeitsbedingungen gewährt werden, die einem vergleichbaren Arbeitnehmer des Entleihers zustehen.[1078] Entsprechend Art. 5 Abs. 1 S. 1 der Richtlinie über Leiharbeit sind die für den konkreten Arbeitsplatz wesentlichen Arbeitsbedingungen sowie das Arbeitsentgelt einschließlich aller Entgeltbestandteile mindestens so zu gewähren wie bei einer unmittelbaren Einstellung durch den Entleiher für den gleichen Arbeitsplatz. Aus der Vorgeschichte resultiert, dass das Merkmal „wesentlich" im Gesetz nicht als Legitimation für „geringe" Absenkungen der Vergütung interpretiert werden darf. Es ist nur möglich „unwesentliche" Lohnnebenleistungen vorzuenthalten.[1079]

1076 Thüsing/*Kudlich*, AÜG, § 16 Rdnr. 10; Ulber/*Ulber, D.*, AÜG, § 16 Rdnr. 3; Näheres siehe unten § 6 zur grenzüberschreitenden Arbeitnehmerüberlassung.

1077 Ulber/*Ulber*, AÜG, § 9 Rdnr. 2.

1078 Ulber/*Ulber*, AÜG, § 9 Rdnr. 35.

1079 Die Vorgängerregelung des § 10 Abs. 5 AÜG a.F. bestimmte, dass *„dem Leiharbeitnehmer die im Betrieb des Entleihers für vergleichbare Arbeitnehmer des Entleihers geltenden Arbeitsbedingungen einschließlich des Arbeitsentgeltes zu gewähren sind"*. Diese ebenso klare wie im Detail faktisch schwer erfüllbare Forderung wurde von der Bundesagentur für Arbeit am Wortlaut vorbei in eine etwas handlichere Vorgabe uminterpretiert. Im Runderlass vom

Obwohl das Arbeitsentgelt ohnehin zu den wesentlichen Arbeitsbedingungen zählt, hat der Gesetzgeber in § 9 Nr. 2 Hs. 1 AÜG wegen der Bedeutung der Vergütung ausdrücklich einen klarstellenden Hinweis zur Gleichbehandlung bezüglich des Arbeitsentgeltes aufgenommen. Nach Art. 157 Abs. 2 S. 1 AEUV und ständiger Rechtsprechung des EuGH umfasst der Begriff des Entgeltes neben den üblichen Grund- oder Mindestlöhnen und -gehältern alle sonstigen Entgeltbestandteile, die der Arbeitgeber dem Arbeitnehmer zumindest mittelbar in bar oder in Sachleistungen gewährt.[1080] Durch die Formulierung „mindestens" in § 9 Nr. 2 AÜG wird klargestellt, dass arbeitsvertragliche Ansprüche des Leiharbeitnehmers auf günstigere Arbeitsbedingungen vom Gleichbehandlungsgrundsatz nicht berührt werden.[1081] Für die Einsatzzeiten beim Entleiher ist im Hinblick auf die zu gewährenden Arbeitsbedingungen ein Günstigkeitsvergleich durchzuführen.[1082]

Die Entgeltregelungen beim Entleiher müssen gewährleisten, dass der Leiharbeitnehmer sowohl für die Zeiten der Überlassung als auch in verleihfreien Zeiten mindestens die in einer Rechtsverordnung nach § 3a Abs. 2 AÜG festgelegten Mindestentgeltsätze erhält (vgl. § 10 Abs. 5 AÜG).

Das Gleichbehandlungsgebot ist weder durch Betriebsvereinbarung noch arbeitsvertraglich abdingbar, soweit nicht ein Tarifvertrag i.S.d. § 9 Nr. 2 AÜG zur Arbeitnehmerüberlassung Anwendung findet. [1083]

Treffen Verleiher und Leiharbeitnehmer arbeitsvertragliche Absprachen, die ein Unterschreiten der nach § 9 Nr. 2 AÜG zu gewährenden Mindestarbeitsbedingungen beinhalten, sind diese Vereinbarungen unwirksam, allerdings nur der Teil, der gegen das Gleichbehandlungsgebot verstößt.[1084] Gewährt der Verleiher den Leiharbeitnehmern die Arbeitsbedingungen i.S.d. Nr. 2 nur in tatsächlicher Hinsicht nicht, bleiben die vertraglichen Vereinbarungen wirksam. Im Hinblick auf die Rechtsfolgen der Unwirksamkeit ist § 10 Abs. 4 AÜG maßgeblich,[1085] wonach gemäß S. 1 des § 10 Abs. 4 AÜG der Verleiher dem Leiharbeitnehmer für den Überlassungszeitraum mindestens die wesentlichen Arbeitsbedingungen einschließlich des Arbeitsentgeltes gewähren muss, die im Betrieb des Entleihers einem vergleichbaren Stammarbeitnehmer zu gewähren sind. Die Vorschrift ist

---

17.12.2001 hat sie das Gesetz so ausgelegt, dass nur für die vergleichbaren Arbeitnehmer des Entleihers geltenden „wesentlichen Arbeitsbedingungen einschließlich des Arbeitsentgeltes" gemeint seien; vgl. Schüren/Hamann/*Schüren*, AÜG, § 9 Rdnr. 120.

1080 EuGH v. 27.5.2004 – Rs. C-285/02, *Elsner-Lakeberg*, NZA 2004, 783, 783 ff.; Boemke, RIW 2009, 177, 181.

1081 Ulber/*Ulber*, AÜG, § 9 Rdnr. 72.

1082 Im Einzelnen Ulber/*Ulber*, AÜG, § 1 Rdnr. 334 f. sowie § 9 Rdnr. 39 und 72 ff.

1083 *Boemke/Lembke*, § 9 Rdnr. 44 f.; *Bauer/Krets*, NJW 2003, 537, 539.

1084 Ulber/*Ulber*, AÜG, § 9 Rdnr. 82.

1085 Ulber/*Ulber*, AÜG, § 9 Rdnr. 82.

Anspruchsgrundlage für Ansprüche des Leiharbeitnehmers auf Gleichbehandlung, soweit kein Tarifvertrag zur Arbeitnehmerüberlassung Anwendung findet oder aber dieser Regelungslücken zu wesentlichen Arbeitsbedingungen i.S.v. § 9 Nr. 2 enthält (§ 10 Abs. 4 S. 2 AÜG).[1086]

Zweck der Norm ist, die Einhaltung der §§ 3 Abs. 1 Nr. 3, 9 Nr. 2 AÜG und einer Rechtsverordnung nach § 3a AÜG sicherzustellen und dem Leiharbeitnehmer eine gesetzliche Anspruchsgrundlage zur Durchsetzung seiner Ansprüche zu geben.[1087] § 10 Abs. 4 AÜG gilt zwingend (Art 9 Abs. 1 Rom I-VO).[1088] Die Rechtsfolgen können weder vertraglich noch durch eine Betriebsvereinbarung abbedungen werden. Sind die im Arbeitsvertrag für das Leiharbeitsverhältnis geregelten Arbeitsbedingungen günstiger als beim Entleiher, kommt § 10 Abs. 4 S. 1 AÜG nicht zur Anwendung.[1089] Weichen sie zu Ungunsten des Leiharbeitnehmers ab, sind sie nach § 9 Nr. 2 AÜG unwirksam, außer im Falle des § 9 Nr. 2 Hs. 2 AÜG i.V.m. § 10 Abs. 4 S. 2 AÜG, wonach Gleichbehandlungsansprüche nach § 10 Abs. 4 S. 1 AÜG ausgeschlossen sind, wenn auf das Leiharbeitsverhältnis *qua* Tarifbindung oder einzelvertraglicher Bezugnahme ein wirksamer Tarifvertrag zur Arbeitnehmerüberlassung Anwendung findet, der wesentliche Arbeitsbedingungen gleichermaßen regelt. Die Ansprüche richten sich dann nach den tarifvertraglichen Bestimmungen.

bb) Abweichungsmöglichkeiten

In § 9 Nr. 2 Hs. 2 AÜG ist vorgesehen, dass durch tarifvertragliche Regelungen zur Arbeitnehmerüberlassung vom Gleichbehandlungsgrundsatz abgewichen werden kann. Damit soll zum einen den Tarifvertragsparteien eine flexible Gestaltung der Arbeitsbedingungen entsprechend den Bedürfnissen in der Verleihbranche ermöglicht werden. Zum anderen ist eine Vereinheitlichung des Arbeitsentgeltes sowohl in Zeiten des Verleihs als auch des Nichtverleihs beabsichtigt. Darüber hinaus sollen unterschiedliche Entgelte bei Einsätzen in verschiedenen Entleiherbetrieben ausgeglichen werden. Dies jedoch nur bei unbefristetem Leiharbeitsverhältnis, wenn es den Zeitraum eines Einsatzes bei einem Entleiher überdauert.[1090] Die Beschränkung der Abweichungsmöglichkeiten beim Arbeitsentgelt auf unbefristete Leiharbeitsverhältnisse ergibt sich auch aus Art. 5 Abs. 2 der Richtlinie über Leiharbeit.[1091] Beim befristeten Leiharbeitsverhältnis richtet

---

1086 Ulber/*Ulber*, AÜG, § 10 Rdnr. 129 f.

1087 Ulber/*Ulber*, AÜG, § 10 Rdnr. 98.

1088 *Bayreuther*, DB 2011, 706, 706; Ulber/*Ulber*, AÜG, § 10 Rdnr. 97.

1089 *Urban-Crell/Schulz*, Arbeitnehmerüberlassung, Rdnr. 370.

1090 Ulber/*Ulber*, AÜG, § 9 Rdnr. 118.

1091 *Düwell*, BT-Ausschuss-Drs. 17(11)447; *Ulber*, AuR 2010, 10, 10; *Waltermann*, NZA 2010, 482, 484, Fn. 17; *Blanke*, DB 2010, 1528, 1528; einschränkend Schüren/Hamann/*Schüren*,

sich die Zulässigkeit abweichender Tarifregelungen zum Arbeitsentgelt ausschließlich nach Art. 5 Abs. 3 der Richtlinie über Leiharbeit.[1092]

Verleiher mit Sitz im Europäischen Wirtschaftsraum (EWR), die Leiharbeitnehmer ins Inland überlassen, können wie inländische Verleiher vom Gleichbehandlungsgebot abweichen, wenn ein Verleiher mit Sitz im Ausland aufgrund eigener Tarifbindung einem im Inland abgeschlossenen Tarifvertrag zur Arbeitnehmerüberlassung unterliegt oder ein Tarifvertrag zur Arbeitnehmerüberlassung einzelvertraglich in Bezug genommen wird. Soweit das Arbeitsverhältnis nicht einem ausländischen Tarifvertrag von Drittstaaten unterliegt, kann auch dieser Tarifvertrag die gesetzlichen Regelungen zum Diskriminierungsverbot verdrängen, vorausgesetzt er entspricht den Anforderungen, die für einen inländischen Tarifvertrag zur Arbeitnehmerüberlassung gelten.[1093]

Kollektivvereinbarungen aus EU-Mitgliedstaaten können nur dann als Tarifvertrag zur Arbeitnehmerüberlassung gemäß § 9 Nr. 2 AÜG anerkannt werden, wenn sie mit der Richtlinie über Leiharbeit konform sind.

Die Öffnungsklausel ermächtigt die Tarifvertragsparteien aber lediglich dazu, die beim Entleiher zur Anwendung kommenden wesentlichen Arbeitsbedingungen hinsichtlich ihrer Rechtsfolgen abweichend zu regeln, nicht hingegen, die tatbestandlichen Voraussetzungen des Gleichbehandlungsgebotes auszuschließen oder zu modifizieren.[1094]

Die Tarifvertragsparteien dürfen gemäß Art. 11 der Richtlinie über Leiharbeit Tarifverträge zur Arbeitnehmerüberlassung nur in Einklang mit der Richtlinie über Leiharbeit abschließen. Daneben müssen sie bestehende Tarifverträge auf ihre Vereinbarkeit mit den Bestimmungen der Richtlinie überprüfen. Bei der Normsetzung haben die Tarifvertragsparteien insbesondere die Beschränkungen zu beachten, die sich aus der Richtlinie über Leiharbeit ergeben.[1095]

Weitere Begrenzungen hinsichtlich der Normsetzungsbefugnis der Tarifvertragsparteien ergeben sich aus den besonderen Bestimmungen des AÜG und der tatsächlich beim Entleiher ausgeübten Tätigkeit des Leiharbeitnehmers. Denn gelten beim Entleiher Tarifverträge, die sich auf Arbeitsbedingungen beziehen, die mit der tatsächlich geleisteten Tätigkeit und dem darauf bezogenen Direktionsrecht in einem untrennbaren Zusammenhang stehen, oder stehen dem Leihar-

---

AÜG, Einl. Rdnr. 183, wonach es nur bei Synchronisation zu einem Anwendungsausschluss kommen soll; *Thüsing/Stiebert*, ZESAR 2012, 199, 200.

1092 Ulber/*Ulber*, AÜG, § 9 Rdnr. 220; *Waltermann*, NZA 2010, 482, 484, Fn. 17; *Thüsing/Stiebert*, ZESAR 2012, 199, 200.

1093 *Boemke/Lembke*, AÜG, § 9 Rdnr. 108; Thüsing/*Pelzner*, AÜG, § 3 Rdnr. 87; *Bayreuther*, DB 2011, 706, 706; *ders.*, NZA 2010, 1157, 1160; Ulber/*Ulber*, AÜG, § 9 Rdnr. 119.

1094 Ulber/*Ulber*, AÜG, § 9 Rdnr. 169 und 175.

1095 Ulber/*Ulber*, AÜG, § 9 Rdnr. 186.

beitnehmer Ansprüche (z.B. Zugang zu Gemeinschaftseinrichtungen) unmittelbar gegen den Entleiher zu, können in einem Tarifvertrag zur Arbeitnehmerüberlassung keine abweichenden Regelungen getroffen werden.[1096]

Soweit im Tarifvertrag zur Arbeitnehmerüberlassung Sachverhalte einer beim Entleiher geltenden tarifvertraglichen Bestimmung nicht geregelt sind bzw. eine abweichende Regelungsbefugnis nicht besteht oder hinsichtlich der wesentlichen Arbeitsbedingungen Regelungslücken vorhanden sind, kann der Leiharbeitnehmer vom Verleiher uneingeschränkte Gewährung der beim Entleiher geltenden Bestimmung verlangen, trotz eines zur Anwendung kommenden Tarifvertrages zur Arbeitnehmerüberlassung.[1097]

Der Leiharbeitnehmer kann im Falle von Regelungslücken im Tarifvertrag zur Arbeitnehmerüberlassung über die tariflich vorgesehenen Leistungen hinaus die Gewährung aller Arbeitsbedingungen verlangen, auf die er gemäß dem Gleichbehandlungsgebot nach § 10 Abs. 4 AÜG entsprechend den beim Entleiher geltenden Bestimmungen Anspruch hat.[1098]

Eine alternative Abweichungsmöglichkeit ist in § 9 Nr. 2 Hs. 3 AÜG enthalten, wonach im Geltungsbereich eines solchen Tarifvertrages nicht tarifgebundene Arbeitgeber und Arbeitnehmer die Anwendung der tariflichen Regelungen vereinbaren können. Gegen diese Abweichungsmöglichkeit durch arbeitsvertragliche Bezugnahme bestehen allerdings unionsrechtliche Bedenken, da die Richtlinie über Leiharbeit keine derartige Möglichkeit vorsieht. Von einer Richtlinienkonformität kann daher nur ausgegangen werden, wenn man die nach Art. 5 Abs. 3 der Richtlinie über Leiharbeit erforderliche gesetzliche Festlegung von Bedingungen nicht auf die materiellen Kriterien zur Abweichung vom Gleichbehandlungsgrundsatz und zur Sicherstellung des Gesamtschutzes bezieht. Man müsste in der Regelung vielmehr einen Verweis auf das nationale Tarifrecht und die hierdurch eröffnete Möglichkeit sehen, arbeitsvertraglich wirksam auf einen Tarifvertrag zu verweisen.[1099]

Mit dem „Ersten Gesetz zur Änderung des Arbeitnehmerüberlassungsgesetzes" (1. AÜGÄndG) vom 28.4.2011 erfolgte eine Anpassung des § 9 Nr. 2 AÜG an den in Art. 5 der Richtlinie über Leiharbeit festgelegten Gleichbehandlungsgrundsatz. So wurde die zuvor in § 9 Nr. 2 AÜG enthaltene Möglichkeit vom Gleichbehandlungsgrundsatz bei Neueinstellung Arbeitloser abzuweichen mit Wirkung vom 30.4.2011 ersatzlos gestrichen.[1100] Die Nr. 2 des § 9 AÜG wurde

1096 Ulber/*Ulber*, AÜG, § 9 Rdnr. 187.

1097 Ulber/*Ulber*, AÜG, § 9 Rdnr. 190; *Boemke/Lembke*, AÜG, § 9 Rdnr. 117; *Ulber*, NZA 2009, 232, 235; einschränkend Thüsing/*Pelzner*, AÜG, § 3 Rdnr. 83.

1098 Ulber/*Ulber*, AÜG, § 9 Rdnr. 191.

1099 Ulber/*Ulber*, AÜG, § 9 Rdnr. 306.

1100 Ulber/*Ulber*, AÜG, § 9 Rdnr. 4.

um eine Regelung ergänzt, nach der vormals beim Entleiher beschäftigte Arbeitnehmer zwingend dem gesetzlichen Gleichbehandlungsgrundsatz unterliegen, wenn sie innerhalb von sechs Monaten bei ebendiesem oder einem Arbeitgeber, der mit dem Entleiher einen Konzern i.S.d. § 18 AktG bildet, als Leiharbeitnehmer beschäftigt werden.

Betrachtet man § 9 AÜG unter dem Aspekt der Pflicht der Mitgliedstaaten, bis spätestens 5.12.2011 die EU-Richtlinie zur Leiharbeit in nationales Recht umzusetzen, ist festzustellen, dass der Gesetzgeber dieser Pflicht nicht in ausreichendem Maße nachgekommen ist. Er beschränkte sich im Hinblick auf das Gleichbehandlungsgebot von Art. 5 Abs. 1 der Richtlinie darauf, die Ausnahme bei Neueinstellung Arbeitsloser zu streichen. Die Tendenz geht eher in Richtung Schaffung von Möglichkeiten zur Abweichung vom Gleichbehandlungsgrundsatz zu Lasten des Leiharbeitnehmers. Die Regelungen stehen damit nicht im Einklang mit den verbindlichen Zielsetzungen der Richtlinie und dem Gebot der effektiven Umsetzung der Richtlinie, Maßnahmen zur Verwirklichung des Gleichbehandlungsgrundsatzes zu ergreifen.

Die in § 9 Nr. 2 AÜG enthaltenen Abweichungsmöglichkeiten, die letztlich zu einer Diskriminierung von Leiharbeitnehmern führen, sind nicht richtlinienkonform und verstoßen gegen das Unionsrecht. Denn sie gewährleisten nicht – wie von Art. 5 Abs. 3 der Richtlinie über Leiharbeit vorausgesetzt – den Gesamtschutz der Leiharbeitnehmer.[1101] Danach muss der Tarifvertrag zur Arbeitnehmerüberlassung ein dem Gleichbehandlungsgrundsatz vergleichbares angemessenes Schutzniveau des Leiharbeitnehmers garantieren.[1102] Vielmehr ist kennzeichnendes Merkmal der tatsächlich abgeschlossenen Tarifverträge zur Arbeitnehmerüberlassung, dass nahezu ausschließlich Regelungen getroffen werden, die das Gleichbehandlungsgebot außer Kraft setzen und unter Verstoß gegen das Günstigkeitsprinzip sonstige Bestimmungen zum Schutz der Arbeitnehmer zu deren Lasten verschlechtern.[1103] Dies steht im Widerspruch zum Schutzzweck des AÜG. Eine Wahrnehmung oder Erfüllung von Schutzpflichten seitens der Tarifvertragsparteien ist nur vereinzelt feststellbar. Allein das gesetzliche Verbot, tarifvertraglich Mindeststundenentgelte zu vereinbaren, welche die in einer Rechtsverordnung nach § 3a AÜG festgelegten Lohnuntergrenzen unterschreiten, gewährleistet keinen Gesamtschutz gemäß Art. 5 Abs. 3 der Richtlinie über Leiharbeit.[1104]

Darüber hinaus konkretisiert die Regelung des § 9 Nr. 2 AÜG nicht in ausreichendem Maße die Bedingungen, unter denen die Tarifvertragsparteien vom Gleichbehandlungsgrundsatz zulässigerweise abweichen dürfen. Denn sie enthält

1101 Ulber/*Ulber*, AÜG, § 9 Rdnr. 214 und 222.

1102 Vgl. BT-Drs. 15/25, S. 24; ErfK/*Wank*, AÜG, § 3 Rdnr. 22.

1103 *Ulber*, NZA 2009, 232, 236.

1104 Ulber/*Ulber*, AÜG, § 9 Rdnr. 212.

eine voraussetzungslose Generalermächtigung, die eine Gefährdung der Leiharbeitnehmer darstellt. Die Regelung ist demnach verfassungswidrig und daher unwirksam.[1105]

cc) Verstöße gegen das Gleichbehandlungsgebot

Verstoßen die vertraglichen Vereinbarungen gegen § 9 Nr. 2 AÜG, sieht § 10 Abs. 4 S. 4 AÜG vor, dass der Leiharbeitnehmer gegen den Verleiher einen gesetzlichen Anspruch auf Gewährung der wesentlichen Vertragsbedingungen hat, die einem vergleichbaren Arbeitnehmer des Entleihers für die ausgeübte Tätigkeit zu gewähren sind. Letztlich ergibt sich der Gleichbehandlungsanspruch aber schon aus § 10 Abs. 4 S. 1 AÜG.[1106]

§ 10 Abs. 4 S. 3 AÜG stellt eine Sonderregelung dar, falls ein Tarifvertrag zur Arbeitnehmerüberlassung die in einer Rechtsverordnung nach § 3a Abs. 2 AÜG verbindlich festgelegten Lohnuntergrenzen unterschreitet. Der Verleiher muss dann für jede Arbeitsstunde das beim Entleiher maßgebliche Stundenentgelt zahlen. Die Vorschrift ist eine zwingende Norm und greift auch, wenn ein ausländischer Tarifvertrag zur Arbeitnehmerüberlassung Anwendung findet. Die tariflichen Vergütungsregelungen sind, jedoch nur soweit sie gegen Mindeststundenentgelte verstoßen, unwirksam.[1107]

In verleihfreien Zeiten richten sich die Ansprüche bei solchen Verstößen nach § 10 Abs. 5 AÜG.[1108] Auch § 10 Abs. 5 AÜG ist eine zwingende Norm. Die Regelung des § 10 Abs. 4 S. 3 AÜG ist in Zeiten der Überlassung, wenn ein Tarifvertrag zur Arbeitnehmerüberlassung gegen die Mindeststundenentgelte verstößt, jedoch grundsätzlich vorrangig.[1109] § 10 Abs. 5 AÜG gilt gemäß § 2 Nr. 4 AEntG unabhängig davon, welchem Rechtsstaat das Leiharbeitsverhältnis unterliegt und garantiert nach Deutschland entsandten Leiharbeitnehmern das nach der Rechtsverordnung maßgebliche Mindestentgelt.[1110]

Für die jeweiligen Verstöße gegen § 10 AÜG sieht § 16 Abs. 1 AÜG einzelne Ordnungswidrigkeitentatbestände vor.

Mit Wirkung vom 1.12.2011 hat der Gesetzgeber durch das 1. AÜGÄndG die Nr. 7a in § 16 Abs. 1 AÜG neu eingefügt. Zwar wurde § 16 AÜG an die Bestimmungen der Richtlinie über Leiharbeit angepasst, aber die Anforderungen, die durch Art. 10 der Richtlinie vorgegeben sind, werden nicht vollumfänglich

1105 Ulber/*Ulber*, AÜG, § 9 Rdnr. 207.
1106 Ulber/*Ulber*, AÜG, § 10 Rdnr. 134.
1107 BT-Drs. 17/5238, S. 19.
1108 Ulber/*Ulber*, AÜG, § 10 Rdnr. 132.
1109 Ulber/*Ulber*, AÜG, § 10 Rdnr. 146.
1110 BT-Drs. 17/5238, S. 19.

erfüllt. Dies gilt vor allem für die Fälle der dauerhaften, nicht vorübergehenden Arbeitnehmerüberlassung.[1111] Darüber hinaus fehlte eine effektive Kontrolle der neu eingeführten Lohnuntergrenze nach § 3a AÜG. Die hierfür erforderlichen Prüfrechte, Kontrollbefugnisse und die Sanktionsinstrumente für die Behörden der Zollverwaltungen wurden erst nachträglich durch das „Gesetz zur Änderung des Arbeitnehmerüberlassungsgesetzes und des Schwarzarbeitbekämpfungsgesetzes" eingeführt. Zusätzlich wurde für Verstöße gegen die Lohnuntergrenze den Ordnungswidrigkeiten, die in § 16 Abs. 1 AÜG aufgeführt sind, ein weiterer Tatbestand, der § 16 Abs. 1 Nr. 7b AÜG, hinzugefügt. Neu sind auch die Nr. 11 bis 18.

§ 16 Abs. 1 Nr. 7a AÜG bezieht sich auf die Nichtgewährung der wesentlichen Arbeitsbedingungen i.S.d. § 10 Abs. 4 AÜG.

§ 16 Abs. 1 Nr. 7b AÜG gilt für Verstöße gegen die Pflicht aus § 10 Abs. 5 AÜG, wonach jedenfalls das in einer Rechtsverordnung nach § 3a Abs. 2 S. 1 AÜG festgesetzte Mindeststundenentgelt gezahlt werden muss. Die Ordnungswidrigkeit kann mit einem Bußgeld bis zu 500.000,00 Euro belegt werden. Im letzteren Fall kann sich der Verleiher sogar gemäß § 266a Abs. 1 StGB wegen Vorenthaltens und Veruntreuung von Arbeitsentgelt strafbar machen. Gleichzeitig liegt ein Verstoß gegen § 3 Abs. 1 Nr. 3 AÜG vor, der einen Versagungsgrund für die Erlaubniserteilung darstellt.

§ 16 Abs. 2 AÜG enthält einen unterschiedlichen Bußgeldrahmen für die Ordnungswidrigkeiten des Abs. 1. Beschäftigt ein Entleiher einen Ausländer ohne Arbeitserlaubnis (§ 16 Abs. 1 Nr. 2 AÜG), ist dies mit der höchsten Geldbuße von bis zu 500.000,00 Euro bewehrt. Dieser Bußgeldrahmen gilt auch in den Fällen der Nr. 7a und b.

3. Rechtsvergleichende Erwägungen

Betrachtet man die Auswirkungen der einzelnen Verstöße gegen die Vorschriften des AÜG auf das Leiharbeitsverhältnis, ist festzustellen, dass in der deutschen Rechtsordnung nur im Falle einer Unwirksamkeit nach § 9 Nr. 1 AÜG gemäß § 10 Abs. 1 S. 1 AÜG ein Arbeitsverhältnis zum Entleiher fingiert wird.

In Italien wird dem Leiharbeitnehmer in den Fällen geringfügigerer Verstöße gegen die Vorschriften der Artt. 20 und 21 Abs. 1 lit. a) bis e) der Gesetzesverordnung Nr. 276/2003 gemäß Art. 27 Abs. 1 die Möglichkeit eingeräumt, im Klagewege den Verstoß feststellen zu lassen. Ist die Feststellung durch den Richter erfolgt, hat der Arbeitnehmer einen Anspruch auf Errichtung eines Arbeitsverhältnisses zum Entleiher. Kommt es zu schweren Verstößen, wie bei Ab-

1111 Ulber/*Ulber, D.*, AÜG, § 16 Rdnr. 1.

schluss des Überlassungsvertrages ohne Einhaltung der Schriftform oder vergleichbarer Fälle, ist nach Art. 21 Abs. 4 der Gesetzesverordnung Nr. 276/2003 der Arbeitnehmerüberlassungsvertrag nichtig und es wird kraft Gesetzes ein Arbeitsverhältnis zum Entleiher fingiert. Beide Rechtsordnungen bezwecken, auf diese Weise dem Interesse des Arbeitnehmers und vor allem dessen Schutzbedürfnis bestmöglich gerecht zu werden. Allerdings ist davon auszugehen, dass der italienische Leiharbeitnehmer vor einem Klageverfahren nicht nur wegen des Kostenrisikos, sondern auch aufgrund der extrem langen Verfahrensdauer in Italien zurückschrecken wird.

Eine weitere Gemeinsamkeit liegt darin, dass in beiden Rechtsordnungen die Möglichkeit der Verwarnung als milderes Mittel vorgesehen ist. Dabei ruft allerdings Verwunderung hervor, dass ein derartiges Entgegenkommen in Italien sogar bei der betrügerischen Begehensform in Betracht kommt, die als die schwerste Form des Verstoßes eingestuft wird.

Im Einzelnen unterscheiden sich die Sanktionssysteme in beiden Ländern erheblich. Während in Italien die einzelnen Vergehen in den Artt. 18, 27, und 28 der Gesetzesverordnung Nr. 276/2003 verstreut geregelt sind, aber je einer Stufe in dem dreistufigen Aufbau zugeordnet werden, sind in Deutschland die jeweiligen Ordnungswidrigkeitentatbestände in § 16 Abs. 1 AÜG aufgelistet. § 16 Abs. 2 AÜG enthält den entsprechenden Bußgeldrahmen.

Anders als die in §§ 15, 15a AÜG geregelten Strafvorschriften, die sich auf die illegale Ausländerbeschäftigung im AÜG beziehen,[1112] werden die in § 16 AÜG aufgeführten Verstöße als Ordnungswidrigkeiten und damit als Verwaltungsunrecht geahndet.

Art. 18 der Gesetzesverordnung Nr. 276/2003, der ursprünglich die amtliche Überschrift „*strafrechtliche Sanktionen*" trug, wird nunmehr ausschließlich mit „*Sanktionen*" betitelt. Dabei kommt den Absätzen 1, 2, 4 und 5 strafrechtliche und Abs. 3 verwaltungsrechtliche Natur zu. Die italienische Unterteilung ist daher im Vergleich viel differenzierter.

Der Vorteil der italienischen Systematik dürfte darin liegen, dass es vermutlich leichter sein wird, eine angemessene Sanktion, je nach der Schwere der Tat zu verhängen. Allerdings ist für die deutsche Regelung deren Übersichtlichkeit anzuführen. Über Abs. 2 des § 16 AÜG lässt sich dann genau der entsprechende Bußgeldrahmen zuordnen. Dieser lässt – je nach den Umständen des Einzelfalls – ebenfalls eine Abstufung nach der Schwere der Ordnungswidrigkeit zu.

In diesem Zusammenhang fällt auf, dass in Deutschland der maximale Betrag des Bußgeldrahmens mit bis zu 500.000,00 Euro im Falle von Verstößen i.S.d. § 16 Abs. 1 Nr. 2 (Beschäftigung eines ausländischen Arbeitnehmers ohne Ar-

1112 Ulber/*Ulber, D.*, AÜG, § 15 Rdnr. 4.

beitsgenehmigung), Nr. 7a und Nr. 7b AÜG sehr hoch ist. Bei Verstößen i.S.d. Nr. 1 bis 1b, 6 und 11 bis 18 des § 16 Abs. 1 AÜG beträgt die höchstmögliche Geldbuße 30.000,00 Euro.

Demgegenüber sieht das italienische Sanktionssystem in Art. 18 der Gesetzesverordnung Nr. 276/2003 sowohl in Abs. 1 als auch in Abs. 3 einen Höchstbetrag von 1.250,00 Euro vor. Die jeweiligen Bußgeldrahmen weichen daher stark voneinander ab. In den schwereren Fällen wird die Geldbuße zwar nach der Anzahl der betroffenen Arbeitnehmer und der Beschäftigungstage bemessen. Dies kann selbstverständlich auch je nach Einzelfall zu einer beträchtlichen Summe führen. Doch selbst die Strafrahmen der speziellen strafrechtlichen Sanktionen gemäß Art. 18 Abs. 4 und dem neuen Abs. 4-bis der Gesetzesverordnung Nr. 276/2003, wonach eine Geldbuße von 2.500,00 bis 6.000,00 Euro verhängt werden kann, reichen nicht annähernd an die Höchstbeträge in der deutschen Rechtsordnung heran.

Alternativ zur Sanktion der Geldbuße kommt gemäß Art. 18 Abs. 4 und dem neuen Art. 18 Abs. 4-bis der Gesetzesverordnung Nr. 276/2003 bei Verstoß gegen das Verbot, vom Leiharbeitnehmer eine Vermittlungsgebühr zu verlangen bzw. bei Verstoß gegen das Anschlussverbot eine Haftstrafe von nicht über einem Jahr in Betracht. Freiheitsstrafen sind in Deutschland hingegen nur in den Fällen der illegalen Ausländerbeschäftigung nach §§ 15 und 15a AÜG vorgesehen. Bei der Beschäftigung von Ausländern handelt es sich aber um eine besondere Problematik.

Letztlich lassen sich die Sanktionen aufgrund des abgestuften Systems nur schwer vergleichen. Aber auch wenn die italienische Ausgestaltung aus dortiger Sicht überwiegend als sehr streng angesehen wird, sind die Bußgeldrahmen im deutschen Recht insgesamt wesentlich höher angesetzt. Die Sanktionen dürften daher in Deutschland um einiges abschreckender und damit effektiver sein.

§ 5 Die Bewertung der Reformen

I. Die Bewertung der Biagi-Reform

1. Die Beurteilung unter italienischen Gesichtspunkten

In Bezug auf die Biagi-Reform kann folgendes Resumée gezogen werden: Der Reformgesetzgeber war bemüht, durch flexible Regelungen einen zukunftsorientierten Arbeitsmarkt zu schaffen und zugleich der Vielzahl illegaler Beschäftigungsverhältnisse sowie der hohen Arbeitslosigkeit entgegenzutreten. Allerdings war die Reform zum Teil unausgewogen und fragmentarisch.[1113] Zwar sollte das italienische Arbeitsrecht an die allgemein üblichen europäischen Standards angeglichen werden, jedoch deutlich auf Kosten jedweder Planungssicherheit zu Lasten der Arbeitnehmer. Umso erstaunlicher dann wiederum die strenge Reglementierung im Hinblick auf die Arbeitnehmerüberlassung. Gerade an diesem Institut trat die Zerrissenheit des Reformgesetzgebers zu Tage, einerseits Arbeitgebern flexible Instrumente an die Hand zu geben, andererseits die Interessen von Arbeitnehmervertretungen zu berücksichtigen.

Trotz der gut gemeinten gesetzgeberischen Absichten unterlag die Biagi-Reform daher zahlreicher Kritik. Die Kritik bezog sich gezielt auf die Einführung der neuen, flexiblen Vertragstypen. Bereits zwei Jahre nach der Reform zeigte sich, dass die Einführung der neuen Verträge nicht den in sie gesetzten Erwartungen, insbesondere der Schaffung eines überschaubaren Regelwerkes, entsprach.[1114] Die neuen Vertragstypen erwiesen sich schon bald als wenig praktikabel. Von Seiten der Gewerkschaft wurde scharf kritisiert, dass der Gesetzgeber Flexibilität mit absoluter Unsicherheit für die Arbeitnehmer gleichgesetzt habe.[1115] Dies betraf insbesondere die Schaffung kurzfristiger Beschäftigungsverhältnisse.

Dem steht die strenge Ausgestaltung der Arbeitnehmerüberlassung gegenüber. Der Gesetzgeber wollte hier sichtlich den Interessen beider Seiten nachkommen. Gegen die extrem negative Bewertung der Gewerkschaft spricht auch, dass der

---

1113 *Tiraboschi*, Le riforme del mercato del lavoro dell'ultimo decennio: un processo di liberalizzazione?, RIDL 2006, I, 477, 482.

1114 So bezeichnete die italienische Presse die neuen Verträge als „Flop“, vgl. Tageszeitung „La Repubblica“, 25.4.2005, S. 33: „Legge Biagi è un flop per i nuovi contratti“.

1115 Anderer Auffassung ist *Monticelli*, Garanzie per i lavoratori e nuove forme di flessibilità aziendale, in: Tiraboschi (a cura di), S. 128 f.

Gesetzgeber im Rahmen der Reform Maßnahmen zur Eindämmung der stark verbreiteten Schwarzarbeit eingeführt hat. Die Arbeitnehmer waren hierdurch sehr benachteiligt worden, besonders weil die Zahlung der Sozialbeiträge nicht sichergestellt war. Die Reform hat die Situation der Arbeitnehmer daher bereits unter diesem Aspekt erheblich verbessert.[1116] Die Lage der Arbeitnehmer kann demnach sicher nicht als „absolut prekär" bezeichnet werden. Zudem hat der Gesetzgeber durch Art. 23 Abs. 1 der Gesetzesverordnung Nr. 276/2003 das Gleichbehandlungsgebot, durch Art. 24 der Gesetzesverordnung Nr. 276/2003 die gewerkschaftlichen Rechte und durch Art. 25 der Gesetzesverordnung Nr. 276/2003 Regelungen zur Zahlung der Sozialbeiträge geregelt, allesamt Maßnahmen, um den Arbeitnehmern einen gewissen Mindestschutz zu bieten.[1117]

Dementsprechend gab es nicht nur negative Stimmen: Positiv fiel beispielsweise die Kritik von Seiten des „Italienischen Verbands des Handwerks und der kleinen und mittleren Unternehmen" (*Confederazione Nazionale dell'Artigianato e della Piccola e Media Impresa – CNA*) aus. Er hielt es vor allem für wichtig, zu registrieren, dass die Zugangsmöglichkeiten zum Arbeitsmarkt für die verschiedenen Arbeitnehmergruppen erweitert wurden.[1118] Selbstverständlich sah aber auch er noch in einigen Punkten Verbesserungsbedarf: Parallel zur Förderung der Flexibilität auf dem Arbeitsmarkt hinsichtlich des Eintritts (*flessibilità in entrata*) wurde gefordert, die Reform durch eine Verstärkung der Flexibilität auf dem Arbeitsmarkt beim Austritt aus dem Arbeitsverhältnis (*flessibilità in uscita*) und durch die Einführung einer Einkommenssicherung im Falle der Arbeitslosigkeit zu vervollständigen,[1119] um dadurch die Flexibilität im Sinne des Flexicurity-Konzeptes mit der Sicherheit der Arbeitnehmer in Ausgleich zu bringen. Wichtig wären insbesondere das aktive Setzen von Anreizen, eine soziale Absicherung (*ammortizzatori sociali*), die berufliche Aus- und Weiterbildung und die flexible Einsatzmöglichkeit von Arbeitnehmern.[1120] Im Übrigen müssten die durch die Biagi-Reform geschaffenen Voraussetzungen insoweit angepasst werden, dass alle Schutzvorkehrungen unterschiedslos für jeden Arbeitnehmertyp gelten.[1121]

1116 *Monticelli*, Garanzie per i lavoratori e nuove forme di flessibilità aziendale, in: Tiraboschi (a cura di), S. 129 f.

1117 *Monticelli*, Garanzie per i lavoratori e nuove forme di flessibilità aziendale, in: Tiraboschi (a cura di), S. 130 f.

1118 *Amadei*, Il giudizio di CNA sulla riforma Biagi, in: Tiraboschi (a cura di), La riforma Biagi del mercato del lavoro, S. 906.

1119 *Tiraboschi*, Le riforme del mercato del lavoro dell'ultimo decennio: un processo di liberalizzazione?, RIDL 2006, I, 477, 506.

1120 *Tiraboschi*, Le riforme del mercato del lavoro dell'ultimo decennio: un processo di liberalizzazione?, RIDL, 2006, I, 477, 506 und 510; *Amadei*, Il giudizio di CNA sulla riforma Biagi, in: Tiraboschi (a cura di), La riforma Biagi del mercato del lavoro, S. 917.

1121 *Tiraboschi*, Le riforme del mercato del lavoro dell'ultimo decennio: un processo di liberalizzazione?, RIDL, 2006, I, 477, 507 ff.

In der Gesamtschau hat die Biagi-Reform auch tatsächlich wirksam zur Verbesserung der Beschäftigungssituation in Italien beigetragen. Positiv zu vermerken ist in erster Linie die stärkere Verbreitung der Teilzeit-Beschäftigung, ein teilweiser Rückgang der irregulären Arbeit, die verbesserte Zusammenführung von Angebot und Nachfrage nach Arbeit, schnellerer Erfolg bei der Arbeitssuche und steigende Investitionen in Arbeitskräfte. Inwieweit sich die Reform insgesamt auf die Beschäftigung auswirkt, hängt – auch heute noch – entscheidend von der Dauer und der Intensität der europäischen aber auch der globalen wirtschaftlichen Erholung ab und von der Effizienz der nationalen und europäischen Politik im Hinblick auf die wirtschaftliche Entwicklung.[1122]

Insgesamt ist festzustellen, dass die Reform die Zersplitterung des Arbeitsrechtes nicht mildern konnte. Sie hat die Zersplitterung andererseits aber auch nicht verstärkt. Letztlich ging die Regelung mit ihrer – erzwungenen – Vielfalt von Vertragsmodellen in die entgegengesetzte Richtung, mit einer destabilisierenden Wirkung auf das Vertragssystem.[1123]

Die Destabilisierung rührte vor allem daher, dass das frühere Prinzip des Verbotes der Zwischenvergabe mit der Aufhebung des Gesetzes Nr. 1369/1960 beseitigt wurde. Die neue Regelung der Zwischenvergabe durch die Gesetzesverordnung Nr. 276/2003 wurde als ein Faktor der tiefen Destabilisierung des italienischen arbeitsrechtlichen Systems in seiner Gesamtheit interpretiert.[1124] Rückblickend ist festzustellen, dass ausgehend vom Verbot der Zwischenvergabe, eingeführt zur Eindämmung der hohen Missbrauchsgefahr, die ablehnende und misstrauische Haltung gegenüber dem Phänomen der Zwischenvergabe nach und nach aufgegeben worden war.[1125] Die gesetzliche Entwicklung ging von einer zunächst leichten und progressiven Erweiterung der erlaubten Vermittlung bis hin zum heutigen Erreichen der formalen Außerkraftsetzung des Gesetzes Nr. 1369/1960, aber nicht zur grundlegenden Außerkraftsetzung des Verbotes.[1126]

1122 *Signorelli*, L'impatto della riforma Biagi: una prospettiva economica, in: Tiraboschi (a cura di), S. 435.

1123 *Carinci, F.*, Molto clamore per poco: all'indomani del d.lgs. n. 276/2003, Diritto del lavoro, commentario, Carinci, F. (diretto da), vol. I, Vorwort, S. XXXVII; *Treu*, Riforma Biagi e nuove regole del mercato del lavoro, in: Sviluppo e occupazione nel mercato globale, Ferraro (a cura di), S. 162 f.; *Perulli*, Introduzione, in: Perulli (a cura di), Impiego flessibile e mercato del lavoro, S. XVI.

1124 *Bano*, La somministrazione di lavoro, in: Perulli (a cura di), Impiego flessibile e mercato del lavoro, S. 2.

1125 *Bano*, La somministrazione di lavoro, in: Perulli (a cura di), Impiego flessibile e mercato del lavoro, S. 3; *Carinci, F.*, Diritto del lavoro, commentario, Carinci, F. (diretto da), vol. II, S. 1328.

1126 *Carinci, F.*, Diritto del lavoro, commentario, Carinci, F. (diretto da), vol. II, S. 1328 f.

Letztlich scheint sich aber allein die Arbeitnehmerüberlassung als praktikables Instrument zu erweisen. Die Neuregelung der Arbeitnehmerüberlassung drückt den Versuch aus, die Phänomene des Outsourcings[1127] entsprechend einer einheitlichen normativen Logik zu steuern, beginnend mit der Wahl transparenter und verständlicher Maßstäbe.[1128]

Für den Entleiher brachte die Biagi-Reform eine erweiterte Flexibilität, vor allem im Hinblick auf Outsourcing-Maßnahmen.[1129] Hinzu kommt die verbesserte Möglichkeit, ungeeignete Arbeitnehmer zu ersetzen. Auf der anderen Seite erhöhen sich die effektiven Arbeitskosten um die Vergütungszahlung an den Verleiher sowie um den Beitrag von 4%, den der Verleiher in den Garantiefonds zahlen muss, und den der Verleiher sicherlich bei der Berechnung der Vergütungszahlung seitens des Entleihers mit einkalkulieren wird. Hinzu kommt, dass der Entleiher letztlich sein Unternehmen vergrößert, das dadurch höhere Gewinnmargen und eine verstärkte Konkurrenzfähigkeit erreichen kann. Ein besonders großer Vorteil vor allem im Verhältnis zu den anderen Instituten ist die Möglichkeit, sowohl gerichtlichen wie außergerichtlichen Streit zu vermeiden.

Für die Verleiher brachte die Biagi-Reform den Vorteil, dass nach dem Experiment mit der Zeitarbeit, geregelt in Gesetz Nr. 196/1997, die Gesetzesverordnung Nr. 276/2003 das Spektrum des möglichen Anwendungsbereiches der Arbeitnehmerüberlassung beachtlich erweitert hat. Dementsprechend wurde aber auch der Umfang der staatlichen präventiven und kontinuierlichen Kontrollen der Autorisierung in Bezug auf die erlaubte Tätigkeit ausgedehnt.

Den Leiharbeitnehmern bietet sie die Möglichkeit, sich zu bewähren und eventuell in ein Vollzeitarbeitsverhältnis übernommen zu werden.[1130] Von Nachteil aus Sicht der Leiharbeitnehmer ist jedoch, dass es für die Verwendung der unbefristeten Arbeitnehmerüberlassungsverträge – anders als bei den befristeten – keine quantitativen Grenzen gibt. Dies könnte die Chancen der Leiharbeitnehmer auf eine Einstellung in ein normales Arbeitsverhältnis schwächen. Der Grund für diese Differenzierung ist schwer ersichtlich, da eine Begrenzung der unbefristeten Arbeitnehmerüberlassungsverträge zur Verhinderung einer weiteren Destrukturierung der Arbeit nötig gewesen wäre.[1131] Eine Begrenzung kann jedoch zumindest

1127 *Carinci, F.*, Diritto del lavoro, commentario, Carinci, F. (diretto da), vol. II, S. 1328 f.

1128 *Bano*, La somministrazione di lavoro, in: Perulli (a cura di), Impiego flessibile e mercato del lavoro, S. 13; kritische Erwägungen zur Biagi-Reform bei *Perulli*, Introduzione, in: Perulli (a cura di), Impiego flessibile e mercato del lavoro, S. XVI.

1129 *Pirrone/Sestito*, Le fattispecie contrattuali della riforma Biagi, RIDL 2006, I, 21, 51.

1130 *Rausei*, S. 132.

1131 *Treu*, Riforma Biagi e nuove regole del mercato del lavoro, in: Sviluppo e occupazione nel mercato globale, Ferraro (a cura di), S. 168.

in der gesetzlichen und tariflichen Festlegung der Fälle, in denen die unbefristete Arbeitnehmerüberlassung erlaubt ist, gesehen werden.[1132]

Aus Sicht der Arbeitnehmer ist die Arbeitnehmerüberlassung dem Werkunternehmervertrag (*appalto*) vorzuziehen, da sie deutlich mehr Sicherheit bietet.[1133] Dabei ist der Werkunternehmervertrag um einiges günstiger und zweckmäßiger hinsichtlich Kosten und gesetzlicher Vorgaben, so dass er sich als Lösung für Outsourcing-Maßnahmen aufdrängt.[1134]

Daher sind die Bedenken hinsichtlich der Risiken durch eine Umgehung des arbeitsrechtlichen Schutzes aufgrund der größeren Vorteilhaftigkeit der Verwendung des Werkunternehmervertrages anstelle der Arbeitnehmerüberlassung begründet und absolut nachvollziehbar.[1135] Die Arbeitnehmerüberlassung ist in ein dichtes Netz von Regeln eingebunden, die den Werkunternehmer umgekehrt nicht betreffen. Letztlich stehen die zwei Vertragsarten also in Konkurrenz zueinander.[1136]

Problematisch im Verhältnis zum Werkunternehmervertrag sind auch die mit der Arbeitnehmerüberlassung verbundenen höheren Kosten im Vergleich zum Normalarbeitsverhältnis, da die Kosten für die Überlassungstätigkeit hinzukommen.[1137] Die höheren Kosten könnten zwar ein Hindernis für die Entscheidung zugunsten der Arbeitnehmerüberlassung darstellen. Dennoch wird sie weitgehend vom Entleiher häufig als günstige Gelegenheit wahrgenommen, um durch die befristete Arbeitnehmerüberlassung die starren Bestimmungen zum Kündigungsschutz zu umgehen.

Die Biagi-Reform stellt daher zwar auf der einen Seite ein Manifest des Flexicurity-Konzeptes dar. Auf der anderen Seite erhöht sie die Zahl der prekären Arbeitsverhältnisse.[1138] Es wird im Übrigen stark in Zweifel gezogen, ob die Fragmentierung der bestehenden Arbeit tatsächlich zu einem Beschäftigungswachstum führt.[1139]

1132 *Vallebona*, Istituzioni di diritto del lavoro, S. 615.

1133 *Rausei*, S. 133.

1134 *Valente*, Besprechung des Urteils des Tribunale di Roma vom 7.3.2007, sez. lav., RGL 2008, Nr. 2, 182, 187; *Bano*, La somministrazione di lavoro, in: Perulli (a cura di), Impiego flessibile e mercato del lavoro, S. 37 f.

1135 *Bano*, La somministrazione di lavoro, in: Perulli (a cura di), Impiego flessibile e mercato del lavoro, S. 39.

1136 *Valente*, Besprechung des Urteils des Tribunale di Roma vom 7.3.2007, sez. lav., RGL 2008, Nr. 2, 182, 187 ff.

1137 *Vallebona*, Istituzioni di diritto del lavoro, S. 615; *Magrini/Pizutti*, Somministrazione e esternalizzazione, in: Sviluppo e occupazione nel mercato globale, Ferraro (a cura di), S. 192.

1138 *Carinci, F.*, Molto clamore per poco: all'indomani del d.lgs. n. 276/2003, Diritto del lavoro, commentario, Carinci, F. (diretto da), vol. I, Vorwort, S. XXXVI.

1139 *Ferraro*, Lavori flessibili e certificazione delle dinamiche salariali, in: Sviluppo e occupazione nel mercato globale, Ferraro (a cura di), S. 259.

Was die Frage der Flexicurity angeht, können die mit der Biagi-Reform erreichten Ergebnisse nicht als zufriedenstellend angesehen werden.[1140] Dies auch aufgrund der Tatsache, dass die verfolgten Ziele in gewisser Weise zu abstrakt sind. Dazu kommt, dass die strengen Neuerungen der Biagi-Reform nicht zufällig von Unternehmerseite systematisch umgangen werden.[1141]

Tatsächlich stellt das Verbinden von Flexibilität und sozialer Sicherheit einen langwierigen und extrem schwierigen Prozess dar. Hierfür sind stabile und expansive wirtschaftliche Voraussetzungen erforderlich, ziemlich weit entfernt von denen, die die Europäische Union vorgegeben hatte und die sogar dazu geführt haben, den Europäischen Stabilitäts- und Wachstumspakt von 1997 in Frage zu stellen.[1142]

Schließlich ist hervorzuheben, dass die Reformmaßnahmen unaufschiebbar notwendig waren. Sie sind für den Schutz des Arbeitnehmers in der neuen Produktionsstruktur von entscheidender strategischer Bedeutung. Die Umsetzung und der Grad eines solchen Schutzes entsprechen tatsächlich in einem großen Teil den dringenden Erfordernissen. Dabei hatte sich der Gesetzgeber gegen eine Revision oder eine Aktualisierung des Bestehenden entschieden. Stattdessen hat er eine Neuformulierung des gesamten Normenkomplexes bevorzugt. Man hat daher das Gesetz Nr. 1369/1960 (vgl. Art. 85 Abs. 1 lit. c) Gesetzesverordnung Nr. 276/2003) und gleichzeitig die Art. 1 bis 11 des Gesetzes Nr. 196/1997 (vgl. Art. 85 Abs. 1 lit. f) Gesetzesverordnung Nr. 276/2003) aufgehoben, ohne es sich jedoch leicht zumachen. Es handelte sich vielmehr um eine delikate Operation der Neudefinition der Vertragstypen und der Grenzen der Zulässigkeit der Leiharbeit.[1143]

Zur Umsetzung des Konzeptes der Flexicurity hat der landesweit geltende Tarifvertrag vom 24.7.2008 ein großes Stück beigetragen. Er verfolgt das Ziel, die Rolle der privaten Verleiher auf dem Arbeitsmarkt zu stärken. Darüber hinaus sollte nach dem Wegfall des Merkmals „vorübergehend", das den Gebrauch der Arbeitnehmerüberlassung legitimierte, durch die Beschränkung der Arbeitnehmerüberlassung auf Verleiher mit Autorisierung der Missbrauch der Arbeitnehmerüberlassung verhindert werden. Dies war Hintergrund der gesamten tarifvertraglichen Regelung. Sie stellt eine gelungene Mischung und einen Ausgleich der

---

1140 *Marino*, La flessibilità del lavoro in Germania: spunti di riflessione e di comparazione con il d.lgs. 276/2003, in: Guidi/Miglioranzi (a cura di), il diritto del lavoro, S. 188.

1141 *Ferraro*, Lavori flessibili e certificazione delle dinamiche salariali, in: Sviluppo e occupazione nel mercato globale, Ferraro (a cura di), S. 245.

1142 *Ferraro*, Lavori flessibili e certificazione delle dinamiche salariali, in: Sviluppo e occupazione nel mercato globale, Ferraro (a cura di), S. 245 f.

1143 *Ricci*, La somministrazione di lavoro dopo la riforma, in: De Luca Tamajo/Rusciano/Zoppoli (a cura di), Mercato del lavoro, riforma e vincoli del sistema, S. 118; *Bano*, La somministrazione di lavoro, in: Perulli (a cura di), Impiego flessibile e mercato del lavoro, S. 14.

unterschiedlichen Bedürfnisse an Sicherheit für die Arbeitnehmer und der Flexibilität für die Entleiher dar. Nicht zufällig haben die ersten Kommentatoren den Tarifvertrag des Leiharbeitsektors als ein italienisches Modell der Flexicurity bezeichnet, das neue Konzepte zur Lösung zahlreicher Probleme flexibel eingesetzter Arbeitnehmer (wie z.B. Sicherheit, Unfallschutz, Unbeständigkeit der Arbeitsverhältnisse, Schutz) beinhaltet.[1144] Der Schutz der Arbeitnehmer in sozialer Hinsicht wurde verstärkt, allerdings wird der Arbeitnehmer aber nur dann unterstützt, wenn er eigenverantwortlich bei der Suche und Annahme von Beschäftigungsmöglichkeiten aktiv wird. Gleichzeitig wurden lange Einsätze gefördert, ohne zugleich die Einsätze von nur kurzer Dauer zu beschränken. So sollte das Risiko der Schwarzarbeit vermieden werden.

Es sind dennoch auch Zweifel hinsichtlich der tatsächlichen Effektivität einiger Institute und im Hinblick auf mögliche negative Folgen für den gesamten Sektor aufgrund der geweckten und dann doch nicht erfüllten Erwartungen aufgetreten.

Das Prinzip der Gleichbehandlung zur Abwendung der Gefahr, dass der Verleiher seine Angestellten schlechter als vergleichbare Arbeitnehmer im Entleiherbetrieb bezahlt, um aus dem Vergütungsunterschied Gewinn zu erzielen, wird als Kernpunkt der gesamten Regelung angesehen. Die durch diese Vorschrift entstehenden höheren Lohnkosten wird sich der Verleiher allerdings vom Entleiher zurückholen. Dadurch sinkt das Interesse des Entleihers an der Arbeitnehmerüberlassung beträchtlich[1145] bzw. steigt das Risiko der Umgehung des Gleichbehandlungsgebotes.

Zusammenfassend kann gesagt werden, dass die Arbeitsmarktreform bei den Kritikern eine verbreitete Unzufriedenheit ausgelöst und bei den Befürwortern eine deutlich tiefergehende kritische Einstellung hervorgerufen hatte: Die Reform habe wenig geändert und das, was sie geändert habe, schlecht. Die Meinungen waren und sind geteilt.[1146] Teilweise hatte man sich durchschlagendere Ergebnisse vorgestellt oder befürchtet; überwiegend wurde und wird die Reform in ihrem systematischen Aufbau und logischen Konzept für nicht ausreichend gehalten. Sie stellt den Interpreten vor zahlreiche Auslegungsprobleme.[1147]

Die Reform sollte die in vielerlei Hinsicht antiquierte Regelung des Arbeitsmarktes überwinden, ist allerdings ungeeignet, die Herausforderung der Arbeit in der Post-Moderne zu bewältigen. Dies zeigt sich insbesondere daran, dass die Gesetzesverordnung Nr. 276/2003 aus einer Fülle von 86 Artikeln besteht. Für

---

1144 *Bocchieri*, Il nuovo contratto collettivo nazionale di lavoro per le agenzie di somministrazione di lavoro, RIDL 2009, III, 69, 69.

1145 *Caruso/Cinelli/Ferraro*, Diritto del lavoro, S. 187.

1146 *Tiraboschi*, Il decreto legislativo 10 settembre 2003, n. 276: alcune premesse e un percorso di lettura, in: Tiraboschi (a cura di), La riforma Biagi del mercato del lavoro, S. 3 ff.

1147 *Perulli*, Introduzione, in: Perulli (a cura di), Impiego flessibile e mercato del lavoro, S. XIII f.

den Rechtsanwender wäre die Schaffung eines überschaubareren Regelwerkes hilfreich gewesen.

2. Die Beurteilung unter europarechtlichen Gesichtspunkten

Schließlich ist zu analysieren, ob es dem Gesetzgeber in Umsetzung der im Jahr 2000 beschlossenen und 2005 revidierten Lissabon-Strategie für Wachstum und Beschäftigung sowie der Europäischen Beschäftigungsstrategie gelungen war, „*Zeitarbeit mit Qualität*" zu realisieren. Diesbezüglich hatte die europäische Kommission mehrfach erklärt, dass das Ziel der Arbeit mit Qualität eine Ablehnung prekärer, mittelmäßiger Arbeitsplätze ohne Perspektive impliziere, und dass eine Arbeit angestrebt würde, die gleichzeitig Flexibilität und Sicherheit garantiere.[1148]

Durch die Erweiterung der Bildungsmöglichkeiten sowie durch Einführung der Möglichkeit der Einstellung auf unbestimmte Zeit bei dem Entleiher wurde die Situation der Leiharbeitnehmer in verleihfreien Zeiten verbessert. War der Arbeitnehmer über eine gewisse Dauer beim Verleiher angestellt, steigt sein Schutz progressiv an, bis nach einigen Monaten die Umwandlung des befristeten Arbeitsverhältnisses automatisch in ein unbefristetes Arbeitsverhältnis mit demselben Verleiher vorgesehen ist. Diese Neuerungen sollten zu einem Schutzsystem für die Leiharbeitnehmer beitragen.

Man hatte gehofft, dass die Reformmaßnahmen, insbesondere die Erweiterung der vertraglichen Instrumente, nicht zu einer Reduzierung der Sicherheitsperspektiven der Leiharbeitnehmer führen würden. Allerdings hat der Gesetzgeber die Arbeitnehmerüberlassung so streng ausgestaltet, dass die Unternehmer schnell versuchten, diese stringenten Vorschriften beispielsweise mittels Werkunternehmervertrag zu umgehen.

Unter dem Aspekt des Unionsrechtes lässt die Gesetzesverordnung – wie bereits ausgeführt – Bedenken aufkommen. Es zeigen sich einige bedeutende Veränderungen, die eine mögliche Reduzierung des Arbeitnehmerschutzes befürchten lassen.

Dazu zählt insbesondere die Vorschrift des Art. 23 Abs. 9 der Gesetzesverordnung Nr. 276/2003. Sie soll die Übernahme des Leiharbeitnehmers durch den Entleiher am Ende einer befristeten Arbeitnehmerüberlassung gegen Entgelt verhindern. Die Bestimmung ist widersprüchlich und die wirtschaftliche Bedeutung der Klausel ist schwer ersichtlich. Es wird vertreten, dass es dem Verleiher damit

---

1148 *Zappalà*, Nuova disciplina del lavoro temporaneo e modello di regolazione comunitaria, in: De Luca Tamajo/Rusciano/Zoppoli (a cura di), Mercato del lavoro, riforma e vincoli del sistema, S. 165.

ermöglicht werden soll, den Arbeitnehmer, dessen Weiterbildung er über den Bildungsfonds (Art. 12 Gesetzesverordnung Nr. 276/2003) gefördert hat, am Ende des Einsatzes an sich zu binden. Eine alternative Begründung für diese Vorschrift könnte darin zu sehen sein, dass verhindert werden soll, dass der Entleiher besonders qualifizierte Arbeitskräfte am Ende des Einsatzes vom Verleiher „abkaufen" muss. Die einzige Auslegung, die letztlich erlauben würde, das Ziel der Förderung einer stabilen und qualitativen Beschäftigung richtlinienkonform zu erreichen, kann nur die Annahme zulassen, dass die Absätze 8 und 9 des Art. 23 der Gesetzesverordnung Nr. 276/2003 sich allein auf die Fälle beziehen, in denen der Arbeitnehmer durch einen unbefristeten Vertrag an den Verleiher gebunden ist. Nur in den Fällen, in denen der Arbeitnehmer am Ende des Einsatzes an sich weiter durch einen Vertrag mit dem Verleiher verbunden bliebe, der Entleiher den Arbeitnehmer aber am Ende des Einsatzes direkt festanstellen möchte und den Arbeitnehmer folglich vom Verleiher „abkaufen" müsste, wird es möglich sein, die Wirksamkeit derartiger Klauseln anzunehmen. Anderenfalls würde diese Regelung eine potentielle Festanstellung des Leiharbeitnehmers beim Entleiher verhindern.[1149]

Die italienische Rechtsordnung schien nach der Biagi-Reform insgesamt bereits relativ konform mit der Richtlinie über Leiharbeit.[1150] Die Verbote und Restriktionen des Art. 20 Abs. 4 und 5 der Gesetzesverordnung Nr. 276/2003, wie die Klauseln der tarifvertraglich möglichen Kontingentierung (Art. 20 Abs. 4 S. 2 Gesetzesverordnung Nr. 276/2003), die die Möglichkeiten der Verleiher beschränken, Arbeitnehmerüberlassungsverträge abzuschließen, können mit Gründen allgemeinen Interesses gemäß Art. 4 Abs. 1 der Richtlinie über Leiharbeit gerechtfertigt werden.[1151]

Der italienische Gesetzgeber hatte auch das Gleichbehandlungsgebot gemäß Art. 5 der Richtlinie weitgehend umgesetzt. Dennoch dürfte die in Art. 23 Abs. 2 der Gesetzesverordnung Nr. 276/2003 vorgesehene Möglichkeit der Ausnahme von diesem Prinzip nach Art. 13 der Gesetzesverordnung für die Verleiher, die sozial benachteiligte Arbeitnehmer einstellen, nicht mit Art. 5 der Richtlinie vereinbar sein.

Bedenken im Hinblick auf die Konformität mit der Richtlinie ergeben sich gleichfalls bei Art. 23 Abs. 9 der Gesetzesverordnung Nr. 276/2003, wonach das Anschlussverbot nach Abs. 8 keine Anwendung findet, wenn dem Arbeitnehmer

---

1149 *Zappalà*, Nuova disciplina del lavoro temporaneo e modello di regolazione comunitaria, in: De Luca Tamajo/Rusciano/Zoppoli (a cura di), Mercato del lavoro, riforma e vincoli del sistema, S.167 f.

1150 *Carinci, M.T.*, S. 40; *Corti*, La disciplina europea del lavoro interinale tramite agenzia, RIDL 2009, III, 189, 190.

1151 *Corti*, La disciplina europea del lavoro interinale tramite agenzia, RIDL 2009, III, 189, 189.

eine angemessene Entschädigung entsprechend dem auf den Verleiher anwendbaren Tarifvertrag gezahlt wird.[1152]

II. Die Bewertung der jüngsten Reformen in Italien

Wie einleitend dargestellt, waren die der Biagi-Reform nachfolgenden Reformen von einem Hin- und Her geprägt. Dies vor allem, wenn man die Entwicklung des *staff leasing* betrachtet, das sich schließlich doch als Variante neben der befristeten Arbeitnehmerüberlassung durchsetzen konnte. Die weitreichendsten Veränderungen haben die Reformen im Jahre 2012 gebracht.

Durch die jüngsten Reformen konnte die italienische Regelung weitgehend den europäischen Standards angenähert werden. Es besteht aber weiterhin Anpassungsbedarf, vor allem hinsichtlich der Vorschrift des Art. 23 der Gesetzesverordnung Nr. 276/2003.

Die Biagi-Reform war bereits stark am europäischen Standard orientiert. Inspiriert von den Erfahrungen und den Norm-Modellen der anderen europäischen Länder (v.a. Frankreich, Belgien und Deutschland) wurden effektive Maßnahmen ergriffen, mit dem Ziel das Schutzniveau der Leiharbeitnehmer in Italien dem anderer europäischer Mitgliedstaaten anzunähern.[1153]

Die Gesetzesverordnung Nr. 276/2003 hatte allerdings insgesamt den Schutz der Leiharbeitnehmer vor allem aufgrund der Dezentralisierung der Arbeitskraft herabgesetzt. Darüber hinaus war deren Schutz stark durch die Umgehungsmöglichkeiten mittels des befristeten Arbeitnehmerüberlassungsvertrages reduziert worden. Dieser wurde zwar einerseits durch Gründe begrenzt, allerdings mit der Möglichkeit kettenbefristeter Arbeitsverträge im Rahmen der Arbeitnehmerüberlassung. Der Entleiher konnte so durch Vertragsabschlüsse in Folge seine Interessen über einen „unbestimmten" Zeitraum zufriedenstellen, ohne den Arbeitnehmer direkt einstellen zu müssen.[1154] Mit der Reform des befristeten Vertrages durch das Gesetz Nr. 247/2007 hatte sich der Gesetzgeber darum bemüht, der Kettenbefristung einen Riegel vorzuschieben: Danach ist das Arbeitsverhältnis grundsätzlich als auf unbestimmte Zeit geschlossen anzusehen, wenn es wegen

1152 *Carinci, F.*, Diritto del lavoro, commentario, Carinci, F. (diretto da), vol. II, S. 1358; *Corti*, La disciplina europea del lavoro interinale tramite agenzia, RIDL 2009, III, 189, 189; *Zappalà*, Nuova disciplina del lavoro temporaneo e modello di regolazione comunitaria, in: De Luca Tamajo/Rusciano/Zoppoli (a cura di), Mercato del lavoro, riforma e vincoli del sistema, S.167 f.

1153 *Tursi/Varesi*, Lineamenti di diritto del lavoro, S. 125.

1154 *Schmid*, Il lavoro non standard. Riflessioni nell'ottica dei mercati transizionali del lavoro, DRI 2011, Nr. 1, 1, 31; *Carinci, M.T.*, 41.

einer Aufeinanderfolge befristeter Verträge für gleichartige Aufgaben zwischen demselben Arbeitgeber und demselben Arbeitnehmer insgesamt länger als 36 Monate gedauert hat. Abweichende Vereinbarungen sind allerdings in den Grenzen des Art. 42 des landesweit geltenden Tarifvertrages vom 24.7.2008 zulässig. Möglichkeiten zur Umgehung der tarifvertraglichen bzw. gesetzlichen Grenzen wurden aber dennoch gefunden.

Mit den Reformen der Gesetzesverordnung Nr. 24/2012 sowie des Gesetzes Nr. 92/2012 wurden einige wesentliche Punkte, die damals im Zusammenhang mit der Biagi-Reform bemängelt wurden, aufgegriffen.

Nunmehr wird der Arbeitnehmerschutz vor allem im Hinblick auf die Informationsrechte und besonders auf das Gleichbehandlungsgebot wieder erweitert. Mit der Reform der Gesetzesverordnung Nr. 24/2012, die vor allem die europäische Richtlinie über Leiharbeit umgesetzt hat, wurde Art. 23 Abs. 1 der Gesetzesverordnung Nr. 276/2003 um eine zeitliche Komponente ergänzt, so dass die Angestellten des Verleihers nunmehr „während der gesamten Dauer" des Einsatzes beim Entleiher einen Anspruch auf die wesentlichen Arbeits- und Beschäftigungsbedingungen haben, die nicht unter denen der Angestellten des Entleihers gleichen Niveaus und mit den gleichen Aufgaben liegen dürfen.

Das Gleichbehandlungsgebot in der Leiharbeit steht in direktem Zusammenhang mit dem Konzept der Flexicurity. Nur auf Basis dieses Ansatzes war es möglich, dass der Gleichbehandlungsgrundsatz als Gestaltungsprinzip der Leiharbeit formuliert und schließlich durchgesetzt wurde. Denn es handelt sich hierbei um das Verbot, diese Form der atypischen Beschäftigung zu Lasten des Normalarbeitsverhältnisses zu instrumentalisieren.[1155]

Trotz der Anpassung der italienischen Bestimmungen an das europäische Niveau besteht daher insbesondere bezüglich des Gleichbehandlungsgrundsatzes jedoch weiterhin Reformbedarf. Die Möglichkeit der Kettenbefristung stellt außerdem einen Verstoß gegen Art. 5 Abs. 5 der Richtlinie über Leiharbeit dar, der mehrere missbräuchlich aufeinanderfolgende Überlassungen als unzulässige Umgehung ansieht.

Wie bereits dargestellt ist in der italienischen Rechtsordnung seit der Biagi-Reform das Merkmal des vorübergehenden oder ausnahmsweise notwendigen Arbeitnehmereinsatzes nicht mehr erforderlich. Auf diese Weise sind zu Lasten des Leiharbeitnehmers beliebig lange Überlassungszeiten möglich geworden. Dies vor allem unter dem Gesichtspunkt, dass die Arbeitnehmerüberlassung seit Inkrafttreten der Biagi-Reform als die Formen flexibler Arbeit gerade erst eingeführt waren, und besonders während der Wirtschaftskrise und des Rückgangs der Nachfrage nach Arbeit, eine beachtliche Verbreitung gefunden hat, und zwar

1155 *Blanke*, Gutachten im Auftrag des DGB 2010, S. 73.

sowohl in privaten Unternehmen als auch in der öffentlichen Verwaltung. Die Arbeitnehmerüberlassung hatte, bezogen auf die jeweiligen Perioden, eine unterschiedliche Funktion: in der ersten – der Einführungsphase – sollte sie der Befriedigung des gestiegenen Personalbedarfes der Unternehmen aufgrund des Produktionsanstiegs dienen, in der zweiten – der Krise – sollte sie zum Abbau der hohen Arbeitslosenzahlen beitragen.[1156]

Auch hier wäre daher die Wiedereinführung einer zeitlichen Begrenzung notwendig. In Betracht käme eventuell die Einführung einer Höchstüberlassungsdauer oder vorzugsweise – wie in Deutschland – die Aufnahme des Merkmals „vorübergehend“. Denn die Richtlinie gibt vor, dass es sich um zeitlich begrenzte Arbeit handeln muss (Art. 1 Abs. 1 und Art. 3 Abs. 1 lit. e) Richtlinie über Leiharbeit).

Nicht unproblematisch sind auch die jüngsten Reformmaßnahmen des Gesetzes Nr. 92/2012. Zwar wurde zur sozialen Absicherung der Arbeitnehmer das Arbeitslosengeld reformiert und zugunsten junger Menschen das Ausbildungssystem erheblich verbessert. Dies war ein wichtiger Schritt. Demgegenüber wurde der Kündigungsschutz aber erheblich gelockert. Trotz aller Bestrebungen, die Situation der Arbeitnehmer zu stärken, hat die Reform letztlich in erster Linie die Interessen der Unternehmen verfolgt. Die Lockerung des Kündigungsschutzes und die Erleichterung bei der befristeten Einstellung bzw. Arbeitnehmerüberlassung stellen zwar Maßnahmen zur Flexibilisierung dar, allerdings sehr zum Nachteil der Arbeitnehmer. Die Reform sollte klar ersichtlich der Belebung der Wirtschaft dienen und Italien bei den Verhandlungen in Brüssel in ein positives Licht rücken. Im Verhältnis zur Reform der Gesetzesverordnung Nr. 24/2012 stellt die jüngste Reform des Gesetzes Nr. 92/2012 aus Sicht der Arbeitnehmer insgesamt einen Rückschritt dar.

III. Die Bewertung der jüngsten Reform in Deutschland

Schon das von der Bundesregierung in den Jahren 2003/2004 geänderte Arbeitnehmerüberlassungsrecht entsprach weitgehend den europäischen Richtlinienvorgaben zur Leiharbeit. So war in Deutschland unter anderem der Gleichbehandlungsgrundsatz im AÜG enthalten und wurde beispielsweise die Forderung der Richtlinie, dass Zeitarbeitstarifverträge den Gesamtschutz der Leiharbeitnehmer zu achten haben, bereits berücksichtigt. Die Politik konnte sich demnach bei der Reform durch das 1. AÜGÄndG auf die Feinheiten der Umsetzung der Richtlinie über Leiharbeit konzentrieren.

1156 *Ratti*, Somministrazione di lavoro e temporaneità delle esigenze dell'impresa, Lav. Giur. 2010, Nr. 7, 703, 703.

Aufgrund der Abschaffung der Höchstüberlassungsdauer durch das „Hartz I-Gesetz“ war nach deutschem Recht die Arbeitnehmerüberlassung auf Dauer möglich. Dies stellt jedoch nichts anderes als eine Arbeitsvermittlung dar. Denn letztlich kommt ein normales Arbeitsverhältnis mit dem Entleiherbetrieb zustande. Nun ist in Umsetzung der Richtlinie über Leiharbeit das Merkmal „vorübergehend“ in § 1 Abs. 1 S. 2 AÜG eingefügt worden.

Fraglich ist, wie der Begriff „vorübergehend“ in Art. 1 Abs. 1 und Art. 3 Abs. 1 lit. e) der Richtlinie über Leiharbeit auszulegen ist und ob die europarechtlichen Vorgaben bei der Umsetzung ins deutsche Recht ausreichend berücksichtigt wurden. Ausgehend vom reinen Wortlaut der Bestimmung wären Überlassungen, die nicht für einen im Voraus begrenzten Zeitraum sondern auf Dauer oder bis auf Weiteres erfolgen, nicht erfasst. Der Formulierung wäre damit ein Verbot der dauerhaften Arbeitnehmerüberlassung zu entnehmen. Andererseits könnte ein solches Verständnis dem Sinn und Zweck der Richtlinie, nämlich der Verbesserung des Schutzes der Leiharbeitnehmer und der Qualität der Arbeitnehmerüberlassung, zuwiderlaufen.

Nähme man die Richtlinie wörtlich, wäre nach einer Auffassung schon der Anwendungsbereich bei einer dauerhaften Überlassung an ein und denselben Entleiher nicht eröffnet und entsprechend die in der Richtlinie vorgesehenen Schutzstandards (u.a. der Gleichbehandlungsgrundsatz gemäß Art. 5 Abs. 1) nicht anzuwenden. Dies könne der europäische Gesetzgeber indes nicht bezweckt haben. Mit zunehmender Dauer der Überlassung steige ja gerade der Grad der Eingliederung in das Entleiherunternehmen und dementsprechend das Bedürfnis der Arbeitnehmer nach Gleichbehandlung.

Die teleologische Auslegung spricht dafür, dass der Begriff „vorübergehend“ in Art. 1 Abs. 1 und Art. 3 Abs. 1 lit. e) der Richtlinie nicht nur wörtlich zu verstehen sei, sondern deskriptiver Art sei. Er soll ausdrücken, dass die Arbeitnehmerüberlassung typischerweise vorübergehend erfolgt.[1157] Die Richtlinie will die Arbeitnehmer schützen, die nach dem vereinbarten Zweck nicht beim Arbeitgeber eingesetzt werden, mit dem der Arbeitsvertrag geschlossen ist. Es müssten daher erst recht die Leiharbeitnehmer in den Schutzbereich fallen, die auf Dauer an einen Dritten überlassen werden.[1158]

Aufgrund der expliziten Formulierung scheint die Meinung überzeugend, nach der allein die „vorübergehende“ Überlassung und nicht der dauerhafte Verleih zulässig sei.[1159] Dies wird durch Art. 5 Abs. 5 der Richtlinie über Leiharbeit

1157 *Lembke*, DB 2011, 414, 415.

1158 *Boemke*, RIW 2009, 177, 179.

1159 So auch *Schüren/Wank*, RdA 2011, 1, 3; Ulber/*Ulber*, AÜG, Einl. F. Fremdfirmenarbeit mit Auslandsbezug Rdnr. 59; a.A. *Boemke* RIW 2009, 177, 179.

bestätigt, der mehrere aufeinanderfolgende Überlassungen zur Umgehung der Bestimmungen der Richtlinie als unzulässig ansieht. Im Übrigen widerspräche die Möglichkeit des dauerhaften Verleihs dem mit Art. 6 der Richtlinie verfolgten Zweck, wonach der Zugang der Leiharbeitnehmer zu einer im Idealfall unbefristeten Beschäftigung im Entleiherbetrieb gefördert und erschwerende Hindernisse für unwirksam erklärt werden sollen. Da für das entleihende Unternehmen letztlich keine Notwendigkeit bestünde, den dauerhaften Bedarf an Arbeitskräften durch die Begründung entsprechender „normaler" Arbeitsverhältnisse zu decken, würde der dauerhafte Verleih die Intention der Richtlinie konterkarieren. Der zuletzt aufgeführten, wortlautgetreuen Auslegung ist demnach zu folgen. Die Zulässigkeit eines dauerhaften Verleihs kann nicht gewollt sein: Zwar findet dieser Ansatzpunkt eine Bestätigung in Art. 5 Abs. 2 der Richtlinie, worin von der Möglichkeit des Abschlusses eines unbefristeten Vertrages zwischen Leiharbeitnehmer und Verleiher gesprochen wird. Allerdings geht die Argumentation, dauerhafte Überlassungen müssten in den Anwendungsbereich fallen, weil mit der Dauer des Verleihs das Gleichbehandlungsbedürfnis steige, vom falschen Ansatz aus: wäre die dauerhafte Überlassung von vornherein ausgeschlossen, würde sich das Problem des Anstiegs des Gleichbehandlungsbedürfnisses mit der Dauer des Verleihs erst gar nicht stellen; vielmehr spricht diese Betrachtungsweise gerade für die wortlautgetreue Auslegung. Das Merkmal der Dauerhaftigkeit wurde bewusst nicht in den Text der Richtlinie aufgenommen, da mit der Dauer das Bedürfnis der Leiharbeitnehmer nach Gleichbehandlung steigt.[1160] Im Übrigen berücksichtigt dieses Verständnis des Begriffes „vorübergehend" nicht die von der Richtlinie verfolgten Ziele. Danach soll ja gerade eine möglichst unbefristete Beschäftigung im Normalarbeitsverhältnis erreicht werden.

Durch die Regelung der Richtlinie soll hauptsächlich verhindert werden, dass Stammarbeitsplätze durch den Einsatz von Leiharbeitnehmern ersetzt werden.[1161] Bei dauerhaftem Personalbedarf muss die Besetzung der Arbeitsplätze daher grundsätzlich durch unbefristete Arbeitsverhältnisse erfolgen.[1162] Bei Verstoß gegen das Merkmal „vorübergehend" liegt Arbeitsvermittlung vor.[1163]

In diesem Zusammenhang ist zu untersuchen, ob die jüngste Reform den Vorgaben des Art. 10 der Richtlinie über Leiharbeit gerecht wird. Danach obliegt

---

1160 Vgl. dazu *Hamann,* EuZA 2009, 287, 311.

1161 *Blanke*, Rechtsgutachten für den DGB 2010, 42; Ulber/*Ulber*, AÜG, Einl. F. Fremdfirmenarbeit mit Auslandsbezug Rdnr. 59.

1162 Erwägungsgrund Nr. 14 der Richtlinie 2008/104/EG des Europäischen Parlamentes und des Rates über Leiharbeit vom 19.11.2008; Ulber/*Ulber*, AÜG, Einl. F. Fremdfirmenarbeit mit Auslandsbezug Rdnr. 59.

1163 Ulber/*Ulber*, AÜG, Einl. F. Fremdfirmenarbeit mit Auslandsbezug Rdnr. 59; siehe auch *Hamann,* EuZA 2009, 287, 326.

es gemäß Art. 10 Abs. 1 den Mitgliedstaaten, zur Realisierung der Ziele der Richtlinie geeignete Maßnahmen zu treffen. Zu diesen zählt die Richtlinie insbesondere Verwaltungs- oder Gerichtsverfahren, die dafür Sorge tragen, dass sowohl die Verleiherbetriebe als auch die Entleiherbetriebe die sich aus der Richtlinie ergebenden Verpflichtungen erfüllen. Zudem müssen die Mitgliedstaaten für den Fall eines Verstoßes Sanktionen festlegen, die wirksam, angemessen und abschreckend sind (Art. 10 Abs. 2 Richtlinie über Leiharbeit).[1164]

Zwar wurde § 16 AÜG an die Bestimmungen der Richtlinie über Leiharbeit angepasst, aber die Anforderungen, die in Art. 10 der Richtlinie enthalten sind, werden nicht vollumfänglich erfüllt. Dies gilt vor allem für die Fälle der dauerhaften, nicht vorübergehenden Arbeitnehmerüberlassung.[1165] Fehlt das Merkmal „vorübergehend", liegt bezogen auf den Arbeitnehmerüberlassungsvertrag und den Leiharbeitsvertrag – wie bereits ausgeführt – Arbeitsvermittlung vor. Soweit der Entleiher gegen das Verbot einer nicht nur vorübergehenden Überlassung verstößt, sieht das Gesetz hingegen keine entsprechenden Sanktionen vor. Nur in schwerwiegenden Fällen wird die Verleiherlaubnis entzogen.[1166] Bei Verstößen des Entleihers ist daher nach einer Ansicht in richtlinienkonformer Auslegung ein Arbeitsverhältnis mit dem Leiharbeitnehmer zu fingieren.[1167] Eine andere Auffassung kommt mit einem abweichenden Ansatz letzten Endes zum gleichen Ergebnis. Danach soll ein Fall der widerlegbaren Vermutung nach § 1 Abs. 2 AÜG vorliegen.[1168] An einer gesetzlichen Klarstellung wird kein Weg vorbeiführen.

Neben der Untersagung der dauerhaften Überlassung stellten die wichtigsten Änderungen der jüngsten Reform in Deutschland die Ausweitung der Erlaubnispflicht und die sog. Drehtürklausel dar.[1169]

Die Drehtürklausel stellt eine Rückausnahme zur Tariföffnungsklausel des Equal-Pay-Grundsatzes dar. Danach gilt eine vom Equal-Pay-Grundsatz abweichende tarifliche Regelung nicht für Leiharbeitnehmer, die in den letzten sechs Monaten vor der Überlassung an den Entleiher aus einem Arbeitsverhältnis bei diesem oder einem Arbeitgeber, der mit dem Entleiherunternehmen einen Konzern gemäß § 18 AktG bildet, ausgeschieden sind.

Die neue Regelung soll den missbräuchlichen Einsatz der Arbeitnehmerüberlassung in den Fallkonstellationen ausschließen, in denen Arbeitnehmer entlassen oder nicht weiterbeschäftigt werden und als Leiharbeitnehmer wieder in ihrem ehemaligen oder in einem anderen Unternehmen desselben Konzerns zu

---

1164 Ulber/*Ulber*, AÜG, Einl. F. Fremdfirmenarbeit mit Auslandsbezug Rdnr. 67.

1165 Ulber/*Ulber, D.*, AÜG, § 16 Rdnr. 1.

1166 *Hamann*, NZA, 2011, 70, 74.

1167 *Ulber*, AuR 2010, 10, 10; Ulber/*Ulber*, AÜG, § 1 Rdnr. 231d.

1168 Ulber/*Ulber*, AÜG, § 1 Rdnr. 231d.

1169 *Zimmermann*, ArbRAktuell 2011, 62, 62.

schlechteren Arbeitsbedingungen als die Arbeitnehmer des Entleihers eingesetzt werden.[1170] Dies bedeutet jedoch nicht, dass diese Personen nicht als Leiharbeitnehmer in ihren einstigen Unternehmen oder einem anderen desselben Konzerns eingesetzt werden können. Der Einsatz von Arbeitnehmern soll weiterhin möglich sein, allerdings soll zum Schutz der Leiharbeitnehmer der Grundsatz von Equal-Pay/Treatment gelten.[1171] Die Schlechterstellung dieser Personen und damit der missbräuchliche Einsatz soll durch das Verbot von Regelungen in Tarifverträgen, die vom Gleichstellungsgrundsatz abweichen, verhindert werden.

Zusammenfassend kann festgestellt werden, dass die Neuerungen in §§ 3 Abs. 1 Nr. 3 und 9 Nr. 2 AÜG im Zusammenwirken mit den neuen Regelungen zur vorübergehenden Arbeitnehmerüberlassung wirksame Mittel sind, die dauerhafte Substitution von Stamm- durch Leiharbeitnehmer zu unterbinden.[1172] Ein Ausweichen auf die kostengünstige Variante der konzerninternen Arbeitnehmerüberlassung ist aufgrund der Erstreckung der Erlaubnispflicht auf alle wirtschaftlichen Tätigkeiten nicht mehr möglich.

Bei folgenden Regelungen besteht allerdings weiterhin Änderungsbedarf: So mehren sich die Stimmen für eine Abschaffung des Verbotes der Arbeitnehmerüberlassung im Bauhauptgewerbe.[1173] Es ist schwer einzusehen, weshalb gerade Arbeitnehmer dieser Branche schutzbedürftiger sein sollen, als z.B. Reinigungskräfte oder Briefträger.

Insbesondere würde für eine Aufhebung des Verbotes sprechen, dass dies mit dem Ziel der Richtlinie über Leiharbeit konform wäre, die vorsieht, dass der Leiharbeitssektor als legitimer und professioneller Wirtschaftszweig durch Aufhebung unnötiger Beschränkungen und Genehmigungen bzw. Verbote anerkannt werden soll.[1174] Infolge der Regelung des Gleichbehandlungsgrundsatzes und seit Geltung eines Mindestlohns für die Leiharbeitsbranche ist eine Sonderbehandlung noch weniger gerechtfertigt. Angesichts der Tatsache, dass die Arbeitnehmerüberlassung im Baugewerbe außer in Deutschland nur noch in Belgien verboten ist, wäre eine Aufhebung des Verbotes schließlich auch zur Vereinheitlichung der gesetzlichen Regelungen in Europa adäquat.[1175]

Darüber hinaus bestehen Bedenken gegen die Vereinbarkeit des Konzernprivilegs mit der Richtlinie über Leiharbeit.[1176]

1170 *Lembke*, DB 2011, 414, 419.
1171 BT-Drs. 847/10, S. 9.
1172 *Hamann*, NZA 2011, 70, 76.
1173 *Böhm*, DB 2011, 473, 474 f.; *Steuer*, S. 336; *Buchner*, NZA 2000, 905, 912 f.
1174 *Steuer*, S. 337.
1175 *Steuer*, S. 335 f.
1176 *Lembke*, DB 2011, 414, 416; siehe oben § 4 III 1 d.

Der Gesetzgeber hat es überdies unterlassen, die überfällige Klärung der Frage in Angriff zu nehmen, weshalb Leiharbeitnehmer, die länger als drei Monate überlassen werden, zwar durch das BetrVG-Reformgesetz 2001 gemäß § 7 Satz 2 BetrVG das aktive Wahlrecht im Entleiherbetrieb erhalten, nach der Rechtsprechung des siebten Senates des BAG jedoch nicht als Arbeitnehmer des Entleiherbetriebes anzusehen sind.[1177]

Zur Begründung wird der Wortlaut des § 7 Satz 2 BetrVG und die hergebrachte Dogmatik herangezogen. Danach kann der Leiharbeitnehmer entweder nur der Belegschaft des Verleiher- oder der des Entleiherbetriebes angehören.[1178] Denn nach der vom BAG vertretenen sog. Kumulationstheorie sind Arbeitnehmer nur betriebszugehörig im Sinne des BetrVG, wenn ein Arbeitsverhältnis, in der Regel durch Arbeitsvertrag, zum Betriebsinhaber besteht, und eine tatsächliche Eingliederung des Arbeitnehmers in die Betriebsorganisation festgestellt werden kann.[1179] Demgegenüber lautete die Begründung des Regierungsentwurfes des Gesetzes zur Reform des BetrVG explizit: *„um der Erosion der Stammbelegschaft durch den Einsatz von Arbeitnehmern anderer Arbeitgeber entgegenzuwirken (...) erkennt Satz 2 für bestimmte Fälle die Betriebszugehörigkeit dieser Arbeitnehmer zum Einsatzbetrieb an"*. Nach Auffassung des siebten Senates des BAG habe sich die Erklärung zum einen nur unzureichend im Wortlaut des § 7 Satz 2 BetrVG niedergeschlagen, zum anderen sei die Entwurfsbegründung von einer falschen Theorie ausgegangen. Es gilt allerdings hier der verfassungsrechtliche Vorrang der Gesetzgebung.

Die jetzige Gestaltung verstößt gegen den Gleichheitssatz. Eine Neuregelung ist daher erforderlich und würde auch nicht im Widerspruch zu unionsrechtlichen Vorgaben der Leiharbeitsrichtlinie stehen: Gemäß Art. 7 Abs. 2 können die Mitgliedstaaten unter den von ihnen festgelegten Bedingungen vorsehen, dass Leiharbeitnehmer im entleihenden Unternehmen bei der Berechnung des Schwellenwertes für die Einrichtung der nach Unionsrecht und nationalem Recht oder in den Tarifverträgen vorgesehenen Arbeitnehmervertretungen im gleichen Maße berücksichtigt werden wie Arbeitnehmer, die das entleihende Unternehmen für die gleiche Dauer unmittelbar beschäftigen würde. Eine Klarstellung wäre daher in jedem Fall geboten. Auch eine effektive betriebliche Interessenvertretung der Leiharbeitnehmer ist Ziel der Leiharbeitsrichtlinie und würde zu einem erhöhten Schutz der Leiharbeitnehmer beitragen. Jedenfalls sollte die Kumulationstheorie überdacht werden.[1180] Sie scheint nicht mehr aktuell zu sein.

1177 *Düwell*, AuR 2011, 288, 288; BAG v. 22.10.2003, NZA 2004, 1052, 1052 ff.

1178 BAG v. 22.3.2000, NZA 2000, 1119, 1119 ff.

1179 BAG v. 19.6.2001, NZA 2001, 1263, 1263 ff.

1180 *Düwell*, AuR 2011, 288, 290.

Ein großes Defizit des derzeitigen Arbeitnehmerüberlassungsrechtes ist außerdem, dass der deutsche Gesetzgeber noch keine besonderen gesetzlichen Qualifizierungsmaßnahmen getroffen hat, um die Vorgaben des Art. 6 Abs. 5 der Richtlinie über Leiharbeit umzusetzen.[1181]

Die aktuellen Änderungen werden voraussichtlich die Kontroversen bezüglich der Zukunft der Arbeitnehmerüberlassung nicht beenden. Vor allem die Frage nach dem gesellschafts- und sozialpolitisch gewünschten Grad der Annäherung der Arbeitsbedingungen von Leiharbeitnehmern und denen der Stammbelegschaft sowie die Fortsetzung der Bekämpfung von missbräuchlich ausgestalteter Arbeitnehmerüberlassung wird auch künftig Anlass zu Diskussionen geben.

Das Hauptproblem, die Bekämpfung des Lohndumpings in der Leiharbeitsbranche, hat der Gesetzgeber jedenfalls durch die Einführung der Lohnuntergrenzen in § 3a AÜG in Angriff genommen. Wie wirkungsvoll diese Maßnahme ist, bleibt abzuwarten.

IV. Schlussgedanken zum Flexicurity-Konzept

Die Realisierung eines Ausgleiches zwischen Flexibilität und sozialer Sicherheit ist eine ausgesprochen diffizile Aufgabe der nationalen Gesetzgeber in dieser politisch schwierigen Zeit, die von der Wirtschaftskrise in Europa und den globalen Problemen gekennzeichnet ist. Die von der Politik der EU vorgegebenen Ziele „Flexibilität und soziale Sicherheit" sind letztlich in sich widersprüchlich.[1182] Ein Ausgleich im Sinne der Flexicurity-Strategie kann nur durch Schaffung eines detaillierten Regelungssystems erreicht werden. Das Konzept der Flexicurity lässt sich daher nur folgendermaßen umsetzen: Die soziale Sicherheit der Arbeitnehmer kann allein durch angemessene gesetzliche Regelungen verwirklicht werden. Selbst dann besteht aber immer die Gefahr der Umgehung dieser Sicherungsvorkehrungen. Eine effektive Kontrolle und eine strenge Verfolgung und Ahndung der Verstöße ist daher unabdingbare Voraussetzung.

In Italien war bereits nach der Biagi-Reform die Umsetzung des Flexicurity-Konzeptes für nicht ausreichend erachtet worden.[1183] Zum jetzigen Zeitpunkt ist festzustellen, dass zwar eine Anpassung der Sanktionsregelungen vorgenommen wurde. Vor allem aber aufgrund des gelockerten Kündigungsschutzes und der

---

1181 Siehe oben § 3 II 2.

1182 *Giubboni*, La protezione dei lavoratori non-standard nel diritto dell'Unione Europea, RGL, Nr.1, 2011, 265, 281.

1183 *Marino*, La flessibilità del lavoro in Germania: spunti di riflessione e di comparazione con il d.lgs. 276/2003, in: Guidi/Miglioranzi (a cura di), il diritto del lavoro, S. 188.

Möglichkeit kettenbefristeter Leiharbeitsverträge zugunsten der Unternehmer wird die Gesetzeslage dem Konzept der Flexicurity weiterhin nicht gerecht.

Für Deutschland ist festzustellen, dass die seit den Anfangszeiten der Arbeitnehmerüberlassung bis zu den Hartz-Reformen festzustellende Deregulierung mittlerweile einer Tendenz der Re-Regulierung[1184] unter stärkerer Berücksichtigung von Elementen sozialer Sicherung gewichen ist.[1185] Die Hartz-Gesetze haben die Flexibilität ausgeweitet und zugleich die sozialen Risiken erhöht. Das bestehende, am Normalarbeitsverhältnis orientierte Sozialsystem passt immer weniger zu den an Bedeutung gewinnenden Formen atypischer Beschäftigung.[1186] Zurückzuführen ist die Tendenz auch auf das zunehmende Interesse der Arbeitgeber, nicht mehr nur den Spitzenbedarf abzudecken, sondern einen Teil der Stammbelegschaften zu ersetzen.

In der Gesamtschau ist folgende Entwicklung der Zeitarbeit festzustellen: Nach der erheblichen Reduzierung der sozialen Sicherheit durch die einseitige Förderung der Elemente der Mobilität und Flexibilität zu Lasten der Leiharbeitnehmer mit der Reform der Leiharbeit in Deutschland zum 1.1.2003[1187], hat der Gesetzgeber versucht, mit den nachfolgenden Reformen das Konzept der Flexicurity weitgehend zu verwirklichen. Es verbleiben allerdings auch hier immer noch ungelöste Aufgaben.

1184 Vgl. hierzu bzgl. Italien und Deutschland *Pedaci*, Flessibilità del lavoro ed equilibri precari, S. 76; bzgl. Deutschland siehe *Keller/Seifert*, WISO Diskurs Oktober 2011, Atypische Beschäftigung und soziale Risiken: Entwicklung, Strukturen, Regulierung, S. 38.

1185 *Düwell*, DB 2011, 1520, 1520.

1186 *Keller/Seifert*, WISO Diskurs Oktober 2011, Atypische Beschäftigung und soziale Risiken: Entwicklung, Strukturen, Regulierung, S. 38.

1187 *Keller/Seifert*, WISO Diskurs Oktober 2011, Atypische Beschäftigung und soziale Risiken: Entwicklung, Strukturen, Regulierung, S. 37 ff.

§ 6 Grenzüberschreitende Arbeitnehmerüberlassung

Abschließend wird – vornehmlich aus deutscher Perspektive – ein Überblick über die wichtigsten Aspekte gegeben, die im Zusammenhang mit einer grenzüberschreitenden Arbeitnehmerüberlassung, in deren Rahmen unterschiedliche Teilbereiche der Rechtsordnungen berührt werden, relevant sind. Soweit die italienische Rechtsordnung Besonderheiten aufweist, werden diese an entsprechender Stelle angeführt.

I. Gewerberechtliche Zulässigkeit

Für den Bereich der grenzüberschreitenden Arbeitnehmerüberlassung ergibt sich aus dem Territorialitätsprinzip, dass die gewerberechtlichen Vorschriften des AÜG für alle Entsendeformen mit Inlandsbezug zur Anwendung kommen.[1188] Das AÜG gilt insoweit sowohl bei Überlassung von Leiharbeitnehmern durch inländische Verleiher ins Ausland als auch bei Überlassung von Leiharbeitnehmern durch ausländische Verleiher an einen inländischen Entleiher.[1189]

Ausländische Verleiher, die Leiharbeitnehmer nach Deutschland überlassen wollen, können daher eine Erlaubnis gemäß § 1 Abs. 1 S. 1 AÜG nur erhalten, wenn sie neben den gewerberechtlichen Voraussetzungen des AÜG auch diejenigen des ausländischen Staates erfüllen.[1190] Das bedeutet, sie müssen nachweisen, dass sie die nach dem Heimatrecht erforderliche Genehmigung besitzen oder der Verleih dort ohne Genehmigung zulässig ist.[1191]

Ob die Erlaubnisbehörde die materiellen Voraussetzungen des ausländischen Rechtes zu prüfen hat, wird unterschiedlich beurteilt. Aufgrund der schwierigen Praktikabilität dürfte dies abzulehnen sein. Dem Schutzzweck des AÜG dürfte Genüge getan sein, wenn die Voraussetzungen der Erlaubniserteilung nach deutschem Recht vorliegen und nachgewiesen ist, dass der ausländische Verlei-

---

1188 Ulber/*Ulber*, AÜG, Einl. F. Fremdfirmenarbeit mit Auslandsbezug Rdnr. 1; ErfK/*Wank*, AÜG, Einl. Rdnr. 44; Schüren/Hamann/*Riederer von Paar*, AÜG, Einl. Rdnr. 643 f.; *Sandmann/Marschall*, AÜG, Art. 1 § 3 Anm. 57; Thüsing/*Thüsing*, AÜG, Einl. Rdnr. 45.

1189 Ulber/*Ulber*, AÜG, Einl. F. Fremdfirmenarbeit mit Auslandsbezug Rdnr. 1.

1190 *Sandmann/Marschall*, AÜG, Art. 1 § 3 Anm. 58; Schüren/Hamann/*Riederer von Paar*, AÜG, Einl. Rdnr. 644; Thüsing/*Thüsing*, AÜG, Einl. Rdnr. 45.

1191 Schüren/Hamann/*Riederer von Paar*, AÜG, Einl. Rdnr. 646.

her über eine Verleiherlaubnis verfügt, und damit die Einhaltung der ausländischen Voraussetzungen gesichert ist.[1192] Befürwortet man die Prüfungspflicht der Behörde, kann, falls nach dem Recht des Herkunftslandes die gewerbsmäßige Arbeitnehmerüberlassung verboten oder lediglich eingeschränkt zulässig ist, eine Verleiherlaubnis im Inland nur unter Beachtung dieser Einschränkungen erteilt werden.[1193]

Umgekehrt müssen auch Verleiher, die aus Deutschland Leiharbeitnehmer ins Ausland überlassen, im Besitz sowohl einer deutschen Verleiherlaubnis sein als auch die gewerberechtlichen Voraussetzungen der ausländischen Rechtsordnung erfüllen. Genügen sie diesen nicht, ist die Arbeitnehmerüberlassung aus Sicht des ausländischen Rechtes illegal, was die dortigen Rechtsfolgen einer unerlaubten Arbeitnehmerüberlassung auslöst. Aus Sicht des deutschen Rechtes ändert die Nichteinhaltung der ausländischen gewerberechtlichen Vorschriften aber grundsätzlich nichts. Etwas anderes kann sich nur dann ergeben, wenn die ausländischen Normen international zwingend sind und auch hier zur Anwendung gelangen.[1194]

In Italien finden die Vorschriften zur Verleiherlaubnis als Normen zwingenden Rechtes Anwendung gemäß Art. 9 Rom I-VO, und zwar unabhängig davon, welchem Recht der Arbeitsvertrag untersteht.[1195] Eine Erklärung für dieses Verständnis ist in der italienischen Verfassung zu finden. Die Verfassung geht auf eine Zeit zurück, in der Italien noch ein Land der Emigranten und nicht von Immigranten war. Sie „*erkennt die Freiheit der Emigration an*" und „*den Schutz der italienischen Arbeit im Ausland*" (Art. 35 Abs. 4 Cost.).[1196]

Für die grenzüberschreitende Arbeitnehmerüberlassung (*somministrazione transnazionale di lavoro*) existiert in Italien eine spezielle Vorschrift: Art. 4 der Gesetzesverordnung Nr. 72 vom 25.2.2000[1197] regelt in Umsetzung der Entsenderichtlinie die Möglichkeit für Verleihunternehmen mit Niederlassung in einem anderen europäischen Mitgliedstaat als Italien, Arbeitnehmer an einen Entleiherbetrieb mit Sitz oder Betriebsstätte in Italien zu versenden.

In Fällen, in denen Verleiherbetriebe mit Sitz in einem anderen Mitgliedstaat der EU und entsprechender Verleihererlaubnis dieses Staates Arbeitnehmer an

---

1192 So Schüren/Hamann/*Riederer von Paar*, AÜG, Einl. Rdnr. 646 und 650.

1193 Ulber/*Ulber*, AÜG, Einl. F. Fremdfirmenarbeit mit Auslandsbezug Rdnr. 1; Thüsing/*Thüsing*, AÜG, Einl. Rdnr. 46.

1194 Schüren/Hamann/*Riederer von Paar*, AÜG, Einl. Rdnr. 647; vgl. auch MüKo/*Martiny*, Art. 9 Rom I-VO Rdnr. 104 ff.

1195 Il distacco dei lavoratori nell'Unione Europea, Vademecum November 2010, herausgegeben vom Ministerium für Arbeit und Soziales, S. 37.

1196 *Vallebona*, Istituzioni di diritto del lavoro, S. 673.

1197 G.U. Nr. 75 vom 30.3.2000; *Vallebona*, Istituzioni di diritto del lavoro, S. 620.

Betriebe mit Sitz in Italien überlassen, ist die Einschreibung der Verleiher in das „*Albo informatico delle agenzie per il lavoro*“ nicht mehr erforderlich. Dieses Erfordernis wurde durch die Vorschrift des Art. 85 Abs. 1 lit. g) der Gesetzesverordnung Nr. 276/2003 beseitigt, der den Art. 4 Abs. 3 der Gesetzesverordnung Nr. 72/2000 aufgehoben hat. Mit der Aufhebung der gesamten Regelung der Zeitarbeit des Gesetzes Nr. 196/1997 (Art. 85 Abs. 1 lit. f) Gesetzesverordnung Nr. 276/2003) wurde auch der dortige Verweis auf die Regelung zur grenzüberschreitenden Entsendung (Art. 4 Abs. 1 und 2 Gesetzesverordnung. Nr. 72/ 2000) aufgehoben.[1198]

Nach Art. 4 Abs. 3 der Gesetzesverordnung Nr. 72/2000 musste ein Verleiher, der an einer Verleihtätigkeit in Italien interessiert war, sich die Gleichwertigkeit seiner Verleiherlaubnis innerhalb einer Frist von 30 Tagen beim Arbeitsministerium attestieren lassen.

Diese Attestierung hatte dieselbe Wirkung wie eine Autorisierung, die, wenn die Voraussetzungen erfüllt waren, an die Verleiher erteilt wurde, die auf nationalem Gebiet tätig waren.

In Umsetzung des unionsrechtlichen Prinzips der Dienstleistungsfreiheit wurde Absatz 3 durch die Gesetzesverordnung Nr. 276/2003 abgeschafft.

Verleiher, die in einem anderen Mitgliedstaat als Italien gegründet sind, benötigen daher, um rechtmäßig dort tätig zu werden, keine Autorisierung gemäß Art. 4 der Gesetzesverordnung Nr. 276/2003, sie müssen aber nachweisen, dass sie kraft einer der italienischen Autorisierung äquivalenten Erlaubnis tätig sind, die von den zuständigen Behörden des Herkunftsstaates erteilt wurde (Rundschreiben des Arbeitsministeriums Nr. 7 vom 22.2.2005).

Dies kann indes in einigen Mitgliedstaaten problematisch sein, in denen die Arbeitnehmerüberlassung nicht einem vergleichbaren Autorisierungssystem unterliegt, wie z.B. den Niederlanden[1199] oder Großbritannien[1200]. Dann wird ein äquivalentes Dokument vorzulegen sein, um sicherzustellen, dass Art. 4 der Gesetzesverordnung Nr. 276/2003 Genüge getan wird.

Die Zuständigkeit für die Erlaubniserteilung für nicht in Deutschland ansässige Verleiher hat die BA als grundsätzlich zuständige Erlaubnisbehörde auf unterschiedliche Regionaldirektionen delegiert: für Verleiher aus Italien ist die Regionaldirektion Bayern zuständig.[1201]

1198 *Vallebona*, Istituzioni di diritto del lavoro, S. 621; *Carinci, F.*, Diritto del lavoro, commentario, Carinci, F. (diretto da), vol. II, S. 2109.

1199 *Sandmann*/*Marschall*, AÜG, Einl. Anm. 42.

1200 *Sandmann*/*Marschall*, AÜG, Einl. Anm. 43.

1201 Runderlass vom 16.8.1972 und vom 27.5.1994; Schüren/Hamann/*Riederer von Paar*, AÜG, Einl. Rdnr. 658; Ulber/*Ulber*, AÜG, § 2 Rdnr. 16.

Verleiherbetriebe aus den Mitgliedstaaten der EU und des EWR erhalten die Erlaubnis zur Arbeitnehmerüberlassung unter den gleichen Voraussetzungen wie deutsche Unternehmen (§ 3 Abs. 4 AÜG). Für sie gilt auch der in §§ 3 Abs. 1 Nr. 3, 9 Nr. 2 AÜG geregelte Gleichstellungsgrundsatz sowie die Möglichkeit, durch Tarifverträge abzuweichen. Dies ergibt sich unter anderem aus § 2 Abs. 1 Nr. 4 AEntG, wonach die Bedingungen für die Arbeitnehmerüberlassung auch auf Leiharbeitsverhältnisse zwischen einem im Ausland ansässigen Arbeitgeber und seinen im Inland beschäftigten Arbeitnehmern zwingend Anwendung findet. Nach der europäischen und deutschen Rechtsprechung ist in solchen Fällen der Gleichstellungsgrundsatz nur tarifvertraglich abdingbar, wenn den inländischen Tarifverträgen auf der Grundlage der Entsenderichtlinie[1202] und des Entsendegesetzes grenzüberschreitende Wirkung verliehen wird.

Erleiden ausländische Unternehmen aber Wettbewerbsnachteile, weil deutsche Tarifverträge, die vom Gleichstellungsgrundsatz abweichen können, für sie nicht gelten, wollen das Schrifttum und die Verwaltungspraxis zulassen, dass die ausländischen Verleiherbetriebe den Gleichstellungsgrundsatz durch für sie maßgebliche ausländische Tarifverträge durchbrechen können. Voraussetzung ist allerdings, dass sie in gleicher Weise wie deutsche Tarifverträge die Arbeitsbedingungen zwingend regeln und sich am Gleichstellungsgrundsatz orientieren.[1203] Das bedeutet, der Tarifvertrag muss einem deutschen „gleichwertig" sein.[1204] Die Vergleichbarkeit bezieht sich auf das Zustandekommen und die Wirkungsweise des Tarifvertrages.[1205]

In Italien gelten die Entgeltbestimmungen der Tarifverträge ohnehin für alle Arbeitgeber.[1206] In Deutschland gibt das BAG jedenfalls als Maßstab vor, dass tarifvertragliche Entgeltvereinbarungen den in Artt. 2 Abs. 1, 20 Abs. 1 GG zum Ausdruck kommenden Gerechtigkeitsanforderungen genügen müssen. In jedem Fall darf der Tariflohn unter Berücksichtigung aller Umstände, insbesondere der zu verrichtenden Tätigkeit, keinen „Hungerlohn" darstellen.[1207]

1202 Vgl. *Steuer*, S. 365.

1203 Thüsing/*Pelzner*, AÜG, § 3 Rdnr. 87; Ulber/*Ulber*, AÜG, Einl. F. Fremdfirmenarbeit mit Auslandsbezug Rdnr. 30; *Steuer*, S. 366.

1204 *Thüsing/Lembke* ZfA 2007, 87, 94 f.

1205 *Thüsing/Lembke* ZfA 2007, 87, 94 f.

1206 *Thüsing/Lembke* ZfA 2007, 87, 94.

1207 BAG v. 24.3.2004, NZA 2004, 971, 973.

II. Internationales Privatrecht

Bei der grenzüberschreitenden Arbeitnehmerüberlassung ist zunächst zwischen den drei Rechtsverhältnissen zu unterscheiden: dem Überlassungsvertrag, dem Leiharbeitsvertrag und dem Rechtsverhältnis zwischen Entleiher und Leiharbeitnehmer. Sie sind kollisionsrechtlich gesondert anzuknüpfen.

1. Der Leiharbeitsvertrag

Besteht laut Arbeitsvertrag für den Arbeitnehmer die Verpflichtung, seine Arbeitstätigkeit auch vorübergehend im Ausland zu erbringen, gilt bei Sitz des Arbeitgebers im Inland grundsätzlich deutsches Recht, soweit die Arbeitsvertragsparteien keine Rechtswahl zugunsten des Rechtes des anderen Staates getroffen haben (Art. 8 Abs. 1 S. 1, Art. 3 Abs. 1 S. 1 Rom I-VO). Eine Rechtswahl muss grundsätzlich ausdrücklich erfolgen (Art. 3 Abs.1 S. 2 Rom I-VO). Die Rechtswahl kann sich aber auch aus den Bestimmungen des Vertrages oder den Umständen des Falles ergeben, wenn die Rechtswahl eindeutig ist. Zu beachten ist aber, dass gemäß Art. 8 Abs. 1 Rom I-VO dem Arbeitnehmer durch die freie Rechtswahl nicht der arbeitsrechtliche Schutz entzogen wird,[1208] der ihm durch zwingende Vorschriften (d.h. die nationalen nicht dispositiven Arbeitnehmerschutzbestimmungen des objektiv bestimmten Vertragsstatuts[1209]), wie beispielsweise Normen des AÜG oder das KSchG, des Rechtes zustünde, das ohne Rechtswahl anzuwenden wäre. Es soll ein Mindeststandard des sozialen Schutzes des objektiven Vertragsstatuts gesichert werden. Diesbezüglich ist ein Günstigkeitsvergleich durchzuführen.[1210]

Fehlt es an einer Rechtswahl, so ist das deutsche Arbeitsrecht anwendbar, wenn der Leiharbeitnehmer aufgrund seines Arbeitsvertrages seine Arbeit gewöhnlich im Inland verrichtet und nur vorübergehend ins Ausland entsandt wird (Art. 8 Abs. 2 Rom I-VO).[1211] Vorübergehend ist eine Entsendung, wenn sie infolge der Eigenart der Beschäftigung oder vertraglich im Voraus auf einen überschaubaren Zeitraum begrenzt ist.[1212]

In den Fällen, in denen der Leiharbeitnehmer ständig in verschiedenen Staaten eingesetzt wird, kommt es für die Anwendbarkeit deutschen Rechtes darauf an,

1208 *Bayreuther*, DB 2011, 706, 706.

1209 Schüren/Hamann/*Riederer von Paar*, AÜG, Einl. Rdnr. 662.

1210 Schüren/Hamann/*Riederer von Paar*, AÜG, Einl. Rdnr. 662.

1211 Schüren/Hamann/*Riederer von Paar*, AÜG, Einl. Rdnr. 663; *Bayreuther*, DB 2011, 706, 708.

1212 ErfK/*Schlachter*, Rom I-VO, Art. 9 Rdnr. 14.

ob sich die Niederlassung, die den Leiharbeitnehmer eingestellt hat, im Inland befindet (Art. 8 Abs. 3 Rom I-VO).[1213]

Betreiben deutsche Unternehmen im Ausland weitere Unternehmen oder Niederlassungen oder begründen ausländische Unternehmen im Ausland Arbeitsverhältnisse, die im Inland durchgeführt werden, und sind diese Arbeitsverhältnisse von vornherein darauf gerichtet, dass die Arbeit überwiegend oder vorrangig in Deutschland verrichtet werden soll, greift Art. 8 Abs. 2 S. 1 Rom I-VO. Danach ist unabhängig von der Staatsangehörigkeit des Arbeitnehmers deutsches Arbeitsrecht anwendbar. Denn der tatsächliche Mittelpunkt der Tätigkeit des Arbeitnehmers, die Betriebsstätte des Entleihers, liegt hier im Inland.[1214]

Bei Begründung des Arbeitsverhältnisses im Ausland und nur vorübergehendem Einsatz in Deutschland bei Bedarf, gilt gemäß Art. 8 Abs. 2 Rom I-VO ausländisches Recht.

Zu beachten ist, dass unabhängig des Rechtes, das auf den Vertrag Anwendung findet, gemäß Art. 9 Abs. 1 Rom I-VO deutsches Recht gilt, soweit der Sachverhalt zwingend geregelt ist. Welche Bestimmungen als zwingende nationalstaatliche Regelungen anzusehen sind, ist umstritten. Jedenfalls gehören Normen hierzu, deren Zweck vor allem öffentlichen Interessen staats-, wirtschafts- oder ordnungspolitischer Art dient, und durch die nicht hauptsächlich Individualinteressen der Parteien geschützt werden sollen.[1215] Damit fallen auch das AEntG und das AÜG hierunter,[1216] welche nicht nur dem Arbeitnehmerschutz dienen, sondern auch sozial- und ordnungspolitische Zwecke verfolgen.[1217] Dasselbe gilt auch für Lohnuntergrenzen im Rahmen einer Rechtsverordnung nach § 3a AÜG und den Gleichbehandlungsgrundsatz nach § 9 Nr. 2 AÜG.[1218]

Teilweise wird der Vergütungsregelung des § 9 Nr. 2 AÜG aber trotz des Gemeinwohlinteresses an einer ausnahmslosen Geltung des Gleichbehandlungsgrundsatzes der zwingende Charakter abgesprochen. Dies mit der Begründung, ein zwingender Gleichbehandlungsanspruch müsse ausnahmslos durchsetzbar sein und dürfe keine erhebliche Lücke aufweisen, die leicht zum Nachteil der ausländischen Arbeitnehmer genutzt werden könnte.[1219]

1213 Schüren/Hamann/*Riederer von Paar*, AÜG, Einl. Rdnr. 665.

1214 *Boemke/Lembke*, AÜG, Einl. Rdnr. 26; Thüsing/*Thüsing*, AÜG, Einl. Rdnr. 66; a.A. Schüren/Hamann/*Riederer von Paar*, AÜG, Einl. Rdnr. 670; Ulber/*Ulber*, AÜG, Einl. F. Fremdfirmenarbeit mit Auslandsbezug Rdnr. 4.

1215 Schüren/Hamann/*Riederer von Paar*, AÜG, Einl. Rdnr. 672; näher hierzu für Italien bei *Carinci, F.*, Diritto del lavoro, commentario, Carinci, F. (diretto da), vol. II, S. 2100 f.

1216 Schüren/Hamann/*Riederer von Paar*, AÜG, Einl. Rdnr. 673 ff.; *Boemke/Lembke*, AÜG, Einl. Rdnr. 20.

1217 Vgl. hierzu Schüren/Hamann/*Riederer von Paar*, AÜG, Einl. Rdnr. 677.

1218 *Bayreuther*, DB 2011, 706, 706; Schüren/Hamann/*Riederer von Paar*, AÜG, Einl. Rdnr. 686 ff.

1219 Schüren/Hamann/*Riederer von Paar*, AÜG, Einl. Rdnr. 683 ff.

Die Vorschrift ist jedoch tarifdispositiv. Das aufgrund der Tarifdispositivität tarifvertraglich fixierte Lohnniveau unterscheidet sich nicht merklich von dem, das auf Basis frei vereinbarter Arbeitsverträge festgelegt würde, so dass die Regelung in ihrer Ausgestaltung und Umsetzung bis jetzt zur Sicherung der Gleichbehandlung untauglich war.[1220] Mangels Schutzfunktion ist sie auch nicht geeignet, Gemeinwohlinteressen zu schützen, was Voraussetzung für eine Bewertung als zwingende Norm i.S.d. Art. 9 Rom I-VO wäre.[1221] Entgegen einer anderen Auffassung[1222] ergibt sich dies für die Gleichstellungsgrundsätze gemäß § 9 Nr. 2 AÜG oder § 2 Nr. 4 AEntG bereits aus der unionsrechtlichen Regelung des Art. 5 der Richtlinie über Leiharbeit.[1223]

Der zeitliche Anwendungsbereich der deutschen Rechtsnormen ist auf die Zeit der Tätigkeit im Inland beschränkt. Das dem Einsatz im Inland zugrunde liegende Rechtsverhältnis bleibt im Übrigen unberührt, und hinsichtlich Bestand und Inhalt kommt weiter das ausländische Recht zur Anwendung.

Die räumlich beschränkte Geltung deutschen Rechtes führt im Falle von § 10 Abs. 1 und § 1 Abs. 2 AÜG, die ebenfalls als zwingende Normen gemäß Art. 9 Abs. 1 Rom I-VO anzusehen sind, dazu, dass in den Fällen der Fiktion eines Arbeitsverhältnisses das zum entsendenden Unternehmen bestehende Arbeitsverhältnis nicht erlischt.[1224] Da es um Gemeinwohlinteressen geht, muss der in Deutschland illegal, d.h. ohne Erlaubnis tätige Verleiher, dem hier aus Ordnungswidrigkeiten- und Strafvorschriften bestehenden Sanktionssystem unterworfen werden.[1225] Für die Dauer der Überlassung wird der Leiharbeitnehmer gemäß § 10 Abs. 1 AÜG zum Arbeitnehmer des deutschen Entleihers, den insbesondere die Sozialversicherungspflichten treffen.

In Bezug auf die Rechtsfolge des § 9 Nr. 1 AÜG bei Unwirksamkeit des Leiharbeitsverhältnisses sind allerdings Korrekturen vorzunehmen, da für den Schutzzweck, die legale Arbeitnehmerüberlassung zu gewährleisten, nicht erforderlich ist, den illegal verliehenen Arbeitnehmer dauerhaft aus seinem ausländischen Arbeitsverhältnis zu drängen. Das Leiharbeitsverhältnis ist daher nur insoweit unwirksam, als es im Widerspruch zum fingierten Arbeitsverhältnis steht.[1226]

1220 Schüren/Hamann/*Riederer von Paar*, AÜG, Einl. Rdnr. 685.

1221 Schüren/Hamann/*Riederer von Paar*, AÜG, Einl. Rdnr. 686.

1222 *Bayreuther*, DB 2011, 706, 706.

1223 Vgl. Schüren/Hamann/*Riederer von Paar*, AÜG, Einl. Rdnr. 700; im Ergebnis ebenso *Boemke/Lembke*, AÜG, Einl. Rdnr. 21; Thüsing/*Thüsing*, AÜG, Einl. Rdnr. 62.

1224 *Boemke/Lembke*, AÜG, Einl. Rdnr. 22; Schüren/Hamann/*Riederer von Paar*, AÜG, Einl. Rdnr. 679.

1225 Schüren/Hamann/*Riederer von Paar*, AÜG, Einl. Rdnr. 678; Ulber/*Ulber*, AÜG, Einl. F. Fremdfirmenarbeit mit Auslandsbezug Rdnr. 4; Thüsing/*Thüsing*, AÜG, Einl. Rdnr. 61 und 64; einschränkend *Boemke/Lembke*, AÜG, Einl. Rdnr. 22.

1226 Schüren/Hamann/*Riederer von Paar*, AÜG, Einl. Rdnr. 679.

Das italienische Internationale Privatrecht ist in Gesetz Nr. 218 vom 31.5.1995 zur „Reform des italienischen Systems des Internationalen Privatrechtes“[1227] geregelt. In Zusammenhang mit den zwingenden Normen Internationalen Privatrechtes ist an die Vorschrift des Art. 17 des Gesetzes Nr. 218/1995 zu den Normen zwingender Anwendung zu denken. Das Reformgesetz regelt Kollisionsnormen, aus denen sich die Anwendbarkeit des Rechtes eines bestimmten Staates ergibt. Gemäß Art. 57 des Gesetzes Nr. 218/1995 unterliegen vertragliche Verpflichtungen *„in jedem Fall dem Römischen EWG-Übereinkommen 80/934/EWG über das auf vertragliche Schuldverhältnisse anzuwendende Recht (EVÜ) vom 19.6.1980“.*[1228] Das EVÜ fand damit als autonomes italienisches Kollisionsrecht kraft Erstreckung auf vertragliche Schuldverhältnisse Anwendung. Die Rom I-VO wandelte das Übereinkommen in ein Rechtsinstrument der – damals – Europäischen Gemeinschaft um und aktualisierte und ersetzte es gleichzeitig. Die Bestimmungen des Gesetzes Nr. 218/1995 stehen der Anwendung der Rom I-VO nicht entgegen. Denn der Anwendungsbereich dieses Gesetzes betrifft nur Fälle, die nicht von Normen geregelt sind, die auf internationalen Abkommen basieren, welche für Italien gelten, wie z.B. der Rom I-VO (Art. 2 Abs. 1 Gesetz Nr. 218/1995).[1229] Letztere genießt daher Anwendungsvorrang. Dementsprechend ist auch bezogen auf den *ordre public*[1230] die Vorschrift des Art. 21 Rom I-VO gegenüber Art. 16 des Gesetzes Nr. 218/1995 vorrangig.

In Italien kommt dem *ordre public*-Vorbehalt als Möglichkeit zur Anwendung eines günstigeren Rechtes eine größere Bedeutung als in Deutschland zu. Das liegt vermutlich an dem unterschiedlichen Anknüpfungssystem des autonomen italienischen Kollisionsrechtes, bei dem Arbeitsort und Günstigkeitsvergleich keine Rolle spielen.[1231]

Noch im Hinblick auf das EVÜ hat der Kassationshof klargestellt, dass der *ordre public*-Vorbehalt nicht der Anwendung jeglichen innerstaatlich zwingenden Rechtes diene. Vielmehr soll er die Wahrung von Verfassungsgrundsätzen und von Vorschriften zum universellen Schutz der Menschenrechte sowie anderer Vorschriften gewährleisten, die Werte verkörpern, welche das gesamte Rechtssystem durchziehen.[1232]

1227 G.U. Nr. 128 vom 3.6.1995 – Suppl. Ordinario Nr. 68, im Folgenden: Gesetz Nr. 218/1995; Näheres hierzu bei *Pocar*, IPRax 1997, 145, 145 ff.

1228 *Carinci, F.*, Diritto del lavoro, commentario, Carinci, F. (diretto da), vol. II, S. 2095.

1229 *Carinci, F.*, Diritto del lavoro, commentario, Carinci, F. (diretto da), vol. II, S. 2095.

1230 Ausführlich dazu *Carinci, F.*, Diritto del lavoro, commentario, Carinci, F. (diretto da), vol. II, S. 2100 ff.

1231 *Callsen*, EuZA 2012, 154, 160.

1232 Cass. vom 19.7.2007, RDIPP 2008, 533, 534; *Callsen*, EuZA 2012, 154, 160.

Die italienische Rechtsprechung nimmt im Hinblick auf die traditionellerweise auf internationaler Ebene als *ordre public* bewerteten Prinzipien trotz heftiger Kritik seitens der internationalen Lehre eine Abstufung vor und bezeichnet die wesentlichen Prinzipien als „wirklich internationalen“ *ordre public* (*realmente internazionale*). Beispielhaft seien der Gesundheitsschutz des Arbeitnehmers, eine angemessene Vergütung oder das Diskriminierungsverbot genannt.[1233] In diesem Zusammenhang sei hier eine wichtige Entscheidung des Kassationshofes (Cass. vom 7.12.2005, Nr. 26976) angeführt, wonach das Verbot der Zwischenvergabe im Sinne des Gesetzes Nr. 1369/1960 weder in den Anwendungsbereich des *ordre public* noch des „wirklich internationalen“ *ordre public* fallen würde.[1234] Er hielt sich jedoch ausdrücklich die Möglichkeit einer anderen Bewertung im Hinblick auf die betrügerische Arbeitnehmerüberlassung (Art. 28 Gesetzesverordnung Nr. 276/2003) offen.

2. Der Überlassungsvertrag

Beim Überlassungsvertrag handelt es sich um einen schuldrechtlichen Vertrag eigener Art. Das Vertragsstatut wird daher ausschließlich nach Artt. 3 und 4 Rom I-VO bestimmt.[1235] Die objektive Anknüpfung führt folglich in der Regel zu einem Gleichlauf des Arbeitsvertragsstatuts und des Statuts des Überlassungsvertrages.

3. Das Verhältnis zwischen Entleiher und Leiharbeitnehmer

Auch wenn zwischen Entleiher und Leiharbeitnehmer keine vertragliche Beziehung besteht, ist die einschlägige Kollisionsnorm eine Vorschrift des internationalen Vertragsrechtes, und zwar des Art. 8 Rom I-VO, die sich auch auf Arbeitsverhältnisse bezieht. Denn die Rechtsbeziehung zwischen Entleiher und Leiharbeitnehmer ist weitgehend arbeitsrechtlich geprägt.[1236]

Insgesamt unterstehen die drei Rechtsverhältnisse grundsätzlich dem Heimatrecht der Parteien.[1237]

1233 *Carinci, F.*, Diritto del lavoro, commentario, Carinci, F. (diretto da), vol. II, S. 2101.

1234 *Carinci, F.*, Diritto del lavoro, commentario, Carinci, F. (diretto da), vol. II, S. 2101 f.

1235 Schüren/Hamann/*Riederer von Paar*, AÜG, Einl. Rdnr. 666.

1236 Schüren/Hamann/*Riederer von Paar*, AÜG, Einl. Rdnr. 669.

1237 Schüren/Hamann/*Riederer von Paar*, AÜG, Einl. Rdnr. 675.

§ 7 Ergebnis

Strukturbedingt und aufgrund der europäischen Vorgaben weist die Ausgestaltung der Leiharbeit in Deutschland und in Italien viele Parallelen auf. Dennoch unterscheiden sich die jeweiligen nationalen Bestimmungen in einigen Punkten erheblich.

Für die einzelnen Aspekte wurden die Unterschiede jeweils herausgearbeitet. Resümierend sei festgestellt, dass insbesondere die Voraussetzungen für die Verleiherlaubnis, die Regelungen bezüglich der Mindestlöhne in verleihfreien Zeiten, des Weiterbildungsfonds, der Sanktionen sowie der gesamtschuldnerischen Haftung von Ver- und Entleiher die gravierendsten Abweichungen aufweisen. Darüber hinaus variiert auch die Gestaltung der Rechte der Leiharbeitnehmer im Entleiherbetrieb.

Bei der Gegenüberstellung der beiden Rechtsordnungen ist selbstverständlich zu berücksichtigen, dass angesichts der verschiedenen Regelungssysteme eine hundertprozentige Vergleichbarkeit nicht gegeben ist. Es ist daher schwer zu analysieren, welches Land den Leiharbeitnehmern die höhere Sicherheit und den Arbeitgebern maximale Flexibilität bietet.

Derzeit zeigt sich in Deutschland die Tendenz der Re-Regulierung speziell in der schärferen Regulierung der Zeitarbeit durch die jüngsten Tarifverträge und zwar vornehmlich in den Hauptindustriezweigen der Metall-, Elektro- und Chemieindustrie. Der Tarifvertrag für diese Branchen sieht vor, dass das Lohngefälle zwischen den Leiharbeitnehmern und den Stammbelegschaften schrittweise durch Branchenzuschläge verringert wird.

Leiharbeitnehmer, die länger als sechs Wochen in einem Betrieb eingesetzt sind, sollen ab November 2012 ein um 15% höheres Entgelt erhalten. Dieser Zuschlag erhöht sich – je nach Einsatzdauer – schrittweise auf bis zu 50% nach neun Monaten Tätigkeit im Entleiherbetrieb.[1238]

Es bleibt jedoch die Frage, ob dieses Modell die Situation der Leiharbeitnehmer tatsächlich merklich verbessern kann. Hier ist zu berücksichtigen, dass der Großteil der Arbeitnehmer in der Dienstleistungsbranche tätig ist und die

1238 *Creutzburg*, Nagelprobe für die Zeitarbeit, Handelsblatt Nr. 135 vom 16.7.2012, S. 12; *Öchsner*, Angst vor den Billigheimern, SZ Nr. 164 vom 18.7.2012, S. 17.

Gewerkschaften das Zuschlagsmodell in dieser Form aufgrund der durchschnittlich nur rund sechsmonatigen Einsatzdauer ablehnen.

Die Politik ist damit weiter gefordert, den Gleichbehandlungsgrundsatz von Leiharbeitnehmern und Stammbelegschaften durchzusetzen.

Die Gewerkschaften pochen trotz ihrer tarifpolitischen Aktivität auf ein neues Gesetz. Zudem fordert die IG Metall, dass die befristete Anstellung von Leiharbeitnehmern durch Verleiher gesetzlich erschwert werden solle.[1239]

Bedenkt man demgegenüber, dass die italienische Gesetzesreform eben erst zu einer Lockerung der befristeten Anstellung – auch für die Zeitarbeit – geführt hat, sieht man, wie gespalten die Lager hier sind.

Es stellt sich daher die Frage, ob die jüngsten Bestrebungen zu einem Verlust der Flexibilität auf Seiten der Arbeitgeber führen werden. Die betriebliche Personalpolitik wird hierdurch sicherlich erschwert. Vor allem sind die Forderungen von Seiten der Gewerkschaften mit erheblich höheren Kosten verbunden.

Während die Gewerkschaften ein Gesetz fordern, um die Löhne der Leiharbeitnehmer zu erhöhen, wollen die Zeitarbeitsverbände, die die Interessen der Verleiherbetriebe vertreten, um dies zu verhindern die Tarifverträge auf andere Branchen ausweiten.[1240] Eine weitere Regulierung würde ziemlich sicher die Attraktivität der Zeitarbeit zunichte machen. Ein Vorteil der tarifvertraglichen Ambition liegt jedenfalls in der Nähe der Tarifparteien zu den praktischen Problemen, so dass sie die Bedürfnisse am besten beurteilen können.

In Italien hatte die fortdauernde Wirtschaftskrise die Regierung Monti zu umfangreichen Reformen gezwungen. Aufgrund des starken Widerstandes von Seiten der Gewerkschaften mussten bei der „*Riforma Fornero*" jedoch erhebliche Kompromisse eingegangen werden. Nicht zuletzt deswegen ist wohl bis zum jetzigen Zeitpunkt noch kein wesentlicher Fortschritt auf dem Arbeitsmarkt festzustellen.[1241]

Abschließend sollte jedoch ungeachtet des Regulierungseifers nicht übersehen werden, dass die Zeitarbeit insgesamt zum Beschäftigungswachstum beigetragen hat und eine erneute Re-Regulierung ihr wohl eher schaden als nützen würde.

1239 *Creutzburg*, Nagelprobe für die Zeitarbeit, Handelsblatt Nr. 135 vom 16.7.2012, S. 12.

1240 *Öchsner*, Angst vor den Billigheimern, SZ Nr. 164 vom 18.7.2012, S. 17.

1241 *Piller*, Roms unerledigte Hausaufgaben, FAZ vom 7.8.2012, Wirtschaft, abrufbar unter: www.faz.net.

Literaturverzeichnis

Aufsätze und Monographien

Abele, Roland	Zum Verbot der Arbeitnehmerüberlassung in Italien, in: *Inzitari*, Bruno/*Kindler*, Peter/*Rauscher*, Thomas/*Scheuer*, Katrin/*Thieme*, Jürgen, Verbraucherrecht, Gesellschaftsrecht, Erbrecht, Internationales Privatrecht, Jahrbuch für italienisches Recht, Band 8, 1995, 221 ff., Heidelberg 1995
Amadei, Enrico	Il giudizio di CNA sulla riforma Biagi, in: La riforma Biagi del mercato del lavoro – Prime interpretazioni e proposte di lettura del d.lgs. 10 settembre 2003, n. 276. Il diritto transitorio e i tempi della riforma, a cura di *Tiraboschi*, Michele, S. 904 ff., Mailand 2004
Bano, Fabrizio	La somministrazione di lavoro, in: Impiego flessibile e mercato del lavoro, a cura di *Perulli*, Adalberto, S. 1 ff., Turin 2004
Bauer, Dietmar	Zum Nebeneinander erlaubter Arbeitnehmerüberlassung und erlaubter Arbeitsvermittlung, in: NZA 1995, 203 ff.
Bauer, Jobst-Hubertus/ *Krets*, Jérôme	Gesetze für moderne Dienstleistungen am Arbeitsmarkt, in: NJW 2003, 537 ff.

Bayreuther, Frank — Ist die Lohnwucherrechtsprechung international-privatrechtlich zwingend?, in: NZA 2010, 1157 ff.

Bayreuther, Frank — Vollständige Arbeitnehmerfreizügigkeit zugunsten der MOE-Staaten – Auswirkungen auf das Arbeitsrecht und die grenzüberschreitende Arbeitnehmerüberlassung, in: DB 2011, 706 ff.

Behrens, Walter/ *Richter*, Juliane — Leiharbeit/Arbeitnehmerüberlassung (Temporary Agency Work) – EIAS-Tagung am 10./11.10.2002 – Eine Bewertung aus Sicht des europäischen Gemeinschaftsrechtes und des belgischen, spanischen und deutschen Arbeits- und Sozialrechts, in: NZA 2003, 87 ff.

Bellocchi, Paula — La somministrazione di lavoro: profili generali, in: Il diritto del lavoro, volume LXXIX, a cura di *Guidi*, Dario/ *Miglioranzi*, Luigi A., S. 35 ff., Rom 2005

Benkert, Daniel — Änderungen im Arbeitnehmerüberlassungsgesetz durch „Hartz III“, in: BB 2004, 998 ff.

Biagi, Marco — Istituzioni di diritto del lavoro, continuato da Michele Tiraboschi, 3. Auflage, Mailand 2004

Blanke, Thomas — Der Gleichbehandlungsgrundsatz in der Arbeitnehmerüberlassung, in: Der Betrieb 2010, 1528 ff.

Blanke, Thomas — Gutachten im Auftrag des DGB: Welche Änderungen des deutschen Gesetzes erfordert die Umsetzung der EU-Richtlinie Leiharbeit –

mit dem Schwerpunkt Gleichbehandlungsgrundsatz und Abweichungen gem. Art. 5 der EU-Rl?,
Oldenburg i.O. April 2010

Internet:
www.sozialpolitik-aktuell.de/tl_files/ sozialpolitik-aktuell/_Politikfelder/ Arbeitsmarkt/Dokumente/Rechtsgutachten-zur-Umsetzung-der-EU-Richtlinie-Leiharbeit.pdf
(Abrufdatum: 31.8.2012)

Bocchieri, Gianni — Il nuovo contratto collettivo nazionale di lavoro per le agenzie di somministrazione di lavoro,
in: Rivista italiana di diritto del lavoro 2009, III, 69 ff.

Böhm, Wolfgang — Befristung von Leiharbeitsverhältnissen nach der AÜG-Reform – „Vorübergehender betrieblicher Bedarf“ bei Dienstleistungs- und Subunternehmen,
in: RdA 2005, 360 ff.

Böhm, Wolfgang — Demontage der „Billig-Tarifverträge“ in der Zeitarbeit: Wachsende Risiken für die Kunden,
in: DB 2005, 2023 ff.

Böhm, Wolfgang — Umsetzung der EU-Leiharbeitsrichtlinie – mit Fragezeichen?!,
in: DB 2011, 473 ff.

Boemke, Burkhard — Die EG-Leiharbeitsrichtlinie und ihre Einflüsse auf das deutsche Recht,
in: RIW 2009, 177 ff.

Brors, Christiane — Zweifelhafte Zulässigkeit der gestaffelten individualvertraglichen Verweisung auf die Zeitarbeitstarifverträge der christlichen Gewerkschaften und des DGB,
in: BB 2006, 101 ff.

Brors, Christiane/ *Schüren*, Peter
Konzerninterne Arbeitnehmerüberlassung zur Kostensenkung,
in: BB 2004, 2745 ff.

Brose, Wiebke
Die betriebsverfassungsrechtliche Stellung von Leiharbeitnehmern nach den Änderungen des AÜG,
in: NZA 2005, 797 ff.

Buchner, Herbert
Welche arbeits- und ergänzenden sozialrechtlichen Regelungen empfehlen sich zur Bekämpfung der Arbeitslosigkeit?,
in: NZA 2000, 905 ff.

Burda, Michael C./ *Kvasnicka*, Michael
Zeitarbeit in Deutschland: Trends und Perspektiven, Sonderforschungsbericht 649, Diskussionspapier SFB649DP2005-048, Humboldt Universität, Berlin 2005

Callsen, Raphaël
Verdrängung fremden Arbeitsrechtes bei Auslandsarbeit durch das Ortsrecht am Beispiel Frankreichs – Mit Ausblicken nach Spanien und Italien,
in: EuZA 2012, 154 ff.

Carinci, Franco/ *De Luca Tamajo*, Raffaele/ *Tosi*, Paolo/ *Treu*,Tiziano,
Diritto del lavoro, volume II – Il rapporto di lavoro subordinato,
6. Auflage, Turin 2005

Carinci, Maria Teresa
Utilizzazione e acquisizione indiretta del lavoro: Somministrazione e distacco, appalto e subappalto, trasferimento d'azienda e di ramo – Diritto del lavoro e nuove forme di organizzazione dell'impresa,
2. Auflage, Turin 2010,
zitiert: *Carinci*, *M.T.*, Fundstelle

Caruso, Sebastiano Bruno/ *Cinelli*, Maurizio/ *Ferraro*, Giuseppe — Manuali modulari – Diritto del lavoro, a cura di *Caruso*, Sebastiano Bruno/*Cinelli*, Maurizio/*Ferraro*, Giuseppe, Turin 2004

Cerrito, Pietro — Ordinamento nazionale, "Riforma Biagi" del mercato del lavoro e ruolo delle istituzioni locali, in: Sviluppo e occupazione nel mercato globale: stravolgimenti economici, competizione dei sistemi locali, metamorfosi del lavoro, a cura di *Ferraro*, Giuseppe, S. 293 ff., Mailand 2004

Cinelli, Maurizio/ *Ferraro*, Giuseppe — La giustizia del lavoro nella visione del "Collegato": crisi del processo e tecniche deflattive, in: Il contenzioso del lavoro nella Legge 4 novembre 2010, n. 183 (Collegato lavoro), a cura di *Cinelli*, Maurizio/*Ferraro*, Giuseppe, S. XVII ff., Turin 2011

Cinelli, Maurizio/ *Nicolini*, Carlo Alberto — L'approvazione del Pacchetto-*Welfare* e la manovra finanziaria per il 2008, in: Rivista italiana di diritto del lavoro 2008, III, 15 ff.

Coppola, Paolo — Collegato lavoro, ordinamento comunitario e poteri del giudice, in: Rivista giuridica del lavoro e della previdenza sociale 2011, Nr. 1, 69 ff.

Corazza, Luisa — Appalti di servizi, *contractual integration* tra imprese, linee di riforma del decentramento produttivo, in: Mercato del lavoro: riforma e vincoli di sistema. Dalla legge 14 febbraio 2003, n. 30 al decreto legislativo 10 settembre 2003, n. 276, a cura di *De Luca Tamajo*, Raffaele/ *Rusciano*, Mario/*Zoppoli*, Lorenzo, S. 141 ff., Neapel 2004

Corbascio, Sergio/ *Nacci*, Onofrio — Il contrasto al lavoro nero, in: La riforma Biagi del mercato del lavoro – Prime interpretazioni e proposte di lettura del d.lgs. 10 settembre 2003, n. 276. Il diritto transitorio e i tempi della riforma, a cura di *Tiraboschi*, Michele, S. 254 ff., Mailand 2004

Corti, Matteo — La disciplina europea del lavoro interinale tramite agenzia, in: Rivista italiana di diritto del lavoro 2009, III, 189 ff.

Corvino, Alessandro/ *Tiraboschi*, Michele — Il rilancio della certificazione: nuovi ambiti di operatività e „tenuta“ giudiziaria, in: Collegato lavoro, commento alla legge 4 novembre 2010, n. 183, a cura di *Tiraboschi*, Michele, S. 3 ff., Mailand, November 2010

Cottone, Nicoletta/ *Tucci*, Claudio — L'abc della riforma del mercato del lavoro, dall'addizionale sui diritti d'imbarco ai voucher, Il Sole 24 Ore vom 27.6.2012

Internet: http://www.ilsole24ore.com/art/notizie/2012-06-24/labc-riforma-mercato-lavoro-152759.shtml?uuid=AbIFwSxF (Abrufdatum: 31.8.2012)

Däubler, Wolfgang — Die konzerneigene Verleihfirma – Ein Etikettenschwindel?, in: AiB 2008, 524 ff.

De Angelis, Luigi — Le certificazioni all'interno della riforma del mercato del lavoro, in: Rivista italiana di diritto del lavoro 2004, I, 235 ff.

De Angelis, Luigi
Opinioni sul “Collegato lavoro”,
in: Giornale di diritto del lavoro e di relazioni industriali fondato da Gino Giugni, 2011, Nr. 1, S. 132 ff.

Del Punta, Riccardo
Le molte vite del divieto di interposizione nel rapporto di lavoro,
in: Rivista italiana di diritto del lavoro 2008, I, 129 ff.

De Lucia, Valeria
Novità in materia di somministrazione di lavoro,
Il Sole 24 Ore vom 26.4.2012

Internet:
http://www.diritto24.ilsole24ore.com/avvocatoAffari/mercatiImpresa/2012/04/novita-in-materia-di-somministrazione-di-lavoro.html
(Abrufdatum: 31.8.2012)

Di Base, Incoronata Marika
Il nuovo regime delle decadenze,
in: Collegato lavoro, commento alla legge 4 novembre 2010, n. 183,
a cura di *Tiraboschi*, Michele, S. 91 ff.,
Mailand, November 2010

Di Francesco, Andrea
Lezioni di diritto privato europeo del lavoro, S. 103 ff.,
Mailand 2007

D'Oronzo, Valentina
La riforma del mercato del lavoro tra concertazione e dialogo sociale,
in: La riforma Biagi del mercato del lavoro – Prime interpretazioni e proposte di lettura del d.lgs. 10 settembre 2003, n. 276.
Il diritto transitorio e i tempi della riforma,
a cura di *Tiraboschi*, Michele, S. 747 ff.,
Mailand 2004

D'Oronzo, Valentina — Somministrazione, contratto di lavoro e tipi contrattuali utilizzabili,
in: Il lavoro nella giurisprudenza 2005, Nr. 8, 731 ff.

Drosdeck, Thomas/ *Bitsch*, Christian — Zulässigkeit von Kettenbefristungen,
in: NJW 2012, 977 ff.

Düwell, Franz Josef — Erstes Gesetz zur Änderung des AÜG – Eine verpasste Chance für die Integration der Leiharbeit in die Betriebsverfassung,
in: AuR 2011, 288 ff.

Düwell, Franz Josef — Überlassung zur Arbeitsleistung – Neues aus Rechtsprechung und Gesetzgebung,
in: DB 2011, 1520 ff.

Düwell, Franz Josef — Verhinderung des missbräuchlichen Einsatzes von Arbeitnehmerüberlassung und Umsetzung der Leiharbeitsrichtlinie,
in: DB 2010, 1759 ff.

Facello, Serena/ *Tiraboschi*, Michele — Le misure per l'incontro tra la domanda e l'offerta di lavoro,
in: Collegato lavoro, commento alla legge 4 novembre 2010, n. 183,
a cura di *Tiraboschi*, Michele, S. 175 ff.,
Mailand, November 2010

Falasca, Giampiero — La flessibilità non si impone con diktat formali troppo rigidi, Il Sole 24 Ore vom 9.7.2012

Internet:
http://www.ilsole24ore.com/art/norme-e-tributi/2012-07-09/flessibilita-impone-diktat-formali-064143.shtml?uuid=AbXe8x4F
(Abrufdatum: 31.8.2012)

Falasca, Giampiero — Lo staff leasing, in: Previdenza, mercato del lavoro, competitività, commentario alla legge 24 dicembre 2007, n. 247 e al decreto legge 25 giugno 2008, n. 112, convertito nella legge 6 agosto 2008, n. 133, a cura di *Magnani*, Mariella/*Pandolfo*, Angelo/*Varesi*, Pier Antonio, Turin 2008

Falasca, Giampiero/ *Soldera*, Mauro — Somministrazione di lavoro, Dossier Lavoro der Reihe Guida al lavoro, Herausgeber: Il Sole 24 ORE, Mailand, März 2010

Ferrara, Maria Dolores — Indicazione delle ragioni giustificative nel contratto di somministrazione a termine, Besprechung des Urteils des Tribunale di Bologna, sez. lav., vom 8.2.2008, in: Il lavoro nella giurisprudenza 2009, Nr. 1, 69 ff.

Ferraro, Giuseppe — Lavori flessibili e certificazione delle dinamiche salariali, in: Sviluppo e occupazione nel mercato globale: stravolgimenti economici, competizione dei sistemi locali, metamorfosi del lavoro, a cura di *Ferraro*, Giuseppe, S. 241 ff., Mailand 2004

Ferraro, Giuseppe — Tipologie di lavoro flessibile, Turin 2009

Feuerborn, Andreas — Die soziale Sicherung von Leiharbeitnehmern und vergleichbaren Arbeitnehmergruppen in Italien, Berlin 1993

Follieri, Luigi — Il dibattito giurisprudenziale sull'intermediazione di manodopera, Anmerkungen zum Urteil des Kassationshofes, Cassazione civile, sezioni unite, vom 26.10.2006, Nr. 22910,
in: Obbligazioni e Contratti 2008, Nr. 5, S. 416 ff.

Franken, Heide — Zeitarbeit – Lösung für Flexicurity!,
in: Der Betrieb, Online Sammlung Arbeitsrechtlicher Entscheidungen vom 16.11.2010, Heft 7, S. 3

Internet:
http://www.der-betrieb.de/content/dft,0,394489
(Abrufdatum: 31.8.2012)

Frik, Roman — Die Befristung von Leiharbeitsverträgen nach dem Teilzeit- und Befristungsgesetz,
in: NZA 2005, 386 ff.

Fuchs, Maximilian — Flexibilität à la carte – Die Reform des italienischen Arbeitsrechtes,
in: NZA 2004, 956 ff.

Gentile, Riccardo — Le ragioni giustificative della fornitura di manodopera tra requisiti formali e sostanziali del contratto di somministrazione,
in: Argomenti di diritto del lavoro 2010, Nr. 3, 787 ff.

Giovani, Riccardo — Il giudizio di Confartigianato sulla riforma Biagi,
in: La riforma Biagi del mercato del lavoro – Prime interpretazioni e proposte di lettura del d.lgs. 10 settembre 2003, n. 276.
Il diritto transitorio e i tempi della riforma, a cura di *Tiraboschi*, Michele, S. 887 ff., Mailand 2004

Giubboni, Stefano — La protezione dei lavoratori non-standard nel diritto dell'Unione Europea, in: Rivista giuridica del lavoro e della previdenza sociale 2011, Nr. 1, 265 ff.

Hamann, Wolfgang — Betriebsverfassungsrechtliche Auswirkungen der Reform der Arbeitnehmerüberlassung, in: NZA 2003, 526 ff.

Hamann, Wolfgang — Die Richtlinie Leiharbeit und ihre Auswirkungen auf das nationale Recht der Arbeitnehmerüberlassung, in: EuZA 2009, 287 ff.

Hamann, Wolfgang — Die Vereinbarkeit der privilegierten Arbeitnehmerüberlassung nach dem AÜG mit der Richtlinie Leiharbeit, in: ZESAR 2012, 103 ff.

Hamann, Wolfgang — Kurswechsel bei der Arbeitnehmerüberlassung, in: NZA 2011, 70 ff.

Hausmann, Rainer — Arbeitnehmerschutz nach italienischem Recht vor deutschen Arbeitsgerichten, in: *Di Majo*, Adolfo/*Kindler*, Peter/*Hausmann*, Rainer, Produkthaftung, Handelsvertreter, Arbeitsrecht, Jahrbuch für italienisches Recht, Band 4, 1991, 49 ff., Heidelberg 1991

Hirdina, Ralph — Die Arbeitnehmerüberlassung – Eine verfassungswidrige Überregelung?, in: NZA 2011, 325 ff.

Hofmann, Michael A./*Coslovich*, Antonella — Arbeitsrecht in Italien, München, 1. Auflage 1996

Holst, Hajo/ *Nachtwey*, Oliver/ *Dörre*, Klaus — Funktionswandel von Leiharbeit-Neue Nutzungsstrategien und ihre arbeits- und mitbestimmungspolitischen Folgen, Studie im Auftrag der Otto-Brenner-Stiftung, Arbeitsheft 61, Frankfurt am Main 2009

Ichino, Pietro — Lezioni di diritto di lavoro, un approccio di labour law and economics, Mailand 2004

Iorio, Maria Rita — Riforma del mercato del lavoro, forme di lavoro atipico e tutela della salute e sicurezza dei lavoratori, in: La riforma Biagi del mercato del lavoro – Prime interpretazioni e proposte di lettura del d.lgs. 10 settembre 2003, n. 276. Il diritto transitorio e i tempi della riforma, a cura di *Tiraboschi*, Michele, S. 304 ff., Mailand 2004

Karthaus, Boris/ *Klebe*, Thomas — Betriebsratsrechte bei Werkverträgen, in: NZA 2012, 417 ff.

Keller, Berndt/ *Seifert*, Hartmut — Atypische Beschäftigung und soziale Risiken, Entwicklung, Strukturen, Regulierung, Expertise im Auftrag der Friedrich-Ebert-Stiftung aus der Reihe WISO Diskurs, Expertisen und Dokumentationen zur Wirtschafts- und Sozialpolitik, Bonn, Oktober 2011

Keller, Berndt/ *Seifert*, Hartmut — Flexicurity: Ein europäisches Konzept und seine nationale Umsetzung, Expertise im Auftrag der Friedrich-Ebert-Stiftung aus der Reihe WISO Diskurs, Expertisen und Dokumentationen zur Wirtschafts- und Sozialpolitik, Bonn, April 2008

Kindler, Peter
Einführung in das italienische Recht, JuS Schriftenreihe, München, 2. Auflage 2008

Kindler, Peter
Italienisches Handels- und Wirtschaftsrecht, Heidelberg 2002

Lamberti, Mariorosario
La somministrazione di lavoro a tempo indeterminato: l'interposizione lecita dopo l'abolizione dello staff leasing, in: Lavoro, competitività, welfare, commentario alla legge 24 dicembre 2007, n. 247 e riforme correlate, a cura di *Cinelli*, Maurizio/*Ferraro*, Giuseppe, S. 121 ff., Turin 2008

Lembke, Mark
BB-Kommentar, (Urteilsanmerkung zu BVerfG vom 29.12.2004, BB 2005, 495ff.), in: BB 2005, 499 ff.

Lembke, Mark
Brennpunkte in der Zeitarbeit, in: BB 2010, 1533 ff.

Lembke, Mark
Die geplanten Änderungen im Recht der Arbeitnehmerüberlassung, in: DB 2011, 414 ff.

Lembke, Mark
Neue Rechte von Leiharbeitnehmern gegenüber Entleihern, in: NZA 2011, 319 ff.

Leuchten, Alexius
Freikündigungspflicht zur Weiterbeschäftigung, in: NZA 2007, 585 ff.

Luciani, Valentina
Anmerkung zum Urteil des Tribunale di Napoli, sez. lav., vom 3.2.2011, in: Rivista italiana di diritto del lavoro 2012, II, 348 ff.

Magrini, Sergio/ *Pizzuti*, Paolo

Somministrazione e esternalizzazione del lavoro,
in: Sviluppo e occupazione nel mercato globale: stravolgimenti economici, competizione dei sistemi locali, metamorfosi del lavoro,
a cura di *Ferraro*, Giuseppe, S. 189 ff.,
Mailand 2004

Marino, Matteo

La flessibilità del lavoro in Germania: spunti di riflessione e di comparazione con il d.lgs. n. 276/2003,
in: Il diritto del lavoro, volume LXXIX,
a cura di *Guidi*, Dario/*Miglioranzi*, Luigi A.,
S. 177 ff.,
Rom 2005

Mattone, Sergio

Il Collegato lavoro: Legge n. 183/2010, Presentazione,
in: Rivista giuridica del lavoro e della previdenza sociale 2011, Nr. 1, 3 ff.

Mayer, Udo R.

Gesetzliche Mindestlöhne für die Leiharbeit – zur Zulässigkeit eines tariflichen Lohngitters,
in: AuR 2011, 4 ff.

Mazziotti, Fabio

Manuale di diritto del lavoro,
Neapel 2009,
zitiert: *Mazziotti*, Fundstelle

Mazzotta, Oronzo

Diritto del lavoro – Il rapporto di lavoro,
Trattato di diritto privato,
a cura di *Iudica* Giovanni/*Zatti*, Paolo,
3. Auflage, Mailand 2008

Mazzotta, Oronzo

Il mondo al di là dello specchio: La delega sul lavoro e gli incerti confini della liceità nei rapporti interpositori,
in: Mercato del lavoro: riforma e vincoli di sistema. Dalla legge 14 febbraio 2003, n. 30 al decreto legislativo 10 settembre 2003, n.

276, a cura di *De Luca Tamajo*, Raffaele/ *Rusciano*, Mario/*Zoppoli*, Lorenzo, S. 91 ff., Neapel 2004

Miscione, Alessandra — Anmerkungen zum Urteil des Kassationshofes, Corte di Cassazione penale vom 16.6.2006, Nr. 20758, Interposizione e somministrazione: la Cassazione conferma la successione penale di norme, in: Il lavoro nella giurisprudenza 2007, Nr. 1, 33 ff.

Miscione, Michele — Il Collegato lavoro 2010 proiettato al futuro, in: Il lavoro nella giurisprudenza 2011, Nr. 1, 5 ff.

Miscione, Michele — Le certificazioni di lavoro, in: Il lavoro nella giurisprudenza 2011, Nr. 8, 761 ff.

Monticelli, Caro Lucrezio — Garanzie per i lavoratori e nuove forme di flessibilità aziendale, in: La riforma Biagi del mercato del lavoro – Prime interpretazioni e proposte di lettura del d.lgs. 10 settembre 2003, n. 276. Il diritto transitorio e i tempi della riforma, a cura di *Tiraboschi*, Michele, S. 128 ff., Mailand 2004

Natullo, Gaetano — Lavori temporanei e sicurezza del lavoro, in: Mercato del lavoro: riforma e vincoli di sistema. Dalla legge 14 febbraio 2003, n. 30 al decreto legislativo 10 settembre 2003, n. 276, a cura di *De Luca Tamajo*, Raffaele/ *Rusciano*, Mario/*Zoppoli*, Lorenzo, S. 151 ff., Neapel 2004

Nebeling, Martin/ *Gründel*, Sarah — Vermeidung des Gleichstellungsgrundsatzes in Mischbetrieben mit Zeitarbeit, in: BB 2009, 2366 ff.

Negri, Antonella/ *Fulgoni*, Francesco — Il lavoratore italiano all'estero, aus der Reihe Il Sole 24 Ore – Ventiquattrore Avvocato, S. 44 ff., in: Ausgabe Nr. 6 vom 1.6.2010

Nogler, Luca — Opinioni sul "Collegato lavoro", in: Giornale di diritto del lavoro e di relazioni industriali fondato da Gino Giugni, 2011, Nr. 1, 123 ff.

Oberthür, Nathalie — Die Neuregelung des AÜG – Umsetzung der EU-Richtlinie und Einführung einer Lohnuntergrenze in der Leiharbeit, in: Der Arbeitsrechtsberater 2011, 146 ff.

Panariello, Francescopaolo — Riforma del mercato del lavoro, interposizione, sistema sanzionatorio, in: a cura di *De Luca Tamajo*, Raffaele/ *Rusciano*, Mario/*Zoppoli*, Lorenzo, Mercato del lavoro: riforma e vincoli di sistema. Dalla legge 14 febbraio 2003, n. 30 al decreto legislativo 10 settembre 2003, n. 276, S. 157 ff., Neapel 2004

Papa, Danilo — La nuova "maxi-sanzione" contro il sommerso, in: Collegato lavoro, commento alla legge 4 novembre 2010, n. 183, a cura di *Tiraboschi*, Michele, S. 107 ff., Mailand, November 2010

Paterno, Federica — Kommentar zum Urteil des Kassationshofes, Cassazione civile, sezioni unite, vom 26.10.2006, Nr. 22910, in: Rivista italiana di diritto del lavoro 2007, II, 291 ff.

Pedaci, Marcello — Flessibilità del lavoro ed equilibri precari – La transizione al post-fordismo nelle storie di lavoratori parasubordinati, Rom 2010

Perulli, Adalberto
Introduzione,
in: Impiego flessibile e mercato del lavoro,
a cura di *Perulli*, Adalberto, S. 1 ff.,
Turin 2004

Pirrone, Salvatore/
Sestito, Paolo
Le fattispecie contrattuali della riforma Biagi: Alcune considerazioni di carattere giuridico, economico e pragmatico,
in: Rivista italiana di diritto del lavoro 2006, I, 21 ff.,
zitiert: *Pirrone*/*Sestito*, Le fattispecie contrattuali della riforma Biagi, Fundstelle

Pocar, Fausto
Das neue italienische Internationale Privatrecht,
in: IPRax 1997, 145 ff.

Pollert, Dirk/
Spieler, Sven
Die Arbeitnehmerüberlassung in der betrieblichen Praxis,
3. Auflage, Heidelberg 2011

Radoccia, Stefania
Arbeitsrecht in Italien,
in: Arbeitsrecht in Europa,
herausgegeben von *Henssler*, Martin/*Braun*, Axel, S. 607 ff.
3. Auflage, Köln 2011,
zitiert: *Radoccia*, Arbeitsrecht in Italien, Fundstelle

Ratti, Luca
Interposizione illecita e irresponsabilità solidale del datore di lavoro interposto,
in: Il lavoro in giurisprudenza 2007, Nr. 3, 271 ff.

Ratti, Luca
Somministrazione di lavoro e temporaneità delle esigenze dell'impresa,
in: Il lavoro in giurisprudenza 2010, Nr. 7, 703 ff.

Rausei, Pierluigi

Somministrazione di lavoro. Appalto e distacco.,
2009 Lavis,
zitiert: *Rausei*, Fundstelle

Regina, Pasquale

La somministrazione a tempo determinato. Ancora una occasione mancata?,
Besprechung des Urteils des Tribunale di Bergamo, sez. lav., vom 15.6.2010, Nr. 500,
in: Il lavoro nella giurisprudenza 2011, Nr. 4, 402 ff.

Reiß, Jürgen

Die sog. „Biagi"-Reform des italienischen Arbeitsrechts,
in: RIW 2006, 668 ff.

Ricci, Maurizio

La somministrazione di lavoro dopo la riforma,
in: Mercato del lavoro: riforma e vincoli di sistema. Dalla legge 14 febbraio 2003, n. 30 al decreto legislativo 10 settembre 2003, n. 276, a cura di *De Luca Tamajo*, Raffaele/*Rusciano*, Mario/*Zoppoli*, Lorenzo, S. 103 ff., Neapel 2004

Rieble, Volker

Leiharbeitnehmer zählen doch?,
in: NZA 2012, 485 ff.

Roccella, Massimo

Il manifesto, 21.10.2010, "Collegato lavoro", ingiustizia è fatta,

Internet:
http://temi.repubblica.it/micromega-online/collegato-lavoro-ingiustizia-e-fatta/
(Abrufdatum: 31.8.2012)

Romei, Roberto

Anmerkungen zum Urteil des Tribunale di Ferrara, sez. penale, vom 24.12.2003,
in: Rivista italiana di diritto del lavoro 2005, II, 725 ff.

Romei, Roberto — Somministrazione a tempo indeterminato e dintorni: le tendenze creative della giurisprudenza,
in: Rivista italiana di diritto del lavoro 2011, II, 70 ff.

Rosano, Maddalena — Prospettive di restyling per la gestione del mercato del lavoro,
in: Lavoro, competitività, welfare, commentario alla legge 24 dicembre 2007, n. 247 e riforme correlate, a cura di *Cinelli*, Maurizio/ *Ferraro*, Giuseppe, S. 9 ff.,
Turin 2008

Rosenau, Marc Tobias/ *Mosch*, Ulrich — Neue Regelungen für die Leiharbeit,
NJW-Spezial, 2011, 242 f.

Schmid, Günther — Il lavoro non standard. Riflessioni nell'ottica dei mercati transizionali del lavoro,
in: Diritto delle relazioni industriali 2011, Nr. 1, 1 ff.

Schregle, Johannes — Sprachliche Überlegungen zur Arbeitsrechtsvergleichung,
in: RdA 1989, 255 ff.

Schüren, Peter — Leiharbeit in Deutschland,
in: RdA 2007, 231 ff.

Schüren, Peter/ *Behrend*, Britta — Arbeitnehmerüberlassung nach der Reform – Risiken der neuen Freiheit,
in: NZA 2003, 521 ff.

Schüren, Peter/ *Wank*, Rolf — Die neue Leiharbeitsrichtlinie und ihre Umsetzung in deutsches Recht,
in: RdA 2011, 1 ff.

Schwitzer, Helga — Wildwuchs eingedämmt,
in: Online Magazin Mitbestimmung der Hans Böckler Stiftung, Ausgabe 7 und 8/2012,

Internet:
http://www.boeckler.de/40639_40662.htm
(Abrufdatum: 31.8.2012)

Signorelli, Marcello
L'impatto della riforma Biagi: una prospettiva economica,
in: La riforma Biagi del mercato del lavoro – Prime interpretazioni e proposte di lettura del d.lgs. 10 settembre 2003, n. 276.
Il diritto transitorio e i tempi della riforma, a cura di *Tiraboschi*, Michele, S. 403 ff., Mailand 2004

Sittard, Ulrich
Verfassungs- und europarechtliche Anmerkungen zu den Mindestlohnbeschlüssen des Deutschen Juristentags,
in: NZA 2010, 1160 ff.

Spattini, Silvia
Riforme possibili, riforme necessarie: L'utilità di una comparazione tra il caso italiano e quello tedesco,
in: La riforma Biagi del mercato del lavoro – Prime interpretazioni e proposte di lettura del d.lgs. 10 settembre 2003, n. 276.
Il diritto transitorio e i tempi della riforma, a cura di *Tiraboschi*, Michele, S. 53 ff., Mailand 2004

Spattini, Silvia/ *Tiraboschi*, Michele
Fondi per il sostegno al reddito dei somministrati,
in: Collegato lavoro, commento alla legge 4 novembre 2010, n. 183,
a cura di *Tiraboschi*, Michele, S. 189 ff., Mailand, November 2010

Steuer, Markus
Die Arbeitnehmerüberlassung als Mittel zur Förderung des Arbeitsmarktes in Deutschland: besteht weiterer Reformbedarf zur Stärkung ihrer beschäftigungspolitischen Bedeutung?,
Baden-Baden, 1. Auflage 2009

Thüsing, Gregor — Europäische Impulse im Recht der Arbeitnehmerüberlassung – Zum Entwurf einer Richtlinie des Europäischen Parlamentes und des Rates über die Arbeitsbedingungen von Leiharbeitnehmern – KOM (2002) 149 endgültig –,
in: DB 2002, 2218 ff.

Thüsing, Gregor/ *Lembke*, Mark — Zeitarbeit im Spannungsverhältnis von Dienstleistungsfreiheit und Tarifautonomie,
in: ZfA 2007, 87 ff.

Thüsing, Gregor/ *Stiebert*, Tom — Equal Pay in der Arbeitnehmerüberlassung zwischen Unionsrecht und nationalem Recht,
in: ZESAR 2012, 199 ff.

Tiraboschi, Michele — Il decreto legislativo 10 settembre 2003, n. 276: alcune premesse e un percorso di lettura,
in: La riforma Biagi del mercato del lavoro – Prime interpretazioni e proposte di lettura del d.lgs. 10 settembre 2003, n. 276.
Il diritto transitorio e i tempi della riforma, a cura di *Tiraboschi*, Michele, S. 3 ff., Mailand 2004

Tiraboschi, Michele — La borsa continua nazionale del lavoro,
in: La riforma Biagi del mercato del lavoro – Prime interpretazioni e proposte di lettura del d.lgs. 10 settembre 2003, n. 276.
Il diritto transitorio e i tempi della riforma, a cura di *Tiraboschi*, Michele, S. 573 ff., Mailand 2004

Tiraboschi, Michele — La riforma dei contratti a contenuto formativo: Il nuovo apprendistato e il contratto di inserimento,
in: La riforma Biagi del mercato del lavoro – Prime interpretazioni e proposte di lettura del d.lgs. 10 settembre 2003, n. 276.

Il diritto transitorio e i tempi della riforma, a cura di *Tiraboschi*, Michele, S. 191 ff., Mailand 2004

Tiraboschi, Michele — Le riforme del mercato del lavoro dell'ultimo decennio: un processo di liberalizzazione?, in: Rivista italiana di diritto del lavoro 2006, I, 477 ff.

Tiraboschi, Michele — Regolazione del mercato del lavoro e modello organizzativo, in: La riforma Biagi del mercato del lavoro – Prime interpretazioni e proposte di lettura del d.lgs. 10 settembre 2003, n. 276. Il diritto transitorio e i tempi della riforma, a cura di *Tiraboschi*, Michele, S. 477 ff., Mailand 2004

Tiraboschi, Michele — Riforma Biagi e Strategia Europea per la occupazione, in: La riforma Biagi del mercato del lavoro – Prime interpretazioni e proposte di lettura del d.lgs. 10 settembre 2003, n. 276. Il diritto transitorio e i tempi della riforma, a cura di *Tiraboschi*, Michele, S. 41 ff., Mailand 2004

Tiraboschi, Michele — Riforma del mercato del lavoro e modello organizzativo tra vincoli costituzionali ed esigenze di unitarietà del sistema, in: Il diritto del mercato del lavoro dopo la riforma Biagi, a cura di *Olivelli*, Paola/ *Tiraboschi*, Michele, S. 40 ff., Mailand 2005

Tiraboschi, Michele — Somministrazione di lavoro, appalto di servizi, distacco, in: La riforma Biagi del mercato del lavoro – Prime interpretazioni e proposte di lettura del d.lgs. 10 settembre 2003, n. 276.

	Il diritto transitorio e i tempi della riforma, a cura di *Tiraboschi*, Michele, S. 205 ff., Mailand 2004
Treu, Tiziano	Collegato lavoro: ancora sul contratto a termine, Internet: Professioni e imprese 24 der Reihe Il Sole 24 Ore, abrufbar unter: http://www.professioni-imprese24.ilsole24ore.com/professioni24/lavoro/news/articolo_contrattazione__collettiva_3_2_011_Treu.html. (Abrufdatum: 31.8.2012)
Treu, Tiziano	Riforma Biagi e nuove regole del mercato del lavoro, in: Sviluppo e occupazione nel mercato globale: stravolgimenti economici, competizione dei sistemi locali, metamorfosi del lavoro, a cura di *Ferraro*, Giuseppe, S. 155 ff., Mailand 2004
Tursi, Armando/ *Varesi*, Pier Antonio	Lineamenti di diritto del lavoro – Rapporti di lavoro e relazioni sindacali nel settore privato, 3. Auflage, Mailand 2004
Ulber, Jürgen	Die Richtlinie zur Leiharbeit, in: AuR 2010, 10 ff.
Ulber, Jürgen	Personal-Service-Agenturen und Neuregelungen der Arbeitnehmerüberlassung, in: AuR 2010, 7 ff.
Ulber, Jürgen	Wirksamkeit tariflicher Regelungen zur Ungleichbehandlung von Leiharbeitnehmern, in: NZA 2009, 232 ff.
Urban-Crell, Sandra/ *Schulz*, Christian	Arbeitnehmerüberlassung und Arbeitsvermittlung, München 2003, zitiert: *Urban-Crell/Schulz*, Arbeitnehmerüberlassung, Fundstelle

Valente, Lucia — Kommentar zum Urteil des Tribunale di Roma, vom 7.3.2007, Nr. 6269, sez. lav., in: Rivista giuridica del lavoro e della previdenza sociale 2008, Nr. 2, 182 ff.

Vallebona, Antonio — Istituzioni di diritto del lavoro, volume II – Il rapporto di lavoro, 5. Auflage, Padua 2005

Vallebona, Antonio — Lavoro a termine illegittimo per il Collegato lavoro 2010: l'indennità per il periodo fino alla sentenza, in: Il lavoro nella giurisprudenza 2011, Nr. 1, 37 ff.

Waltermann, Raimund — Fehlentwicklung in der Leiharbeit, in: NZA 2010, 482 ff.

Wank, Rolf — Der Richtlinienvorschlag der EG-Kommission zur Leiharbeit und das „Erste Gesetz für moderne Dienstleistung am Arbeitsmarkt", in: NZA 2003, 14 ff.

Weinkopf, Claudia/ *Vanselow*, Achim — (Fehl-) Entwicklungen in der Zeitarbeit?, Expertise im Auftrag der Friedrich-Ebert-Stiftung aus der Reihe WISO Diskurs, Expertisen und Dokumentationen zur Wirtschafts- und Sozialpolitik, Bonn, Juni 2008

Willemsen, Heinz Josef/ *Georg*, Annuß — Kostensenkung durch konzerninterne Arbeitnehmerüberlassung, in: BB 2005, 437 ff.

Zappalà, Loredana — Nuova disciplina del lavoro temporaneo e modello di regolazione comunitaria, in: Mercato del lavoro: riforma e vincoli di sistema. Dalla legge 14 febbraio 2003, n. 30 al decreto legislativo 10 settembre 2003, n. 276, a cura di *De Luca Tamajo*, Raffaele/ *Rusciano*, Mario/*Zoppoli*, Lorenzo, S. 163 ff., Neapel 2004

Zimmermann, André | Der Entwurf eines Gesetzes zur Änderung des AÜG – Verhinderung von Missbrauch der Arbeitnehmerüberlassung, in: ArbR – Arbeitsrecht Aktuell 2011, 62 ff.

Kommentare

Boemke, Burkhard/ *Lembke*, Mark | Arbeitnehmerüberlassungsgesetz Kommentar, 2. Auflage, Frankfurt am Main 2005 zitiert: *Boemke/Lembke*, AÜG, Fundstelle

Carinci, Franco | Diritto del lavoro, commentario, diretto da Franco Carinci, volume I, Le fonti, Il diritto sindacto, a cura di *Zoli*, Carlo, 2. Auflage, Turin 2007, zitiert: *Carinci, F.*, Diritto del lavoro, commentario, Carinci, F. (diretto da), vol. I, Fundstelle

Carinci, Franco | Diritto del lavoro, commentario, diretto da Franco Carinci, volume II, Il rapporto di lavoro subordinato: costituzione e svolgimento, a cura di *Cester*, Carlo, 2. Auflage, Turin 2007, zitiert: *Carinci, F.*, Diritto del lavoro, commentario, Carinci, F. (diretto da), vol. II, Fundstelle

Erfurter Kommentar | zum Arbeitsrecht, herausgegeben von: *Müller-Glöge*, Rudi/ *Preis*, Ulrich/*Schmidt*, Ingrid, 12. Auflage, München 2012, zitiert: ErfK/*Bearbeiter*, Fundstelle

Münchener Kommentar | zum Bürgerlichen Gesetzbuch, Hrsg.: *Rebmann*, Kurt/*Säcker*, Franz Jürgen/ *Rixecker*, Roland, Band 10: Internationales Privatrecht, Rom I-Verordnung, Rom II-Verordnung, Einfüh-

rungsgesetz zum Bürgerlichen Gesetzbuche (Art. 1-24),
5. Auflage 2009,
zitiert: MüKo/*Bearbeiter,* Fundstelle

Sandmann, Georg/ *Marschall*, Dieter
Arbeitnehmerüberlassungsgesetz (AÜG) Kommentar,
Neuwied 2008,
Stand: 56. Aktualisierungslieferung vom April 2012,
zitiert: *Sandmann/Marschall*, AÜG, Fundstelle

Schüren, Peter (Hrsg.)/ *Hamann*, Wolfgang
Arbeitnehmerüberlassungsgesetz AÜG, Kommentar,
4. Auflage, München 2010,
zitiert: Schüren/Hamann/*Bearbeiter,* AÜG, Fundstelle

Thüsing, Gregor (Hrsg.)
Arbeitnehmerüberlassungsgesetz, Kommentar,
2. Auflage, München 2008,
zitiert: Thüsing/*Bearbeiter*, AÜG, Fundstelle

Ulber, Jürgen (Hrsg.)
AÜG Arbeitnehmerüberlassungsgesetz Kommentar für die Praxis,
4. Auflage, Frankfurt am Main 2011,
zitiert: Ulber/*Bearbeiter,* AÜG, Fundstelle

Wiese, Günther/ *Raab*, Thomas/ *Kreutz*, Peter/ *Weber*, Christoph/ *Oetker*, Hartmut/ *Franzen*, Martin (Hrsg.)
Betriebsverfassungsgesetz – Band I, §§ 1 bis 73b mit Wahlordnungen, Gemeinschaftskommentar,
9. Auflage, Köln 2010,
zitiert: GK-BetrVG/*Bearbeiter*, Bd. I, Fundstelle

Zeitungsartikel

Creutzburg, Dietrich — Nagelprobe für die Zeitarbeit, in: Handelsblatt Nr. 135 vom 16.7.2012, S. 12

Öchsner, Thomas — Angst vor den Billigheimern, in: Süddeutsche Zeitung Nr. 164 vom 18.7.2012, S. 17

Piller, Tobias — Roms unerledigte Hausaufgaben, in: FAZ vom 7.8.2012, Wirtschaft

Internet: http://www.faz.net/aktuell/wirtschaft/italien-roms-unerledigte-hausaufgaben-11847344.html (Abrufdatum: 31.8.2012)

Rieble, Volker — „Mein Urteil"- Stählerne Zeitarbeit, in: FAZ vom 13.10.2010, Beruf & Chance,

Internet: http://www.faz.net/aktuell/beruf-chance/mein-urteil/kolumne-mein-urteil-staehlerne-zeitarbeit-11054691.html (Abrufdatum: 31.8.2012)

Rudzio, Kolja — „Manche bleiben kleben – Ist Leiharbeit doch nicht so schlecht wie ihr Ruf?", in: DIE ZEIT Nr. 47 vom 17.11.2011, S. 37

Weitere Quellen

Bundesagentur für Arbeit, Arbeitsmarktberichterstattung: Der Arbeitsmarkt in Deutschland, Zeitarbeit in Deutschland – Aktuelle Entwicklungen, Stand: Juli 2012.
Internet: http://statistik.arbeitsagentur.de/cae/servlet/contentblob/244170/publicationFile/119019/Arbeitsmarkt-Deutschland-Zeitarbeit-Aktuelle-Entwicklung-1HJ2010.pdf
(Abrufdatum: 31.8.2012)

Bundesagentur für Arbeit, Arbeitsmarktberichterstattung: Der Arbeitsmarkt in Deutschland, Zeitarbeit in Deutschland – Aktuelle Entwicklungen, Stand: Januar 2011
Internet: http://statistik.arbeitsagentur.de/Navigation/Statistik/Statistik-nach-Themen/Beschaeftigung/Arbeitnehmerueberlassung/Arbeitnehmerueber lassung-Nav.html
(Abrufdatum: 31.8.2012)

Il distacco dei lavoratori nell'Unione Europea, Vademecum ad uso degli ispettori del lavoro e delle imprese, vom November 2010, herausgegeben vom Ministerium für Arbeit und Soziales
Internet: http://www.lavoro.gov.it/NR/rdonlyres/94673012-D332-4D64-BDB7-C809650E529A/0/Vademecumdistaccocomunitario.pdf
(Abrufdatum: 31.8.2012)

Kurzexpertise für das Bundesministerium für Wirtschaft des Forschungsinstitutes zur Zukunft der Arbeit (IZA), Untersuchung der beschäftigungs- und finanzpolitischen Auswirkungen eines Konzepts für existenzsichernde Beschäftigung des Bundesministeriums für Wirtschaft, beteiligte Wissenschaftler: Holger Bonin, Hilmar Schneider, Bonn, März 2007

La somministrazione di lavoro in Europa: il quadro comparato e le prospettive dopo la direttiva n. 104 del 2008, Anmerkungen zu: European Foundation for the Improvement of Living and Working Conditions. – Temporary agency work and collective bargaining in the EU, 2008 (in Boll. Adapt, 2009, n. 2) und zu: Direttiva del Parlamento europeo e del Consiglio 19 novembre 2008, n. 104/2008/CE (in Boll. Adapt, 2008, n. 38), in: Diritto delle relazioni Industriali 2009, Nr. 2, Giurisprudenza e politiche comunitarie del lavoro, 508 ff.

Osservatorio Nazionale, Indicatori del lavoro interinale in Italia. Un aggiornamento al 2010 (Ebitemp),
Internet: http://ebitemp.it/files/indica_2010.pdf. (Abrufdatum: 31.8.2012)

Osservatorio Nazionale, Nota congiunturale mensile luglio 2012 dell'Ente bilaterale per il lavoro temporaneo (Ebitemp), Monte retributivo, occupati e ore lavorate nel lavoro interinale, periodo di riferimento maggio 2012,
Internet: http://ebitemp.it/files/news_luglio_12.doc.
(Abrufdatum: 31.8.2012)

Pressemitteilung des Bundesministeriums für Arbeit und Soziales „Zeitarbeit hat ihren Wert", Stand 20.12.2011
Internet: http://www.bmas.de/DE/Service/Presse/Pressemitteilungen/mindest lohn--zeitarbeit-branchen.html (Abrufdatum: 31.8.2012)

„Vademecum sul Libro Unico del Lavoro" des Ministeriums für Arbeit und Soziales vom 5.12.2008
Internet: http://www.lavoro.gov.it/Lavoro/Notizie/20081205_Vademecum LIbroUnico.htm (Abrufdatum: 31.8.2012)

Abkürzungsverzeichnis

Deutsch

Abs.	Absatz
a.F.	alte Fassung
AiB	Arbeitsrecht im Betrieb
Anm.	Anmerkung
ArbRAktuell	Arbeitsrecht Aktuell
ArbRB	Der Arbeitsrechtsberater
Art., Artt.	Artikel, (Plural)
AÜG	Arbeitnehmerüberlassungsgesetz
AuR	Arbeit und Recht
BA	Bundesagentur für Arbeit
BAG	Bundesarbeitsgericht
BB	Betriebs-Berater
Bd.	Band
BetrVG	Betriebsverfassungsgesetz
BGBl.	Bundesgesetzblatt
BGH	Bundesgerichtshof
BSG	Bundessozialgericht
BT-Drs.	Bundestagsdrucksache
BVerfG	Bundesverfassungsgericht
bzw.	beziehungsweise
ca.	circa
DB	Der Betrieb
ders.	derselbe
Einf.	Einführung
Einl.	Einleitung
EU	Europäische Union
EuGH	Europäischer Gerichtshof
EuZA	Europäische Zeitschrift für Arbeitsrecht
EuZW	Europäische Zeitschrift für Wirtschaftsrecht
f.	folgende

FAZ	Frankfurter Allgemeine Zeitung
ff.	fortfolgende
Fn.	Fußnote
gem.	gemäß
GG	Grundgesetz
h.M.	herrschende Meinung
Hrsg.	Herausgeber
IPRax	Praxis des Internationalen Privat- und Verfahrensrechtes
i.S.d.	im Sinne des
i.S.v.	im Sinne von
i.V.m.	in Verbindung mit
JbItalR	Jahrbuch für italienisches Recht
KSchG	Kündigungsschutzgesetz
lit.	litera
m.w.N.	mit weiteren Nachweisen
m.W.v.	mit Wirkung vom
NJW	Neue Juristische Wochenschrift
Nr.	Nummer
NZA	Neue Zeitschrift für Arbeitsrecht
OVG	Oberverwaltungsgericht
RdA	Recht der Arbeit
Rdnr.	Randnummer
RGBl.	Reichsgesetzblatt
RIW	Recht der internationalen Wirtschaft
S.	Seite
SAE	Sammlung Arbeitsrechtlicher Entscheidungen
SGB	Sozialgesetzbuch
sog.	sogenannt
StGB	Strafgesetzbuch
SZ	Süddeutsche Zeitung
TzBfG	Teilzeit- und Befristungsgesetz
u.a.	unter anderem
Unterabs.	Unterabsatz
v.	vom
v.a.	vor allem
vgl.	vergleiche
z.B.	zum Beispiel
ZESAR	Zeitschrift für europäisches Sozial- und Arbeitsrecht
ZfA	Zeitschrift für Arbeitsrecht

Italienisch

ADL	Argomenti di diritto del lavoro
Boll.	Bollettino
Cass. (Civ.)	Corte di Cassazione (Civile)
CCNL	Contratto collettivo nazionale di lavoro
CNA	Confederazione Nazionale dell'Artigianato e della Piccola e Media Impresa
Cost.	Costituzione
c.p.	Codice penale
c.p.c.	Codice di procedura civile
D&L	Rivista critica di diritto del lavoro
DLR	Giornale di diritto del lavoro e di relazioni industriali
D.M.	Decreto ministeriale
DRI	Diritto delle relazioni industriali
G.U.	Gazzetta Ufficiale
Lav. Giur.	Il lavoro nella Giurisprudenza
n.	numero
NGCC	Nuova giurisprudenza civile commentata
ord.	ordinario
RDIPP	Rivista di diritto internazionale privato e processuale
RGL	Rivista giuridica del lavoro e della previdenza sociale
RIDL	Rivista italiana di diritto del lavoro
Riv. pen.	Rivista penale
Sez.	Sezione
Sez. lav.	Sezione lavoro
Suppl.	Supplemento